孙正聿作品系列

The Study of
Meaning of Life

生命意义研究

孙正聿　著

北京师范大学出版集团
BEIJING NORMAL UNIVERSITY PUBLISHING GROUP
北京师范大学出版社

总　序　追问哲学的心路历程和研究心得

　　我是在当代中国改革开放的历史进程中学习、研究和讲授哲学的，亲身经历和参与了从"真理标准大讨论"到"哲学教科书改革"、从提出"实践唯物主义"的哲学理念到反省"现代性"、从开展"中、西、马"对话到探索"人类文明新形态"的当代中国哲学进程。在这期间，我撰写并出版了《理论思维的前提批判》（1992）、《现代教养》（1996）、《崇高的位置》（1997）、《哲学通论》（1998）、《超越意识》（2000）、《思想中的时代》（2004）、《哲学修养十五讲》（2004）、《马克思主义基础理论研究》（2011）、《孙正聿讲演录》（2011）、《马克思主义辩证法研究》（2012）、《人的精神家园》（2014）、《马克思主义哲学智慧》（2016）、《哲学：思想的前提批判》（2016），以及《孙正聿哲学文集》（九卷本，2006）等著作。2016年年底，北京师范大学出版集团策划出版若干作者的"作品系列"，并明确提出"每位作者以四部代表性著作"作为书目。我的哲学研究，一直是以"哲学基础理论"为主要研究方向，并以对"哲学"本身的追问为主要的思考内容，因此，我试图以"如何理解哲学"为主题编选个人的"作品系列"，这就是《哲学通论》《哲学观研究》《辩证法研究》和《生命意义研究》四部个人的"代表性著作"。

在我看来，学者的学术研究，离不开两个东西：一是特殊的生存境遇和独特的生命体验，二是特定的理论资源和独特的理论想象。学者的生命体验与理论想象的融合，构成了具有个体性的哲学思想。这种哲学思想，既是以个人的名义讲述人类的故事，又是以人类的名义讲述个人的故事。我在《哲学通论》中说，哲学是以"时代性的内容，民族性的形式和个体性的风格去求索人类性问题"，哲学研究需要"时代精神主题化、现实存在间距化、流行观念陌生化、基本理念概念化"，从而以自己的研究成果"表征"自己时代的"时代精神"。我不是一位确有建树的"学问家"，只是一个追问哲学的"思想者"。我把自己追问哲学的心路历程和研究心得，聚焦于"如何理解哲学"这个主题，作为自己的"作品系列"的"自我阐释"。

一　关于《哲学通论》

为什么要以《哲学通论》而"通论哲学"？"通论哲学"的《哲学通论》的立意与追求是什么？在我看来，"通论"哲学，与"导论"哲学或"概论"哲学，是"大不相同"的。"导"是"导入"和"引导"，致力于把人们引入哲学思考；"概"是"概述"或"概论"，概略地叙述哲学的主要内容；"通"则是"疏通"或"通达"，以追问哲学本身为主旨，集中地阐发作者对"哲学"的理解。因此，"通论哲学"的《哲学通论》，就是并且只是对"哲学"本身的追问，它的灵魂就是一个"通"字。

何谓哲学？哲学何为？这不只是每个接触"哲学"的人都渴望回答而又难以回答的问题，也是每位"哲学家"都苦苦求索而又莫衷一是的问题。在哲学家那里，"哲学观"问题并不是他思考的"一个问题"，而是他必须首先回答的"核心问题""灵魂问题"。任何一位具有独立建树的哲学家，都有其对"哲学"的独到的理解，都有其具有特定思想内涵的"哲学观"。借用科学哲学家伊姆雷·拉卡托斯关于科学研究的"理论硬核"的说法，"哲学观"就是各异其是的哲学理论的"理论硬核"。维护和坚守一种哲学观，就是维护和坚守一种哲学理论；质疑和变革一种哲学观，则是质疑和变革一种哲学理论。哲学史上的所谓"哲学转向"，其首要的标志就是变革已有的哲学观并提出新的哲学观。《哲学通论》的"立意"和"追求"，就是在对"哲学"的追问中，形成对"哲学"的新的理解，并以这种新的理解去阐释"哲学"。

《哲学通论》的这个"立意"和"追求"，有着强烈的现实的针对性。这个针对性，主要有两个方面，一是当代中国的哲学研究，二是当代世界的哲学思潮。从当代中国的哲学研究说，自 20 世纪 80 年代中期以来的"哲学教科书改革"和"重新阐释中外哲学史"，特别是自 20 世纪 90 年代以来的"中、西、马"对话，引发出一个无法回避的根本性问题：究竟怎样理解我们所研究的"哲学"？具体言之，究竟怎样理解哲学是"理论化、系统化的世界观"？究竟怎样理解哲学的"基本问题"是"思维和存在的关系问题"？究竟怎样理解哲学与常识、宗教、艺术和科学的关系？究竟怎样理解哲学的"无用之大用"？究竟怎样理解中外哲学的"同中之异"与"异中之同"？这些就是改革开放以来中国哲学界追问"哲学"的重要问题。正是在这种追问中，日益强烈地凸显了如何理解哲学的"哲学观"问题。

当代中国哲学界对"哲学"的追问，又是同 20 世纪 80 年代以来西方哲学各种思潮的涌入密不可分的。从当代世界的哲学思潮说，从"拒斥形而上学"到"后形而上学"，"消解哲学""终结哲学"似乎成了当代哲学的"自我意识"。面对当代西方哲学的"语言转向""分析运动""现象学""解释学""存在主义""科学主义""后现代主义""后形而上学"，中国哲学界在引进、评介和反思当代西方种种哲学思潮的过程中，同样不可回避地提出这个根本性问题：究竟怎样理解我们所研究的"哲学"？哲学是"科学的逻辑"还是"思的事情"？哲学是"语言分析"还是"澄清思想"？哲学是"现象学"还是"解释学"？哲学是"文化批判"还是"文化对话"？哲是"真理的追求"还是"合法的偏见"？在《哲学通论》中，我把当代哲学所理解的"哲学"概括为八种"哲学观"：普遍规律说，认识论说，语言分析说，存在意义说，精神境界说，文化批判说，文化对话说和实践论说，力图通过对这些"大不相同"的哲学观的批判性反思，形成对"哲学"的新的理解。

我对"哲学"的"追问"，首先是与当代中国的"哲学教科书改革"直接相关的。通行的"哲学教科书"，是从"哲学"与"科学"的关系出发来阐释"哲学"的。这个阐释的基本逻辑是：哲学是"理论化、系统化的世界观"，而世界观就是"关于整个世界的根本观点"；科学所研究的是世界的"各个领域"，因而提供的是关于"各个领域"的"特殊规律"；哲学所研究的则是"整个世界"，因而提供的是关于"整个世界"的"普遍规律"；科学为哲学提供其形成"普遍规律"的"知识基础"，哲学则以其所概括的"普遍规律"为科学提供"世界观和方法论"。对于这个阐释逻辑及其结论，我向自己提出的追问是：如果"哲学"与"科学"的关系是一种研究对象的"整个世界"与"各个领域"的关系，是一种理论内容的"普遍规律"与"特殊规律"的关系，也就是"整体"与"部分""普遍"与"特殊"的关系，那么，"哲学"不就是"科学"的"延伸"或"变形"，不就是一种具有最高的概括性和最大的普遍性的"科学"吗？"哲学"还有什么独立的特性和独特的价值呢？"哲学"又何以是与宗教、艺术、科学相并立的人类把握世界的"一种基本方式"呢？由于"哲学教科书"论述哲学与科学的关系的出发点是"思维和存在的关系问题"，因此，对"哲学"本身的追问，直接引发我对哲学的"重大的基本问题"即"思维和存在的关系问题"的追问。

"思维和存在的关系问题"，究竟是哲学研究中的"一个重大问题"，还是哲学研究中的"重大的基本问题"？对这个问题的不同回答，决定了对"哲学"的不同理解。如果认为"思维和存在的关系问题"只是哲学研究中的"一个重大问题"，那么，它就只是某些哲学家或某个时代的哲学家特别关切的问题，而不是决定哲学的特殊的理论性质和独特的社会功能的"重大的基本问题"；如果认为"思维和存在的关系问题"是哲学的"重大的基本问题"，而不只是哲学研究中的"一个重大问题"，那么，它就是决定哲学的特殊的理论性质和独特的社会功能的"根本性"问题，也就是决定哲学成为人类把握世界的一种基本方式的"根本性"问题，而绝非只是某些哲学家或某个时代的哲学家特别关切的问题。在《哲学通论》中，我对前者的质疑和对后者的论证，主要是提出和阐发了下述观点：人类把握世界的全部活动——以实践活动为基础的认知活动、评价活动和审美活动——都是实现"思维和存在"的"统一"，但是，哲学以外的人类活动，都是把"思维和存在的同一"作为"不自觉的和无条件的前提"，致力于实现"思维和存在的统一"，而不是追究和反思构成人类全部活动的这个"不自觉的和无条件的前提"。与此相反，哲学并不是致力于"思维和存在的统一"，而是反思这个"统一"的"不自觉和无条件的前提"，也就是把"思维和存在的关系"作为"问题"反过来而思之。正是对"思维和存在的关系问题"的"反思"，决定了哲学的特殊的理论性质和独特的社会功能，也就是决定了哲学是人类把握世界的一种基本方式。仍以"哲学"与"科学"的关系为例，从"思维和存在的关系问题"看，就可以做出这样的解释："科学"是以"整个世界"为对象，形成关于"整个世界"的"全部思想"；"哲学"则是以"科学"所提供的关于"整个世界"的"全部思想"为对象，揭示在这"全部思想"中所隐含的"不自觉的和无条件的前提"，把"思维和存在的关系"作为"问题"而予以"反思"。对思想的反思，就是以"思维和存在的关系问题"作为自己的"重大的基本问题"的"哲学"。"哲学"的特殊的理论性质和独特的社会功能，就在于它以"思维和存在的关系问题"作为自己的"重大的基本问题"。这是我对"哲学"的根本性理解。

"思维和存在的关系问题"，既不是"思维和存在"的问题，也不是思维和存在"如何统一"的问题，而是思维和存在的"关系问题"。厘清这个问题，是理解"哲学"的深层的理论问题，也是我在《哲学通论》中着力阐发的问题。人们之所以把哲学视为"关于整个世界"的"世界观"，从根本上说，就在于把哲学的"重大的基本问题"当作"思维和存在"的问题，而不是理解为思维和存在的"关系问题"。如果把哲学的"重大的基本问题"当作思维和存在的问题，就会把"思维"和"存在"作为哲学的研究对象，就会把提供关于"自然、社会和思维"的最一般的知识作为哲学的历史使命，就会导致把"哲学"视为具有最大的普遍性和最高的概括性的"科学"。只有把思维和存在的"关系"作为"问题"，追究思维和存在的"关系"，揭示"思维和存在的关系问题"所隐含的"不自觉的和无条件的前提"，才能理解哲学何以是人类把握世界的"一种基本方式"，才能把握哲学的特殊的理论性质和独特的社会功能。重新阐释作为哲学的"重大的基本问题"的"思维和存在的关系问题"，并在这个重新阐释的过程中重新论述"哲学"，构成了《哲学通论》的"主题"和"主线"，也构成了《哲学通论》的"灵魂"和"血肉"。就此而言，《哲学通论》的"通"，就是以重新阐释"思维和存在的关系问题"为"灵魂"，"疏通"对"哲学"的理解。

在我已出版的作品中，《哲学通论》所产生的影响是最为广泛的，也是最为持久的。自 1998 年面世以来，该书先后被收入"中国文库"和"人民·联盟文库"，并获得国家图书奖提名奖和国家级教学成果一等奖。《哲学通论》之所以能够产生广泛而持久的影响，既是同它对"哲学"的追问密不可分的，又是同它作为"专著性的教材"而流传于世密切相关的。

《哲学通论》的主题很鲜明，问题很集中，就是在对"哲学"的追问中阐述我对"哲学"的理解。我把《哲学通论》称之为"专著性的教材"，既不是有意为之地标榜其"专著性"，也不是有意为之地强调其"教材性"，而是因为这本书的"立意"和"追求"本身是具有"二重性"的：其一，它以"追问哲学"为主线，针对古今中外的哲学家们对"哲学"的各异其是的理解和阐释，具体地探讨哲学的研究对象、思维方式、理论性质、社会功能和演进逻辑，系统地反思哲学的基本理论和基本范畴，并赋予这些基本理论和基本范畴以作者的独特的思想内涵，因而这是一部具有很强的个体性的学术著作；其二，它又以"追问哲学"为主线，针对通行的"哲学原理教科书"对"哲学"的教条化的理解和阐释，具体地分析教科书对唯物论、辩证法、认识论和历史观"四大板块"对哲学基本理论的论述，系统地反思教科书对"哲学""真理""矛盾""规律""价值""历史"等基本范畴的阐述，体系化地展现作者对哲学基本理论和基本范畴的理解，因而其又是一部具有很强的教科书性质的教材。正是基于《哲学通论》本身的"二重性"，我称之为"专著性的教材"。

《哲学通论》的"专著性"与"教材性"的"二重性"，直接地体现在它的内容与形式的"二重性"：从形式上看，《哲学通论》呈现给读者的是"讲述"哲学的自我理解、思维方式、生活基础、主要问题、派别冲突、历史演进以及哲学的修养和创造，具有显著的教科书式的叙述方式；从内容上看，《哲学通论》所论述的全部问题，又是论证作者自己对这些问题的理解，赋予哲学的基本理论和基本范畴以新的思想内涵，变革了"教科书"所给定的哲学观念，因而又具有显著的学术专著的理论内容。《哲学通论》的内容与形式的"二重性"，决定了它是一部"专著性的教材"。作为"专著"，它变革了教科书的哲学观念；作为"教材"，它使变革了的哲学观念得以普及。以"教材"的形式而展现"专著"的内容，又以"专著"的内容而诉诸"教材"的形式，这大概就是《哲学通论》产生广泛影响的生命力之所在吧。

《哲学通论》的"专著性"与"教材性"的"二重性"，又比较鲜明地体现在它的"形而上"与"形而下"之间的"张力"。《哲学通论》诉诸的是对哲学的基本理论和基本范畴的反思与论证，但是，这种反思和论证所诉诸的叙述方式却不是抽象、晦涩的哲学概念的罗列，不是"原理加实例"的解说，而是对人们所"熟知"的哲学观念的探究与追问。这集中地体现在以下三个方面：《哲学通论》所探讨的问题，几乎都是人们普遍关切的问题；《哲学通论》所研究的理论，几乎都是人们普遍熟悉的理论；《哲学通论》所分析的范畴，几乎都是人们经常使用的概念。《哲学通论》的出发点是黑格尔的那句名言："人们经常挂在嘴边的名词，往往是人们最无知的东西"。具体言之：怎样理解哲学的"爱智"？怎样理解哲学的"世界观"？怎样理解真理的"客观性"？怎样理解价值的"主观性"？如何看待"唯物主义"和"唯心主义"？如何看待"辩证法"和"形而上学"？如何看待"真善美"与"假恶丑"？如何看待"历史活动"与"历史规律"？"思维和存在的关系问题"何以是"哲学的重大的基本问题"？哲学何以"使人作为人而成为人"？由"熟知"而追究"真知"，由"名称"而升华为"概念"，由"文本"而凝练为"思想"，从而超越"原理加实例"的教科书模式，让哲学的"学术"或为人们的"学养"，这就是《哲学通论》力求达到的"形而上"与"形而下"之间的"张力"。

《哲学通论》的"专著性"与"教材性"的"二重性"，还比较显著地体现在它的"文本"与"思想"之间的"张力"。《哲学通论》力图以全部哲学史和当代哲学为背景来追问哲学，几乎每个哲学问题都要回应古今中外哲学家们所提出的重要理论观点，并因而触及难以胜数的哲学著述。"文本研究"应当是"通论哲学"的坚实基础。然而，"通论哲学"的《哲学通论》并不是关于某种哲学理论或某种哲学思潮的专门研究，而是力图以哲学史为背景而疏通对"哲学"的理解，因此，就需要自觉地保持文本与思想之间的张力，力求做到史论结合、以论带史、论从史出。在我看来，哲学是历史性的思想，哲学史则是思想性的历史。在《哲学通论》中，对于作为"思想性的历史"的哲学史，我着力地概括其"思想性"，对于作为"历史性的思想"的哲学，则着力地阐明其"历史性"，从而疏通对哲学的历史性的理解，并打通理解哲学的思想道路。《哲学通论》的叙述逻辑，就是把历史性的思想作为显性逻辑，而把思想性的历史作为隐性逻辑，以"纵向问题横向化"的方式，凸显理解哲学的重大理论问题，并赋予这些重大理论问题以新的思想内涵。"融通"古今中外哲学，"变通"各异其是的哲学观，"打通"哲学的理论空间，"开通"哲学的思想道路，这就是立意于"通"的《哲学通论》的主旨和追求。

二 关于《哲学观研究》

如果说《哲学通论》是以"教材"的形式讲述作者对哲学的理解，因而是一部"专著性的教材",那么,《哲学观研究》就是以"专题"的方式论述作者对哲学的理解,因而是一部"学术性的专著"。在这个意义上,《哲学通论》就是"教材版"的《哲学观研究》,《哲学观研究》就是"学术版"的《哲学通论》。

作为"学术版"的《哲学通论》,《哲学观研究》当然不是以"学术"的面目去论述《哲学通论》所讲述的问题,而是以"学理"探究的方式去阐述作者对哲学的理解。在《哲学观研究》中,我从分析什么是"哲学观问题"入手,以如何理解"哲学是世界观"为切入点,在具体地探讨黑格尔和马克思这两位伟大哲人的哲学观的基础上,比较深入地阐述了现代哲学的哲学观念变革和当代中国的哲学观念变革,进而集中地论证了哲学何以是对思想的前提批判,以及哲学如何展开对思想的前提批判,从而系统地阐述了我的"哲学观"。

在我看来,"哲学观"并不是哲学中的"一个观念",而是哲学中的"核心观念"和"灵魂观念";"哲学观问题"并不是哲学中的"一个问题",而是哲学中的"实质问题"和"根本问题"。通行的哲学原理教科书,把哲学界说为"理论化、系统化的世界观",又把世界观解释为"关于世界的根本观点",由此就把"哲学"视为"关于整个世界的普遍规律的理论",并从而把哲学视为具有最大的普遍性和最高的解释力的"科学"。这就是我所指认的哲学研究中的"知识论立场"。在我看来,哲学作为人类把握世界的一种基本方式,并不是科学的延伸和变形,而是人类思想的一种特殊的维度——以思想自身为对象反过来而思之的"反思"的维度。科学以"整个世界"为对象而形成关于世界的"全部思想",哲学则以科学所构成的"全部思想"为对象反过来而思之。哲学的"反思",并不是对思想内容的"反复思考",而是揭示构成思想的根据、标准和尺度,因此,"哲学"的反思,并不是一般意义的"对思想的思想",而是"对思想的前提批判"。把"反思"定位为"对思想的前提批判",就是我所理解的"哲学"。

什么是"思想的前提批判"?思想的前提,就是思想构成自己的根据和原则。它是思想构成自己的"幕后的操纵者"，是思想构成自己的"看不见的手"。它具有隐匿性、强制性、普遍性、可选择性（或可批判性）四个基本特性。首先，思想的前提具有隐匿性，它制约和规范人的思想活动和思想内容，但却隐藏在人的思想活动和思想内容的背后，因而是思想活动得以进行、思想内容得以形成的"不自觉的和无条件的前提"；其次，思想的前提具有强制性，它作为思想的幕后的操纵者，制约和规范人们想什么和不想什么、怎么想和不怎么想、做什么和不做什么、怎么做和不怎么做，也就是决定人们的思想内容和思维方式、行为内容和行为方式，以思想中的看不见的手而支配人们的思想和行为；再次，思想的前提具有普遍性，它以思想活动的逻辑规则和方法而展开思想，以人类把握世界的各种方式而构成思想，以人类文明所积淀的基本观念而规范思想，因此，思想的前提在人类的思想活动中是"无处不在"和"无时不有"的；最后，思想的前提具有可选择性和可批判性，它在构成思想的特定过程和特定结果中是确定的和具有强制性的，但在思想的历史进程中又是不确定的和不断变革的，因此，思想的前提既是可批判的，又是可选择的，由此构成的就是对思想的前提批判。

思想构成自己的前提，从总体上说，可以概括为五个主要方面：一是思想构成自己的"基本信念"，也就是承诺思维和存在的同一性，承诺思维的规律与存在的规律在本质上服从于同样的规律，这是思想构成自己的最深层的"不自觉的和无条件的前提"；二是思想构成自己的"基本逻辑"，也就是人们思想活动中所遵循的构成思想的规则和方法，即运用概念、判断和推理来构成思想的逻辑规则和论证方法；三是思想构成自己的"基本方式"，也就是人类的"属人的世界"得以形成的常识、宗教、艺术、科学和哲学等"人类把握世界的基本方式"，这些基本方式为人类构成了各不相同且丰富多彩的世界图景、思维方式和价值观念，从而使人类的思想成为地球上"最美丽的花朵"；四是思想构成自己的"基本观念"，也就是在人类文明的历史进程中积淀下来并且规范人们思想活动和思想内容的理念和范畴，它们作为人类认识的"阶梯"和"支撑点"，制约着人类思想的广度和深度、方向和未来；五是思想构成自己的"哲学理念"，也就是制约和规范各种"基本观念"的最深层的"基本理念"，即对人与自然、人与社会、人与自我的根本性理解，它们作为世界观、历史观和人生观最深层地制约着人的世界图景、思维方式和价值追求。

以思想构成自己的前提为对象，哲学对思想的前提批判，主要包括五个方面：一是对构成思想的"基本信念"的前提批判，也就是对作为哲学的"重大的基本问题"的"思维和存在的关系问题"的前提批判，引导人们不断地深化对"思维与存在""人与世界""主体与客体""感性与理性""真理与价值""理论与实践""理想与现实"之间关系的探究与追问；二是对构成思想的"基本逻辑"的前提批判，也就是对构成思想的外延逻辑（形式逻辑）、内涵逻辑（辩证逻辑）和实践逻辑（生活逻辑）的前提批判，引导人们不断地深化对"历史与逻辑""直觉与逻辑""语言与逻辑""思想的内容与形式""思维的抽象与具体""理性的有限与无限"之间关系的探究与追问；三是对构成思想的"基本方式"的前提批判，也就是对人类把握世界的各种基本方式——常识、宗教、艺术、科学和哲学等——的前提批判，引导人们不断深化对"哲学与常识""哲学与宗教""哲学与艺术""哲学与科学"的探究与追问；四是对构成思想的"基本观念"的前提批判，也就是对作为"思维的联结点"和"认识的支撑点"的基本概念和基本范畴的前提批判，引导人们不断深化对"世界""自然""社会""历史""文明""规律""真理""价值""正义""平等""自由"的探究与追问；五是对构成思想的"哲学理念"的前提批判，也就是对哲学的"世界观""历史观""人生观""价值观""本体论""认识论"的前提批判，引导人们不断深化对"共性与个性""有限与无限""绝对与相对""能动与受动""统一与多样""自由与必然""标准与选择"等关乎人类的生存与发展、人生的意义与价值等重大问题的探究与追问，启迪和激发人们在社会生活的一切领域永远敞开自我反思和自我批判的空间，促进社会的观念更新、科学发现、技术发明、工艺改进、艺术创新乃至文明形态的变革，从而实现人类的自我超越和自我发展。

哲学对思想的前提批判，不仅凸显了哲学的特殊的理论性质和独特的社会功能，而且为哲学敞开了广阔的和开放的理论空间。当代的方兴未艾的"部门哲学"，之所以是科学哲学、文化哲学、经济哲学、政治哲学、社会哲学、法哲学……而不是科学学、文化学、经济学、政治学、社会学、法学……从根本上说，就在于它们并不是关于科学、文化、经济、政治、社会、法律等的科学，而是对这些科学的前提批判，即对构成这些科学的各种"基本观念"的前提批判。具体言之，究竟何谓科学、文化、经济、政治、社会和法律？究竟如何理解支撑它们的人性、理性、真理、价值、正义、平等和自由等"基本观念"？究竟怎样看待它们所蕴含的利与害、福与祸、进与退、理论与实践、理想与现实等"哲学理念"？正是对构成这些科学的"基本观念"和"哲学理念"的"前提批判"，才构成了反思这些科学的"哲学"；正是反思这些科学的哲学，才变革了这些科学的基本观念。对构成思想的基本观念的前提批判，不仅为各门科学的发展提供了广阔的和开放的思想空间，而且为哲学自身的发展提供了永无止境的理论空间。

哲学对思想的前提批判，既不是天马行空式的玄虚的遐想，也不是高深莫测的晦涩的思辨，而是对"自明性"的分析。哲学所追问的构成思想的"前提"，就"隐匿"在人们的思想当中，就是人们习以为常、不予追究的问题，就是人们当作不证自明、毋庸置疑的问题。哲学所追究的"思维和存在的关系问题"，之所以是人类思维的"不自觉的和无条件的前提"，就在于人们并不怀疑"思维和存在的同一性"。如果人们在自己的认识活动中，不是致力于实现"思维和存在的统一"，而是批判地反思"思维和存在的关系问题"，追问思维的规律能否把握存在的规律，又如何以思维的规律去把握事物的运动规律呢？又如何形成"物理学""生理学""心理学""伦理学"呢？正因为"哲学"是把人们不当作问题的"思维和存在的关系问题"作为自己的"重大的基本问题"，致力于批判地反思人类思维的"不自觉的和无条件的前提"，才使其成为人类把握世界的一种基本方式，才在人类的社会生活中发挥自己的独特的社会功能——反思和变革思想构成自己的"前提"。在这个意义上，哲学并不是研究人们当作问题的问题，而恰恰是把人们不当作问题的问题作为自己"反思"的问题。例如，人们经常以"真"与"假""好"与"坏""美"与"丑"来判断和评价事物，但并不追问用什么来判断和评价事物的"真善美"与"假恶丑"，而哲学则是"反其道而行之"，致力于对"真善美"与"假恶丑"的追问：究竟什么是"真"？是我"看到"的"现象"是真的，还是我的"思想"把握到的"本质"是真的？"真"与"善"是什么关系？"坏的朋友"能否说是"真的朋友"？"真"与"美"又是什么关系？"美"是客观存在的，还是主观感受的？真善美是恒久不变的，还是具有历史性和民族性的？哲学的这种追问，指向的是构成思想的"基本观念"，也就是人们视为不证自明和毋庸置疑的构成思想的"前提"。哲学对"自明性"的分析，就是"清理"思想的"地基"，引导人们在新的"思想地平"上构成思想。

哲学对思想的前提批判，不只是变革了构成思想的各种"基本观念"，而且变革了"哲学理念"，赋予哲学理念新的思想内涵。在我的《哲学观研究》中，最为着力的是反思构成思想的深层的"哲学理念"，最为重要的是变革了对"世界观""本体观""反思观"，以及哲学的存在方式和工作方式的理解。这就是：哲学的世界观，并不是人站在世界之外形成的关于整个世界的观念，而是人生在世和人在途中的人的目光；哲学的本体观，并不是关于世界本原的观念，而是规范人的思想和行为的根据、标准和尺度；哲学的反思，并不是关于思想内容的反复思考，而是对构成思想的诸种的前提批判；哲学的存在，不是"表述"经验事实或"表达"情感意愿，而是"表征"自己时代的时代精神并从而构成"文明的活的灵魂"。哲学对思想的前提批判，是以概念的逻辑体系为内容的批判性反思，是以真善美为出发点和立足点的批判性反思。因此，哲学在其理论形态上，是以概念的逻辑体系所体现的辩证法、认识论和逻辑学的"三者一致"，哲学在其理论内容上，则是以追究真善美为思想内涵的存在论、真理论和价值论的"三者一致"。

在对构成思想的"哲学理念"的前提批判中，对"本体"观念的批判性反思，在我的《哲学观研究》中，具有突出的重要意义。究竟什么是哲学所追究的"本体"？本体是"有"还是"无"？"本体"是"本原"还是"根据"？本体论是"对象性"理论还是"意向性"理论？本体论是一种"论证"还是一种"追求"？在当代哲学中，或者把本体论等同于存在论，以存在论之名来阐释本体论；或者把本体论与存在论对立起来，以存在论之名来讨伐本体论。在我看来，理解哲学所追究的"本体"和哲学对"本体"的追究，首先必须诉诸追究"本体"的人类思维。基于人类实践本性的人类思维，"按它的本性、使命、可能和历史的终极目的来说"，总是渴望在最深刻的层次上或最彻底的意义把握世界、解释世界和确认人在世界中的地位与价值。人类思维的这种"至上性"追求，构成哲学的"本体论"追求。追究"本体"的哲学，并不是在思维的运动中获得关于世界的越来越丰富的规定性，而是在思维的运动中不断深入地追问存在的"可能性"，即不断地追问存在的"根据"和"前提"。因此，哲学意义的本体论，并不是关于思维规定的"存在论"，而是对思想的"前提批判"；哲学意义的"本体"，并不是构成世界的"始基"或"基质"的"本原"，而是规范人的思想和行为的"根据""标准"和"尺度"；在人类的哲学思维中，"本体论"是一种追根溯源式的"意向性"追求，而不是一种关于存在的"对象性"理论。哲学的本体论追求的合理性在于，人类总是悬设某种基于现实而又超越现实的理想，否定现实的存在，把对现实的理想变为理想的现实；哲学的本体论追求的真实意义在于，启发人类在理想与现实、终极的指向性与历史的确定性之间，既保持某种"必要的张力"，又不断地打破这种"微妙的平衡"，从而使人类永远敞开自我批判和自我超越的空间。哲学的本体论追求，深切地显现了哲学思维的理想性、反思性、批判性和超越性。这表明，只有重新理解哲学的本体论追求，才能重新理解哲学的"世界观"：它不是关于"整个世界"的"普遍真理"，而是人生在世和人在途中的人的目光，是规范人的思想和行为的具有时代性内涵的根据、标准和尺度。因此，以本体论追求为根本指向的哲学的"世界观"，不是终极性的而是历史性的，不是绝对的而是相对的。规范人的思想和行为的"本体"，既不是绝对之绝对，也不是绝对之相对，而是相对之绝对——历史过程中的相对，自己时代中的绝对。"本体"是作为"中介"而存在的。人在途中，哲学在路上。

在对构成思想的"哲学理念"的前提批判中，特别是在反思现代西方哲学"拒斥形而上学"的过程中，我不断地向自己提出一个追问：哲学何以存在？按照现代西方哲学家鲁道夫·卡尔纳普的说法，人类的语言有两种职能，即"表述"的职能和"表达"的职能；科学以"表述"的职能构成关于经验事实的命题，艺术则以"表达"的职能构成关于人的情感或意愿的种种看法；如果哲学是形而上学而又以"表述"的职能构成关于经验事实的命题，那么，哲学就只能是"给予知识的幻相而实际上不给予任何知识"；如果哲学是形而上学而又以"表达"的职能而构成关于人的情愿或意愿的种种看法，那么，哲学充其量只不过是一些"蹩脚的诗"；作为形而上学的哲学，既不能胜任语言的"表述"职能，又无力承担语言的"表达"职能，因此就只能是作为"形而上学"而被"拒斥"了。具有反讽意义的是，百余年来的现代哲学，或者屈就于卡尔纳普的关于语言的"表述"职能的自我申辩，致力于哲学的"科学化"，试图把自己变成具有最大的普遍性和最高的解释力的"科学"；或者屈就于卡尔纳普的关于语言的"表达"职能的自我承诺，致力于哲学的"文学化"，试图把自己变成富有思想力和表现力的"文学"。由此，现代哲学就在自己的"合法性"的自我申辩和自我承诺中，陷入了无法超越的窘境：如果承诺和承担语言的"表述"职能或"表达"职能，就必须致力于哲学的"科学化"或哲学的"文学化"，因此也就失去了自己的独立的或独特的存在方式；如果不承诺或不担当语言的"表述"职能或"表达"职能，就既不能像"科学"那样描述和解释世界，又不能像"文学"那样表现人的情愿和意愿，因此同样失去了自己的独立的或独特的存在方式。正是面对现代哲学的窘境和探寻现代哲学的出路，我在《哲学观研究》中提出和论证了哲学的"表征"的存在方式：哲学作为理论形态的人类自我意识，既不是以语言的"表述"职能构成关于经验事实的命题，也不是以语言的"表达"职能构成关于人的情感或意愿的种种看法，而是以自己的"表征"方式显现人类存在的"意义"。从语言的职能说，哲学总是在"表述"或"表达"什么，但哲学的"表述"或"表达"的真实意义，却不在于它所"表述"或"表达"的内容，而是以理论的形态"表征"自己时代的"时代精神"和人类文明的"活的灵魂"，即"表征"人类存在的"意义"。具体言之，哲学作为"思想中所把握到的时代"，既不是"表述"时代状况的经验事实，也不是"表达"对时代的情感和意愿，而是"表征"人类关于时代的生存意义的自我意识。在《哲学观研究》中，我着力地从哲学的自我追问、哲学的问题转换、哲学的派别冲突，以及哲学命题的真实意义等方面，阐发了哲学的"表征"的存在方式。在我看来，"表征"人类存在"意义"的哲学，既不是孤立的"存在论"，又不是孤立的"真理论"，也不是孤立的"价值论"，而是以"真善美"为内涵的存在论、真理论和价值论的"三者一致"；"表征"人类存在意义的哲学，是以"时代精神主题化、现实存在间距化、流行观念陌生化和基本理念概念化"的方式，使自己成为"理论形态的人类自我意识"。哲学作为理论形态的人类自我意识，它在对构成思想的前提批判中，不断地塑造和引导新的"时代精神"，不断地反思和澄明人类存在的"意义"，从而使自己成为"文明的活的灵魂"。

哲学对思想的前提批判，熔铸着哲学对人类生活的挚爱，对人类命运的关切，对人类境遇的焦虑，对人类未来的期待。因此，哲学对思想的前提批判，既不是超然于人类生活之外的玄思和遐想，也不是僵化的教条和冰冷的逻辑。在哲学被"驱逐"出自然、历史和思维领域而"无家可归"之时，思想的前提批判为哲学澄明了"四海为家"——以思想自身为对象反过来而思之——的广阔前景。思想的前提批判，揭示了哲学的特殊的理论性质和独特的社会功能，展现了哲学发展的自我批判的活力和永不枯竭的理论空间。这深切地表明：人类正在途中，哲学正在路上。

三　关于《辩证法研究》

哲学对思想的前提批判，从根本上说，就是批判地反思"思维和存在的关系问题"，就是揭示"思维和存在"的"矛盾关系"，因而也就是关于"思维和存在"的"矛盾关系"的"辩证法"。因此，我的《哲学观研究》，不仅内在地包含辩证法研究，而且具体地展现为《辩证法研究》。我的博士学位论文的正标题是"理论思维的前提批判"，副标题则是"论辩证法的批判本性"。我所理解的思想的前提批判，与关于"思维和存在的关系"的辩证法，是相互规定、密不可分的。或者更为明确地说，哲学对思想的前提批判，就是哲学意义的辩证法。

究竟如何理解辩证法？这同如何理解哲学一样，又是一个众说纷纭、莫衷一是的重大理论问题。具体言之，它是哲学研究的一个领域，还是哲学自身的实质内容？它是哲学研究的一种方法，还是哲学研究的理论内容？它是哲学研究的知识内容，还是哲学研究的人类智慧？它是人们使用的一种思想工具，还是人们内化于心的深层学养？这些关系到如何理解辩证法的深层问题，是需要并且必须认真探讨的。

首先，辩证法是哲学研究的一个领域，还是哲学自身的实质内容？无论是在哲学教材中，还是在哲学论著中，通常是以两种方式讨论和论述辩证法：一是把辩证法与本体论、认识论、价值论、历史观等并列为哲学的基本领域或基本理论；二是把辩证法叙述为与"形而上学"相对立的思维方式。由于后者只不过是从两种思维方式的对立来阐述辩证法，因而本质上仍然是把辩证法视为哲学中的一个基本领域或哲学中的一种基本理论。值得注意的是，通行的"哲学原理教科书"关于哲学"基本问题"的论述，是把"思维和存在的关系问题"分解为"谁为第一性"的"本体论"问题和"有无同一性"的"认识论"问题，却把"辩证法"问题排斥在"思维和存在的关系问题"之外，似乎"辩证法"是与作为哲学的"重大的基本问题"的"思维和存在的关系问题"无关的问题。由此提出的问题就是：究竟如何看待辩证法与哲学的关系？究竟如何看待辩证法与哲学"基本问题"的关系？

哲学是对"关系问题"的研究。无论是把这个关系问题归结为"思维和存在的关系问题"，还是"人与世界的关系问题"或者"主体和客体的关系问题"，总之是对"关系问题"的研究。诉诸哲学史，我们会看到，无论是中国哲学还是西方哲学，表现其理论内容的基本范畴总是具有"成对"的性质。诸如西方哲学的万物与本原、共相与个别、实体与属性、思维与存在、主体与客体、感性与理性、直觉与逻辑、现象与本质、自由与必然，中国哲学的天地、道德、性命、礼义、体用、理气、知行、物我、仁智、理欲，无不表现为成对的哲学范畴。哲学范畴的成对性，并不是古今中外的哲学家们的有意为之，而是因为哲学是关于"关系问题"的研究。如何理解和对待这些关系问题，如何理解和对待表现这些关系问题的成对的哲学范畴，构成了哲学的辩证法。正因如此，辩证法并不是哲学研究的一个领域，而是哲学自身的实质内容。

哲学对思想的前提批判，就是对"思维和存在的关系问题"的反思。思维和存在的关系，就是思维和存在的矛盾；思维和存在的关系问题，就是思维和存在的矛盾问题；研究思维和存在的矛盾关系和矛盾问题，就是关于思维和存在的关系问题的辩证法。如果承诺"思维和存在的关系问题"是哲学的"重大的基本问题"，也就是承诺哲学的重大的基本问题是关于思维和存在的关系问题的"辩证法"。思维和存在的"关系问题"，蕴含着哲学所探讨的全部"关系问题"的"胚芽"；或者反过来说，哲学所探讨的全部"关系问题"，都是思维和存在的"关系问题"的具体化。正是由思维和存在的"关系问题"所展开的全部"关系问题"，构成了哲学的"辩证法"。"辩证法"是哲学的最为实质的理论内容，也就是作为哲学的"重大的基本问题"的"思维和存在的关系问题"的最为实质的理论内容，因而是哲学的最为真实的存在方式。

其次，辩证法是哲学研究的一种方法，还是哲学研究的理论内容？

人们对"辩证法"的最大误解，莫过于把思想的内容和形式割裂开了，把概念的内涵和外延割裂开了，把哲学的理论和方法割裂开了，因而把作为世界观理论的辩证法、作为关于真理学说的辩证法，变成了没有思想内容、没有概念内涵、没有实证知识的纯粹的"方法"。这种误解，不只是把辩证法"方法化"了，而且是把哲学"抽象化"了。

黑格尔在他的全部著述中反复强调，哲学是"最具体的"，是"最敌视抽象的"，辩证法是"具体的普遍性"，而不是"抽象的普遍性"。人们之所以把"最具体"的哲学视为"最抽象"的理论，之所以把作为"世界观理论"的辩证法当作纯粹的"方法"，最为重要的根源，就在于对"概念""范畴"和"逻辑"的理解。正是针对人们普遍存在的误解，列宁在《黑格尔〈逻辑学〉一书摘要》中，首先鲜明地从黑格尔的"概念""范畴"和"逻辑"中引发出如下三个重要论断：其一，"思维的范畴不是人的工具，而是自然的和人的规律性的表述"，"范畴是区分过程中的一些小阶段，即认识世界的过程中的一些小阶段，是帮助我们认识和掌握自然现象之网的网上纽结"[①]；其二，针对人们把"逻辑"当成"外在的形式"，列宁提出，"黑格尔则要求这样的逻辑：其中形式是富有内容的形式，是活生生的实在的内容的形式、是和内容不可分离地联系着的形式"；其三，正是基于上述认识，列宁得出了关于"逻辑"的论断："逻辑不是关于思维的外在形式的学说，而是关于'一切物质的、自然的和精神的事物'的发展规律的学说，即关于世界的全部具体内容的以及对它的认识的发展规律的学说，即对世界的认识的历史的总计、总和、结论"。这个内容与形式相统一的"逻辑"，就是黑格尔的概念辩证法。

辩证法的具体性，在于它是人类认识史的总结、积淀和升华。恩格斯明确地指出："黑格尔的思维方式不同于所有其他哲学家的地方，就是他的思维方式有巨大的历史感作基础"。由此，恩格斯得出了一个关于"辩证哲学"的基本论断，这就是：所谓的"辩证哲学"是"一种建立在

---

① 《列宁全集》第 55 卷，90 页，北京，人民出版社，1990。

通晓思维的历史和成就的基础上的理论思维"。列宁同样明确地指出：
"黑格尔是把他的概念、范畴的自己发展和全部哲学史联系起来了。这
给整个逻辑学提供了又一个新的方面"①这就是说，能否掌握和运用"辩
证法"，从根本上说，就在于能否"通晓思维的历史和成就"，能否掌握
人类自身的思想史。对此，恩格斯还进一步提出，理论思维仅仅是一种
天赋的能力。这种能力必须加以发展和锻炼，除了学习以往的哲学，直
到现在还没有别的手段。这是值得我们深思的。

再次，辩证法是哲学研究的知识内容，还是哲学思想的人类智慧？
通常是把辩证法叙述为"三条基本规律"和"五对基本范畴"：对立统一规
律、质量互变规律和否定之否定规律；原因和结果、内容和形式、可能
和现实、必然和偶然、现象和本质。通常认为，学习辩证法，就是懂得
这些规律和范畴的"普遍性"和"客观性"；掌握辩证法，就是运用这些规
律和范畴去"解释世界"和"解决问题"。这样，就把辩证法当成了"用实
例证明原理""用原理解释实例"的"原理加实例"的"哲学知识"。关于辩
证法的这种"解释模式"，不仅背离了辩证法的"本性"，而且阉割了辩证
法的"灵魂"，从而使辩证法失去了"生命力"。

马克思十分明确地提出，辩证法在本质上是"批判的""革命的"，它
的根本要求是在对事物的"肯定"的理解中同时包含"否定"的理解，因
此，辩证法是人类把握世界的一种"辩证智慧"，而不是人类解释世界的
一种"实证知识"。列宁关于辩证法的最为重要的论断——"辩证法也就
是(黑格尔和)马克思主义的认识论"，直接针对的就是把辩证法当作"实
例的总和"和"抽象的方法"，并把马克思主义的辩证法"还原"为朴素的
辩证法和把马克思主义的认识论"还原"为直观的反映论。为此，列宁特
别强调指出，"问题不在于有没有运动，而在于如何在概念的逻辑中表
达它"，还引证恩格斯的话说"辩证法"就是"运用概念的艺术"。

这里的根本问题是在于，辩证法的"对立统一"，或者说辩证法的"矛

---

① 列宁：《哲学笔记》，117 页，北京，人民出版社，1993。

盾"，并不是抽象地把"事物"视为"矛盾"的存在，而是从特定的"联系的环节"去把握"矛盾的统一体"。离开"雇佣劳动"，就构不成无产阶级与资产阶级，离开"思维和存在的关系"，就构不成人类认识的真理与谬误；离开"人类文明"，就构不成人类生活的真善美与假恶丑。因此，辩证法的"活的灵魂"，并不是"原理加实例"，而是"具体问题具体分析"。这里的实质问题则在于，辩证法的"矛盾分析"，并不是把事物"分解"为"肯定的方面"和"否定的方面"，而是在对事物的"肯定的理解"中包含着对事物的"否定的理解"。这才是辩证法的"批判本质"，这才是辩证法的"哲学智慧"。

最后，辩证法是一种"思想工具"，还是一种"哲学学养"？恩格斯曾经犀利地、辛辣地但却是深切地、中肯地指出："自从黑格尔逝世之后，把一门科学在其固有的内部联系中来阐述的尝试，几乎未曾有过。官方的黑格尔学派从老师的辩证法中只学会搬弄最简单的技巧，拿来到处应用，而且常常笨拙得可笑。对他们来说，黑格尔的全部遗产不过是可以用来套在任何论题上的刻板公式，不过是可以用来在缺乏思想和实证知识的时候及时搪塞一下的词汇语录。"①品味恩格斯的论述，我们可以深切地体会到，辩证法之所以被人们讽刺为"变戏法"，就是因为辩证法变成了"可以用来套在任何论题上的刻板公式"，变成了"可以用来在缺乏思想和实证知识的时候及时搪塞一下的词汇语录"。

关于如何才能把握"矛盾"，列宁曾以"表象""机智和智慧"以及"思维的理性"这三者的对比予以论述。列宁指出："普通的表象所抓到的是差别和矛盾，而不是一个向另一个的过渡，而这却是最重要的东西"；"机智抓到矛盾，表达矛盾，使事物彼此关系，使'概念透过矛盾映现出来'，但没有表达事物及其关系的概念"；"思维的理性（智慧）使有差别的东西的已经钝化的差别尖锐化，使表象的简单的多样性尖锐化，以达到本质的差别，达到对立。只有那上升到矛盾顶峰的多样性在相互关系中才成为活跃的和有生机的，——才能得到获得那作为自己运动和生命

---

① 《马克思恩格斯选集》第2卷，40页，北京，人民出版社，1995。

力的内部搏动的否定性"。① 因此，把握矛盾的"概念必须是经过琢磨的、整理过的、灵活的、能动的、相对的、相互联系的、在对立中是统一的，这样才能把握世界"②。列宁的这些论述，是值得我们在理解"辩证法"时深思的。

关于辩证法，我们总是习惯性地把它理解为只是一种"方法"，总是不加反思地把它当作一种思想的"工具"，似乎只要使用某些"辩证词句"去说明问题，就是掌握和运用了辩证法。然而，真正地掌握和运用辩证法，却是一个艰难的、漫长的学习过程。黑格尔说，学习哲学，是使"心灵沉入于这些内容，借它们而得到教训，增进力量"。在黑格尔看来，辩证法是由精神历程、文明进步和概念发展所构成的"现实自我意识"。它蕴含着人类精神现象诸环节的自我展开，人类文明进步诸环节的自我发展，人类概念运动诸环节的自我深化。哲学犹如一位饱经风霜的老人，不只是在叙述这些"辩证词句"，而且是在讲述这些"辩证词句"所包含的"全部生活和整个世界"。恩格斯说，所谓的"辩证哲学"，是一种"建立在通晓思维的历史和成就的基础上的理论思维"。只有把辩证法变成我们的"理论思维"，才能超越两极对立、非此即彼的思维方式，"辩证"地思考问题，使"辩证法"成为自己的人生智慧。

四　关于《生命意义研究》

辩证法的人生智慧，就是关于人的生命意义的智慧。人的生命活动不是动物式的"生存"，而是人所特有的"生活"。生存与生活的区别，在于前者是本能的生命活动，后者则是有意识的、寻求意义的生命活动。生命意义研究，就是关于人的生活的研究，关于人的生活意义的研究。

---

① 参见列宁：《哲学笔记》，119 页，北京，人民出版社，1993。
② 同上书，149 页。

人的生活世界，是"有意义"的世界；"有意义"的世界，是人类在自己的生活活动中创造出来的。在人类的历史性的生活活动中，"意义"的创造与"意义"的自觉，是互为前提和相互制约的：没有生活意义的创造，就没有生活意义的自觉；没有生活意义的自觉，也没有生活意义的创造。这是生活意义的创造与自觉的辩证法。

在人的关于"意义"的自我意识中，总是不可逃避地提出这样的问题：究竟什么是"有意义"的，什么是"无意义"的？怎样做是"有意义"的，怎样做是"无意义"的？什么是真、善、美，什么是假、恶、丑？什么是增进"意义"的进步，什么是消解"意义"的退步？对"意义"问题的自觉，始终伴随着人类创造"意义"的全过程，并且深刻地影响着人类历史的进程和人类自身的命运。《生命意义研究》的"意义"，就在这里。

个人的关于"生命意义"的自我意识，总是呈现出不可穷尽的差异性和难以捕捉的任意性，然而，却深层地烙印着"意义"的社会自我意识的普遍性和规范性：其一，个人的关于"生命意义"的自我意识，总是具有"社会内容"的人生价值、伦理道德、法律规范、社会正义、政治制度、社会理想等问题；其二，个人的关于"生命意义"的自我意识，总是具有"社会性质"的真理标准、价值尺度、审美原则、文化传统、时代精神等问题；其三，个人的关于"生命意义"的自我意识，总是表现为具有"社会形式"的常识、宗教、艺术、科学和哲学等人类把握世界的各种基本方式。《生命意义研究》的"可能性"，在于个体自我意识中所蕴含的社会自我意识。

正是以揭示和分析"生命意义"的个体自我意识中所包含的社会自我意识为立足点和出发点，《生命意义研究》具体地论述了人的生活世界、人的精神世界、人的文化世界和人的意义世界，进而论述了现代人的生活世界、现代人的思维方式、现代人的价值观念、现代人的审美意识和现代人的终极关怀，并从教育、科学、艺术、哲学、理论、心态和理想等侧面，较为系统地论述了精神家园的培育、精神家园的真理、精神家园的陶冶、精神家园的升华、精神家园的支撑、精神家园的张力和精神家园的源泉。构建"充实"的人的精神家园，这是《生命意义研究》的"现实意义"之所在。

《生命意义研究》，既是揭示人无法忍受"无意义"的人生，又是阐释人对"有意义"的人生的向往。人无法忍受有限的人生，无法忍受自我的失落，无法忍受现实的苦难，无法忍受冷峻的理性，无法忍受彻底的空白，因此，人生的意义总是表现为有限对无限的向往，渺小对崇高的向往，此岸对彼岸的向往，存在对诗意的向往。人是生理的、心理的和伦理的存在，因而人总是渴望从生理的苦难（生、老、病、死）、心理的苦难（压抑、孤独、空虚和无奈）、伦理的苦难（被压迫、被歧视、被抛弃和被凌辱）中挣脱出来，达成"诗意的栖居"。然而，人在以自然经济为基础的"人对人的依附性"的存在方式中，又只能是人在"神圣形象"中的自我异化，总是承受着"没有选择的标准的生命中不能忍受之重的本质主义的肆虐"；人在以市场经济为基础的"人对物的依赖性"的存在方式中，又只能是人在"非神圣形象"中的自我异化，总是承受着"没有标准的选择的生命中不能承受之轻的存在主义的焦虑"。"有意义"的生活，是人类思考的永恒主题，也是人类追求的伟大理想。

人类的历史，是追求和实现自己的"目的"的历史，也就是追求和实现人类的生命"意义"的历史，追求和实现人所向往的"幸福"的历史。人是生理的、心理的和伦理的存在，就一般意义而言，"幸福"就是对人的生理需要、心理需要和伦理需要的满足。因此，不管人们对文明的"进步"或历史的"发展"予以怎样的解释和赋予怎样的内涵，"进步"和"发展"对于人类来说，总是体现在比较富裕的物质生活对人的生理需要的满足，比较充实的精神生活对人的心理需要的满足，比较和谐的社会生活对人的伦理需要的满足。追求这三个方面的满足，构成了追求自己的目的的人类的历史。而这个历史的"进步"和"发展"的最深层的根基，则在于"人们自己创造自己的历史"的"历史的辩证法"。这个"历史的辩证法"就在于：人既是历史的经常的"结果"，又是历史的经常的"前提"；人作为历史的经常的"结果"，使自己获得了作为创造历史的"前提"的

"条件"；人作为历史的经常的"前提"，又改变了自己得以创造历史的"条件"，从而为自己的历史活动提供了新的"结果"；人在自己的作为历史的"前提"与"结果"的"历史活动"中，构成了历史发展的"客观规律"，形成了生命意义的历史性内涵；人在自己的作为"前提"与"结果"的辩证运动中，不断地提升和满足了自己的生理的、心理的和伦理的需要，从而实现了文明的"进步"和历史的"发展"，也就是不断地实现了人对生命意义的追求。

个人的历史，就是每个个体的生命历程。个人的生命历程，既是不可重复的，又是难以预测的。生命历程的不可重复，这是人生的"无奈"；生命历程的难以预期，这又是人生的"魅力"。个人生命的"意义"，就是在这不可重复的"无奈"和不可预期的"魅力"中实现出来的。对于过去的"经历"，每个人都可以设想种种不同的"如果"和"假如"，但是人生本身却无法"再造"和"重来"；对于人生的"未来"，每个人也可以"设计"和"设想"，甚至"求神问卜"，但"未来"却仍然是期待中的"可能的现实"。然而，"经历"又不只是永逝的过去，"预期"又不只是幻想的"未来"。"经历"是人生的力量。它不只是"亲切的怀恋"，而且是人生的最可珍贵的"财富"——它成为人生的航标，它成为追求的动力，它成为意志的源泉，它成为情感的深度，它成为理性的沉思，它成为价值的诉求，它成为审美的尺度，它成为行动的根据，它成为生活的境界。"经历"构成人生的意义，"经历"引领人生的意义。变为回忆的"经历"，造就了人的精神家园，造就了人的"意义世界"。

个人的经历，总是与国家、民族乃至人类的经历密切相关的；个人关于自身的记忆，总是与国家、民族乃至人类的集体记忆水乳交融的。在一个国家、一个民族的集体经历和集体记忆中，饱含着这个国家、这个民族的苦难、奋斗和希望，并构成了这个国家、这个民族的文化传统和精神家园。整个人类文明的集体经历和集体记忆，承载着整个人类的苦难、奋斗和希望，并构成了整个人类的文明血脉和精神家园。正是个体的经历与记忆同国家的、民族的乃至人类的经历和记忆的相互融合，才构成了个体生命意义与人类生命意义的相互融合，构成了个体的关于生命意义的自我意识与人类的关于生命意义的自我意识的相互融合。哲学作为理论形态的人类自我意识，哲学家们既是以个人的名义讲述人类的故事，又是以人类的名义讲述个人的故事——既是基于个人的体验和思辨去讲述个人对生命意义的理解，又是基于个人对人类文明的体悟和反思去讲述人类对生命意义的理解。个人的体验与思辨同对人类文明的体悟和反思熔铸为哲学家们所构建的哲学，也就是理论形态的关于人类生命意义的自我意识。以个人对生命意义的理解而丰富人类对生命意义的理解，又以人类对生命意义的理解而引导个人对生命意义的理解，从而实现黑格尔所指认的"个体理性"与"普遍理性"的辩证融合，这是哲学之于人类的最真实的"意义"之所在。

对于生命"意义"的困惑，莫过于对"死亡"的自觉。每个生命个体的生命，都是短暂的、有限的、而不是永恒的、无限的。"死亡"，是人这种生命个体"自觉"到的不可逃避的归宿。面对"死亡"这个不可逃避而又是自觉到的归宿，构成了对生命意义的最严峻和最冷酷的挑战：死亡消解了欢乐也消解了苦难，消解了肉体也消解了灵魂，以这种连灵魂都不复存在的空白为归宿，还有什么生命的"意义"可言呢？还有什么生命的"意义"值得追求呢？的确，短暂之于永恒，是微不足道的；有限之于无限，是无法企及的；人生之于死亡，是不可逃避的。然而，既然生命是短暂的、有限的，又何妨"重思"人对永恒和无限的"向往"呢？人不能改变自然的规律，但是人可以改变苦难的现实；人不能获得终极的真理，但是人可以追求美好的生活；人不能达到生活的完满，但是人可以追求精神的充实；人不能超越生命的有限，但是人可以提升人生的境界。人的生命面对着死亡，自觉到死亡，但却以自己的生命的追求直面死亡，在生与死的撞击中，燃烧起熊熊的生命之火，这不正是生命"意义"的自我实现吗？大文豪苏轼泛舟长江，夜游"赤壁"，既"自其变者而观之"，感叹于"寄蜉蝣于天地，渺沧海之一粟"，又"自其不变者而观之"，清风明月"耳得之而为声，目遇之而成色，取之无禁，用之不竭"，又何必

"哀吾生之须臾，羡长江之无穷"呢？如果人生放弃了"瞬间"和"有限"，只是苦求"永恒"和"无限"，人生真的就失去了"意义"。哲学作为理论形态的人类自我意识，就是以"理论"的方式引导人们"向死而思生"，以创造"意义"的人生而实现生命的意义。

人的生活世界的"意义"，是人类以其把握世界的全部方式创造出来的。哲学作为"意义"的社会自我意识，它的巨大的生活价值，就在于它把人类把握世界的各种方式所创造的"意义"，聚焦为照亮人的"生活世界"的"普照光"。哲学探究的是人生在世的大问题，哲学构建的是范畴文明的大逻辑，哲学提供的是睿智通达的大智慧，哲学传承的是启迪思想的大手笔。哲学的最为真实的意义，就在于它"使人作为人而成为人"。哲学对于人类的当代的生活价值，就在于它对时代性的"意义危机"做出全面的反应、批判的反思、规范性的矫正和理想性的引导，从而塑造新的"生命意义"，引领新的"时代精神"，创造新的"人类文明"。这是哲学在人类把握世界的全部方式中的不可或缺和不可替代的"意义"之所在。这套"作品系列"，无论是《哲学通论》和《哲学观研究》，还是《辩证法研究》和《生命意义研究》，写作的动力和目的，都在于对真理、正义和更美好的生活的追求。

序 言 哲学何以使人"学以成人"？

大家都知道：德国哲学家黑格尔认为，哲学的目的是使人"尊敬他自己，并自视能配得上最高尚的东西"；中国哲学家冯友兰提出，哲学以外的学科，是使人成为"某种人"，而哲学是"使人作为人而成为人"。中外哲人真可谓不谋而合，都把哲学视为使人"学以成人"。

为什么哲学是使人"学以成人"？我的回答是四个"大"字：哲学探究的是人生在世的"大问题"；哲学构建的是范畴文明的"大逻辑"；哲学提供的是睿智通达的"大智慧"；哲学传承的是启迪思想的"大手笔"。下面，我就以这四个"大"字为内容，谈谈我对哲学何以使人"学以成人"的体会。

一　哲学探究的是人生在世的"大问题"

人生在世，最大的问题是"做人"的问题。这就提出两个问题：一是"何以为人"的问题；二是"何以成人"的问题。前者是人之为人的"标准"问题，后者是人之为人的"养成"问题。

人何以为人？人和动物都有"生命"活动，二者的本质区别在于，动物的生命活动是"生存"，人的生命活动是"生活"。"生存"的生命活动是"本能"的生命活动，"生活"的生命活动则是"有意识"的生命活动。"有意识"的生命活动，是"有目的"的生命活动，是寻求"意义"的生命活动。寻求"意义"和实现"目的"，构成"人之为人"的"生活"。哲学作为理论形态的人类自我意识，所关切的既不是孤立的"人之为物质"的"物理"和"人之为动物"的"生理"，也不是孤立的"人之为精神"的"心理"和"人之为群体"的"伦理"，而是"人之为人"的"生活的意义和价值"。正是以探究"生活的意义和价值"为己任，哲学才成为"使人作为人而成为人"的"大学问"。

　　人何以成人？人的"生活"与动物的"生存"，不仅是两种不同的"维持"生命的活动，而且是两种不同的"延续"生命的活动。动物的生命活动是以其本能的方式"复制"种类的存在，因而是一种"非历史"的"延续"方式；人的生命活动则是以创造文化和文化遗传的方式"发展"种类的存在，因而是一种"历史"的"延续"方式。正是在历史的延续中，个人的生命活动构成了个人与人类文明的辩证融合：一方面，个人在历史的"延续"中接受和认同人类文明，从而把自己造就为具有文化内涵的特定时代的个人；另一方面，历史又在个人的创造活动中形成新的文化内涵，从而形成具有新的文明形态的新的历史时代。在个人与人类文明的辩证融合中，"人"既是历史的经常的"前提"，又是历史的经常的"结果"，正是由于人是历史的经常的"结果"，因而人才成为创造新的历史的经常的"前提"。正是在这种"人"作为历史的经常的"前提"和"结果"的辩证运动中，人创造了历史，也造就了具有特定时代内涵的个人。哲学作为理论形态的人类自我意识，它以理论的方式探究和揭示"人"的历史文化内涵，引导个人在传承和创生历史文化的生活活动中，思考人生的困惑与奋争、理想的冲突与搏斗、社会的动荡与变革、文明的传承与创生、历史的迂回与前进，进而反思"人之为人"的意义与价值，从而使"哲学"成为"使人作为人而成为人"的"大学问"。

哲学问题总是"人生在世"的大问题。求索天、地、人的人与自然之辨，探寻你、我、他的人与社会之辨，反省知、情、意的人与自我之辨，追究真、善、美的人与生活之辨，构成了"哲学"的世界观、人生观、历史观、真理观、价值观。这些"大问题"引导人们认识自己、反思自己、尊重自己、涵养自己、教化自己，"自视能配得上最高尚的东西"，从而"觉解"人生的意义、"提升"人生的境界，"使人作为人而成为人"。哲学以外的学科，之所以是使人成为"某种人"，就在于它们是使人掌握某种"专门知识"，学会某种"专门技能"，从事某种"专门职业"，扮演某种"专门角色"，也就是成为某种"专门人才"。成为某种专门人才，当然是"学以成人"的不可或缺的内容和途径，然而，无论成为何种"专门人才"，总要有"对人生的有系统的反思"，才会"觉解"人生的意义和"提升"人生的境界，才会"使人作为人而成为人"。正是在这个意义上，探究人生在世的大问题的哲学，才成为使人"学以成人"的"大学问"。

二 哲学构建的是范畴文明的"大逻辑"

人之为人的"标准"在哪里？人之成人的"养成"靠什么？这个标准就是人类文明，这个养成就是内化人类文明。文明作为"常识"，是人们所"熟知"的；文明作为"名称"，并不是具有内涵的"概念"。由"熟知"变为"真知"，把"名称"升华为"概念"，让"文明"成为规范人的思想和行为的"学养"，就是哲学所构建的范畴文明的"大逻辑"。

黑格尔把他的哲学命名为"逻辑学"，这不仅是颇具深意的，而且是耐人寻味和发人深省的。他认为，学习哲学就是使"心灵沉入于这些内容，借它们而得到教训，增进力量"。诉诸黑格尔的主要著述，我们会看到三个并行不悖的阐释路径和三个彼此规定的理论内容：人类精神现象诸环节的自我展开；人类文明进步诸环节的自我发展；人类概念运动的诸环节的自我深化。黑格尔所追求的"全体的自由性与环节的必然性"的统一，构成了哲学的范畴文明的"大逻辑"。这个范畴文明的"大逻辑"，是黑格尔意义上的个体理性与普遍理性的辩证融合的历程，也就是黑格尔意义上的使"心灵沉入这些内容，借它们而得到教训，增进力量"的历程。因此，哲学所构建的范畴文明的"大逻辑"，就不仅是关于文明本身的逻辑，而且是使人"学以成人"的最真实的哲学内容。《精神现象学》《逻辑学》和《哲学史讲演录》这三部著作及其所蕴含的三种阐释路径，引导我们从"精神历程""概念发展"和"文明进步"的"三者关系"中深化对哲学"使人作为人而成为人"的理解。

在黑格尔看来，具有文明史内涵和时代性内涵的概念规定，不仅决定人的"现实自我意识"，而且构成人的"现实自我意识"的真实内容，并且成为人"尊敬他自己"的现实力量。这是黑格尔哲学的最根本的、最深层的哲学指向和价值诉求。黑格尔认为，"人的一切文化所以是人的文化，乃是由于思想在里面活动并曾经活动"。"哲学"并不是"普遍成见"所认为的"只从事研究抽象的东西和空洞的共性"，"哲学是最敌视抽象的，它引导我们回复到具体"。由精神历程、概念发展和文明进步所构成的"现实自我意识"，就是"具体的""健康的"人类理性，它具有黑格尔所说的"实践性"。这种"实践性"，就是"个体理性"与"普遍理性"辩证融合的过程，就是"个体理性"认同"普遍理性"并从而构成"现实自我意识"的过程，就是"普遍理性"取得"社会性"并从而构成"时代精神"的过程。列宁提出，概念、范畴，并不是认识的工具，而是人类认识的"阶梯"和"支撑点"。哲学的范畴文明的"大逻辑"，不仅为人的"学以成人"构建了理性思维的根基，而且为人的"学以成人"提供了最为深切的思想内容。

三 哲学提供的是睿智通达的"大智慧"

哲学之所以能够使人"学以成人"，不仅在于它是一种博大精深的思想力量，而且在于它是一种睿智通达的辩证智慧。贺麟先生说，"哲学贵高明"。哲学的辩证智慧，既是理性的反思的智慧、批判的智慧、超越的智慧，更是一种实践的权衡利弊的智慧、趋利避害的智慧、"自主于行止进退之间"的智慧。正是哲学的辩证智慧使人活得"大气"，使人活得"从容"，从而"使人作为人而成为人"。

哲学的辩证智慧，首先是最为"切己"的"大智慧"。李大钊说："人们每被许多琐碎细小的事压住了，不能达观，这于人生给了许多苦痛。哲学可以帮助我们得到一个注意于远大的观念，从琐碎的事件解放出来。"社会人生纷繁复杂，利害、是非、祸福、毁誉、荣辱、进退，扑朔迷离，纷至沓来。人们总是感到"得不到想要的，又推不掉不想要的"。诉诸现实，我们会看到，人类始终生活于标准与选择的困惑之中，要么是"没有选择的标准的生命中不堪忍受之重的本质主义的肆虐"，要么是"没有标准的选择的生命中不能承受之轻的存在主义的焦虑"。哲学的辩证智慧，就是使人葆有高举远慕的心态、慎思明辨的理性、体会真切的情感、执着专注的意志和洒脱通达的境界，"注意于远大的观念，从琐屑的事件中解放出来"，成为"尊敬"自己的人，"自视能配得上最高尚的东西"的人。

哲学的辩证智慧，又是"关乎人类"的"大智慧"。趋利避害，这是一切生物的本能，也是一切生物存在的根基。人以外的生物的所趋之利和所避之害，不是"有意识"的选择，而是"无意识"的本能。人的"有意识"的生活活动，不仅构成了人类特有的"趋利避害"的实践的活动方式，而且使"趋利避害"成为人类始终面对的最为严峻的"难题"：对于人类来说，究竟何为"利"、何为"害"？人类如何解决整体的、长远的、根本的"利"与局部的、暂时的、非根本的"利"之间的关系？人类如何忍受局部的、暂时的、非根本的"害"而避免整体的、长远的、根本的"害"？费孝通先生倡言"各美其美、美人之美、美美与共"。这种关乎人类生死存亡的根本理念，应当是每个人"学以成人"的"大智慧"。

古今中外的真正的哲学，都是"人性的最高表现"，都是"提高人类精神生活的努力"。每个时代的哲学，都集宗教的信仰功能、艺术的陶冶功能、伦理的规范功能和科学的认知功能于一身，为人类的理性思维、价值观念、审美意识和终极关怀提供总体性的和根本性的支撑作用和导向作用，从而为整个人类和每个个体提供权衡利弊的"自主于行止进退之间"的"大智慧"。正是这种"大智慧"，使人成为真正的人——"配得上最高尚的东西"的人。

四　哲学传承的是启迪思想的"大手笔"

哲学是历史性的思想，哲学史是思想性的历史。以思想性的历史来传承历史性的思想，这是哲学使人"学以成人"的基本方式。

作为历史性的思想，任何一种哲学，都是哲学家思考人类性问题的思想结晶。哲学家个人的体悟和思辨，与人类的思想和文明，熔铸于各异其是的哲学思想之中。在这个意义上，我们可以说，哲学既是哲学家以个人的名义讲述人类的故事，又是哲学家以人类的名义讲述个人的故事。哲学作为社会的自我意识，所讲述的当然是"人类的故事"，但它又只能是哲学家以个人的体悟与思辨所讲述的人类故事。哲学是经由哲学家思维着的头脑创造出来的理论。哲学创造，从根本上说，就是哲学家从新的视角、以新的方式、用新的综合为人类展现新的世界，提示新的理想。这是启迪人类思想、震撼人类心灵的"大手笔"。

作为思想性的历史，哲学史是"高尚心灵的更迭"和"思想英雄的较量"的历史。这里的每一次"更迭"和每一种"较量"，都蕴含着呕心沥血的理性的思辨和洗涤灵魂的心灵的体验。恩格斯说，哲学是一种"建立在通晓思维的历史和成就的基础上的理论思维"。它犹如一位饱经风霜的老人，不仅是在讲述那些"真理"，而且是在讲述这些真理所包含的"全部生活和整个世界"。作为历史性的思想，哲学不仅诉诸人的缜思明辨的理性，而且诉诸人的体会真切的情感。按照冯友兰先生的看法，哲学作为"对人生的有系统的反思"，它的根本方法是"觉解"，它的根本目的是"境界"。学习哲学，并不是掌握某种永恒的真理，而是更好地生活。人生在世，就要协调人与自然、人与他人、人与社会、人与自我的关系，这就需要把这些关系从"名称"性的把握上升为"概念"性的理解。这种对人生在世的"概念"性的理解，就是以内涵着"全部生活和整个世界"的历史性的思想去理解人的生活和人所创造的世界，就是把"文明"内化于人的"心灵"。

哲学熔铸着哲学家对人类生活的挚爱，对人类命运的关切，对人类境遇的焦虑，对人类未来的期待。每个民族的哲学都深层地蕴含着整个民族的"生命历程、生存命运和生存境遇"，都饱含着整个民族的"苦难与希望、伤痛与追求、挫折与梦想"。哲学绝不是超然于人类社会生活之外的玄思和遐想，更不是远离生活的僵死的教条和冰冷的逻辑。哲学是对求索生活的意义和阐发人生的价值的渴望，是对追求理想的生活和阐发生活的理想的渴望。哲学作为人类心灵的最深层的伟大创造，其主旨是使人的精神境界不断升华。哲学给予人以理念和理想，从而使人在精神境界的升华中不断地崇高起来。学习哲学的过程，就是人的追求崇高的过程，就是使人崇高起来的过程，因而也就是使人"学以成人"的过程。人在途中，哲学在路上。

目　录

导　言　人的超越性与人的世界

　　人是世界上最奇异的存在——超越性的存在。

　　世界就是自然。它自然而然地存在，存在得自然而然。然而，从自然中生成的人类，却要认识自然、改造自然，把自然而然的世界变成"人化了的自然"即"属人的世界"。为了让世界满足自己的需要，人类从这个自然而然的世界中去探索"真"（为何如此），去寻求"善"（应当怎样），去实现"美"（自在与自为的统一），把这个自然而然的世界变成对于人来说是"真善美"的世界。"同天人""合内外""穷理尽性""万物皆备于我"，这不正是人类对自然而然的世界的"超越"吗？

　　人生亦为自然。"人之生，气之聚也，聚则为生，散则为死"，生生死死，自然而然。然而，本为自然的人类，却要认识人生、改造人生，把人的自然的生存变成创造"属人的世界"的生活。人类在对"人生"的认识与改造中，去寻求"意义"（为何生存），去追求价值（怎样生活），去争取自由（实现人生的意义和价值），把人类社会变成人类所憧憬的理想的现实。人生的困惑与奋争，理想的冲突与搏斗，社会的动荡与变革，历史的迁回与前进，绘制出人类自己创造自己、自己发展自己的色彩斑斓的画卷，这不正是人类对自然而然的人的生命活动的"超越"吗？

人类超越了自然而然的"世界"，超越了自然而然的"生命"，于是人类成为"万物之灵"——超越性的存在。

人类作为"万物之灵"，是有"意识"的存在。人不仅具有把"世界"当作自己的"对象"的"对象意识"，而且还有关于自己的感觉和知觉、欲望和目的、情感和意志、思想和理想的"自我意识"。在这种"自我意识"中，人类能够"觉其所觉""知其所知""想其所想""行其所行"，因而人类又能够"超越"自己的狭隘的、有限的存在，在自己的"意识世界"中为自己创造无限广阔、无限丰富、无限发展的"世界"，给自己构成理想性的、真善美相统一的"世界"，这就是人的"超越意识"。

人的意识是"超越"的，因此，人无法忍受——"单一的颜色"。

人类生活的世界，赤橙黄绿青蓝紫，是一个色彩缤纷的世界。如果只有一种单一的颜色，哪怕是最艳丽的鲜红、最纯洁的雪白、最诱人的碧绿，都是人的眼睛无法接受的，更是人的心灵无法忍受的。人的心灵同人的眼睛一样，需要五颜六色。马克思说，在太阳的辉耀下，每一颗露水珠都会闪烁出五颜六色的光芒，为什么人的精神却只能有一种颜色即"灰色"？

人类的意识有"联想"和"想象"，有"思想"和"理想"，有"灵感"和"直觉"；人类意识以自己的"联想""想象""思想""理想""灵感"和"直觉"，创造了人的"文化的世界"——"神话的世界""宗教的世界""常识的世界""艺术的世界""伦理的世界""科学的世界"和"哲学的世界"。人的世界，是人类意识创造的五彩缤纷的世界；人的意识，是把世界创造得五彩缤纷的"超越性"的意识。人的意识创造了色彩斑斓的"精神的世界"和"文化的世界"，人的意识又如何能够忍受"单一的颜色"？

人不能没有"联想"。"人类失去联想，世界将会怎样？"人不能没有"思想"。失去思想的躯壳，人岂不成了天地间最为软弱的苇草？人不能没有"理想"。不把现实变成理想的现实，哪里来的人的"历史"与"发展"？人的"联想""思想"和"理想"，把人的世界变成色彩缤纷的世界，人的意识又如何能够忍受"单一的颜色"？

人无法忍受"单一的颜色"，因而人无法忍受"凝固的时空"。

人的色彩缤纷的世界，是在人的创造性活动中生成的世界，又是在人的创造性活动中千变万化的世界。千变万化才有五彩缤纷。"太阳每天都是新的"，是因为人心灵的创造每天都是新的。马克思提出，时间是人类存在的空间。人类以自己的创造性的活动过程（时间）来创造"属人的世界"（空间），人的世界（空间）才成为色彩缤纷的世界；离开人类创造性的活动过程（时间），世界（空间）就只能是一个"每天都是旧的"即"单一颜色"的世界。"半亩方塘一鉴开，天光云影共徘徊。问渠那得清如许？为有源头活水来。"因此，人无法忍受"凝固的时空"。

人无法忍受"凝固的时空"，因而人无法忍受"存在的空虚"。

人的存在是追求生命价值和生活意义的存在，人类的历史是追求自己的目的的人的活动过程，因而对于人来说，"无价值"的生命和"无意义"的生活，是人的"存在的空虚"。时间成为人的存在的空间，现实的人总是不满足于人的现实，总是要使现实变成对于人来说更有"价值"、更有"意义"的理想的现实。试想一下，人类世世代代的科学探索、技术发明、政治变革、艺术创新、工艺改造、观念更新……不正是现实的人对人的现实的超越吗？不正是人把"时间"作为"空间"而实现的人的自我超越吗？人的生活是创造的过程，也就是"异想天开""离经叛道""无中生有""改天换地"的过程。人在现实中生活，又在理想中生活；现实规范着理想，理想引导着现实；现实使理想获得"存在的根基"，理想则使现实超越"存在的空虚"。对于人类来说，只有追求生命的价值与生活的意义才是人的存在。因此，人无法忍受"存在的空虚"，人要"超越"现实的存在而创造理想性的存在。

人无法忍受"存在的空虚"，因而人无法忍受"自我的失落"。

人类通过劳动而自我创造、自我生成为认识世界和改造世界的"主体"，从而人把"整个世界"（包括人自身）都变成认识和改造的对象即"客体"。这就是人与世界之间的"主客体关系"。马克思说，"凡是有某种关系存在的地方，这种关系都是为我而存在的；动物不对什么东西发生'关系'，而且根本没有'关系'；对于动物来说，它对他物的关系不是作为关系而存在的"。人作为"我"而存在，既形成了"我"与"世界"之间的"主客体关系"，又形成了"我"与"他人"之间的"主体间的关系"。在人类自己创造的"人类社会"中，人作为"类"构成了认识与改造世界的"大我"，人作为个体则成为独立存在的"小我"。因此，每个人同时具有了两种关于"我"的自我意识：其一，人类是"我"，个体只是人类"我"的类分子，个体只能作为类而存在；其二，个体是"我"，其他存在（包括他人）都是"非我"，"我"只是作为个人而存在的。这种人类"大我"与个体"小我"的矛盾，既要求"小我"不断地"超越自我"而融汇于"大我"之中，又要求"大我"以整体的进步实现每个"小我"的发展。人无法忍受双重的"自我的失落"：既无法忍受"小我"的失落，更无法忍受"大我"的失落。

人无法忍受双重的"自我的失落"，因而人无法忍受"彻底的空白"。

每个"小我"的个体生命的存在都是短暂的、有限的，死亡，是人这种生命个体自觉到的归宿。死亡，消解了欢乐，也消解了苦难；消解了肉体，也消解了灵魂。死亡是彻底的空白。这种连灵魂都不复存在的空白是人无法忍受的。面对死亡这个最严峻的、不可逃避的，却又是人所自觉到的归宿，人总是力图超越个体生命的短暂与有限，而获得某种方式的"永生"：人应当怎样生活才能使短暂的生命获得最大的意义和最高的价值？生命的永恒是在于声名的万古流芳或灵魂在天国的安宁，还是在于以某种形式把个体的"小我"融汇于人类的"大我"之中？

哲人培根说，人的"复仇之心胜过死亡，爱恋之心蔑视死亡，荣誉之心希冀死亡，忧伤之心奔赴死亡，恐怖之心凝神于死亡"。这就是人的心灵对死亡的超越。而在人类的历史上，饮鸩的苏格拉底，自沉汨罗的屈原，浴盆中的马拉，断头台上的谭嗣同，绞刑架下的伏契克，安乐椅上的马克思，这些伟人之死为人的生命定格了最为辉煌的一幕。人的生命面对着死亡，人又以自己的生命追求超越死亡，生与死的撞击燃烧起熊熊的生命之火，这不正是人的生命的自我"超越"吗？

人无法忍受"单一的颜色"和"凝固的时空"，人无法忍受"存在的空虚"和"自我的失落"，人更无法忍受连灵魂都不复存在的"彻底的空白"，因而人以自己的超越性的生命活动去实现人生的自我超越。西方人文学者马斯洛曾提出人的"层次需要"理论：从最低层次的"生理的需要"到"安全的需要""归属的需要""尊重的需要"，直至最高层次的"自我实现的需要"，既构成了人的多层次的需要，又实现了层次需要的自我超越。中国哲学家冯友兰则提出人生的四种境界：人作为超越自然的存在而自觉地使自然界满足自己生存的需要，这是最低层次的自然境界；意识到人的主体地位而追求个人目的的实现，这是较低层次的功利境界；自觉到人作为类而存在，并努力使"小我"融汇于"大我"之中，这是较高层次的道德境界；超越道德境界而自觉地达到人与自然的统一，才是最高层次的天地境界。人类超越了自然，又在自身的发展中力图使自己在高级的层次上返归于自然，在弘扬主体与反省主体的高度和谐中实现个人与社会、社会与自然的统一，这就是现代人类所自觉到的"人类意识""全球意识"，也就是现代人类的"超越意识"。人类心灵的创造是永无止境的，人类心灵创造的世界是日新月异的。人类的"超越意识"引导人类迈进新世纪的自我超越。

第一章 人的生活世界

参透"为何"，才能迎接"任何"。

——尼　采

人类的超越意识，根源于人的超越性的生命活动——生活，奠基于人的超越性的生命遗传——历史，结晶于人的超越性的生命演化——发展。人类的生活、历史和发展，既是人类的超越意识的现实根基，又是人类的超越意识所创造的"属人的世界"。

一　生活：生命活动的自我超越

世界上的全部存在，可以区分为"生命"的存在与"非生命"的存在。"生命"的存在是由"非生命"的存在进化而来的，因此，这两种存在归根到底都是"自然而然"的存在。

"生命"的存在，可以区分为人的生命存在与其他生物的生命存在。人以外的其他生物的生命存在只是纯粹的"自然而然"的存在，人的生命存在却不仅仅是"自然而然"的存在，而且还是"超越自然"的存在。这就是人的生命活动的"超越性"。

人的生命活动的"超越性"，在于人的生命活动是"生活"，而人以外的其他生物的生命活动则仅仅是"生存"。"生活"与"生存"的区别，是人与其他生物的根本区别。

"生活"与"生存"的区别，就在于人的生命活动不是纯粹的"自然而然"的过程，而是"超越自然"的"有意识"的创造性活动。关于这个根本区别，马克思有过精辟的论述。他提出："动物是和它的生命活动直接同一的。它没有自己和自己的生命活动之间的区别。它就是这种生命活动。人则把自己的生命活动本身变成自己的意志和意识的对象。他的生命活动是有意识的……有意识的生命活动直接把人跟动物的生命活动区别开来。"①关于人与动物的根本区别，恩格斯也做过精辟的论述。他提出，"动物仅仅利用外部自然界，简单地通过自身的存在在自然界中引起变化；而人则通过他所作出的改变来使自然界为自己的目的服务，来支配自然界。这便是人同其他动物的最终的本质的差别"②。

马克思和恩格斯的论述告诉人们：动物的生命活动就是它的生存，它的生存也就是它的生命活动。动物以自然所赋予的生命本能去适应自然，从而维持自身的生存。这种生存的生命活动是纯粹的自然存在。

人则不仅以生命活动的方式存在，而且意识到自己的生命活动，并且根据自己的意志和意识进行生命活动。这样，人的生命活动就成为实现人的目的性要求的活动，把自己的目的性要求变成人所希望的现实的活动，变成让世界满足自己的需要的活动。正因如此，人的生命活动就不再是纯粹适应自然以维持自身存在的生存方式，而是改变自然以创造人的世界的生活方式。

生活与生存的区别，还在于动物的生命活动只是按照自己所属的物种的尺度去适应自然的活动，而人的生命活动则是物的尺度与人的尺度相统一的变革自然的活动。这正如马克思所说的："动物只是按照它所

① 马克思：《1844 年经济学—哲学手稿》，50 页，北京，人民出版社，1979。
② 《马克思恩格斯选集》第 4 卷，383 页，北京，人民出版社，1995。

属的那个物种的尺度和需要来进行塑造，而人则懂得按照任何物种的尺度来进行生产，并且随时随地都能用内在固有的尺度来衡量对象；所以，人也按照美的规律来塑造物体。"①

动物只是按照它所属的物种的尺度进行生命活动，它就只能按照它所属的物种的本能去适应自然。肉食类动物只能吃肉，草食类动物只能吃草；陆地上的动物只能生存于陆地，水里的动物只能生存于水中；动物只能按照它所属的物种的方式生存，而不能按照其他物种的方式存在；动物只有自己所属的物种的尺度，而没有变革自己的存在方式的"内在"的尺度。人则可以根据任何一个物种的尺度去进行生产，并且按照人的尺度(人的意愿、目的、情感等)去改变对象的存在。

人按照"任何物种的尺度"来进行生产，也就是按照世界的各种存在物的"客观规律"来进行生产，这表明，人是一种可以"发现""掌握"和"运用"规律的存在；人又按照"内在固有的尺度"来进行生产，也就是按照自己的"需要""欲望""目的"来进行生产，这表明，人是一种把自己的生命活动变成自己的目的性活动的存在，即"目的性"的存在。因此，人既按照"任何物种的尺度"，又按照人的"内在固有的尺度"来进行生产，也就是人在"合规律性"与"合目的性"的统一中来进行生产；这种"合规律性"与"合目的性"的统一，使得人的生命活动达到了"自在"与"自为"相统一的"自由"的境界——"按照美的规律来塑造"。这就是人的"生活活动"所实现的"生命活动"的自我超越。正是人的超越性的"生活活动"显示了人类意识的"超越性"。

二 历史：生命复制的自我超越

人的"生活"活动与动物的"生存"活动，不仅是人与动物的两种不同

---

① 马克思：《1844年经济学—哲学手稿》，50—51页，北京，人民出版社，1979。

的维持"生命"的活动,而且是人与动物的两种不同的延续"生命"的活动:动物的生命活动是以"复制"的方式来延续其种类的生命活动,因而是一种"非历史"的延续方式;人的生命活动则是以创造"文化"和"文化"遗传的方式来延续其种类的生活活动,因而是一种"历史"的延续方式。人的"生活"活动是区别于一切动物"生存"活动的"历史"活动。

动物只有一个"尺度",即它所属的那个"物种的尺度",因此,动物只能按照它所属的那个"物种的尺度"本能地适应自然,并进行它所属的那个物种的纯粹自然的物种繁衍,造就世代相传的本能的生命存在。这就是动物的"复制"式的延续其种类的生命活动。

人在自己的生命活动中,是按照"任何物种的尺度"与人的"内在固有的尺度"的统一来进行生产的,也就是以"合规律性"与"合目的性"的统一来进行生产的,因而人的生命活动不仅仅是改造环境的过程,也是改造人本身的过程。在这个双重性的改造过程中,人类的生命延续超越了非历史的生命个体的"复制",从而实现了人所特有的"历史"。

人类的遗传具有双重性,是"获得性的遗传"与"遗传性的获得"的统一,即"自然的遗传"与"文化的遗传"的统一。人是历史性的存在,是"文化"的存在。人的生命活动,不仅是改变生活环境的活动,使自然"人化"的活动,把"人属的世界"变成"属人的世界"的活动,而且是改变人类自身的活动,使自身"文化"的活动,把"属人的世界"变成"文化世界"的活动。

文化是人的存在方式。人类创造了把握世界的各种各样的文化方式,诸如经验的、常识的、神话的、宗教的、艺术的、伦理的、科学的、哲学的和实践的文化方式。人类以文化的方式去把握世界,就形成了丰富多彩的、生生不已的人的文化世界,诸如宗教的世界、艺术的世界、伦理的世界、科学的世界等。文化是人的生活世界。

文化又是人类的遗传方式。"在动物和植物中,形成对环境的适应性,是通过其基因型的变异。只有人类对环境刺激的反应,才主要是通过发明、创造和文化所赋予的各种行为。现今文化上的进化过程,比生物学上的进化更为迅速和更为有效","获得和传递文化特征的能力，就成为在人种内选择上最为重要的了"①。人类在文化的遗传与进化中实现了自身的历史发展。

毫无疑问，在人类的"文化遗传"中，"语言"占有极为重要的地位。生物学家认为，遗传密码和语言结构之间有着惊人的相似之处。比如，两种符号都必须在特定的系统中才获得某些意义，孤立的单位本身没有任何价值。遗传密码也跟语言符号一样，表现为层次结构，一个层次中的单位，只有经过组合上升到更高层次的单位中以后，方能确定其同一性。染色体基因的 DNA 碱基，也同语言中的音位一样，形成各种区别特征。有些结构主义语言学家（如雅各布森）认为，这样惊人的相似绝非偶然，因为人类的祖先传递到后代有两大类基本的信息系统，即由细胞染色体传递的生物遗传密码，和由神经—生理及社会—心理机制传递的语言能力。②

人类的"文化遗传"表明，人的"生命的生产"表现为"双重关系"：一方面是"自然关系"，另一方面是"社会关系"。马克思和恩格斯提出，"语言和意识具有同样长久的历史；语言是一种实践的、既为别人存在因而也为我自身而存在的、现实的意识。语言也和意识一样，只是由于需要，由于和他人交往的迫切需要才产生的。……因而，意识一开始就是社会的产物，而且只要人们存在着，它就仍然是这种产物"③。

正是从这样的认识出发，马克思和恩格斯进一步阐释了"意识"的"历史"。他们提出，"当然，意识起初只是对直接的可感知的环境的一种意识，是对处于开始意识到自身的个人之外的其他人和其他物的狭隘联系的一种意识。同时，它也是对自然界的一种意识，自然界起初是作

----

① ［美］T. 杜布赞斯基：《遗传学与物种起源》，288、289 页，北京，科学出版社，1964。

② 参见陈明远编著：《语言学和现代科学》，113 页，成都，四川人民出版社，1983。

③ 《马克思恩格斯选集》第 1 卷，81 页，北京，人民出版社，1995。

为一种完全异己的、有无限威力的和不可制服的力量与人们对立的，人们同自然界的关系完全像动物同自然界的关系一样，人们就像牲畜一样慑服于自然界，因而，这是对自然界的一种纯粹动物式的意识（自然宗教）"①。他们接着又指出："这里立即可以看出，这种自然宗教或对自然界的这种特定关系，是由社会形式决定的，反过来也是一样。这里和任何其他地方一样，自然界和人的同一性也表现在：人们对自然界的狭隘的关系决定着他们之间的狭隘的关系，而他们之间的狭隘的关系又决定着他们对自然界的狭隘的关系，这正是因为自然界几乎还没有被历史的进程所改变。""但是，另一方面，意识到必须和周围的个人来往，也就是开始意识到人总是生活在社会中的。这个开始，同这一阶段的社会生活本身一样，带有动物的性质；这是纯粹的畜群意识，这里，人和绵羊不同的地方只是在于：他的意识代替了他的本能，或者说他的本能是被意识到了的本能。"②这种"代替"了本能的意识，在人类生产的"分工"中获得了发展；而由于"分工只是从物质劳动和精神劳动分离的时候起才真正成为分工"，因此，"从这时候起意识才能现实地想象：它是和现存实践的意识不同的某种东西；它不用想象某种现实的东西就能现实地想象某种东西。从这时候起，意识才能摆脱世界而去构造'纯粹的'理论、神学、哲学、道德等等"③。

人类超越了生命的"复制"而构成了自己的"历史"，人类在自己的独特的延续自身的"历史"中，造就了自己的"超越性"的"意识"。

三　发展：生命演化的自我超越

人是"历史"的存在，"历史"是人的存在方式。"历史"的存在方式使

---

① 《马克思恩格斯选集》第 1 卷，81—82 页，北京，人民出版社，1995。

② 同上书，82 页。

③ 同上书，82 页。

人的生命演化获得了自我超越的特殊内涵——发展。

"发展"，在最一般的意义上，当然是指事物渐进过程中的"中断"，即事物由旧的形态"飞跃"到新的形态。就此而言，我们当然可以说，世界上的一切事物都处于运动和变化所实现的"发展"之中。然而，在论述"关系"的时候，为什么马克思说"动物不对什么东西发生'关系'，而且根本没有'关系'"呢？那是因为，"对于动物来说，它对他物的关系不是作为关系存在的"。正因如此，马克思提出，"凡是有某种关系存在的地方，这种关系都是为我而存在的"①。

"关系"，必须是以"我"的存在为前提的；没有"我"的自我意识，关系就不是作为"关系"而存在的；离开"我"的事物之间的自在的"关系"，就不是真正意义的"关系"。同样，真正意义的"发展"，也有其特殊的含义。

真正意义的"发展"，需要有两个必不可少的前提：其一，"发展"的主体的自我否定所实现的由旧形态向新形态的"飞跃"；其二，"发展"的主体自觉到自己的"发展"，并通过发展而使自己的存在获得新的"意义"。具有上述两个前提的"发展"的，只有人的"历史"。

"历史"是人的有目的的活动过程，是实现人的目的的过程。在"历史"过程中，人以自己的生活活动去实现自己的生活目的，把不会主动满足人的世界变成满足人的要求的世界，也就是把不符合人的理想的现实变成人所要求的理想的现实。正是在这样的"历史"过程中，人不断地使自己的生活获得了新的"意义"，从而实现了人自身的"发展"。

由人的"历史"活动所实现的人自身的"发展"，是一种超越了其他所有存在物之演化方式的特殊方式。这就是人类历史的发展方式。

马克思和恩格斯提出："全部人类历史的第一个前提无疑是有生命的个人的存在"，然而，"一当人开始生产自己的生活资料的时候，这一

---

① 《马克思恩格斯选集》第1卷，81页，北京，人民出版社，1995。

步是由他们的肉体组织所决定的，人本身就开始把自己和动物区别开来"①。人类的生产活动开创了把自己与动物区别开来的"历史"。

"历史"作为人的存在方式，它的特殊性在于，人是自身存在的"前提"和"结果"。马克思说，"人的存在是有机生命所经历的前一个过程的结果。只是在这个过程的一定阶段上，人才成为人。但是一旦人已经存在，人，作为人类历史的经常前提，也是人类历史的经常的产物和结果，而人只有作为自己本身的产物和结果才成为前提"②。

在这里，马克思精辟地阐发了人作为自身存在的"前提"和"结果"所构成的"历史"的内涵。我们简要地分析马克思的论述，会有助于深化对人的"历史"和"发展"的理解。

首先，马克思的论述启发我们深刻地理解"人"是怎样的存在。

人类作为物质世界链条上的特定环节，是"自在"的或者说"自然"的存在，人类的产生是自然演化的结果，物质世界是人类存在的前提和根据。正因如此，马克思认为，"人的存在是有机生命所经历的前一个过程的结果。只是在这个过程的一定阶段上，人才成为人"。

然而，人类作为认识世界和改造世界的"主体"，又是"自为"的或者说"自觉"的存在，人类是在认识和改造世界的过程中才实现自身的存在和发展的。正因如此，马克思提出，"一旦人已经存在，人，作为人类历史的经常前提，也是人类历史的经常的产物和结果，而人只有作为自己本身的产物和结果才成为前提"。"历史"是人类存在与发展的真正"前提"。

上述的"正题"和"反题"表明，需要从"合题"去理解人的存在：作为"自在"的或"自然"的存在，人类统一于物质世界，物质世界是人类生存和发展的根据和前提，人类永远是"自然"的存在；作为"自为"的或"自觉"的存在，人的存在又只能是自己创造自己的过程，人类的历史是人

① 《马克思恩格斯选集》第1卷，67页，北京，人民出版社，1995。
② 《马克思恩格斯全集》第26卷第3册，545页，北京，人民出版社，1974。

类生存和发展的根据和前提，人类永远是"超自然"的存在；作为既"自在"又"自为"、既"自然"又"自觉"的存在，人类以自己的历史活动实现"自然性"与"超自然性""物的尺度"与"人的尺度""合规律性"与"合目的性"的统一，并从而实现自身的"发展"。

其次，马克思的论述启发我们深刻地理解"历史"是怎样的过程。

人作为"历史的经常前提"，总是"历史的经常的产物和结果"，他们的历史活动总是决定于在他们以前已经存在、不是由他们创立而是由前代人创立的历史条件。就此而言，"历史条件"又成为人们创造历史的"前提"，而每代人又都是作为历史的"产物"和"结果"而存在的。这样，人们的历史活动就不是"随心所欲"的，人们的历史活动的结果总是表现为不以人们的意志为转移的历史发展规律。历史的"发展"成为人的"发展"的前提。

作为"前提"的"历史条件"，包括"物质"的和"精神"的两大方面。马克思和恩格斯说，"历史的每一阶段都遇到一定的物质结果，一定的生产力总和，人对自然以及个人之间历史地形成的关系，都遇到前一代传给后一代的大量生产力、资金和环境，尽管一方面这些生产力、资金和环境为新的一代所改变，但另一方面，它们也预先规定新的一代本身的生活条件，使它得到一定的发展和具有特殊的性质"①。同时，作为"前提"的"历史条件"还包括种种"文化条件"。人类的语言是历史文化的"水库"，它以历史的文化积淀去占有个人。人们使用语言，就是被历史文化所占有。语言的历史变化，规定着人们对世界的理解，因而也就体现着人的历史性变化和规范着人的历史性发展。

然而，人作为"历史的经常的产物和结果"，又获得了创造历史的现实条件和现实力量，并凭借这种现实条件和现实力量去改变自己和自己的生活世界，实现历史的进步，并为自己的下一代创造新的"历史条件"。因此，人们又自己创造自己的历史，人们自己是自己的历史的"前

---

① 《马克思恩格斯选集》第1卷，92页，北京，人民出版社，1995。

提"，历史就是追求自己的目的的人的活动过程，历史就是实现人的自身发展的特殊方式。

"历史"，实现了生命演化的自我超越，实现了人类生活的自我发展。

人的"历史"的存在方式，决定了人的"意识"的超越性。马克思和恩格斯说，"意识在任何时候都只能是被意识到了的存在，而人们的存在就是他们的现实生活过程"①。又说："意识一开始就是社会的产物，而且只要人们存在着，它就仍然是这种产物。"②我们需要从人的"实际生活"和"历史发展"去理解人类意识的"超越性"。

人的意识是历史的产物，具有其他任何动物的"意识"所不具有的创造性和超越性。人的意识以历史文化的积淀为前提，不仅能够创造超越"对象"的"表象"，而且能够以"想象""思想""直觉""理想"的方式"无中生有"地创造"属人的世界"。

四　超越自然的人的世界

属人的世界，是人的"生活活动"所创造的世界，而不是"自在的世界"。

所谓"自在的世界"，就是自然而然地存在着的世界，处于生生不息的运动和变化中的世界。我们把它称作"自在的世界"，既是因为它外在于人而存在，不以人的意志为转移地存在，更是因为我们在这里还没有从人对世界的关系去看世界。一旦我们从人对世界的关系去看世界，世界就成了人的"对象的世界"，就成了人的"世界图景"。

所谓"世界图景"，是世界显现给人的图景，是人以自己的方式所把

---

① 《马克思恩格斯选集》第1卷，72页，北京，人民出版社，1995。

② 同上书，81页。

握到的图景，也就是人在自己的历史发展中所形成的关于世界的图景。人的关于世界的图景，当然是关于"自在世界"即世界本身的图景；但是，人的关于世界的图景，只能是人以自己把握世界的各种方式为中介而形成的关于世界的图景。如此说来，人的"世界图景"具有不可或缺的双重内涵：其一，"世界图景"是关于世界本身的图景，而不是虚构的图景；其二，"世界图景"并不是"自在的世界"，而是人以自己的方式所形成的关于世界的图景。这表明，人类形成怎样的"世界图景"，是同人类把握世界的方式密不可分的；我们只有搞清楚人类把握世界的基本方式，才能懂得人类关于世界的图景。

所谓"人类把握世界的基本方式"，简单地说，就是人类把"自在的世界"变成自己的"世界图景"的方式。人类在漫长的形成和演进的过程中，逐渐形成了一种人与世界之间的特殊关系，即人类不仅以其自然器官与世界发生"自然"的"关系"，而且以自己所创造的"文化"为"中介"而与世界发生"属人"的"关系"。常识、宗教、艺术、伦理、科学和哲学等，就是人类在自己的实践活动的基础上所形成的"文化"，就是人类对世界发生"属人"关系的"中介"，也就是人类把握世界的"基本方式"。

人类把握世界的基本方式，最为直接的是为人类提供了丰富多彩的、日新月异的"世界图景"，即常识的、宗教的、艺术的、伦理的、科学的和哲学的"世界图景"。人们以各种不同的"方式"去看世界，会形成各种不同的"世界图景"。在"常识的世界图景"中，我们会看到一种源于经验而又适用于经验的"世界图景"；在"宗教的世界图景"中，我们会看到一个与"现实世界""世俗世界""此岸世界"相分裂的"天国世界""神灵世界""彼岸世界"；在"艺术的世界图景"中，我们会看到一个"诗意的""审美的""象征的"世界；在"伦理的世界图景"中，我们会看到一个充满"矛盾"而又趋于"和谐"、相互"冲突"而又显示"秩序"的世界；在"科学的世界图景"中，我们会看到一个首尾一贯、秩序井然的"符号系统"和"概念框架"所表述的世界；而在"哲学的世界图景"中，我们会看到人为自己的思想与行为所悬设的诸种"前提""根据""尺度"

和"标准"。

　　人类以自己把握世界的"基本方式"为中介而与世界发生关系，不仅为人类提供了"丰富多彩"和"日新月异"的世界，而且使人自己生活于"三重世界"之中。在对人与世界关系的理解中，我们不仅应当看到人类实践的存在方式造就了现实世界的二重化，而且应当看到人类实践的存在方式所带来的人类生活的三重世界。

　　所谓"世界的二重化"，是指人的实践活动把世界"分化"为"自在的世界"与"自为的世界""自然的世界"与"属人的世界"。这种世界的"分化"或"二重化"，当然不是说世界自身分裂为两种根本不同的存在，即不是在宗教的方式中把世界分裂为神的"彼岸世界"与人的"此岸世界"，而是人的实践活动使"自然而然"的世界具有了二重属性。具体地说，人作为实践的主体，世界作为实践的客体，在"本原"的意义上永远是自然的存在；然而，人作为实践的主体，世界作为实践的客体，在人与世界的"主客体关系"的意义上，又都是人自己的实践活动的结果和产物，都属于人类自己创造的"属人的世界"。这就是人类的实践活动所造成的世界的"二重化"。

　　所谓人自己的生活的"三重世界"，是指人类不仅生活于"自然世界"之中，而且生活于自己所创造的"文化世界"和"意义世界"之中。具体地说，这就是，人作为自然存在物，同其他生物一样生存于"自然世界"中；人作为超越自然的社会存在物，生活于自己所创造的"文化世界"中；人作为社会—文化存在物，既被历史文化所占有，又在自己的历史活动中展现新的可能性，因而人生活于历史与个人相融合的"意义世界"中。"自然世界""文化世界"和"意义世界"，就是人类生活的三重世界。

　　人与动物生存于同一个物理自然世界之中，但是，人与动物对世界的关系却是根本不同的。动物只以其本能适应自然，从而维持自身的存在，因而它就是自然的存在，它只生存于"自然世界"之中。人则以实践的方式改变自然而维持和发展自身，从而使自身不仅是自然的存在，而且是超自然的存在——改造自然的存在。人类在以实践方式改变自然（外在的自然界和自身的自然）的过程中，形成了自己所特有的把握世界的多种方式，从而以这些基本方式为中介构成了人与世界之间的丰富多彩的关系，并因而构成了"属人"的"神话的世界""宗教的世界""艺术的世界""伦理的世界""科学的世界"。这就是人的"文化世界"。

"文化"，既是人类以实践活动为基础、以各种方式为中介把握世界的结果，又是人作为现实的人而与世界发生现实的"属人"关系的前提。马克思曾经说过，人们自己创造自己的历史，但是这种创造活动并不是随心所欲的，并不是在人们选定的条件下进行的，而是在直接碰到的、既定的、从过去承继下来的条件下进行的①。这种规范人们创造活动的历史条件，就是广义的"文化"条件，也就是人的"文化世界"。人的"文化世界"使人成为历史的、文化的存在；能否从历史、文化上去理解人的存在，就成为能否把人理解为现实存在的分水岭。

语言是"文化的水库"，它保存着历史的文化积淀；反之，历史的文化积淀又通过语言去占有世世代代的个人。文化哲学家卡西尔提出，语言的"具有决定意义的特征并不是它的物理特性而是它的逻辑特性。从物理上讲，语词可以被说成是软弱无力的；但是从逻辑上讲，它被提到了更高的甚至最高的地位：逻各斯成为宇宙的原则，并且也成了人类知识的首要原则"；"在这个人类世界中，言语的能力占据了中心的地位。因此，要理解宇宙的'意义'，我们就必须理解言语的意义"②。现代的哲学解释学进一步提出，语言作为"文化的水库"，构成了历史与现实之间、"历史视野"与"个人视野"之间的一种"视野融合"，也就是构成了人与历史、人与他人以及人与自我之间的相互理解和自我理解。这就是以人的"文化世界"为基础的人的"意义世界"。

人的"文化世界"和"意义世界"，表明了人与世界之间的特殊关系。

---

① 参见《马克思恩格斯选集》第 1 卷，585 页，北京，人民出版社，1995。
② ［德］恩斯特·卡西尔：《人论》，143 页，上海，上海译文出版社，1985。

人要把世界变成对于人来说是"真善美"的世界，人要把人生变成"有意义"的"生活"。为了使自己的生命活动具有"意义"，人们总是向自己追问"为何生存"和"怎样生存"，也就是寻找意义和追求价值，把人类的"生存"变成人类所向往和追求的"生活"，把人类的社会变成人类所憧憬的理想性的现实。

人类意识的超越性，源于人类自己的超越性的存在方式："生活"对"生存"的超越，"历史"对"遗传"的超越，"发展"对"演化"的超越。源于人类的超越性的存在方式的人类意识，又以人类意识的超越性构成了并发展了人的"精神世界""文化世界"和"意义世界"。人的"精神世界"并不是由"超历史"的纯粹的精神活动构成的世界，恰恰相反，它是以"文化"为依托、为内容而构成的"意义世界"。同样，人类意识所创造的"文化世界"，不是外在于人的"客观世界"，而是人的"精神世界"的对象化存在，是人的"意义世界"的表现形态。人的意识以"文化"形式创造出"意义世界"，又以"文化"形式体验、领悟、充实和升华自己的"精神世界"和"意义世界"，从而实现人类意识的自我超越。

让我们遨游于人类的"精神世界""文化世界"和"意义世界"中，去体会人类的"超越意识"。

第二章 人的精神世界

一个人的精神越伟大，就越能发见创造性之美。

——帕斯卡尔

人类的意识活动所创造的人的"精神世界"，是"地球上最美丽的花朵"。大千世界"移入"人的脑海而成为"意识界的存在"，万种情感"汇聚"人的脑海而构成"小宇宙的存在"。在人的"精神世界"中，超越"对象"的"表象"能够创造出人所要求的观念中的"对象"，超越"映象"的"想象"可以"不用想象某种现实的东西就能够现实地想象某种东西"，超越"表象"的"思想"可以使"表象"围绕思想的概念旋转并用思想的概念去创造人所憧憬的"对象"，超越"知识"的"智慧"更能够使人的思想与行为"保持必要的张力"和"达到微妙的平衡"以实现人与世界的和谐，超越"现实"的"理想"则使人类永葆自我超越的活力，从而去追求对于人来说更加美好的未来。这就是人类的超越意识所构成的五彩缤纷的人的"精神世界"。

一 超越"对象"的"表象"

无论是看到绚丽的朝霞还是看到闪烁的星

空，我们常常会说，那美丽的景色在我们的"脑海中浮现"；无论是听到火爆热烈的打击乐，还是听到如泣如诉的管弦乐，我们又常常会说，那动人的乐曲还在我们的"脑海中萦绕"；我们能够在"脑海中"背诵夏、商、周、秦、汉、晋、隋、唐、宋、元、明、清历代王朝，让那远逝的尘封的历史"历历在目"；我们可以"在脑海中"运用加、减、乘、除、开方、平方、微分、积分，让大千世界的万事万物成为计算的数字；我们甚至能够"在脑海中"构成玉皇大帝、王母娘娘、各路神仙、妖魔鬼怪、魑魅魍魉，"不用想象某种现实的东西就能够现实地想象某种东西……"

如此这般神奇的"脑海"是什么？就是人的"意识"。人的"意识"为何能够"制造"如此这般神奇的"脑中世界"？就因为人的"意识"具有"超越性"。

美丽的景色在我们的"脑海中浮现"，然而，那些高明的外科医生，又如何能够发现"浮现"在人的"脑海"中的景色？动人的乐曲在我们的"脑海中萦绕"，然而，那些有名的外科医生，又怎样能够找到"萦绕"在人的"脑海"中的乐音？还有，美丽的景色究竟为何能够"浮现"在我们的"脑海"？动人的乐音究竟如何能够"萦绕"在我们的"脑海"？首先，我们从人类"意识"的"表象"谈起。

我们"看"到的、"听"到的、"嗅"到的、"尝"到的、"摸"到的一切一切，都是我们"看""听""嗅""尝""摸"的"对象"，即外在于我们的"意识"的存在。我们的"意识"的最基本的功能，就在于意识把"看""听""嗅""尝""摸"的"对象"变成人的"脑海"中的存在——感觉和知觉形象的存在。

当我们说某种事物在"脑海中浮现"或在"脑海中萦绕"的时候，那种"浮现"或"萦绕"的事物已经不是"当下"看、听、嗅、尝、摸所构成的感觉、知觉形象，而是这种感觉、知觉形象的再现——表象。

表象，按照通行的普通心理学的定义，就是"感知过的事物在头脑中的再现"[①]。这种"再现"，首先具有直观性的特点。例如，我们在唤

---

① 黄希庭编著：《普通心理学》，322 页，兰州，甘肃人民出版社，1982。

起视觉记忆表象时，就仿佛在脑中看到这种事物一样；我们在唤起听觉记忆表象时，就仿佛在头脑中听到了那种声音一样。这种"再现"，还具有概括性的特点。例如，我们能够在头脑中再现"马"的形象，"牛"的形象，"男人"的形象，"女人"的形象，而不必是某匹马或某头牛、某个男人或某个女人的形象。表象的直观性和概括性，给人提供了超越时空的世界——脱离特定的时间、地点和条件而"浮现"或"萦绕"在人的"脑海"中的各种各样的形象世界。

"表象"与"对象"的关系，是以"映象"为中介的。如果说"映象"把"对象""移入人的头脑"，"表象"则在人的脑海中不断地"唤醒"已经"移入人的头脑"的种种关于"对象"的"映象"。因此，要理解"表象"的"超越性"，首先需要探讨"对象"与"映象"的关系。

我们如果把世界上的一切存在区分为"物质"和"意识"这两大类存在，就可以把这两大类存在称作"意识外的存在"和"意识界的存在"。这样，我们就可以清楚地理解"对象"与"映象"的关系了：其一，"映象"不是"对象"，"对象"是"意识外的存在"，而"映象"是"意识界的存在"；其二，"映象"是关于"对象"的"映象"，是把"意识外的存在"变成"意识界的存在"。由此我们就会提出两个问题：其一，人的意识如何把"意识外的存在"变成"意识界的存在"？其二，人的意识活动所构成的"意识界的存在"与"意识外的存在"是何关系？

关于第一个问题，即"对象"变成"映象"的问题，需要高级神经生理学、脑科学和心理学以及信息论等实证科学来回答；关于第二个问题，即"映象"与"对象"的关系问题，则是本书所关注的问题，它会帮助我们思考"意识"的"超越性"问题。

"映象"是把"意识外的存在"变成"意识界的存在"，因此，"映象"总是关于"对象"的"映象"。对此，马克思有两句广为人们所引证的名言：其一，"意识在任何时候都只能是被意识到了的存在"[①]；其二，"观念

[①] 《马克思恩格斯选集》第 1 卷，72 页，北京，人民出版社，1995。

的东西不外是移入人的头脑并在人的头脑中改造过的物质的东西而已"①。马克思的这两句名言，是值得我们深长思之的。

有一种通行的说法，"意识的内容是客观的，意识的形式是主观的，因此意识是客观内容与主观形式的统一"。这种说法已经通行多年，似乎已经成为不证自明的定论。然而，如果我们以马克思的上述名言去分析人的"意识"，就会发现一个引人入胜的问题：人的意识到底是"客观"的还是"主观"的，抑或是"主客统一"的？

客观世界是不依赖于人的意识而存在的。"在我们之外有一个巨大的世界，它离开我们人类而独立存在。"②在它未成为人的意识的"对象"之前，它是纯粹的"自在之物"；一旦成为人的意识的"对象"，它就构成了人的"意识界的存在"——"映象"。

"映象"不是"对象"，而是"被意识到了"的"对象"、"在人的头脑中改造过"的"对象"，这意味着，作为"意识界的存在"，"映象"并不是纯粹"客观"的存在。所谓"意识的内容是客观的"，只能是指"映象"来源于客观的"对象"，而不能把"映象"本身说成是"客观的"。

意识的"内容"和"形式"是密不可分的：意识的"内容"是由意识的"形式"所构成的"内容"，意识的"形式"是构成意识"内容"的"形式"。如果意识的"形式"是"主观"的，那么，由这种"主观"的"形式"所构成的"内容"又怎能是"客观"的？因此，所谓"意识的形式是主观的"，只能是如下两层含义：其一，意识的形式是属于主体方面进行认识活动的形式；其二，主体在运用认识形式的过程中具有自主性。超出这两层含义，把意识形式看成是纯粹主观的，其结果只能是"合乎逻辑"地把意识的内容——"映象"——归结为主观的。这是因为，以主观的形式所构成的内容，不能不具有"主观"的性质。

那么，究竟意识的内容——"映象"——是客观的还是主观的？这就

① 《马克思恩格斯选集》第 2 卷，112 页，北京，人民出版社，1995。
② 《爱因斯坦文集》第 1 卷，2 页，北京，商务印书馆，1976。

必须探讨把"对象"变成"映象"的人的意识活动。通过这种探讨，我们就会比较真切地体会到意识的"超越性"。

人类以自己的"意识形式"把意识外的"对象"变成意识界的"映象"，这种意识活动的最坚实的基础在于人类意识的物质基础。人类的意识形式作为人类认识机能的表现形式，首先是一种遗传性的获得。人脑是人的认识机能及其表现形式的物质承担者，而人脑的结构和功能首先是物质自身长期进化的产物，它的运动规律受到物质运动一般规律的支配。大脑在自己的运动过程中，实现自己特殊的功能，即实现物质的自我认识(大脑这个物质对包括大脑在内的所有物质的认识)。这正如恩格斯所说："我们的主观的思维和客观的世界遵循同一些规律，因而两者在其结果中最终不能互相矛盾，而必须彼此一致，这个事实绝对地支配着我们的整个理论思维。这个事实是我们的理论思维的本能的和无条件的前提。"①

我们还必须看到，人类意识并不仅仅是自然界长期发展的产物，而且是在自然根基的基础上，历史地发展着的社会实践的产物。马克思说，人的五官感觉就是"世界历史"的产物，是在以往的全部世界历史中形成和发展起来的。同样，人类的意识之所以能够合乎"逻辑"地认识世界，也是因为"人的实践经过千百万次的重复，它在人的意识中以逻辑的格固定下来。这些格正是(而且只是)由于千百万次的重复才有着先入之见的巩固性和公理的性质"②。

20世纪80年代以来，瑞士心理学家和哲学家皮亚杰的发生认识论，在我国学界产生了重大影响。这个理论的一个重要内容，就是以大量的观察材料和实验材料为基础，揭示了人类意识活动的实践基础。它在实证科学的层面上表明，正是人类的感性实践的逻辑不断地内化为人类意识活动的逻辑，人类的意识活动才具有越来越扩展、越来越深化的把握

---

① 《马克思恩格斯选集》第4卷，364页，北京，人民出版社，1995。
② 《列宁全集》第38卷，233页，北京，人民出版社，1959。

现实的力量。这就是说，正是人类自己的实践活动使人类的意识活动具有了"客观意义"。

我们还应当看到，人类的意识形式并不是空洞的、抽象的，而是以各种各样的认识成分来实现从"对象"向"映象"的转化的。这正如列宁所说的："辩证法是活生生的、多方面的（方面的数目永远增加着的）认识，其中包含着无数的各式各样观察现实、接近现实的成分。"①人类的"认识成分"的增长，是同科学的发展密不可分的。人类对世界的认识，是在其前进的发展中所创造的全部科学共同实现的。科学理论不仅以自己所提供的关于世界的规律性的认识来指导人类扩展和深化对世界的改造，而且历史地扩展和深化了人类用以认识世界的人类意识。

对于人类认识成分的增长及其所引起的人类意识能力的增强，科学家和哲学家都有深刻的论述。现代德国科学哲学家赖欣巴哈认为，科学的发展"代表着一条抽象思维能力迅速进步的指示线。它已导致具有最高完善性的纯粹理论结构，例如达尔文的进化论和爱因斯坦的相对论；它已把人类的思想训练到能够理解以前几世纪中有教养的人所不能理解的逻辑关系"②。日本学者猪木正文也指出，现代物理学的伟大绝不止于把它"越广泛地应用在技术上，也就会更加造福于人类"，而且在于，"这种向自然的神秘进行挑战的物理学研究方法，即使是对于物理学者以外的一般人们，也可以从中学习到新的思维方法"③。正是科学的发展，不断增添了人类认识系统的要素，改善了人类认识系统的结构，提高了人类认识系统的功能。

就现代而言，我们不仅具有多层次的归纳和演绎、分析和综合、抽象和概括、假说和证明等逻辑方法，而且具有诸如系统方法、信息方法、功能模拟法、数学模型法、概率统计法、思想实验法等极其丰富多

---

① 《列宁全集》第38卷，411页，北京，人民出版社，1959。
② ［德］H. 赖欣巴哈：《科学哲学的兴起》，96页，北京，商务印书馆，1983。
③ ［日］猪木正文：《爱因斯坦以后的自然探险》，6页，广州，广东科技出版社，1981。

彩的认识形式。这表明，人类用以反映世界的认识形式，绝不是抽象的和空洞的，而是一个各种各样的认识成分相互制约、相互渗透、相互贯通、相互转化的，是具有一定的层次结构而又变化不息的开放系统。

现代科学所展现的世界图景，是一个具有多序列、多结构、多层次的纵横交错的整体网络。如果我们像马克思所要求的那样，不是仅仅从客体的或者直观的形式去理解我们今天所把握的世界，就可以反省到一个意义极为重大的问题：世界所呈现给我们的图景，与我们反映这个图景的认识系统是一致的；客观图景与知识系统的一致，是通过科学进步的中介来实现的。科学的发展历史地改变了人类用以反映和把握世界的认识系统，呈现给人类的世界图景也历史地扩展和深化了。这就像现代科学哲学家斯台格弥勒所说的那样："范式的更换使学者们像是移居到另外一个星球上，本来熟悉的东西从一个全新的角度出现了，前所未知的东西聚集起来了。他们观察整个世界的概念之网更换了。可以毫不夸张地说，范式的变更使世界本身也变了。"①

人类的思维在本质上与客观世界服从于同一规律，但在表现上是不同的——思维的规律是通过对世界的自觉反映而表现出来的。这就是主体运用认识形式的自主性。

这种自主性，导致了认识运动的更为深刻的内在矛盾：一方面，主体在反映活动中，可能由于概念所具有的隔离性和僵化性而把事物变成孤立的、僵死的存在，从而使认识脱离事物；另一方面，主体可以通过思维的能动性去克服概念的隔离性和僵化性，达到思维与存在的统一。列宁说，"问题不在于有没有运动，而在于如何在概念的逻辑中表达它"；"这些概念必须是经过琢磨的、整理过的、灵活的、能动的、相对的、相互联系的、在对立中是统一的，这样才能把握世界"②。运用辩证的思维方式在僵死的概念中燃起一团火，使它燃烧起来、流动起来，

①　[西德]W. 斯台格弥勒：《科学哲学中的革命——围绕库恩科学观的争论》，载《自然科学哲学问题丛刊》1980 年第 1 期。
②　《列宁全集》第 38 卷，281、153 页，北京，人民出版社，1959。

就可以用概念的辩证运动去反映、把握、描述和表达事物的辩证运动和辩证发展，达到思维与存在在规律层次上的统一。这就是认识形式自我调整的客观意义。它也使意识中的"映象"具有了客观意义。

人类意识以"映象"和"表象"的方式使"对象"得以"映现"和"再现"为意识内容，这首先是在生理和心理的意义上体现了意识的超越性——人类的意识活动把外在的"对象"变成了内在的"映象"和"表象"。进一步看，作为人的"意识形式"的感觉、知觉和表象，又在社会遗传的意义上体现了意识的超越性——人类的意识活动把自在的"对象"变成了人所理解的具有文化内涵的"映象"和"表象"。

"表象"，既再现"映象"的形式，又是"映象"在人的头脑中再现的内容，因而是再现"映象"的内容与形式的统一。人的再现"映象"的"表象"，不仅一般地超越特定的时间与空间而再现"映象"，而且特别地表现在下述三个方面：一是以语词"呼唤""调遣"各种表象；二是以语词"重组""构建"各种表象；三是以语词"创造""创建"各种表象。

尽人皆知的巴甫洛夫学说，根据信号刺激的特点，把大脑皮质的功能分为第一信号系统活动和第二信号系统活动，即凡是以直接作用于各种感觉器官的具体刺激为信号刺激而建立的条件反射系统，称为第一信号系统活动，如吃过梅子的人见到梅子就分泌唾液；与这种具体刺激建立的条件反射系统相区别，由语词作为信号刺激而建立的条件反射系统，称为第二信号系统，如"梅子"这个语词即可使人分泌唾液。

语词，不仅对于使用它的每个个体而言是超时空的，而且还以"历史文化的水库"的形式实现其社会性的历史遗传。如果我们把人视为历史文化的存在，而不是"超历史""非文化"的存在，那么我们就会更为深切地懂得以语言为存在方式的人的表象的超越性。在人的意识活动中，任何"映象"的"再现"，都是同"语言"密不可分的。著名的语言学家索绪尔告诉我们，"语言符号连结的不是事物和名称，而是概念和音响形象。后者不是物质的声音，纯粹物理的东西，而是这声音的心理印迹，我们的感觉给我们证明的声音表象"。由此索绪尔"把概念和音响形象的结合叫做符号"，并"用能指和所指分别代替概念和音响形象"①。在人的意识活动中，再现"映象"的"表象"，是由人的语词"招之即来""挥之则去"的。这更为深刻地表现了"表象"之于"对象"和"映象"的超越性。

人的意识活动不仅以语词"呼唤"或"调遣"表象，而且以语词"重组"表象。"枯藤、老树、昏鸦，小桥、流水、人家，古道、西风、瘦马，夕阳西下，断肠人在天涯"，这一个个相互独立的表象，在词人马致远的笔下，被组合为一种超越纯粹表象组合的表达人生况味的艺术意境。作为这首作品的读者，我们如果只是孤零零地"再现"关于"枯藤""老树""昏鸦""小桥""流水""人家"的"映象"，它们则会成为一组互不相干、毫无意义、索然无味的"表象"。然而，正是人的"历史文化的水库"——语词——以其文化的内涵"重组"了表象，照亮了表象，这一首由诸种"表象"构成的"图景"，才引发了人的情感的共鸣和无尽的遐想。

人的意识以语词"重组表象"，也以语词"创造"表象。人的意识之所以能够"仰观宇宙之大，俯察品类之盛"，正是由于人的意识以语词构建了人的表象的"小宇宙"。语词使表象得以千变万化、千姿百态地"组合"与"重组"，也使表象获得"意义"与"意境"。这正如陆机所说，"石韫玉而山辉，水怀珠而川媚"。语词使表象获得了远远大于表象、远远超出表象的文化内涵，正是凭借这种文化内涵，人的表象实现了自我超越——不仅"再现""映象"，还"创造""形象"，给自己构成自己所要求的"世界图景"。

二　超越"映象"的"想象"

"人类失去联想，世界将会怎样?"这是著名的计算机集团——联想

---

① ［瑞士］费尔迪南·德·索绪尔:《普通语言学教程》，101、102 页，北京，商务印书馆，1980。

集团——的著名的广告词。

确实，如果人类只是以"感觉""知觉"和"表象"的方式去形成关于经验对象的"映象"，只是把经验世界的存在再现于自己的"脑海"中，人类又怎么为自己构成自己所要求的世界图景，从而把世界变成自己所向往的理想的现实呢？人的意识所构成的关于对象的形象，"永远不是对于感性材料的机械复制，而是对现实的一种创造性把握，它把握到的形象是含有丰富的想象性、创造性、敏锐性的美的形象"①。失去人的联想，就不会有人的世界；无人的世界，是人所无法想象的。

现代存在主义大师海德格尔曾经这样讲述与评论梵·高的一幅画。他说："梵高的那幅油画：一双坚实的农鞋，别无其他。这幅画其实什么也没有说出。但你立即就单独与在此的东西一起在，就好象一个暮秋的傍晚，当最后一星烤土豆的火光熄灭，你跩着疲惫的步履，从田间向家里走去。什么东西在此在着呢？是亚麻画布呢？还是画面上的线条？抑或是那斑斑油彩？"②如果我们只是"见其所见"，这幅画就只是一双"坚实的农鞋"；而我们超越了"见其所见"，却会产生无尽的联想和想象。当然，海德格尔所讲的"在"是含义颇深的，我们在这里只想说：驰骋人的意识的"想象力"，我们将会获得怎样丰富的精神世界？反之，扼杀人的意识的"想象力"，我们的精神世界又将会怎样的贫乏与苍白？

想象，是指在感觉、知觉材料的基础上，经过表象的创造性组合而形成新的表象的心理过程。它冲破了既有表象形象的束缚，超越了时间、空间的限制，它是列宁所说的"人给自己构成的世界客观图画"，这是"现实地想象"。

想象力人皆有之，但多属于再现性想象，即只是再现曾被感知过的客体表象，而激发人类智慧，引发知识更新，推进社会发展，创建新的世界，则主要依赖于创造性想象。

---

① ［美］鲁道夫·阿恩海姆：《艺术与视知觉》，5 页，北京，中国社会科学出版社，1984。

② ［德］海德格尔：《形而上学导论》，35—36 页，北京，商务印书馆，1996。

创造性想象不仅是"想象的现实"，而且是"现实地想象"。这种"真实的想象"奠基于人类社会的进步和理论思维的发展。

真实的想象依赖于人类所创建的科学、艺术和哲学等文化样式，真实的想象又创造新的科学世界、艺术世界和哲学世界。

在化学发展史上，从无机化学发展到有机化学，出现了一个奇异的新问题——完全相同的化学成分可以组成不同的结构。这就是所谓"同分异构体"问题。当化学家知道苯的成分是 C_6H_6，而 C 是 4 价，H 是 1 价，他们就提出了这样的问题：6 个碳原子(C)与 6 个氢原子(H)是怎样结合的呢？提出苯环结构的化学家凯库勒曾这样回顾自己的思考过程："我把坐椅转向炉边，进入了半睡眠状态。原子在我眼前飞动；长长的队伍变化多态，靠近了，连接起来了。一个个扭动着、回转着，像蛇一样。看，那是什么？一条蛇咬住了自己的尾巴，在我眼前轻蔑地旋转，我如从电掣中惊醒。那晚我为这假说的结果工作了整夜。"正是借助于蛇咬住自己尾巴的想象，凯库勒让苯的碳原子与氢原子形成圆圈状，这就是苯环。

艺术就是想象的艺术，然而，人们却常常把艺术的想象视为"虚幻的想象"，把想象的艺术视为"想象的虚构"。于是，艺术成了虚幻的方式，艺术的世界成了虚构的世界，艺术的欣赏成了可有可无的消遣。其实，艺术同科学一样，也是一种"现实地想象"和"真实的想象"。我国一位著名文学评论家曾这样评论《红楼梦》这部巨著。他说，《红楼梦》在把生活的大山推倒之后，又艺术地重新建造起来。由此我们可以进一步发挥说，这构建艺术之山的过程是一种"真实的想象"，这构建起来的艺术之山则是一种"现实地想象"。它不仅艺术地再现了生活的真实，而且艺术地创造了生活的真实。这种艺术地创造出来的生活的真实，是生活逻辑的真实，生活理念的真实，生活理想的真实。艺术的魅力，根源于艺术现实地想象。

人类的"想象"所获得的最高奖赏，就是人类意识活动的灵感的爆发。

在人类科学技术的发展史上，有许多令后人惊羡不已的千古美谈：

阿基米德从溢出浴盆的水中顿悟出浮力原理，牛顿从苹果落地直觉到万有引力，瓦特从沸水鼓开的壶盖领悟到蒸汽的作用，门捷列夫在梦境中形成严整的化学元素周期表……这些关于科学家"灵感爆发"的千古美谈告诉人们：灵感，是在人们未曾预料的情况下所获得的创造性的认识成果，是人们在突如其来的瞬间所达到的思想的豁然开朗，是人们的精神高度亢奋的不同寻常的心理状态。真的发现与美的体验，在灵感的爆发中实现了常人难以想见的统一。

在一般的思维过程中，思维往往表现出"按部就班""循序渐进""由浅入深""有理有据""推出结论"的特点。与此相反，灵感却具有爆发性、洞见性、暂时性和模糊性的特点。灵感是在人们未曾预料的情况下突然发生的，这就是它的"爆发性"；灵感的爆发使人的思维瞬间达到某种意想不到的境界，这就是它的"洞见性"；灵感的爆发是突然闪现并稍纵即逝的，这就是它的"暂时性"，灵感爆发所获得的思想是未经论证和朦胧含混的，这就是它的"模糊性"。

在灵感爆发时，人的精神状态是不同寻常的：精力高度集中，想象极其活跃，思维特别敏捷，情绪异常激昂。正是在这种最佳的心理状态中，某些奇特的构思涌现了，某些独到的观点形成了，某些新颖的思路闪亮了，某些百思不得其解的问题得到了解决。我国数学家王梓坤曾对灵感爆发做过这样的描述："某人长期攻研一个问题，不舍昼夜，挥之不去，驱之不散，才下眉头，又上心头，他的思想白热化了，处于高度的受激状态，忽然在某一刹那，或由于某一思路的接通，或由于外界的启发，他的思维立即由常态跃到高能态。这时的他已非平日的他，他超越了自己，超越了他的平均智力水平，完成了智力的跃进。在所研究的问题上，他的新思路如泉涌，如雨注，头脑非常敏锐，想象十分活跃，从而使问题迎刃而解了。"灵感，就像接通电路的开关，在突然爆发的瞬间导致了科学的发现和技术的发明、艺术的创造和理论的创新。

"人类失去联想，世界将会怎样？"从中体味人类意识的超越性想象，我们是否会对这句脍炙人口的广告词产生更为开阔的"联想"呢？

三　超越"形象"的"思想"

"映象""表象""联想"和"想象",均属于人类意识中的"形象",因而均属于"经验地"表现世界和"经验地"表达人的意愿的方式。人类意识的超越性,更为深刻地表现在以"思想"的方式把握"超验的"世界并构成"超验的""世界图景"。

黑格尔说,"精神,作为感觉和直观,以感性事物为对象;作为想象,以形象为对象;作为意志,以目的为对象。但就精神相反于或仅是相异于它的这些特定存在形式和它的各个对象而言,复要求它自己的最高的内在性——思维——的满足。而以思维为它的对象"①。超越于"感觉""直观""想象"和"意志"的"思想",使人类意识在"感性"与"理性"的矛盾中获得了现实的超越性。

感性与理性的矛盾

古希腊哲学家曾经提出一个著名的命题:"人是万物的尺度。"然而,只要我们对"人"稍作分析,就会发现,这里所说的"尺度"陷入了矛盾之中。

人有感性,还有理性,人是感性与理性的矛盾统一。

人类自身的独特存在方式——实践活动——就是感性与理性的矛盾性的集中体现:一方面,实践是人的有目的、有意识的自觉活动;另一方面,实践又是人以自己的感性存在(肉体组织)去改变世界的感性存在的客观物质性活动。在实践活动中,人的感性与理性是不可分割地融为一体的。

以实践活动为基础的人类认识活动,更为明显地表现为感性与理性的对立统一:一方面,人要以自己的各种感官去感知外部世界以及人自

---

① ［德］黑格尔:《小逻辑》,51页,北京,商务印书馆,1980。

身的存在，形成关于人和世界及其相互关系的感觉经验；另一方面，人则以自己的理性思维去把握事物的"本质"和"规律"，形成关于人和世界及其相互关系的规律性认识。

人类的感觉经验，所把握到的只能是认识对象的种种"现象"；人类的理性思维，所把握到的只能是认识对象的内在"本质"。因此，这便构成了人的感觉经验与理性思维的矛盾：对于人的感觉经验来说的"存在"，对于人的理性思维来说却只能是"非存在"；反之，对于人的理性思维来说的"存在"，对于人的感觉经验来说也只能是"非存在"。感性"看不见"本质，理性"看不见"现象，而人却既要"看见"现象，又要"看见"本质，因此，人的感性与理性的矛盾是"无处不在""无时不有"的。

在人的感性与理性的矛盾中，人的感性所"看到"的，是对象的"个别"的、"偶然"的、"现象"的存在；人的理性所"思想"的，则是对象的"共性"的、"必然"的、"本质"的存在。因此，在人的感性与理性的矛盾中，人的全部对象被"把握"为个别与一般、偶然与必然、现象与本质的矛盾性存在。这正如列宁所说，"从任何一个命题开始，如树叶是绿的，伊万是人，哈巴狗是狗等等"，"这里已经有偶然和必然、现象和本质，因为当我们说伊万是人，哈巴狗是狗，这是树叶等等时，我们就把许多特征作为偶然的东西抛掉，把本质和现象分开，并把二者对立起来"[①]。

分析了人的"感性"与"理性"的矛盾，我们再来看"人是万物的尺度"这个命题：如果把"人"作为万物的尺度，那么，这个尺度是人的感觉经验还是人的理性思维？感觉经验中的存在是真实的存在，还是理性思维中的存在是真实的存在？如果把"人"作为万物的尺度，那么，这个尺度是人的情欲还是人的理智？人作为人自己的思想和行为的尺度，是以情欲为理智的尺度，还是以理智为情欲的尺度？人是"跟着感觉走"，还是"跟着理性走"？人是自然界长期发展的结果，又是以自身的劳动创造的结果，因而人既是自然的存在又是超自然的存在，既是感性的存在又是

---

① 《列宁全集》第 38 卷，409、410 页，北京，人民出版社，1959。

理性的存在，人作为万物的尺度和人自身的尺度，究竟是以人的自然性作为人的超自然性的尺度，还是以人的超自然性作为人的自然性的尺度？这就是在"人是万物的尺度"这个命题中所蕴含的感性与理性的矛盾。它启发我们从人类意识的自我超越去理解"感性"与"理性"的关系。

表象与思想的矛盾

人们通常以"感性"和"理性"来标志认识的机能、形式、过程和阶段等，如"感性机能"和"理性机能""感性形式"和"理性形式""感性认识阶段"和"理性认识阶段"。然而，这种以"感性"和"理性"为核心范畴来描述和解释人的认识过程，却存在以下亟待探索与回答的问题：人的认识中的"感性"和"理性"是指认识的"形式"，还是指认识的"内容"，抑或指认识的形式与内容的统一？人的认识过程中的"感性"和"理性"是此消彼长、先后发挥作用的，还是始终并存、共同发挥作用的？具体地说，能否把"感性认识阶段"解释为运用"感觉、知觉和表象"去认识，而把"理性认识阶段"解释为运用"概念、判断和推理"去认识？这样的解释如何说明"感性"和"理性"的"相互渗透"？如果以"感性"和"理性"的"相互渗透"去描述和解释认识过程的矛盾运动，我们应当怎样更为合理地区分认识的不同阶段？"感性"和"理性"是人的纯粹自然的认识机能和认识形式，还是具有社会性、历史性和文化性的认识方式？

关于人的认识，列宁曾经引证黑格尔的话说："凡是没有思维和概念的对象，就是一个表象或者甚至只是一个名称；只有在思维和概念的规定中，对象才是它本来的那样。"对此，列宁的评论是："这是对的！表象和思想，二者的发展，而不是什么别的。"①列宁的评论启示我们，从"表象"与"思想"的矛盾运动角度去解释人的认识过程，从而深化对人的意识的自我超越的理解。

作为认识主体的人具有感性和理性，在人的认识活动中，人的感性机能使对象的感性存在变成头脑中的"表象"，人的理性机能则使对象的

---

① 《列宁全集》第 38 卷，242 页，北京，人民出版社，1959。

内在规定变成头脑中的"思想"。因此，在人的现实的认识活动中，感性与理性的矛盾就呈现为"表象"与"思想"的矛盾运动；或者也可以反过来说，"表象"与"思想"的矛盾运动，是感性与理性的矛盾在人的现实的认识活动中的体现。

"表象"既是再现对象的感性形象的方式，又是对象的感性形象在人的头脑中再现的内容，因而它是感性形式与感性内容的统一；同样，"思想"既是以概念、判断、推理等形式去表述对象的内在本质的方式，又是对象的内在本质在人的头脑中再现的内容。认识过程中的"表象"和"思想"的矛盾运动，不仅是认识形式之间的矛盾，而且更主要的是认识内容的矛盾。以"表象"和"思想"为核心范畴去描述认识的矛盾运动，我们就能够更为合理地阐释人的认识在内容与形式的对立统一中所实现的基本过程。

现实的认识主体是历史文化的存在，因而总是以其已经具有的"表象"和"思想"进入具体的认识活动之中，而不是仅仅以纯粹的"感性"和"理性"的"认识形式"去反映对象。认识过程中的矛盾运动，在一定的意义上，是已有的"表象"和"思想"同新形成的"表象"和"思想"的矛盾运动。离开人的"表象"与"思想"的矛盾运动，或者把人的"感性"和"理性"当作纯粹的"认识形式"，就会非历史地或超历史地看待人的意识活动，无法把握和解释人的意识的自我超越。

从"感性具体"到"理性具体"：思想对表象的超越

在人的现实的认识活动中，"表象"与"思想"的矛盾运动，主要地表现为三个基本阶段：一是思想"把握"表象的矛盾运动，这是认识过程中的"感性具体"的阶段；二是思想"蒸发"表象的矛盾运动，这是认识过程中的"理性抽象"的阶段；三是思想"重组"表象的矛盾运动，这是认识过程中的"理性具体"的阶段。

在"思想把握表象"的矛盾运动中，虽然认识主体是以"概念"去把握表象的，但是，这里的"概念"还只是把握表象的"名称"，因而"概念"是围绕"表象"旋转的，由此形成的认识只是一种"浑沌的关于整体的表象"。这就是认识过程中的"感性具体"的阶段。

关于"感性具体"中的表象与思想的矛盾，列宁曾经做过这样的论述："虽然，在一定意义上表象的确是较低级的。实质在于：思维应当把握住运动着的全部'表象'，为此，思维就必须是辩证的。表象比思维更接近于实在吗？又是又不是。表象不能把握整个运动，例如它不能把握秒速为30万公里的运动，而思维则能够把握而且应当把握。"①

列宁的这段论述表明：其一，认识运动的"实质"是思维与表象的矛盾运动；其二，思维能够把握到表象无法把握的整个运动；其三，表象与思维相比，是以"感性具体"表现实在，因此它既比思维更接近实在，又没有思维更接近实在。因此，认识主体要超越"感性具体"而达到对实在的思维把握，就必须使认识运动进展到"理性抽象"的阶段，并进而达到"理性具体"的阶段。

关于从"感性具体"到"理性抽象"和"理性具体"的矛盾运动，马克思做过这样的描述："具体之所以具体，因为它是许多规定的综合，因而是多样性的统一。因此它在思维中表现为综合的过程，表现为结果，而不是表现为起点，虽然它是现实的起点，因而也是直观和表象的起点。在第一条道路上，完整的表象蒸发为抽象的规定；在第二条道路上，抽象的规定在思维行程中导致具体的再现。"②

马克思这里所说的"第一条道路"，是由"感性具体"上升为"理性抽象"的过程；这里所说的"第二条道路"，则是由"理性抽象"上升到"理性具体"的过程。经过这两条"道路"所实现的，是由"感性具体"上升到"理性具体"，因而马克思说"理性具体"是"具体的再现"。这种再现的具体即"理性具体"，是"许多规定的综合"和"多样性的统一"。

由"感性具体"上升为"理性抽象"的过程，就其实质内容而言，是把"完整的表象蒸发为抽象的规定"。"感性具体"作为"完整的表象"，既是

---

① 《列宁全集》第38卷，245—246页，北京，人民出版社，1959。
② 《马克思恩格斯选集》第2卷，18页，北京，人民出版社，1995。

最"具体"的，又是最"抽象"的。这是因为：一方面，在思维把握表象的"感性具体"阶段，思维围绕着表象旋转，表象为认识主体呈现生动具体的感觉形象，因而是"最具体"的；另一方面，正因为"感性具体"阶段是思维围绕表象旋转的，思维用以把握表象的概念还只是空洞的"名称"，还没有形成关于被表象的对象的任何规定性的认识，因而又是最"抽象"的。

由"完整的表象""蒸发"出的"抽象的规定"，是关于对象的各种规定性。这些规定性"只能作为一个具体的、生动的既定整体的抽象的单方面的关系而存在"①。它们以逻辑范畴的形式表现着对象的各种规定性，并以思维范畴的逻辑运动的形式表现着事物的运动。所以，列宁提出，"当思维从具体的东西上升到抽象的东西时"，它不是离开真理，而是"接近真理"。列宁还具体地指出，"物质的抽象，自然规律的抽象，价值的抽象及其他等等，一句话，那一切科学的（正确的、郑重的、不是荒唐的）抽象，都更深刻、更正确、更完全地反映着自然"。由此列宁所得出的结论是："从生动的直观到抽象的思维，并从抽象的思维到实践，这就是认识真理、认识客观实在的辩证的途径。"②

关于"理性的抽象"或"抽象的规定"及其表现形式——"逻辑范畴"和"范畴的逻辑运动"，马克思做过这样的论述："在最后的抽象（因为是抽象，而不是分析）中，一切事物都成为逻辑范畴，这用得着奇怪吗？如果我们逐步抽掉构成某座房屋个性的一切，抽掉构成这座房屋的材料和这座房屋特有的形式，结果只剩下一个物体；如果把这一物体的界限也抽去，结果就只有空间了；如果再把这个空间的向度抽去，最后我们就只有纯粹的量这个逻辑范畴了，这用得着奇怪吗？用这种方法抽去每一个主体的一切有生命的或无生命的所谓偶性，人或物，我们就有理由说，在最后的抽象中，作为实体的将是一些逻辑范畴。"③马克思还指

①　《马克思恩格斯选集》第 2 卷，19 页，北京，人民出版社，1995。
②　《列宁全集》第 38 卷，181 页，北京，人民出版社，1959。
③　《马克思恩格斯选集》第 1 卷，138—139 页，北京，人民出版社，1995。

出："正如我们通过抽象把一切事物变成逻辑范畴一样，我们只要抽去各种各样的运动的一切特征，就可得到抽象形态的运动，纯粹形式上的运动，运动的纯粹逻辑公式。"①

在表象与思维的矛盾中，思维把"完整的表象蒸发为抽象的规定"，从而形成了关于对象的各种规定性的"理性抽象"。但是，由于这种"理性抽象"还"只能作为一个既与的、具体的、生动的、整体的抽象片面的关系而存在"，因此，思维还必须使"抽象的规定在思维行程中导致具体的再现"。这个"再现"的具体就是"理性具体"。

马克思说："具体之所以具体，因为它是许多规定的综合，因而是多样性的统一。"②对于这种多样性统一的"理性具体"，马克思从表象与思维的矛盾关系中，做出了深刻的阐述。马克思指出："具体总体作为思维总体、作为思维具体，事实上是思维的、理解的产物；但是，决不是处于直观和表象之外或驾于其上而思维着的、自我产生着的概念的产物，而是把直观和表象加工成概念这一过程的产物。"③

以表象和思想的矛盾运动来表达认识发展的过程，凸显了认识运动中的内容与形式的不可分割、认识过程中的感性与理性的相互渗透、认识活动中的历史性与现实性的对立统一，以及认识展开中的由"感性具体"（肯定）到"理性抽象"（否定）再到"理性具体"（肯定）的否定之否定的辩证运动。人的认识这个辩证运动正深刻地展现了人类意识以"表象"与"思想"的矛盾运动而实现的"超越"，即由"感性具体"超越性地发展为"理性抽象"，又由"理性抽象"超越性地发展为"理性具体"。正是在"理性具体"中，人的意识达到了对世界的"许多规定的综合"和"多样性的统一"的把握。

建构与反思：思想的自我双重超越

思想，以概念运动的方式，在自己构成自己的过程中，表现为双重

---

① 《马克思恩格斯选集》第1卷，139页，北京，人民出版社，1995。
② 《马克思恩格斯选集》第2卷，18页，北京，人民出版社，1995。
③ 同上书，19页。

的否定和双重的超越：一方面，思想在概念的运动中，不断地否定自己的虚无性，使自己获得越来越具体、越来越丰富的概念的规定性，这就是思想的自我建构的过程；另一方面，思想又不断地反思、批判、否定自己所形成的概念的规定性，从而在更深刻的逻辑层次上重新建构自己的规定性，这就是思想的自我反思的过程。

思想在这种双重否定的过程中，既表现为思想规定的不断丰富，概念内涵的不断充实；又表现为思想力度的不断深化，思想自身在逻辑上的层次跃迁。这就是人类思想运动的建构性与反思性、规定性与批判性、渐进性与飞跃性的辩证统一。

这里，我们来体会一下辩证法大师黑格尔关于人类思想的自我超越的论述，这是令人饶有兴味和发人深省的。

黑格尔在他的哲学名著《逻辑学》中，以概念辩证发展的方式，展现了人类思想自我否定、自我超越、自我发展的逻辑。而这个思想自我发展的逻辑开端，是被黑格尔称作"纯存在"的范畴。

黑格尔提出，作为逻辑开端的范畴，既是最贫乏、最抽象的，又包含着全部矛盾的胚芽，因而才能成为思想自己构成自己的出发点。黑格尔说："无确定性的直接性，先于一切确定性之直接性，最原始的无确定性。这就是我们所说的'存在'。"这就是说，作为《逻辑学》开端的纯粹的"存在"，是一种没有任何规定性的存在。思维所把握的没有任何规定性的存在，也就是没有任何思想内容的思想。这样的思想，只能是一种"纯思"。所以黑格尔说"纯存在"也就是"纯思"。

"纯思"是一种潜在的矛盾：作为思想内容，它没有任何具体的（特定的）规定性，因而是"无"，但它又指向所有的对象，因而是潜在的"有"；作为思想形式，它同样没有任何具体的（特定的）规定性，因而也是"无"，但它又可以获得所有的形式，因而也是潜在的"有"。黑格尔正是从"纯思"的既是"有"又是"无"的矛盾出发展开人类思想运动的逻辑的。

"纯存在"作为逻辑上的存在，是"有"。但是，一切真实的"有"，都是具有规定性的、特定的、区别中的"有"。因此黑格尔说，如果"我们说这个世界上一切皆有，外此无物，便抹杀了所有特定的东西，于是我们所得到的，便只是绝对的空白，而不是绝对的富有了"。所谓"纯存在"，就是这种"一切皆有，外此无物"的"有"，因此，它既是绝对的"有"（抽象的有），又是绝对的"无"（事实的无）。它的"有"就是它的"无"，它的"无"也就是它的"有"，"有"与"无"在"纯存在"这里是直接同一的。

但是，"纯存在"作为有与无、内容与形式、主体与客体的自我相对待，又是区别于自身的。不过，这种区别只是应该有区别，而不是实际有区别。所以黑格尔又说："两者之间的区别最初只是潜在的，还没有真正发挥出来。"

黑格尔关于《逻辑学》开端思想的阐述，在其原有的形态上，具有浓厚的神秘色彩。但是，去掉这层神秘的色彩，我们可以发现这个开端思想"纯存在"或"纯思"所具有的深刻的认识论意义。

首先，它表述了人类认识史的开端。作为人类认识史的开端，"纯存在"所表达的是人类思维从无到有（即从动物意识到人类思维）的演化。在这个演化过程中，人类思维处于萌芽的、潜在的状态。从"思维"和"存在"两方面看，人类形成自己的思维能力，因而也形成了思维所指向的对象，在这个意义上，思维与存在及其相互关系是一种萌芽状态的"有"；但同时，由于人类的思维能力刚刚形成，思维所指向的对象还只是感性的客体，其内在的规定性尚未被思维所把握，在这个意义上，思维与存在及其朴素关系又是潜在的，因而是现实的"无"。所以，"纯存在"可以说是人类认识史的开端，人类的文明史就是从这种"有"与"无"的对立统一中发展起来的。

其次，它表述了个体认识史的开端。"纯存在"的个体认识史意义，在于它所体现的是个体的天赋的思维能力在其未进行具体的认识活动之前的潜在状态。人类历史进程中的任何一个个体，都具有思维能力上的双重意义的遗传：一是生物学意义上的遗传性的获得，二是社会学意义上的获得性的遗传。这种双重的遗传构成了个体的"天赋"的思维能力，但作为个体认识史的开端，它又是一种没有任何规定性的单纯的能力。对此，黑格尔曾经举过生动的例子来予以说明。"我们说：人是有理性的，人的本性具有理性；是指人之理性，只是在潜能里、在胚胎里。在这个意义下，人一生下来，甚至在娘胎中，就具有理性、理智、想像、意志。小孩也是一个人，但是他只有理性的能力，只有理性的真实可能性；他有理性简直和无理性几乎没有甚么差别，理性还没有存在在他里面，因为他还不能够作理性的事情，也还没有理性的意识。"①在这个意义上，思维与存在及其相互关系，在个体认识史的开端也是一种潜在的"有"与"无"的对立统一，并构成个体认识史的辩证发展。

再次，它表述了具体认识过程的开端。在主体的具体认识过程中，主体当然已经具有关于对象的某些知识，但是，作为从浅层认识到深层认识、从方面认识到全面认识的发展过程，在任何具体认识过程的开端，主体关于对象的知识总是"有"与"无"的对立统一。所谓认识过程中的"感性认识"，并不是说主体不用概念去把握对象，而是说主体所使用的概念是围绕关于对象的表象旋转的，概念还只是把握对象的一个符号，而没有把握到对象的本质规定性。这表明：就主体运用概念把握对象来说，主体的思维是"有"；而就主体所使用的概念并没有把握到对象的本质规定性来说，主体的思维又是"无"。正是这种思维自身的"有"与"无"的对立统一，构成了具体认识的辩证发展过程。

最后，它表述了科学理论体系的开端。任何科学理论体系的开端范畴，都是"有"与"无"的对立统一。作为体系的开端范畴，它蕴含着整个体系的全部矛盾的胚芽，因而是包容一切的"有"；但同时，它又未对任何具体内容做出具体的规定，因而是一无所有的"无"。正是这种"有"与"无"的矛盾构成了科学理论体系的展开过程。这个展开过程，就表现为具体理论内容的概念发展的辩证法。黑格尔的《逻辑学》就是以"纯存在"

---

① ［德］黑格尔：《哲学史讲演录》第 1 卷，26 页，北京，商务印书馆，1959。

为出发点从而展现为人类思想运动逻辑的概念发展的辩证法的。马克思的《资本论》则是以"商品"为开端范畴从而展现为政治经济学体系的概念发展的辩证法的。索绪尔的《普通语言学教程》则是以"语言"与"言语"的对立统一为开端的语言学的概念发展的辩证法。人类的"思想"以概念的由抽象到具体的辩证运动的方式展现了人类意识的超越性。

四 超越"知识"的"智力"

"知识就是力量",这是一句耳熟能详的激动人心的口号。然而,如果认真地想一想,特别是以"逻辑"的方式想一想,我们就会发现一个耐人寻味的问题:"知识"与"力量"到底是何关系?

从形式逻辑去分析,我们可以把"知识就是力量"这个判断视为一个"充分条件的假言判断"。这种假言判断的形式结构可以表述为"如果 P,那么 Q",即"如果有'知识',那么就有'力量'"。然而,如果"从实际出发"去分析"知识就是力量",我们就会发现,这其实不应该是一个"充分条件"的假言判断,而只能是一个"必要条件"的假言判断。这就是说:"知识"只是"力量"的"必要条件",而不是"力量"的"充分条件"。"必要条件"的假言判断的形式结构可以表述为"只有 P,才 Q",即"只有有'知识',才会有'力量'"。

学过形式逻辑的人都知道,"充分条件"的假言判断是说,有了"前件"(知识),就一定有"后件"(力量),没有"前件"(知识),却不一定没有"后件"(力量);而"必要条件"的假言判断则是说,没有"前件"(知识),就一定没有"后件"(力量),有了"前件"(知识),却不一定有"后件"(力量)。

那么,究竟是有了"知识"就有"力量",还是没有"知识"就没有"力量"? 显然,"知识就是力量"这个假言判断,只能是一个"必要条件"的假言判断,而不能是一个"充分条件"的假言判断,即没有"知识"当然就不会有"力量",然而,有了"知识"却不一定就有"力量"。

那么，为什么有"知识"却不一定就有"力量"呢?

如果做一个不甚恰当的比喻，那就是"知识"是"死"的，而"力量"是"活"的，有了"死"的"知识"不一定就有"活"的"力量"，而没有"死"的"知识"却一定不会有"活"的"力量"。

我们先来解释后半句的意思。人，不是"超历史"的存在，而是"历史"的存在。人是在历史性的社会遗传中成为现实的人的。借用现代解释学的说法，那就是人被历史文化所占有，而"知识"则是历史文化的"水库"。没有历史遗传给我们的"知识"，当然就不会有"让世界满足自己"的"力量"。

我们再来解释前半句的意思。"知识"作为历史文化的"水库"，以社会遗传的方式占有个人；然而，任何人所获得的任何"知识"，都只能作为规范人们的思想与行为的"背景"而存在，并非直接就是人的"能力"或"力量"。所以，只有"激活"作为"背景"的"知识"，"知识"才能显示为"力量"，而如果只是具有作为"背景"的"知识"，"知识"却不一定成为真正的"力量"。

人的"力量"，最为重要的是"智力"。人的智力主要是由观察能力、思维能力、想象能力、直觉能力和记忆能力构成的。"知识"，作为历史文化的"水库"，首先是通过人的"记忆"而被个人占有的。然而，通过对"记忆"的分析，我们就会发现，"知识"并非直接就是"力量"。

知识是通过记忆储存在人的大脑中的。记忆能力主要包括识记、保持、再现和再认识这四个方面，因而人们常常用下面四个指标衡量人的记忆能力：敏捷性(识记的速度)、持久性(保持的时间)、正确性(再现的准确程度)、备用性(再认识时的有效程度)。但是，人们在用这四个指标去衡量人的记忆能力或人的知识量的时候，往往忽视灵活运用知识的能力和创造性地调动记忆的能力，仅仅把记忆当作迅速、持久、准确地掌握知识的能力，甚至把知识和记忆当作"死记硬背"的东西。当代美国著名心理学家布鲁纳则提出：人类记忆的首要问题不是"储存"知识，而是"检索"知识。"储存"，只是把知识保持在记忆中，而不能灵活地调动记忆中的知识，更不能从记忆中的知识提出新的问题和新的观点。"检索"，是突出对知识的调动、组织和创造性重新组合的能力。检索首先是对知识的调动和组织，也就是学会在记忆库中查找信息和获得信息。每个科学家都有自己的井然有序的记忆网络，并在这个记忆网络中迅速、准确地调动自己所需要的知识。这就像一个经过整理的抽屉，不仅能够容纳更多的东西，而且能够使人更快地找到东西。检索又是对知识的创造性重新组合。它把记忆网络中的知识调动到所研究的问题上，在知识的重新组合中，使知识产生新的联系，从而引发新的联想和想象，形成新的猜测和假说。

培养创造性的智力，需要在记忆知识内容的基础上，注重提出问题、分析问题和解决问题的方法，使科学方法成为最重要的记忆内容。爱因斯坦认为，公式和数据只需查手册就可以解决问题，因而不值得记忆。物理学家恩利克·费米非常喜欢同人比赛看谁能先说出某个复杂的公式，结果常常是费米获胜。其中的奥妙在于，别人总是靠记忆说出来，而费米则是运用科学的方法进行推导得出。在这个推导的过程中，各种知识被激活了，费米不仅可以准确地推导出某个公式，而且能够创造性地寻找到新的思路。

培养创造性的智力，更重要的是培养强烈的"问题"意识。当代著名的科学哲学家卡尔·波普提出，"科学始于问题"。他认为，科学的本质是永无止境的探索。科学犹如"探照灯"，总是把探索的光柱投向遥远的未知的领域。科学从来不是完备的知识系统，而是一个需要不断改进和发展的活的机体。科学研究，就是寻找科学发展中存在的问题。正是问题促使我们进行观察和实验，并提出新的假说。他说，"选择某个有意义的问题，提出大胆的理论作为尝试性解决，并竭尽全力去批判这个理论"，从而提出更加深刻的新问题。创造性地提出问题，创造性地提出关于问题的解释，又对自己的解释进行毫不留情的批判，从而提出更新的问题，这个过程，就是培养创造性智力的过程，也就是人类意识对自己的"意识内容"自我超越的过程。

五 超越"逻辑"的"智慧"

"合乎逻辑"，是对"思想"的基本要求；然而，如果"思想"只是"逻辑"地运行，即只是按照形式逻辑的规则进行推导，却永远不会形成新的"思想"。人类意识的超越性，在于不仅能够"合乎逻辑"地"思想"，而且能够以辩证的"智慧"突破习以为常的思想的逻辑和生活的逻辑，实现"思想"的"逻辑"在层次上的"跃迁"。

超越形式逻辑的"同一律"

思想必须"合乎"的"逻辑"，首先是"思想的确定性"，也就是所谓"同一律"，即是就是，不是就不是，不能同时承认是又承认不是。如果以形式逻辑的公式来表述，就是 A＝A。

思想必须"合乎"这个"同一律"的"逻辑"，同时也就承诺了双重的前提：其一，任何事物在现实中都是与自身同一的，即每一事物都具有同一性；其二，任何事物在思想中都能够被把握为与自身同一，即每一事物与相应的思想具有同一性。

然而，如果我们深究上述两个前提，就会分别提出以下两个问题：其一，任何事物都处于运动、变化和发展之中，思想又如何把握运动、变化和发展中的事物？其二，任何关于事物的思想都是不断扩展和深化的，思想又如何体现扩展和深化的思想自身？解决这两个问题，"思想"就必须"超越"作为形式逻辑同一律的"逻辑"。

形式逻辑的同一律所确定的思维条件，主要是"表象思维"或"常识思维"的充分条件，而不是"理论思维"（科学思维和哲学思维）的充分条件。

所谓"表象思维"，就是概念从属于表象、依附于表象的思维。辩证法大师黑格尔说，"表象思维的习惯可以称为一种物质的思维，一种偶然的意识，它完全沉浸在材料里，因而很难从物质里将它自身摆脱出来而同时还能独立存在"①。在表象思维中，概念对应于表象，而表象则对应于确定的对象。在这种思维方式中，思维被赋予了双重的确定性：对象的确定性以及概念的确定性。因此，形式逻辑的同一律构成表象思维的充分且必要的条件。

常识思维即满足日常生活需要的经验思维。常识总是牢固地依附于经验，而经验总是同个别的事物、现象和体验相联系。在经验常识的范畴内，人们只能以一种二值逻辑的方式进行思维：是就是，不是就不是，不能说"既是又不是"；A就是A，非A就不是A，不能说"既是A又是非A"。因此，形式逻辑的同一律也是常识思维的充分且必要条件。

在日常生活中，人们经常提问的方式是："有"还是"没有"？"是"还是"不是"？"真的"还是"假的"？"对的"还是"错的"？"美的"还是"丑的"？"善的"还是"恶的"？"好的"还是"坏的"？如此等等。与这种提问方式相对应，人们经常的回答方式是："有"或者"没有"，"是"或者"不是"，"真的"或者"假的"，"对的"或者"错的"，"美的"或者"丑的"，"善的"或者"恶的"，"好的"或者"坏的"，如此等等。所以，在常识的思维方式中，白的就是白的，黑的就是黑的，男人就是男人，女人就是女人，太阳就是太阳，月亮就是月亮，有利就是有利，有害就是有害，美的就是美的，丑的就是丑的，一切都是泾渭分明、非此即彼的存在。"两极对立""非此即彼"，是以日常生活为基础的常识思维方式的根本特性，也是人们经常谈到的"形而上学"的思维方式的本质特征。

日常生活中的"表象思维"或"常识思维"，虽然是用"概念"去把握"事物"，但只不过是把"概念"当作表述事物的"名称"，因而所达到的也只不过是"名称"与"事物"的"抽象的同一"。

正是立足于"抽象的同一"与"具体的同一"的区别，黑格尔批评形式逻辑的同一律只是抽象理智的规律，而不是真正的思维规律。他提出：同一律被表述为"一切东西和它自身同一"或"甲是甲"，这个命题的形式

---

① ［德］黑格尔：《精神现象学》上卷，40页，北京，商务印书馆，1979。

自身就陷入了矛盾，因为一个命题总要说出主词与谓词之间的区别，而"甲是甲"的命题没有做到它的形式所要求于它的。① 与"抽象的同一"相区别，"具体的同一"是包含着差别的同一，是具有内在否定性的同一。

人们常常把"同一"看成没有任何差别的"等同"，反之，又把"差别"看成没有任何"相同"的"不同"。其实，"同"总是"异"中之"同"，"异"也总是"同"中之"异"。中国古代讲究"君君、臣臣、父父、子子"，其实，这就是异中之同与同中之异的对立统一。"君"只有像"君"的样子，即符合"君"的规定性，才可以当"君"；同样，"臣"只有像"臣"的样子，"父"只有像"父"的样子，"子"只有像"子"的样子，才可以称"臣"、为"父"、当"子"。然而，正是由于"君"不一定符合"君"的规定性，"臣"不一定符合"臣"的规定性，"父"不一定符合"父"的规定性，"子"不一定符合"子"的规定性，历史上才会出现屡见不鲜的"亡国之君""叛逆之臣""悖伦之父"和"忤逆之子"。这就是具有内在否定性的"同一"。

作为辩证法大师的黑格尔提出，"人们总以为肯定与否定具有绝对的区别，其实两者是相同的。我们甚至可以称肯定为否定；反之，也同样可以称否定为肯定"。他举例说，"财产与债务并不是特殊的独立自存的两种财产。只不过是在负债者为否定的财产，在债权者即为肯定的财产。同样的关系，又如一条往东的路同时即是同一条往西的路"。"北极的磁石没有南极便不存在，反之亦然。如果我们把磁石切成两块，我们并不是在一块里有北极，在另一块里有南极。同样，在电里，阴电阳电并不是两个不同的独立自存的流质。"② 这种以肯定与否定的对立统一去理解事物的思维方式，就是超越了"形式逻辑"的"辩证智慧"。

恩格斯和列宁在形式逻辑的前提批判中，还特别突出地强调辩证法对一般与个别、共性与个性关系的批判反思。恩格斯说："同一性自身中包含着差异，这一事实在每一个命题中都表现出来，因为在命题中谓

---

① 参见[德]黑格尔：《小逻辑》，248 页，北京，商务印书馆，1980。
② [德]黑格尔：《小逻辑》，256—257 页，北京，商务印书馆，1980。

词必须不同于主词。百合花是一种植物，玫瑰花是红的。这里不论是在主语中还是在谓词中，总有点什么东西是谓词或主语所涵盖不了的。"①列宁说："从最简单、最普通、最常见的等等东西开始；从任何一个命题开始，如树叶是绿的，伊万是人，茹奇卡是狗等等。在这里（正如黑格尔天才地指出过的）就已经有辩证法：个别就是一般……个别一定与一般相联而存在。一般只能在个别中存在，只能通过个别而存在。""可见，在任何一个命题中，很象在一个'单位'（'细胞'）中一样，都可以（而且应当）发现辩证法一切要素的胚芽，这就表明辩证法本来是人类的全部认识所固有的。"②

超越"已知的前提"

思想的"合乎逻辑"，一般是指从"已知的前提""合乎逻辑"地推出相应的结论。然而，如果思想只能囿于"已知的前提"，那么人们又如何实现思想自身的发展呢？人类意识的超越性，集中地表现在思想对"思想前提"的超越上。

在"合乎逻辑"的推理过程中，作为"已知判断"的"前提"都是既定的、给予的，因而也是唯一的、确定的。例如，"金属都能导电"，"人都是要死的"。从这种确定性的前提出发，当然能够"合乎逻辑"地推导出确定性的结论。然而，作为"前提"的"已知判断"能否是"天经地义"和"不容置疑"的？

所谓"思想前提"，就是思想构成自己的根据。它主要包括常识性的思想前提、科学性的思想前提和哲学性的思想前提。超越已知的思想前提，主要就是对常识、科学和哲学的前提批判。

人类思想的最基本的和最普遍的前提就是常识。各种各样的格言、警句式的生活常识，简洁、明快的自然常识，凝重、睿智的政治常识，构成了人们日常的思想与行为的根据。常识以简明、通俗、生动的语言

---

① 《马克思恩格斯选集》第 4 卷，323 页，北京，人民出版社，1995。
② 《列宁全集》第 55 卷，307—308 页，北京，人民出版社，1990。

表达形式使人烂熟于胸，并以其独特的隐喻形式延伸其适用范围。在日常生活中，人们正是以常识作为思想的根据，规范着自己想什么和不想什么、怎么想和不怎么想、做什么和不做什么、怎么做和不怎么做。常识使人们的生活经验得以共享，使思想感情得以沟通，使行为规范得以认同，使文化传统得以延续。健全的常识是"正常人"之所以"正常"的根据。

然而，常识既不是一成不变的，更不是万能的。随着人的存在方式的变革，人们曾经普遍遵循的常识，就会变成显而易见的谬误。例如，"太阳围绕地球旋转"的"地心说"早已被"地球围绕太阳旋转"的"日心说"所取代。而常识的转换，从根本上说，就是更新作为"思想前提"的常识根据。这就需要对常识进行前提批判。

由于常识形成于经验，符合于经验，适用于经验，因此，向常识挑战，对常识批判，往往被视为对人类共同经验的挑战与批判。在人类的历史进程中，向常识挑战的行为，往往被视为滑稽可笑的愚蠢行为，向常识挑战的人物，总是被看作稀奇古怪的危险人物。然而，人类意识却总是在对常识的前提批判中，实现"思想前提"的变革与更新，从而在新的思想根据中构建自己的"精神世界""文化世界"和"意义世界"。

随着科学的发展及其技术成果在社会生活中的广泛应用，"科学"成了人们的思想与行为的普遍的根据与前提。早在20世纪20年代，胡适就说，"这三十年来，有一个名词在国内几乎做到了无上尊严的地位；无论懂与不懂的人，无论守旧的和维新的人，都不敢公然对他表示轻视或戏侮的态度。那个名词就是'科学'"[1]。国外亦是如此，著名的科学哲学家普特南说："科学的成功把哲学家们催眠到如此程度，以致认为，在我们愿意称之为科学的东西之外，根本无法设想知识和理性的可能性。"[2]

---

① 《胡适文存二集》，2—3页，上海，亚东图书馆，1924。
② ［美］希拉里·普特南：《理性、真理与历史》，196页，上海，上海译文出版社，1997。

然而，作为人类活动的"科学"，同样是人类以实践活动为基础的意识活动的产物，因此，由科学构成的"思想前提"，同样是历史的产物。人类意识的超越性，不仅表现为对思想的常识前提的批判与超越，而且表现为对思想的科学前提的批判与超越。科学理论的深层结构，总是蕴含着种种经验的、幻想的、逻辑的、直觉的、价值的、审美的、信仰的"前提"。对科学的前提批判，也就是意识对思想构成自己的诸种认知的、价值的、审美的前提批判，即变革和更新思想构成自己的科学前提。

　　人类意识对思想构成自己的常识前提和科学前提的批判与超越，就其思想内容而言，总是以作为"世界观理论"的哲学思想为根据而展开的前提批判。哲学作为"思想前提"，是对其他一切思想前提所展开批判的根据予以取舍的标准。然而，哲学前提又是如何变革和更新的呢？这就是哲学前提的自我批判。它最为深切地体现了人类意识的自我超越性。

　　哲学作为理论化、系统化的世界观，是哲学家思维着的头脑所建构的、规范人们怎样理解和变革人与世界相互关系的理论形态的思维方式。任何一种哲学所代表的理论思维方式，都凝聚着哲学家所捕捉到的该时代人类对人与世界相互关系的自我意识，都贯穿着哲学家用以说明人与世界相互关系的独特的解释原则和概念框架，都熔铸着哲学家用以观照人与世界相互关系的价值观念和审美意识。哲学家的这种解释原则和概念框架，价值观念和审美意识，以及凝聚其中的该时代的人类自我意识，集中地表现为哲学家在自己时代的水平上所形成的关于理论思维前提的"统一性原理"，即对思维与存在、人与世界相互关系的根本性解释。这种"统一性原理"就是哲学前提。

　　总结哲学的历史与逻辑，我们会发现，一代又一代的哲学家们所苦苦求索的根本目标，就是在最深刻的层次上把握人及其思维与世界的内在统一性，并以这种统一性去解释人类经验中的一切事物，以及关于这些事物的常识的和科学的全部知识。这种"统一性原理"，构成哲学家反思常识、科学、艺术、伦理、宗教以及人类实践活动的哲学前提。而这种作为"统一性原理"的哲学前提，又构成哲学自我反思、自我批判的对象。

哲学作为人类超越意识的文化形式，从其产生开始，就蕴含着两个基本矛盾。其一，它指向对人及思维与世界的"统一性原理"的终极占有和终极解释，力图以这种"统一性原理"为人类的生存和发展提供永恒的最高支撑点；而人类的历史发展却总不断地向这种终极解释提出挑战，动摇它所提供的"最高支撑点"的权威性和有效性。这就是哲学所承诺的"统一性原理"与人类历史发展的矛盾。其二，哲学以自己所承诺的"统一性原理"作为判断、解释和评价一切的根据、标准和尺度，也就是以自己作为"理论思维的不自觉的和无条件的前提"，从而造成自身无法解脱的哲学解释循环。因此，哲学家只有通过对哲学前提的自我批判，重新奠定哲学的"地基"，才能使哲学的解释循环不断地跃迁到高一级的层次。

超越"已知的前提"，不是思想的"合乎逻辑"的"延伸"，而是思想在"逻辑层次"上的"跃迁"，也就是以新的"逻辑"去重构思想的前提。这种逻辑的"跃迁"或前提的"转换"，正展现了意识的超越性——"智慧"对"逻辑"的超越。

辩证的人生智慧或人生的辩证智慧

人类意识的辩证智慧，更为鲜明地表现为人类对自己生活的态度。

思想的前提不仅在"认知"的意义上规范着人们的所思所想和所作所为，而且更为重要的是在"价值"的意义上规范着人们想什么与不想什么、怎么想与不怎么想、做什么与不做什么、怎么做与不怎么做。因此，对思想的前提批判，在其深层的意义上，乃是人的价值观念的变革与更新，也就是人生的态度与理想的变革与更新。

人类生活的最普遍和最基本的价值依据，也即所谓"常识"。常识规范着人们的价值选择。常识的价值规范，已经显示了超越逻辑的智慧，即人们总试图以一种辩证的智慧去看待和对待生活。但是，在常识的价值判断中，人们总习惯于"定性"地做出判断，而不是"定量"地进行分

析；总是"孤立"地评价经验的具体对象，而不是"系统"地考察对象的诸
种关系；总是着眼于"当下"的利弊得失，而不是着重于"长远"的根本利
益；总是在"两极"的对立中进行判断，而不是以"中介"的观点去寻求
"必要的张力"。是非，好坏，善恶，美丑，福祸，荣辱，君子小人，崇
高渺小，被常识的价值观念泾渭分明地断定成非此即彼的存在。在这种
常识的价值规范中，人们的生活态度和行为方式，常常采取"要么……
要么……"的价值取向，即要么搞"理想主义"，要么搞"功利主义"；要
么搞"集体主义"，要么搞"个人主义"；要么搞"利他主义"，要么搞"利
己主义"；要么讲"无私奉献"，要么讲"赚钱发财"；要么是"整齐划一"
的，要么是"怎么都行"的；要么说"莺歌燕舞"，要么说"糟糕透顶"；要
么"众人皆醉我独醒"，要么"随其流而扬其波"；如此等等，不一而足。
这表明，常识的价值规范和生活态度缺少辩证智慧的"张力"。简单化和
绝对化，是常识价值规范的极端性的具体体现。

　　超越"两极对立"的价值规范，体现了哲学的辩证智慧。人类意识的
哲学思考，集中地体现了以整体观照局部、以长远观照眼前、以人类观
照个人的"大视野"，从而使人们在理想与现实、历史的大尺度与小尺度
之间保持"必要的张力"。这种辩证的生活智慧，使人们超越绝对主义的
或相对主义的价值态度，不断地提升人们的人生境界，形成辩证的价值
态度和人生境界中的普遍自觉性，这就是人类的超越意识在人类的社会
生活中的体现。

六　超越"现实"的"理想"

　　人们在试图为"意识"下定义的时候，总是仅仅着眼于"主观"对"客
观""意识"对"世界"的依赖关系，把"意识"定义为对"客观世界"的"反
映"。这个定义当然包含了"意识的超越性"，因为它肯定"意识"能够"超
越"世界的外在性，把外在于意识的"对象"变成作为意识内容的"映象"；

但是，这个定义却忽略了意识的真正的超越性本质，因为它不是从意识的"目的性"和"对象性"出发去看待"意识"对"世界"的能动关系的，而仅仅是从"意识"对"世界"的依赖性和派生性出发，把"意识"归结为对"世界"的被动关系的。这样，人们就把意识对世界的关系变成了非理想的纯粹的现实关系。

人是实践的存在。实践首先是一种目的性活动，即人把自己的目的性要求变成现实的活动。实践的目的性，是意识超越性的体现。马克思曾以生动的对比来阐释人的目的性活动所体现的意识的超越性。他说："蜘蛛的活动与织工的活动相似，蜜蜂建筑蜂房的本领使人间的许多建筑师感到惭愧。但是，最蹩脚的建筑师从一开始就比最灵巧的蜜蜂高明的地方，是他在用蜂蜡建筑蜂房以前，已经在自己的头脑中把它建成了。劳动过程结束时得到的结果，在这个过程开始时就已经在劳动者的表象中存在着，即已经观念地存在着。他不仅使自然物发生形式变化，同时他还在自然物中实现自己的目的，这个目的是他所知道的，是作为规律决定着他的活动的方式和方法的，他必须使他的意志服从这个目的。"①同样，恩格斯也通过人与动物的对比，来说明人类活动的目的性。他说："如果说动物对周围环境发生持久的影响，那么，这是无意的，而且对于这些动物本身来说是某种偶然的事情。而人离开动物越远，他们对自然界的影响就越带有经过事先思考的、有计划的、以事先知道的一定目标为取向的行为的特征。动物在消灭某一地带的植物时，并不明白它们是在干什么。人消灭植物，是为了腾出土地播种五谷，或者种植树木和葡萄，他们知道这样可以得到多倍的收获。"②正因如此，列宁明确地提出："人的意识不仅反映客观世界，并且创造客观世界。"③

人的意识构成人所要求的世界图景。这个人所要求的世界图景，就

---

① 马克思：《资本论》第 1 卷，202 页，北京，人民出版社，1975。

② 《马克思恩格斯选集》第 4 卷，382 页，北京，人民出版社，1995。

③ 《列宁全集》第 38 卷，228 页，北京，人民出版社，1959。

是超越"现实"的"理想"的世界图景。在这个理想的世界图景中，"现实"变成了"非存在"，"理想"变成了真实的"存在"。

在人类意识所创建的数学世界中，一切"现实"的存在，都变成了"数字""图形"或"函数"关系的存在，都变成了"数学模型"的存在。无论是一个人，还是一只羊，或是一条河，都被表述为数字"1"，从而人们可以对大千世界的万事万物进行无限复杂的计算；无论是圆形的脸，还是圆形的球，或是圆形的太阳，都可以概括为几何图形"圆"。正因如此，爱因斯坦曾经这样赞叹数学所创造的奇迹："这个世界可以由乐谱组成，也可以由数学公式组成。"

人类意识在以概念的逻辑构建的世界中，更加把一切的"存在"都变成了"逻辑范畴"的存在，把一切的"运动"都变成了"纯粹逻辑公式"。这正如马克思所说："如果我们逐步抽掉构成某座房屋个性的一切，抽掉构成这座房屋的材料和这座房屋特有的形式，结果只剩下一个物体；如果把这一物体的界限也抽去，结果就只有空间了；如果再把这个空间的向度抽去，最后我们就只有纯粹的量这个逻辑范畴了，这用得着奇怪吗？用这种方法抽去每一个主体的一切有生命的或无生命的所谓偶性，人或物，我们就有理由说，在最后的抽象中，作为实体的将是一些逻辑范畴。"①"既然如此，那么一切存在物，一切生活在地上和水中的东西经过抽象都可以归结为逻辑范畴，因而整个现实世界都淹没在抽象世界之中，即淹没在逻辑范畴的世界之中，这又有什么奇怪呢？""正如我们通过抽象把一切事物变成逻辑范畴一样，我们只要抽去各种各样的运动的一切特征，就可得到抽象形态的运动，纯粹形式上的运动，运动的纯粹逻辑公式。"②

其实，人类的全部科学研究，不仅仅总是寄托着人的理想性要求，而且总是表现为各种各样的理想性的"思想实验"。思想实验的对象并不

---

① 《马克思恩格斯选集》第 1 卷，138—139 页，北京，人民出版社，1995。
② 同上书，139 页。

是"现实"的存在，而是被"理想"化了的存在，即设想为特定条件下的存在。比如，研究炮弹的飞行。第一步，我们可以把炮弹看成一个质点，根据牛顿定律，算出炮弹的理想轨道。第二步，假设炮弹的大小、形状不变，换句话说，把炮弹当成刚体，从而可以考虑弹体在飞行过程中如何转动和翻滚。但在这一步中我们还没考虑空气阻力。到第三步则可加入空气阻力的因素，并分析不同风向、风速情况下炮弹是怎样运动的等。再比如，为了了解气体的基本特性，科学家提出了"理想气体"的概念。在这种理想的模型中，分子被看作质点，除了在碰撞的那一瞬间，分子不受任何作用力做"自由运动"。在这种理想模型的帮助下，范·德·瓦耳斯推出了关于气体温度、压力和体积之间的基本关系的方程——理想气体状态方程。在计算机的帮助下，思想实验的水平又提高了一步，即把理想模型与计算机的数值模拟结合起来，建立起数学模型。计算机用数学语言概括地、近似地反映客观对象的运动过程。这种数学语言可以是数学公式、方程式，也可以是几何图形、网络等。由于方程或网络关系都很复杂，因此，我们往往要让计算机来帮助分析或求解。计算机模拟不需任何实在的实验工具，也无需真实地创造某种实验环境。此外，计算机所建立的是理想化模型，例如，把密度不太均匀的物体看作近似均匀，把形状不大规则的物体当作规则物体，或者略去其他一些次要的因素等。这样的简化，可以突出问题的本质，因为密度不均匀，形状不规则，次要因素的作用等往往只是一些干扰，与所研究的问题没多少关系。

进一步看，人类所追求的"真理"，并不仅仅是"对客观事物及其发展规律的正确反映"，还深深地蕴含着人的理想性要求。一个"对象"可以真实地存在着，我们的意识也"正确"地"反映"了它的存在，然而，我们的"意识"仍然会发问：这是真的吗？这个发问表明，我们的"意识"已经超越了"对象"的"现实"的存在，而对"现实"提出了"理想"的要求，即要求"对象"符合人的"理想"。

对此，辩证法大师黑格尔曾经做过生动而又深刻的论述。他说：

"譬如我们常说到一个真朋友。所谓一个真朋友，就是指一个朋友的言行态度能够符合友谊的概念。同样，我们也常说一件真的艺术品。在这个意义下，不真即可说是相当于不好，或自己不符合自己本身。一个不好的政府即是不真的政府，一般说来，不好与不真皆由于一个对象的规定或概念与其实际存在之间发生了矛盾。对于这样一种不好的对象，我们当然能够得着一个正确的观念或表象，但这个观念的内容本身却是不真的。"①同样，现代的存在主义大师海德格尔在他的《形而上学导论》中也提出："一个国家在。它的在在何处？在于国家警察对罪犯进行拘捕呢？还是在于政府大厦内打字机声响成一片，打印着国务秘书和部长们的指令？抑或国家'在于'元首与英国外交部长的会谈中？国家在。但是这个在藏身何处？这个在根本到处都藏身吗？"②

黑格尔在这里所说的"真"，海德格尔在这里所说的"在"，都不是某一事物（黑格尔和海德格尔以"政府"或"国家"为例）是否"真"的"存在"，因为他们所说的政府或国家都真实地、毫无疑问地存在着。然而，他们还是追问：这是"真"的政府吗？这个国家确实"在"吗？这意味着，他们在这里提出的不是"现实"的问题，而是"理想"的问题，即这个政府或国家是不是一个"好"的存在？"好"的才是"真"的，"不好的"则是"不真的"，这正体现了超越"实存"的"理想"性要求，也就是把理想性的要求当作判断"现实"的标准。

人是现实的存在，然而，现实的人却总是不满足（不满意）于人的现实，总是要把现实变成人的理想的现实。以理想去观照现实，并以理想的图景构成世界的客观图景，这就是人类意识的超越性，这就是人类以其超越意识所构成的人的"精神世界"。

---

① ［德］黑格尔：《小逻辑》，86 页，北京，商务印书馆，1980。
② ［德］海德格尔：《形而上学导论》，35 页，北京，商务印书馆，1996。

第三章　人的文化世界

> 作为一个整体的人类文化，可以被称为不断自我解放的历程。
>
> ——卡西尔

人类意识的超越性，是通过人类把握世界的各种基本方式——神话、宗教、艺术、伦理、科学和哲学——而获得现实性的。人类的超越意识所获得的现实性，就是人类以自己把握世界的基本方式所创造的"文化世界"——神话的世界、宗教的世界、艺术的世界、伦理的世界、科学的世界和哲学的世界。

一　神话：自然世界的超越

人类来源于自然界。"自然界起初是作为一种完全异己的、有无限威力的和不可制服的力量与人们对立的，人们同自然界的关系完全像动物同自然界的关系一样，人们就像牲畜一样慑服于自然界，因而，这是对自然界的一种纯粹动物式的意识（自然宗教）。"[①]人的这种"纯粹畜群的意

[①] 《马克思恩格斯选集》第1卷，81—82页，北京，人民出版社，1995。

识"，如果有不同于"纯粹动物"的地方，则在于"他的意识代替了他的本能，或者说他的本能是被意识到了的本能"①。

人的代替"本能"的"意识"，"不用想象某种现实的东西就能现实地想象某种东西"②。这就是人类意识的超越性：它超越了"意识对象"的限制，而把意识所想象的对象当作真实的"意识对象"。人类意识的这种超越性，最初就表现为人的意识所创造的"神话"对自然世界的超越。

神话思维的整体性与超越性

意识的整体性，是神话思维的突出特征。由于神话思维中的知与情彼此不分，因而这也导致了神话思维中的人与物互通互渗。由此便构成了神话中的人与物之间的相互渗透的神秘感应关系，并形成了神话中的生命的统一性与连续性的信念。

本来，世界就是自然而然的存在，世界中的一切事物也都是自然而然的存在；人作为这个自然世界中的存在，当然也是自然的存在。然而，由于人的"意识"代替了"本能"，因而人能够在自己的意识活动中以知情未分的神话思维去把握人与世界的关系，并为自己构成一幅人与世界互通互渗的万物有灵的世界图景。

神话的方式是一种"幻化"的方式，即人和世界被双重幻化的方式。在神话的幻化方式中，神话既以宇宙事件来看待人的行为，又以人的情感和意愿来看待宇宙事件，从而构成了一个神话意义的世界。比如，风调雨顺或旱涝成灾，风和日丽或电闪雷鸣，在神话的意义世界中，或是神灵的恩赐，或是神灵的惩罚，宇宙事件被拟人化为情感或意愿的表达。

当代美国学者瓦托夫斯基曾把神话思维概括为一种解释模式，即"拟人化和万物有灵论"的解释模式。他提出："一种最早的解释形式是按照人类和个人的行动和目的说明自然界的各种现象，或把各种自然力

---

① 《马克思恩格斯选集》第1卷，82页，北京，人民出版社，1995。
② 同上书，82页。

描绘成活的、有意识的和有目的力量。在对人类行动和感情的具体形象描述中，诗歌和戏剧的想象力重新塑造出我们经验中的畏惧、惊奇和异常情况；而神话则唤起我们与自然界的亲密感，即一种使我们对自然界和我们自身二者之中的未知事物产生亲切自如的感情的方法。这种神话诗对经验的重新塑造当然足以说明人类想象力的创造力、人类精神的自由审美的发明能力；不过它也起着解释的作用，即作为理解和说明那些要不然就是模糊的、威胁人的和不可控制的现象的方法。"①

对于这个解释模式，瓦托夫斯基还举出这样一个有趣的例子。他说："我们想象某个古代人在大自然的灾难或大祸面前的恐怖，比如说铁器时代的人面临着雷暴雨，夹杂着空中野蛮能量激起的电闪雷鸣。我们进一步想象，在这种情况下闪电击中一棵大树，这棵大树就倒在近旁燃烧起来了。动物性的反应是恐惧的、无理智的、本能的，这种反应促使它们逃命，或者由于受到如此恐惧的打击以致发生瘫痪或歇斯底里发作。"②然而，人的神话思维，却把这样有害的或破坏性的或恐吓性的现象解释为某种伤害、破坏、恐吓的神所致。

在这种神话思维中，自然事件被拟人化了，自然事件被解释为人的事件的形式。通过类比人类的动机、反应、目的、愿望和恐惧，自然事件就被设想为具有某种情感或意志的事件。这表明，在神话思维中，人的意识的概念化因素和想象力因素，均采取了"故事"（神话）的形式。而这种用"神话"的、"臆想"的原因来解释各种事件的人类意识，正孕育了以因果关系来说明一切的解释模式——逻辑化的理论思维的解释模式。

神话思维中的生命的统一性与连续性

在神话的世界图景中，生命的统一性与连续性，是它的鲜明的底色和基调。德国文化哲学家卡西尔提出，"整个神话可以被解释为就是对

---

① ［美］M. W. 瓦托夫斯基：《科学思想的概念基础——科学哲学导论》，61 页，北京，求实出版社，1982。
② 同上书，61 页。

死亡现象的坚定而顽强的否定"①。

"神话"的最基本的特征，既不在于"思维"的某种特殊倾向，也不在于"想象"的某种特殊倾向，而在于"情感"的某种特殊倾向，即神话的情感背景使得它的所有作品都染上了"情感"的色彩。在神话的情感意识中，"有一种基本的不可磨灭的生命一体化沟通了多种多样形形色色的个别生命形式"，"所有生命形式都有亲族关系似乎是神话思维的一个普遍预设。图腾崇拜的信念是原始文化最典型的特征"②。

在时间和空间，或"同时态"和"历时态"的意义上，我们都可以发现神话意识中的生命的一体性和不间断的统一性的原则。卡西尔说，"这个原则不仅适用于同时性秩序，而且也适用于连续性秩序。一代代的人形成了一个独一无二的不间断的链条。上一阶段的生命被新生生命所保存。祖先的灵魂返老还童似的又显现在新生婴儿身上。现在、过去、将来彼此混成一团而没有任何明确的分界线；在各代人之间的界线变得不确定了"。他还说，"对生命的不可毁灭的统一性的感情是如此强烈如此不可动摇，以致到了否定和蔑视死亡这个事实的地步。在原始思维中，死亡绝没有被看成是服从一般法则的一种自然现象。它的发生并不是必然的而是偶然的，是取决于个别的和偶然的原因，是巫术、魔法或其他人的不利影响所导致的"③。

卡西尔认为，神话对于不朽的信仰，与原来的哲学对于不朽的信仰，是显著不同的。他说，"如果我们读一下柏拉图的《斐多篇》我们就会感到，哲学思想的全部努力都是要对人的灵魂的不朽性作出清晰而不可辩驳的证明。在神话思想中情况是完全不同的，在这里论证的重点总是落在相反的一方：如果有什么东西需要证明的话，那么并不是不朽的事实，而是死亡的事实"④。神话"断然否认死亡的真实可能性"。正因

---

① ［德］恩斯特·卡西尔：《人论》，107 页，上海，上海译文出版社，1985。
② 同上书，105 页。引文有改动。
③ 同上书，107 页。
④ 同上书，107 页。

如此，卡西尔甚至把神话归结为"对死亡现象的坚定而顽强的否定"。

在人的神话意识中，生命的无所归依的消失，既是无法接受的，也是无法忍受的。于是，在人的意识所创造的神话世界中，自然中的万物都具有生命活动的意义，生命活动也具有宇宙事件的意义，而某个生命的消逝也具有生命的转移或再生的意义。或许正是由于这种神话式的"超越意识"超越了天与人、人与物的隔断，因而诗人的心灵在本质上总是神话的心灵。

二　宗教：世俗世界的超越

人类意识的超越性，在于"它不用想象某种现实的东西就能现实地想象某种东西"。人类以宗教的方式所构建的"彼岸世界"，就是人类的超越意识的作品。

此岸世界与彼岸世界

人创造了宗教，创造了宗教的、想象的、与"此岸"的"世俗世界"相对待的"彼岸"的"神灵世界"。

"宗教"与"神"是密不可分的。西文的"宗教"（religion）一词，出自拉丁文 religare 或 religio，前者意为"联结"，指人与神的联结；后者意为"敬重"，指人对神的敬重。汉语的"宗"字，原意是对祖先神的尊崇。"宗，尊祖庙也。从宀从示。""示，天垂象见吉凶所以示人也"。而汉语的"教"字，本为"上所施，下所效"之意，"圣人以神道设教，而天下服矣"。由此可以看到"宗"和"教"与"神"的联系。①

原始宗教的产生是与原始人的意识特征密切相关的。马克思和恩格斯说，"意识起初只是对直接的可感知的环境的一种意识，是对处于开始

① 参见何光沪：《多元化的上帝观——20 世纪西方宗教哲学概览》，1—2 页，贵阳，贵州人民出版社，1999。

意识到自身的个人之外的其他人和其他物的狭隘联系的一种意识。同时，它也是对自然界的一种意识，自然界起初是作为一种完全异己的、有无限威力的和不可制服的力量与人们对立的，人们同自然界的关系完全像动物同自然界的关系一样，人们就像牲畜一样慑服于自然界，因而，这是对自然界的一种纯粹动物式的意识（自然宗教）"①。恩格斯还提出，"在远古时代，人们还完全不知道自己身体的构造，并且受梦中景象的影响，于是就产生一种观念：他们的思维和感觉不是他们身体的活动，而是一种独特的、寓于这个身体之中而在人死亡时就离开身体的灵魂的活动。从这个时候起，人们不得不思考这种灵魂对外部世界的关系。如果灵魂在人死时离开肉体而继续活着，那就没有理由去设想它本身还会死亡；这样就产生了灵魂不死的观念，这种观念在那个发展阶段出现决不是一种安慰，而是一种不可抗拒的命运，并且往往是一种真正的不幸，例如在希腊人那里就是这样。关于个人不死的无聊臆想之所以普遍产生，不是因为宗教上的安慰的需要，而是因为人们在普遍愚昧的情况下不知道对已经被认为存在的灵魂在肉体死后该怎么办。由于十分相似的原因，通过自然力的人格化，产生了最初的神。随着各种宗教的进一步发展，这些神越来越具有了超世界的形象，直到最后，通过智力发展中自然发生的抽象化过程——几乎可以说是蒸馏过程，在人们的头脑中，从或多或少有限的和互相限制的许多神中产生了一神教的唯一的神的观念"②。

原始思维的一个突出特征，在于意识的整体性，即由于知情未分的意识状态而导致的物我不分。这种知情未分和物我不分，表现为人以"幻化"的方式去把握世界，从而造成人与世界的双重幻化，即一方面以宇宙事件去看待人的行为，另一方面又以人的行为去解释宇宙事件。这样，就构成了人与世界之间相互渗透的神秘感应关系。原始人的自然崇拜和万物有灵的宗教观念就产生于这种神秘的"互渗"，并形成了幻化的

①　《马克思恩格斯选集》第 1 卷，81—82 页，北京，人民出版社，1995。
②　《马克思恩格斯选集》第 4 卷，223—224 页，北京，人民出版社，1995。

意义世界。在这种幻化的意义世界中，自然界的种种现象，或是神灵的恩赐，或是神灵的惩罚，宇宙（自然）事件被拟人化为情感或意志的表达。而通过"自然力的人格化，产生了最初的神。随着各种宗教的进一步发展，这些神越来越具有了超世界的形象，直到最后，通过智力发展中自然发生的抽象化过程——几乎可以说是蒸馏过程，在人们的头脑中，从或多或少有限的和互相限制的许多神中产生了一神教的唯一的神的观念"①。

由此我们可以看到，作为一种文化现象的宗教，虽然具有超自然的性质，但却产生于人对自然界的依赖与掌握的双向适应关系中。这正如恩格斯所说，"一切宗教都不过是支配着人们日常生活的外部力量在人们头脑中的幻想的反映，在这种反映中，人间的力量采取了超人间的力量的形式"②。

"神圣形象"与人的存在的"神圣意义"

人在宗教中创造了超人的"神圣形象"。宗教的本质特征，在于对神的信仰。人们在感到对自然界异己的力量不能掌握并因而无法依赖时，便会转向对超自然的宗教世界的信仰和依赖。这正如马克思所说，"宗教是还没有获得自身或已经再度丧失自身的人的自我意识和自我感觉"③。然而，在对宗教的理解中，我们还必须看到，就宗教的文化价值来说，它是人类所创造的"意义世界"，表现了人对生命意义的寻求。

人无法忍受自己只是浩渺宇宙中的匆匆过客式的存在，更无法忍受自己只能无声无息、一了百了地死去。生命的无所归依的毁灭，是无法接受的，也是无法忍受的。于是，在神话的意义世界中，生命活动具有了宇宙事件的意义，生命消逝具有了灵魂转移的再生的意义。宗教，以"神"的形象使人的存在获得"神圣"的意义。宗教中的神圣形象，把各种各样的力量统一为至高无上的力量，把各种各样的智能统一为洞察一切

---

① 《马克思恩格斯选集》第 4 卷，224 页，北京，人民出版社，1995。
② 《马克思恩格斯选集》第 3 卷，666—667 页，北京，人民出版社，1995。
③ 《马克思恩格斯选集》第 1 卷，1 页，北京，人民出版社，1995。

的智能，把各种各样的情感统一为至大无外的情感，把各种各样的价值统一为至善至美的价值。这样，宗教中的神圣形象，就成为一切力量的源泉，一切智能的根据，一切情感的标准，一切价值的尺度，人从这种异在的神圣形象中获得存在的根本意义。

人创造了宗教，是为了从宗教中获得存在的神圣意义。然而，对于人来说，宗教的神圣意义，却恰恰表明了人的悖论性存在：生活的意义来源于宗教的神圣意义，意味着人把自己的本质力量异化给了宗教的神圣形象，人还没有获得自己或再度丧失了自己的自我感觉和自我意识；消解掉宗教的神圣意义，意味着生活本身不再具有神圣的意义，生活失落了规范和裁判自己的最高的根据、标准和尺度。如果存在宗教的神圣意义，人的生活就具有宗教赋予的神圣意义；如果不存在宗教的神圣意义，人就是宇宙中的匆匆过客，死亡就是不可再生的永逝。意识到神圣形象的存在，人会感受到全部思想和行为都被一种洞察一切的力量监视，因此生活变得"不堪忍受之重"；意识到神圣形象的消逝，人会感受到一切思想与行为都只不过是自己在思想和行为，因此生活变得"不能承受之轻"。这就是人在宗教世界中所感受的和承受的不可解脱的"矛盾"。

人创造了宗教，是为了从宗教中获得幸福和慰藉，也是以宗教的方式对现实的一种抗议。这正如马克思所说："宗教里的苦难既是现实的苦难的表现，又是对这种现实的苦难的抗议。宗教是被压迫生灵的叹息，是无情世界的心境，正像它是无精神活力的制度的精神一样。"因此马克思强调地指出："废除作为人民的虚幻幸福的宗教，就是要求人民的现实幸福。要求抛弃关于人民处境的幻觉，就是要求抛弃那需要幻觉的处境。""这种批判撕碎锁链上那些虚构的花朵，不是要人依旧戴上没有幻想没有慰藉的锁链，而是要人扔掉它，采摘新鲜的花朵。""宗教只是虚幻的太阳，当人没有围绕自身转动的时候，它总是围绕着人转动。"①

马克思关于宗教批判的思想向我们表明：宗教作为"现实的苦难的

---

① 《马克思恩格斯选集》第 1 卷，2 页，北京，人民出版社，1995。

抗议""无情世界的心境"和"锁链上""虚构的花朵",既是人类追求崇高的一种表征,又是崇高的一种异化形态,即崇高在"神圣形象"中的异化;宗教批判的目的不仅是要人们抛弃"关于自己处境的幻想"和摘掉"锁链上那些虚构的花朵",更重要的是要抛弃那"需要幻觉的处境"并"扔掉"套在人身上的"锁链"。因此,宗教批判并不是否定人类对崇高的追求,更不是"要人依旧戴上没有幻想没有慰藉的锁链",而是要扔掉这些"锁链"即变革造成崇高在宗教中异化的现实;批判宗教并进而变革造成崇高在宗教中异化的现实,其根本目的是让人类"采摘新鲜的花朵"——实现人类自身的解放与崇高。正因如此,马克思明确地提出,"真理的彼岸世界消逝以后,历史的任务就是确立此岸世界的真理。人的自我异化的神圣形象被揭穿以后,揭露具有非神圣形象的自我异化,就成了为历史服务的哲学的迫切任务。于是,对天国的批判变成对尘世的批判,对宗教的批判变成对法的批判,对神学的批判变成对政治的批判"①。

"消解神圣形象"与"消解非神圣形象"

人所创造的宗教,是为人的存在提供意义。"宗教是这个世界的总理论,是它的包罗万象的纲要,它的具有通俗形式的逻辑,它的唯灵论的荣誉问题[point d'honneur],它的狂热,它的道德约束,它的庄严补充,它借以求得慰藉和辩护的总根据。"②这样,宗教就把"人的本质变成了幻想的现实性"。因此,马克思以"世俗基础"的自我分裂去解释"世俗世界"与"神灵世界""此岸世界"与"彼岸世界"的分裂。

马克思认为,"费尔巴哈是从宗教上的自我异化,从世界被二重化为宗教世界和世俗世界这一事实出发的。他做的工作是把宗教世界归结于它的世俗基础"③。费尔巴哈认为,"人在宗教中把自己的本质对象化了",宗教是把人的本质从人分裂出去变成上帝的本质。他认为,把人

---

① 《马克思恩格斯选集》第1卷,2页,北京,人民出版社,1995。
② 同上书,1页。
③ 同上书,55页。

的本质归还给人，就是把人的肉体、血液、人格、性格、情感、意志、欲望等统统归还给人，把人当作感性存在的实体。

针对费尔巴哈的看法，马克思提出，"他做的工作是把宗教世界归结于它的世俗基础。他没有注意到，在做完这一工作之后，主要的事情还没有做。因为，世俗基础使自己从自身中分离出去，并在云霄中固定为一个独立王国，这一事实，只能用这个世俗基础的自我分裂和自我矛盾来说明。因此，对于这个世俗基础本身首先应当从它的矛盾中去理解，然后用排除矛盾的方法在实践中使之革命化"①。

马克思认为，人类以宗教的方式塑造"神圣形象"，又以世俗的方式塑造"非神圣形象"，皆根源于人自身的存在方式。马克思说："人的依赖关系（起初完全是自然发生的），是最初的社会形态，在这种形态下，人的生产能力只是在狭窄的范围内和孤立的地点上发展着。以物的依赖性为基础的人的独立性，是第二大形态，在这种形态下，才形成普遍的社会物质变换，全面的关系，多方面的需求以及全面的能力的体系。建立在个人全面发展和他们共同的社会生产能力成为他们的社会财富这一基础上的自由个性，是第三个阶段。第二个阶段为第三个阶段创造条件。"②概括地说，人类存在的三大历史形态是：人的依赖关系，以物的依赖性为基础的人的独立性，以个人全面发展为基础的自由个性。崇高的追求、异化与实现，是以人类存在的历史形态及其发展为前提的。

在"人的依赖关系"的历史形态中，个人依附于群体，个人不具有独立性，只不过是"一定的狭隘人群的附属物"。个体对崇高的追求，就是对群体的崇拜。被崇拜的"群体"则异化为非人的种种"神圣形象"。崇高的追求与异化的崇高以"人的依赖关系"为基础而表现为对"神圣形象"的崇拜。马克思说，"人创造了宗教，而不是宗教创造人。就是说，宗教是还没有获得自身或已经再度丧失自身的人的自我意识和自我感觉"。

---

① 《马克思恩格斯选集》第1卷，59页，北京，人民出版社，1995。
② 《马克思恩格斯全集》第46卷（上册），104页，北京，人民出版社，1979。

这深刻地揭示了崇高在"神圣形象"中自我异化的现实根源。

在"以物的依赖性为基础的人的独立性"的历史形态中，个人摆脱了人身依附关系而获得了"独立性"，但这种"独立性"却是"以物的依赖性为基础"的。人依赖于物，人受物的统治，人与人的关系受制于物与物的关系，人在对"物的依赖性"中"再度丧失了自己"。于是，对"神"的崇拜变成对"物"的崇拜，崇高在"神圣形象"中的异化变成在"非神圣形象"中的异化。因此，现代人又必须在揭露"非神圣形象"的过程中推进自身的解放。

人类创造了宗教，又要消解人在"神圣形象"中的"自我异化"。这表明，"意识一开始就是社会的产物"，"意识在任何时候都只能是被意识到了的存在，而人们的存在就是他们的现实生活过程"①。

三　艺术：无情世界的超越

人创造了宗教，是为了从宗教中获得存在的神圣意义；然而，人在宗教中把自己的本质异化给了"上帝"（神）的存在，结果人又在宗教中造成了自身存在意义的失落。这就是人的意识所创造的宗教意义世界的悖论。要超越这个陷入悖论的宗教意义世界，人类意识创造了多样的"文化世界"。艺术，就是人类意识所创造的表现人的情感深度的世界。

人类情感的对象化、明朗化、和谐化

"艺术的起源，就在文化起源的地方。"这是德国著名艺术史家格罗塞在其名著《艺术的起源》中做出的论断。这个论断的启发性是意味深长的，因为它提示人们从文化的起源去探寻和解释艺术的起源；这个论断的可发挥性也是令人惊叹的，因为人们可以从"文化"的起源中对"艺术"的起源与本质做出种种不同的解释，其中影响广泛与深远的有"摹仿说"

---

① 《马克思恩格斯选集》第 1 卷，81、72 页，北京，人民出版社，1995。

"想象说""显现说""表现说""象征说""存在说""反映说"等。

"摹仿说"认为艺术是对自然的摹仿；"想象说"认为艺术是人的想象力的产物；"显现说"认为艺术是对理念的感性显现；"表现说"认为艺术是情感的对象化存在；"象征说"认为艺术是苦闷的宣泄；"存在说"认为艺术是人诗意地生活的方式；"反映说"认为艺术是以感性形式的塑造来反映生活的……但是，不管人们对艺术有多少不同的理解，艺术总是为人类展现了一个审美的世界，一个表现人的感觉深度的世界，一个深化了人的感觉与体验的世界。在艺术世界中，情感体验本身获得了自足的意义。艺术使个人的感受条理化，使个人的体验和谐化，它调整和升华了人的感受与体验。艺术又使人的情感对象化、明朗化，使人在现实地想象中获得真实的想象。在艺术的世界中，人的生活获得了美的意义与价值。

艺术世界是美的世界，艺术创造是美的创造。艺术直接地、鲜明地、集中地体现着人是按照美的规律来塑造的，艺术确证着人类心灵的复杂性、丰富性和创造性，确证着人与世界之间的丰富多彩的矛盾关系。文学家雨果有一句名言：科学是我们，艺术是我。科学所要表述的是不以人的意志为转移的客观规律，所表述的真理性认识需要取得人们的共识，因而是"我们"；艺术所要表达的是个体感受到的强烈的审美体验，它所表达的审美体验需要具有鲜明的个性，因而是"我"。

作为"我"的艺术，以艺术形象的方式成为人类把握世界的一种特殊方式。理论要通过逻辑论证来"以理服人"，艺术则要通过艺术形象来"以情感人"。艺术形象以其所具有的审美意义来激发人们的美感，因而艺术形象必须具有艺术美的典型性、理想性和普遍性，也就是"艺术性"。实际上，艺术并不是离开"我们"的单纯的"我"，而是以艺术的方式所实现的"我"与"我们"的对立统一。在艺术活动中，"我"是"画内音"，而"我们"则是"画外音"，即艺术以"我"的声音发言，而艺术所表达的"我们"共同的情感与意愿则蕴含于"我"的艺术表现中。伟大的科学家爱因斯坦曾经指出，"这个世界可以由乐谱组成，也可以由数学公式组成"。因此，对于艺术中的"我"与"我们"的关系，我们应予以辩证的理解。

艺术，是以"艺术"的方式集中、鲜明、强烈地表现了人类的感情，表现了人类感情的深度。在人类的情感中，亲情、友情和爱情，也许是最为炽烈与深沉的。作家刘心武说，人生一世，亲情、友情、爱情三者缺一，已为遗憾；三者缺二，实为可怜；三者皆缺，活而如亡！这番感慨确实是肺腑之言，至诚之言。还有人更为具体地提出，亲情是一种深度，友情是一种广度，爱情是一种纯度。亲情的"深度"，在于它没有条件，不要回报，像春雨滋润心田，如阳光沐浴人生。友情的"广度"，在于它浩荡宏大，有如可以随时安然栖息的堤岸。爱情的"纯度"，在于它是一种神秘无边，可以使人歌至忘情、泪至潇洒的心灵照耀。体验了亲情的深度，领略了友情的广度，拥有了爱情的纯度，这样的人生，才称得上是名副其实的人生，才说得上是美好的人生。艺术，正是以"艺术"的方式使人的亲情、友情和爱情对象化和明朗化于艺术作品之中，并让人们在艺术作品中体会人类情感的深度。这就是人类意识的超越性在艺术作品中所实现的人类情感的自我体验与自我深化。

无论古今中外，人们总是用诗歌来吟唱亲情，用绘画来描绘亲情，用音乐来赞美亲情，用小说来表达亲情，亲情永远是文学艺术的最为动人的主题。"慈母手中线，游子身上衣。临行密密缝，意恐迟迟归。谁言寸草心，报得三春晖。"这是古人对母爱的吟诵。尘世嚣嚣，红尘滚滚，浪迹天涯的游子总是怀着一份亲情的温暖，远离故土的人们，总是品味着难以忘怀的乡愁。"劝君更尽一杯酒，西出阳关无故人"，这是多么悲凉、凄怆，又是何等亲切、温柔！当代的一曲《九月九的酒》，引发了多少人的感慨与共鸣，"家中才有自由，才有九月九"。亲情使人变得温柔，亲情也使人变得刚毅。

人生在世，幸福需要有人分享，痛苦需要有人分担，心声需要有人倾听，心灵需要有人抚慰。翻开《唐诗三百首》，扑入眼帘的，感人至深的，尽是抒发友情的诗篇。"李白乘舟将欲行，忽闻岸上踏歌声。桃花潭水深千尺，不及汪伦送我情！"这明白如话的诗句，表达了深挚的友情，以至人们千古传唱，并把"桃花潭水"作为抒写别情的常用语。"凉风起天末，君子意如何？鸿雁几时到，江湖秋水多。文章憎命达，魑魅喜人过。应共冤魂语，投诗赠汩罗。"杜甫的这首因秋风感兴而怀念李白的诗篇，低回婉转，沉郁深微，充满着对友人的殷切思念、细微关注和发自心灵深处的感情。"山光忽西落，池月渐东上。散发乘夕凉，开轩卧闲敞。荷风送香气，竹露滴清响。欲取鸣琴弹，恨无知音赏。感此怀故人，中宵劳梦想。"夏夜水亭，散发乘凉，耳闻滴水，鼻嗅花香，岂非人间快事？然而，"欲取鸣琴弹，恨无知音赏"！孟浩然的这首诗，正表达了友情才是生活的深切感受。

最激动人心的真情，大概就是爱情。人们把爱情比喻为火，显示出燃烧的瑰丽；人们把爱情又比喻为水，显示出柔情的魅力；人们把爱情比喻为花，显示出诱人的芳香；人们也把爱情比喻为诗，显示出难以言说的美丽。不要去说那些柔情似水的诗人，也不要去说那些凄凄切切的词家，就是以"豪放"著称的陆放翁、苏东坡，也为人们写下了爱情的千古绝唱。"红酥手，黄滕酒，满城春色宫墙柳。东风恶，欢情薄，一怀愁绪，几年离索。错，错，错！　　春如旧，人空瘦，泪痕红浥鲛绡透。桃花落，闲池阁，山盟虽在，锦书难托。莫，莫，莫！"陆游的这首《钗头凤》，以"错，错，错"述说巨大的婚姻不幸，以"莫，莫，莫"表达无可奈何的悲痛绝望之情，真是感天地泣鬼神。而苏轼的《江城子》，不仅使人感受到爱情的美丽，更能体会到爱情的力量。"十年生死两茫茫。不思量，自难忘。千里孤坟，无处话凄凉。纵使相逢应不识，尘满面，鬓如霜。　　夜来幽梦忽还乡。小轩窗，正梳妆。相顾无言，惟有泪千行。料得年年肠断处，明月夜，短松冈。"整首词饱含沉挚深厚的情感，抒发哀切缠绵的思恋，使人感受到天地间的真情实意，体会到夫妻间的永恒爱情。

亲情、友情、爱情，都是真情，不是虚情。唯有真情，才能化解人生的寂寞，才能带来人生的真实。唯有真情的艺术，才使人类的超越意识获得表现情感深度的真正形式。

艺术是"生命的形式"

艺术把人带入美的境界，是因为艺术展现了生命的活力与创造，是因为艺术表现了充满活力与创造的生命。艺术是人类超越意识的体现，艺术是生命的形式。

美学家苏珊·朗格曾对艺术美做出这样的阐释："你愈是深入地研究艺术品的结构，你就会愈加清楚地发现艺术结构与生命结构的相似之处。"她还具体地指出，"这里所说的生命结构包括着从低级生物的生命结构到人类情感和人类本性这样一些高级复杂的生命结构（情感和人性正是那些最高级的艺术所传达的意义）。正是由于这两种结构之间的相似性，才使得一幅画，一支歌或一首诗与一件普通的事物区别开来——使它们看上去象是一种生命的形式；使它看上去象是创造出来的，而不是用机械的方法制造出来的；使它的表现意义看上去象是直接包含在艺术品之中（这个意义就是我们自己的感性存在，也就是现实存在）"①。我国现代美学家宗白华也认为，艺术的"这节奏、这旋律、这和谐等，它们是离不开生命的表现，它们不是死的机械的空洞的形式，而是具有丰富内容，有表现、有深刻意义的具体形象"②。

艺术美不仅是人的创造性的结晶，而且它本身就是生命活动的体现。艺术美的根基，在于艺术本身是"生命的形式"。齐白石的"虾"不能在江海中嬉戏，徐悲鸿的"马"不能在草原上奔驰；然而，人们却在这"虾"或"马"中感受到了生命的活动与创造，体验到了强烈的艺术创造的生命之美。艺术，只有显示生命的欢乐与悲哀，生命的渴望与追求，生命的活力与创造，才有艺术之美；人们欣赏艺术作品，只有体验到生命的广大与深邃，生命的空灵与充实，才能进入艺术的世界，才能以艺术滋润生命，涵盖生命，激发生命的创造，从而创造美的生活。

---

① ［美］苏珊·朗格：《艺术问题》，55 页，北京，中国社会科学出版社，1983。
② 宗白华：《美学散步》，18 页，上海，上海人民出版社，1981。

人是创造性的存在，人是自己所创造的文化的存在。文化的历史积淀造成人的越来越丰富的心灵的世界、情感的世界、精神的世界。人需要以某种方式把内心世界对象化，使生命的活力与创造获得某种特殊的和稳定的文化形式。这种文化形式就是创造美的境界的艺术。

艺术形象，就是把情感对象化和明朗化，又把对象性的存在主观化和情感化，从而使人在艺术形象中观照自己的情感，理解自己的情感，品味自己的情感，使人的精神世界，特别是情感世界获得稳定的文化形式。因此，艺术形象比现实的存在更强烈地显示生命的创造力，更强烈地激发生命的创造。对于人的生命体验，特别是情感体验来说，艺术世界是比现实存在更为真实的文化存在。

艺术所建造的艺术形象的世界并不是简单地"表现"生命创造的生机与活力，而是能够激发人的崇高和美好的情感，诱发人的丰富和神奇的想象，唤起人的深沉和执着的思索，在心灵的观照和陶冶中实现人的精神境界的自我超越。艺术形象的这种特殊功能，在于它内蕴的文化积淀总是远远地大于它呈现给人的表现形式。这就是艺术形象的美的意境，对于人的内心世界来说，美的意境是比艺术形象更为真实的文化存在。

在《艺术与视知觉》一书中，阿恩海姆提出"一个不可否认的事实是：那些赋予思想家和艺术家的行为以高贵性的东西只能是心灵。心理学家们已经发现，这一事实实际上并不是一种偶然的和个别的现象，它不仅在视觉中存在着，而且在其它的心理能力中存在着。人的各种心理能力中差不多都有心灵在发挥作用，因为人的诸心理能力在任何时候都是作为一个整体活动着，一切知觉中都包含着思维，一切推理中都包含着直觉，一切观测中都包含着创造"①。艺术是心灵的创造，是人的意识的超越性的生动展现。

----

① ［美］鲁道夫·阿恩海姆：《艺术与视知觉》，引言，5页，北京，中国社会科学出版社，1984。引文有改动。

艺术是"时代的敏感的神经"

艺术作为人类超越意识的文化形式，不仅是"生命的形式"，而且是"现实的镜子"，它以艺术形象的方式使人们强烈地感受到自己的"时代精神"。艺术，是"时代的敏感的神经"。

艺术不是简单地反映世界，而是反映艺术家眼里的世界。文艺创作所反映的现实并不是现实世界的自然状态，而是心灵化的现实。在艺术中，感性的东西是经过心灵化的，而心灵的东西也借感性化显现出来。在文艺创作中，心灵的现实化和现实的心灵化一直在交错进行。艺术家的"心灵"状态与艺术品的"艺术性""思想性"是密不可分的。

当代著名小说家米兰·昆德拉曾经提出，"评价一个时代精神不能光从思想和理论概念着手，必须考虑到那个时代的艺术，特别是小说艺术。十九世纪蒸汽机车问世时，黑格尔坚信他已经掌握了世界历史的精神，但是福楼拜却在大谈人类的愚昧。我认为那是十九世纪思想界最伟大的创见"[1]。

关于哲学与艺术在体现时代精神中的作用，恩格斯和列宁分别以巴尔扎克和托尔斯泰为例，阐述了文学艺术作为时代的敏感神经的重大意义。

在关于文学的"现实主义"的通信中，恩格斯说："巴尔扎克，我认为他是比过去、现在和未来的一切左拉都要伟大得多的现实主义大师，他在《人间喜剧》里给我们提供了一部法国'社会'，特别是巴黎'上流社会'的卓越的现实主义历史……围绕着这幅中心图画，他汇集了法国社会的全部历史，我从这里，甚至在经济细节方面（诸如革命以后动产和不动产的重新分配）所学到的东西，也要比从当时所有职业的史学家、经济学家和统计学家那里学到的全部东西还要多……巴尔扎克就不得不违反自己的阶级同情和政治偏见而行动；他看到了他心爱的贵族们灭亡的必然性，从而把他们描写成不配有更好命运的人；他在当时唯一能找

---

① ［捷］米兰·昆德拉：《生命中不能承受之轻》，342 页，北京，作家出版社，1991。引文有改动。

到未来的真正的人的地方看到了这样的人，——这一切我认为是现实主义的最伟大胜利之一，是老巴尔扎克最重大的特点之一。"①

在评论列夫·托尔斯泰的时候，列宁提出："托尔斯泰主要是属于1861—1904年这个时代的；他作为艺术家，同时也作为思想家和说教者，在自己的作品里异常突出地体现了整个第一次俄国革命的历史特点，这场革命的力量和弱点。"②作为伟大的作家，他是"俄国千百万农民在俄国资产阶级革命快到来的时候的思想和情绪的表现者"。艺术作为时代的敏感神经，使艺术家的主体自我意识超越了个体意识的局限，而达到了对该时代的社会自我意识的艺术把握。

四　伦理：个体世界的超越

"社会"是人类生活的前提，"伦理"则是维系人的社会性存在的基础。在汉语中，"伦，犹类也；理，犹分也"。"伦"字有类、条理、顺序、秩序等基本含义，继后有引申义"关系"，因而古代思想家强调对人们"教以人伦"，认为父子、君臣、夫妇、长幼、朋友之间的亲、义、别、序、信是人们之间的最重要的"人伦"关系；"理"字本义为"治玉"，引申为分、条理、道理、规则等词义，而"分"则指本分、职责。"伦理"二字的含义，是指人们在各种社会关系中应遵守的规则和应尽到的职责。人类意识的超越性，在人类自己的社会生活中，最为重要的体现是超越"小我"的道德意识和伦理观念。

"我"的自我意识

人具有"我"的自我意识。这是人与世界形成"关系"的前提。对此，马克思和恩格斯曾经明确地提出："凡是有某种关系存在的地方，这种

---

① 《马克思恩格斯选集》第4卷，683—684页，北京，人民出版社，1995。
② 《列宁全集》第20卷，20页，北京，人民出版社，2017。

关系都是为我而存在的；动物不对什么东西发生'关系'，而且根本没有'关系'；对于动物来说，它对他物的关系不是作为关系存在的。"①然而，"我"本身却是矛盾性的存在，甚至可以说是集全部矛盾于一身的存在。其中，首要的就是"小我"与"大我"的矛盾。

关于"我"，辩证法大师黑格尔有一段颇为精彩的论述。他说："因为每一个其他的人也仍然是一个我，当我自己称自己为'我'时，虽然我无疑地是指这个个别的我自己，但同时我也说出了一个完全普遍的东西。"②

黑格尔的论述提示我们："我"是个别与普遍的对立统一。从个别性来看，"我"是作为独立的个体而存在的，"我"就是我自己；从普遍性来看，"我"又是作为人类的类分子而存在的，"我"又是我们。作为个体性存在的"我"是"小我"，作为我们存在的"我"则是"大我"。"小我"与"大我"是"我"的两种存在方式。由于"大我"具有明显的层次性，诸如家庭、集体、阶层、阶级、民族、国家和人类，因此这又构成多层次的"小我"与"大我"的复杂关系。正是这种多层次的复杂关系，构成了人的无限丰富的社会性内涵。

"我"当然首先是作为个体的"小我"而存在的。这正如马克思所说的，"全部人类历史的第一个前提无疑是有生命的个人的存在"③。没有作为个体生命的人的存在，当然不会有人类和人类的历史。但是，人的生命个体之所以能够作为"人"而存在，是因为每个人都是作为人的"类"分子而存在的。这就是人作为"小我"与"大我"的对立统一而存在的。

对此，黑格尔在他所著的《精神现象学》中曾提出，个体性在活动中与共同性相融合，并因此而形成"我们"就是"我"，"我"就是"我们"的意识。

---

① 《马克思恩格斯选集》第 1 卷，81 页，北京，人民出版社，1995。
② ［德］黑格尔：《小逻辑》，81 页，北京，商务印书馆，1980。
③ 《马克思恩格斯选集》第 1 卷，67 页，北京，人民出版社，1995。

黑格尔区分了自我意识发展的三个主要阶段，这就是"单个自我意识""承认自我意识"和"全体自我意识"这三个阶段。第一阶段，"单个自我意识"，只意识到自身存在、自己的同一性和同其他客体的区别。这种自身作为一个独立单位的意识是必要的，但也是很狭隘的。它必然会转化为承认自己的不足，承认周围世界的无限性和自己的渺小性，其结果就是感到自己与世界不谐调和力求自我实现。黑格尔把自我意识发展的这个阶段称为"欲望自我意识"。

　　第二阶段，"承认自我意识"，其前提是人际关系的产生：人意识到自己是为他人的存在。个体与他人接触，从他人身上认知自己的特点，因此，对于个体来说，自己的"自我"有了新鲜性，引起他的注意。对自身个性的意识从而转化为对自身特点的意识。相互承认是最基本的心理过程。但是，不能把这个过程归结为和平的心理接触，黑格尔认为这基本上是一个冲突的过程，并且把它同统治和从属的关系相联系。在心理学上，这首先是差异意识。

　　第三阶段，"全体自我意识"，也就是说，相互作用的"自我性"掌握"家庭、乡里、国家以至一切美德——爱情、友谊、勇敢、诚实、荣誉"的共同原则，从而人不仅意识到自己的差异，而且意识到自己的深刻共同性以至同一性。这种共同性就构成"道德实体"，使个体的"自我"成为客观精神的一个因素、一个部分。

　　因此，自我意识的发展是一个有规律性和阶段性的过程，其各个阶段不仅与人的个体生命途程相适应，而且与世界历史的途程相适应。黑格尔强调，个体发现自己的"自我"不是通过内省，而是通过他人，通过从个体向全体过渡的交往和活动达到的。[①] 由此便形成以"小我"与"大我"的关系为内容的个体性与普遍性、独立性与依附性、个人利益与整体利益、价值取向与价值导向、价值认同与价值规范等的矛盾关系。这

---

　　① 参见[苏]伊·谢·科恩：《自我论——个人与个人自我意识》，31—32 页，北京，生活·读书·新知三联书店，1986。

些矛盾关系又构成了对人类的生存与发展具有重大意义的伦理道德问题、价值规范问题、政治理想问题、社会制度问题、社会进步问题和人类未来问题。

伦理关系中的"小我"与"大我"

人是社会的、历史的存在，人的个体生命是同社会发展的历史过程密不可分的；反过来看，历史就是追求自己的目的的人的活动过程，历史发展又是同人的创造意义的生命活动密不可分的。正因如此，马克思说，"首先应当避免重新把'社会'当作抽象的东西同个人对立起来。个人是社会存在物。因此，他的生命表现，即使不采取共同的、同其他人一起完成的生命表现这种直接形式，也是社会生活的表现和确证。人的个人生活和类生活并不是各不相同的，尽管个人生活的存在方式必然是类生活的较为特殊的或者较为普遍的方式，而类生活必然是较为特殊的或者较为普遍的个人生活"①。我们应当从这样的观点出发去看待"小我"与"大我"的关系。

人们以伦理的方式把握世界，就形成了以某种价值观为核心，以相应的伦理原则和伦理规范为基本内容的伦理文化。在任何时代的"时代精神"中，伦理文化都具有显著的重大意义。一个社会的伦理文化和伦理精神的扭曲，都会造成人的生活意义的扭曲、变形和失落。因此，人类总是需要以超越性的意识去解决社会生活中的"小我"与"大我"的关系。

任何一个社会的价值体系，都存在着相互矛盾的两个基本方面，这就是社会的价值理想、价值规范、价值导向与个人的价值目标、价值取向、价值认同之间的矛盾。通俗地说，就是社会所引导的"我们到底要什么"与个人所追求的"我到底要什么"之间的矛盾。这就是价值关系中"小我"与"大我"的矛盾关系。

社会中的每个人的价值目标和价值取向总是千差万别、千变万化

---

① 《马克思恩格斯全集》第42卷，122—123页，北京，人民出版社，1979。

的，具有极大的主观性、任意性和随机性，似乎仅仅是依据个人的利益、欲望、需要、兴趣甚至是情绪进行价值选择的。然而，透过个人的千差万别和千变万化的价值选择，我们会看到，个人的价值目标总是取决于社会所指向的价值理想，个人的价值取向总是"取向"某种社会的价值导向，个人的价值认同总是"认同"某种社会的价值规范。因此，在社会的价值体系中，社会的价值理想、价值规范和价值导向总是处于主导和支配的地位，总是起着决定性的作用。

社会的价值导向对个人的价值取向的决定性作用，首先表现在个人的价值取向中的社会内容、社会性质和社会形式这三个方面：其一，从个人的价值取向的内容上看，个人的价值取向总是带有社会内容的社会正义、法律规范、政治制度、人生意义等问题，而绝不是没有社会内容的纯粹个人问题；其二，从个人的价值取向的性质上看，个人的价值取向总是具有社会性质的真善美与假恶丑、理想与现实、历史的大尺度与小尺度、集体利益与个人利益、整体利益与局部利益、长远利益与暂时利益等问题，而绝不是与社会无关的所谓纯粹的个人问题；其三，从个人价值取向的形式上看，个人的价值取向总是通过具有社会形式的科学、哲学、艺术、伦理、宗教等方式体现出来，而绝不是没有社会形式的纯粹的个人表现。

个人的价值取向所具有的社会内容、社会性质和社会形式，表明了社会价值导向对社会成员的价值取向的支配地位和决定作用。现实生活一再告诉我们，个人的价值取向的总体倾向，总是取决于社会的基本的价值导向；个人的价值取向的困惑，总是根源于社会的价值坐标的震荡；而解决个人的价值取向的矛盾，首先必须解决社会的价值导向的矛盾。

当代的中国正处于从"计划经济"向"市场经济"的社会转型的过程中，人的存在方式及自我意识正在这种社会转型的过程中发生深刻的变化，因而不可避免地形成相互冲突的社会心理和社会思潮。一种"耻言理想、蔑视道德、拒斥传统、躲避崇高、不要规则、怎么都行"的社会思潮(包括社会心理、大众文化和学术思潮)正在引起人们深深的困惑与忧虑。

如果把"躲避崇高"推向极端，势必会形成一种"没有标准的选择的生命中不能承受之轻的存在主义的焦虑"：理想变成了幻想甚至狂想，因而"耻言理想"；信仰似乎就是迷信和盲从，因而"嘲弄信仰"；道德几乎就是迂腐和愚笨，因而"蔑视道德"；传统似乎等于废品或垃圾，因而"拒斥传统"；规则似乎是枷锁或镣铐，因而"不要规则"；崇高似乎就是虚伪甚至愚弄，因而"躲避崇高"。然而，失落了"理想"就是失去了目的，失落了"信仰"就是失去了动力，失落了"道德"就是失去了人伦，失去了"传统"就是失去了依托，失去了"规则"就是失去了尺度，失落了"崇高"就是失去了尊严，"怎么都行"只能是一种"没有标准"的"存在主义的焦虑"。

面对当代中国的现实，人们正在超越两极对立的思维方式，辩证地看待和对待理想与现实、道德与利益、传统与现代、规则与选择、崇高与平凡的关系，在理想主义与功利主义、期待道德与义务道德、统一规范与多样选择之间寻求一种"必要的张力"。

在谈到人生境界时，冯友兰说，一个人了解到"这个社会是一个整体，他是这个整体的一部分。有这种觉解，他就为社会的利益做各种事，或如儒家所说，他做事是为了'正其义不谋其利'。他真正是有道德的人，他所做的都是符合严格的道德意义的道德行为。他所做的各种事都有道德的意义。所以他的人生境界，是我所说的道德境界"①。

心中的道德律

许多人都知道德国古典哲学奠基人康德的一句名言。这句话是："有两种东西，我们对它们的思考越是深沉和持久，它们所唤起的那种越来越大的惊奇和敬畏就会充溢我们的心灵——这就是繁星密布的苍穹和我心中的道德律。"

---

① 冯友兰：《中国哲学简史》，291—292 页，北京，北京大学出版社，1985。

多数人是把道德视为"他律"，即认为道德是从道德以外的原则中引申出来的。例如，有的道德学家认为道德原则源于"上帝的意志"或"社会的法规"，有的道德学家主张善和恶的观念是从人力求达到的目的和人的行为结果派生出来的。与此相反，康德则强调道德有原则上的独立性和自身价值。在康德看来，"知性、机智和判断力以及（无论怎样称呼）精神的才能，或作为在某些方面的气质特性的勇敢、果断、坚定的目的性，无疑都是非常好的和人们喜欢具有的；但是它们也可以成为最坏的和最有害的，如果那个理应利用这些天赋的意志很不善良的话……"

康德终其一生总是"惊奇和敬畏"那"繁星密布的苍穹"，并直到生命完结之前仍然恪守和遵循他自己"心中的道德律"。根据记载，康德去世的前九天，他的医生拜访了他。他已经风烛残年，重病在身，双目几乎全部失明。他从椅子上站起来，由于过于虚弱，身体有些颤抖，口中喃喃自语。过了一会儿，他的好朋友才弄明白：他坚持要客人先入座。客人坐下后，康德才在他的帮助下坐下来。又过了一会儿，他恢复了些气力，说道，"人道之情现在还没离我而去呢"。两个人都为之动情，几乎潸然泪下。因为，虽然"人道"这个字眼在 18 世纪不过是指高雅或礼仪而已，但它对康德来说却有更深刻的含义。这就是：人对自我承认和自我强加于自身的那些原则的自豪感和悲剧意识。①

"天地境界"中的"大我"与"小我"

在寻求"天人合一"的中国传统哲学中，"小我"与"大我"不仅表现为社会中的个体（小我）与社会本身（大我）的矛盾关系，而且首先表现为生命个体（小我）与宇宙本身（大我）的矛盾关系。

按照中国传统哲学的观点，宇宙并不是一个僵死的存在，它蕴含着无穷的生机与活力。充盈于天地之间的"生意"使整个宇宙成为融合天地

---

① 参见［美］E. 潘诺夫斯基：《视觉艺术的含义》，1—2 页，沈阳，辽宁人民出版社，1987。

的有机系统。在这个有机的宇宙中，人生于天地之中，又以自己的创造活动来"赞天地之化育"。在这种"天人合一"的宇宙观与人生观中，宇宙是具有普遍价值的"大我"，它的普遍价值内在于每个生命个体之中。生命个体作为宇宙普遍价值的体现，以自己生命的创造活动实现着自己的尊严与价值。在这个宇宙"大我"与生命"小我"的关系中，"大我"并不是压抑"小我"的某种神秘力量，"小我"也不是"大我"自我实现的手段或工具，而是"大我"与"小我"在生生不息中的"统一""合一""融合"。

人不仅有生物生命，而且有精神生命和社会生命，人是三重生命的矛盾统一体。人不仅生活于自然世界中，而且生活于自己创造的文化世界和意义世界中，人的世界是三重世界的矛盾统一体。因此，人的生命之根是人的三重生命的和谐，人的立命之本是人的三重世界的统一。生命无根和立命无本的自我感觉和自我意识，从根本上说，是人的三重生命和人的三重世界的扭曲与断裂。

现代人寻找"家园"，寻求"在家"的感觉。"在家"的感觉，是一种自在自为的感觉，也就是自由的感觉，美的感觉。"在家里"，你可以任性，可以任意，可以无拘无束，可以不遮不掩，可以"自在"，可以"自为"，"自在"即"自为"，"自为"也是"自在"。"在家"感受的是自在自为之美。

寻找"家园"，是希望"社会"成为大家的"家园"；寻求"在家"的感觉，是向往"社会"就是"在家"的感觉。如果"人和人像狼一样"，"他人就是地狱"，只会让人感受到"喧嚣中的孤独"，人又如何会有"在家"的那份自在自为的感觉呢？人又怎么会有"在家"的那份自在自为之美呢？对生命的寻根，是寻求社会的和谐；对"家园"的向往，是向往生活于美好和谐的社会。离开社会生命，人的生物生命和精神生命，就会成为"上不着天、下不着地"的悬浮之物。

寻求"家园"，就是希望"自然"成为人类的"家园"；寻求"在家"的感觉，就是向往"自然"就是"在家"的感觉。地球是人类生存的家园。人无法忍受"家园"的绿野变成荒漠，无法忍受"家园"的江河变得混浊，无忍受"家园"的蓝天变得灰暗，无法忍受"家园"的生物濒临灭绝。人不能在满目疮痍的"家园"中生活，人不能在"无底的棋盘上游戏"。

人类超越了自然，又在自身的发展中力图使自己在高级的层次上回归自然，达到"天人合一"的境界，"自在自为"的境界，人与自我、人与社会、人与自然的和谐之美的境界。

我国哲学家冯友兰说，"一个人可能了解到超乎社会整体之上，还有一个更大的整体，即宇宙。他不仅是社会的一员，同时还是宇宙的一员。他是社会组织的公民，同时还是孟子所说的'天民'。有这种觉解，他就为宇宙的利益而做各种事。他了解他所做的事的意义，自觉他正在做他所做的事。这种觉解为他构成了最高的人生境界，就是我所说的天地境界"①。以这种"天地境界"去思考"小我"与"大我"的关系，对于重新认识人与自然的关系，并因而对于解决当代人类所面对的严峻的"全球问题"，应当说是有启发性和建设性的。

五　科学：经验世界的超越

"科学是人的智力发展中的最后一步，并且可以被看成是人类文化最高最独特的成就。"

"在我们现代世界中，再没有第二种力量可以与科学思想的力量相匹敌。它被看成是我们全部人类活动的顶点和极致，被看成是人类历史的最后篇章和人的哲学的最重要主题。"

"对于科学，我们可以用阿基米德的话来说：给我一个支点，我就能推动宇宙。在变动不居的宇宙中，科学思想确立了支撑点，确立了不可动摇的支柱。"

上述三句话，均引自德国哲学家卡西尔的《人论》一书。人类对自己

---

① 冯友兰：《中国哲学简史》，292 页，北京，北京大学出版社，1985。

所创造的"科学"的赞誉，也许可以集中地体现在卡西尔关于"科学"的评论之中。确实，在人类的现代生活中，有哪一种文化样式能与科学的力量相比呢？有哪一种文化样式能像科学这样体现人类智力的创造性呢？有哪一种文化能够像科学这样展示人类意识的超越性呢？

理论思维的基本方式

科学是一种人类活动，是一种人类把握世界的基本方式，是理性和进步的事业。

科学作为人类的一种活动，是人类运用理论思维能力和理论思维方法去探索自然、社会和精神的奥秘，以获得关于世界的规律性认识，并用以改造世界的活动。

科学作为人类把握世界的一种基本方式，区别于对世界的宗教的、艺术的、伦理的、常识的和哲学的把握，是人类运用科学的思维方式和科学的概念体系去构筑科学的世界图景的方式。

科学作为理性和进步的事业，是科学的思维方法和科学的概念系统的形成和确定、扩展和深化、更新和革命的过程。科学发展过程中所编织的科学概念和科学范畴之网，构成了越来越深刻的科学世界图景，也构成了人类认识世界的越来越坚实的阶梯和支撑点

人类的理论思维起源于对幻化的神话思维方式的超越，并形成于对经验的常识思维方式的超越。人类理论思维形成的过程，首先是逻辑思维的形成过程，即形式逻辑的形成过程。这是因为，人的认识由幻化的思维方式和常识的思维方式进展为概念的思维方式，就是由对认识对象的经验式的直观把握，进展到对认识对象的超验的逻辑把握。思维的逻辑化，或者说思维的合乎逻辑，是理论思维即概念思维的首要前提。

思维的逻辑化，源于思维"解释"世界的需求。人类在认识和改造世界的活动中，不仅需要"表象"世界（在头脑中形成和再现世界的映象），而且需要"解释"世界（在头脑中形成关于世界的"共性""本质""必然""规律"的认识，并以此去说明世界上的各种各样的"个别""现象""偶然""变体"的存在）。这种"解释"的需求，必须具备下述基本条件，才能得以实

现：其一，"类概念"的形成，即形成把握世界的不同程度、不同等级的"普遍概念"；其二，思维规则的形成，即以形式化的方式确认思维运演（思维操作）的规则，保证思维过程的确定性和无矛盾性；其三，概念内涵的反思，即对概念定义的追问和反省。这集中地体现了理论思维对常识思维的超越。常识思维，依附于经验表象的概念，只不过是指示某种经验对象的"名称"，因而无须追问概念的内涵；而在理论思维中，思维的逻辑却恰恰是概念内涵之间的关系。因此，作为理论思维的科学思维，必须为概念下定义，反思概念的内涵。科学思维是运用概念的逻辑，以概念的逻辑去把握世界、描述世界和解释世界，为解释世界提供某些"原理"或"公理"。

人类理论思维的形成过程，特别是科学作为理论思维的基本方式的形成过程，突出地表现为对常识思维方式的超越。

在人类的发展史上，科学是经过漫长而又艰难的过程才发展成为一种独特的认识方式的。它根源于人类的共同理解和普通的认识方式之中，"在科学本身的基础上，铭刻着其带有共同经验、带有共同的理解方式以及带有共同的交谈和思想方式的历史连续性的印记，因为科学并不是一跃而成熟的"[①]。关于科学的形成与发展的进程，我们可以做出这样的概述：从用某种臆想的原因来解释观察到的事实，进展为用某种单一的或者统一的解释原理来概括整个自然现象领域；从以共同的经验概括形成描述和规范实践的常识概念框架，进展为具有明确性、可反驳性和逻辑解释力的科学概念框架；从对经验事实的理性反思，进展为针对描述和规定实践的各种规则和原理的批判。这表明科学活动与人类其他活动的连续性与间断性统一于人类自身的历史发展。

科学形成于对经验常识的批判。它在观察和实验的基础上，以理性抽象的形式构成关于经验对象的科学解释，说明或反驳经验常识，从而

---

① ［美]M. W. 瓦托夫斯基：《科学思想的概念基础——科学哲学导论》，5 页，北京，求实出版社，1982。

以科学概念取代常识概念，以科学原理取代常识信念，把形式逻辑推理的常识前提转换为科学前提。

知识的本质是对普遍性的寻求。常识作为知识，是从个体经验中积淀出的共同经验。这种共同经验所具有的普遍性，只是经验的普遍性或普遍性的经验，而不是关于经验对象的普遍性原理。这种共同经验所具有的普遍性，只是经验共同体的日常活动模式，而不是关于这种活动模式的理论解释。最初的科学萌芽，在于要求超越共同经验而获得对共同经验的解释，超越日常活动模式以形成说明这种模式的根据。这种要求的产物，就是把主要的东西同次要的东西区别开来，把有关系的东西同无关系的东西区别开来，把多样性的存在归结为单一性的存在，从而形成对共同经验的"概括"。这种"概括"出来的东西，就是作为解释性原理而存在的萌芽状态的科学知识。

解释性原理作为思维"抽象""概括"的产物，具有不可避免的"超验性"。这种超验的解释性原理是关于经验对象的本质规定的理论表述，它表现为各种特殊的科学概念的逻辑体系，并表现为运用和操作这些特殊的概念系统的科学思维方式。

科学概念的逻辑体系，是以各种首尾一贯、秩序井然的符号系统的概念框架来理解、描述和操作研究对象的，并使这些符号系统本身成为自我理解的对象。科学概念的逻辑体系，虽然也使用诸如上下、大小、内外、强弱、冷热、快慢、高低、因果、时空、运动、发展、价值等各种常识概念，但是，它们作为特殊的科学概念框架中的概念，已经被赋予了各种不同的特殊的规定性，与常识所理解的这些概念是大相径庭的。科学改造了常识，科学超越了常识。

科学形成于对常识的批判，而科学的发展则表现为科学的自我批判。这种自我批判更为深刻地体现了科学的超越性。

科学的发展主要表现在两个方面：一是新的科学理论必须具有向上的兼容性，即能够对原有的科学理论做出更为合理的理论解释；二是新的科学理论应该具有论域的超越性，即能够提出和回答原有的科学理论所没有提出或没有解决的问题。前者属于原有逻辑层次上的理论的延伸、拓宽和深化，后者则要求突破原有的思维方式，实现逻辑层次的跃迁。与此相对应，科学的自我批判也具有两个基本层次。

任何一门科学在自身的历史发展过程中，总是出现两类问题：经验问题和概念问题。所谓经验问题，即理论与经验的不一致、理论与经验的冲突问题。所谓概念问题：一是指理论内部出现的矛盾或基本概念的含混不清即"内部概念问题"，二是指某一理论与另一理论或另一种基本信念的相互冲突即"外部概念问题"。

在发生经验问题或概念问题的时候，科学的自我批判就是不可避免的了。对于经验问题，科学或者是批判地检讨和修正既有理论以适应新发现的事实，或者是批判地考察和解释新的事实以适应既有的理论。在科学的发展过程中，这两个方面又往往是相互渗透和相互补充的，从而达到既有理论的拓宽或深化。对于概念问题，科学或者是通过调整和澄清原有的概念系统使之具有更强的逻辑自洽性，或者是通过"科学范式""研究纲领"的转换而构成新的层次上的科学理论。

在对科学所体现的人类意识的超越性的理解中，我们还应当看到，科学所具有的伟大力量，在于它那"首尾一贯的""新的强有力的符号系统"，"向我们展示了一种清晰而明确的结构法则"，"把我们的观察资料归属到一个秩序井然的符号系统中去，以便使它们相互之间的系统连贯起来并能用科学的概念来解释"。

在对科学的理解和对科学特征的表述上，作为科学哲学家的瓦托夫斯基与作为文化哲学家的卡西尔有许多共同之处，他认为，科学研究不单单是一件积累事实的事情，科学也不是一大堆积累起来的事实。就科学是理性的和批判的而言，它是一项力图整理观察事实并在清晰的语言结构中，用某种首尾一贯的、系统的方法来表示这些事实的尝试。

瓦托夫斯基提出，在属于科学发明的事物中，最奇妙的就是科学概念。它们实际上是科学思维和对话的尖端工具和高超技术。在科学理论中，概念并不是一些孤立的理解。相反地，它们是彼此联系的，而且联系于一个概念网络并依照这个概念网络而得到理解，形成我们可以称为概念框架或概念结构的东西。科学以自己的各种不同的概念框架来系统地构筑人类的经验世界，并通过这些概念框架来实现相互理解和自我理解。科学概念框架的突出特征是，它不仅具有超出常识、通常语言和通常活动的严密性，而且采用适合于特殊研究课题的特殊语言，形成特殊的、具有高度精确性和高度专业化的概念系统。

人类的科学发展史是科学思维方法和科学概念系统的形成和确定、扩展和深化、更新和革命的历史。科学理论所编织的概念、范畴之网，构成人类认识的"阶梯"和"支撑点"，从而推进人类认识的不断发展，也就是人类意识的不断自我超越。

人类意识的科学精神

科学是一种人类活动，是一种体现人类智力最高成就的人类活动，在这个意义上，科学精神就是在科学活动中凝聚和升华了的人类精神。它集中地表现为探索真理的求真精神，尊重事实的求实精神，自我扬弃的批判精神和超越现状的创造精神。

在人类文明的不同历史时代，科学精神也具有不同的内容和不同的形式。恩格斯提出，"在希腊人那里是天才的直觉的东西，在我们这里则是严格科学的以实验为依据的研究的结果，因而其形式更加明确得多"[①]。同时，恩格斯又指出："18世纪上半叶的自然科学在知识上，甚至在材料的整理上大大超过了希腊古代，但是在观念地掌握这些材料上，在一般的自然观上却大大低于希腊古代。在希腊哲学家看来，世界在本质上是某种从混沌中产生出来的东西，是某种发展起来的东西、某种生成着的东西。在我们所探讨的这个时期的自然研究家看来，它却是某种僵化的东西、某种不变的东西，而在他们中的大多数人看来，则是某种一下子就造成的东西。"[②]而对于被称作"文艺复兴"的时代，恩格斯

---

① 《马克思恩格斯选集》第4卷，271页，北京，人民出版社，1995。
② 同上书，265页。

则称为"这是人类以往从来没有经历过的一次最伟大的、进步的变革，是一个需要巨人而且产生了巨人——在思维能力、热情和性格方面，在多才多艺和学识渊博方面的巨人的时代"①。

美国出版的"导师哲学家丛刊"对欧洲中世纪以来的各个世纪的特征的概括，比较鲜明地显示了这些世纪的不同的时代精神，以及这些时代精神中所蕴含的科学精神。这套丛刊把欧洲中世纪称作"信仰的时代"，这正是哲学和科学成为宗教的"婢女"的时代；它把文艺复兴时期称作"冒险的时代"，这正是恩格斯所说的"需要巨人而且产生了巨人"的时代，是科学的求真求实精神在近代重新开启的时代；它把 17 世纪称作"理性的时代"，这正是近代实验科学兴起、科学理性逐渐扩展和深化的时代；它把 18 世纪称作"启蒙的时代"，这正是逐渐盛行的崇尚理性力量的时代；它把 19 世纪称作"思想体系的时代"，这正是恩格斯所说的由"搜集材料"的科学转向"整理材料"的科学，也就是建立各门科学的概念发展体系的时代；它把 20 世纪称作"分析的时代"，这正是在现代科学既高度分化又高度整体化的背景下，科学迅猛发展和自我反思的时代。

卡西尔曾提出，"理性"是标志近代以来的时代精神的核心概念，但它在近代以来的几个世纪中发生了深刻的变化。他认为，在 17 世纪，理性是"永恒真理"的王国，它试图从某种直觉地把握到了的最高确定性出发，然后以演绎的方式将可能的知识整个链条延长；18 世纪则摒弃了这种演绎和证明的方法，"按照当时自然科学的榜样和模式树立了自己的理想"，不是把理性看作知识、原理和真理的容器，而是把理性看成一种"引导我们去发现真理、建立真理和确定真理的独创性的理智力量"②。

这里，我们以著名的科学家、哲学家培根和笛卡尔为例来体会时代的科学精神。

弗兰西斯·培根作为近代实验科学和近代唯物论的奠基人，集中地

---

① 《马克思恩格斯选集》第 4 卷，261—262 页，北京，人民出版社，1995。
② ［德］E. 卡西勒：《启蒙哲学》，5、11 页，济南，山东人民出版社，1988。

表达和引导了近代科学的"实验"精神。在培根看来，"为了获得真正的而又富有成果的知识，需要做到两件事情，即摆脱成见和采取正确的探索方法"。关于第一个要求，培根坚持认为，一切科学知识都必须"从不带偏见的观察开始"。为此，培根列举了四种类型的"成见"或"偏见"，即倾向于只看到和相信所赞同的东西的"种族假相"；由个人的偏爱所造成的"洞穴假相"；围绕语词和名称的争论而造成的"市场假相"；由于采纳特殊的思想体系，特别是忠于特定的哲学或神学体系而造成的"剧场假相"。培根认为，只有消除这些"成见""偏见"或"假相"，才能进行真正的科学实验和科学研究。关于第二个要求，采取正确的探索方法，培根认为，最重要的是把经验主义与理性主义、仔细的观察与正确的推理结合起来。他非常形象地把单纯的经验主义者比作"蚂蚁"，把超验的理性主义者比作"蜘蛛"，而把探索方法正确的科学家比作"蜜蜂"。培根说，"实验家象蚂蚁：它们只知采集和利用；推理家犹如蜘蛛，用它们自己的物质编织蜘蛛网。但蜜蜂走中间路线：它从花园和田野里的花朵采集原料，但用它自己的力量来变革和处理这原料"。由此我们可以看到，"科学方法必须从系统的观察和实验开始，达到普遍性有限的真理，再从这些真理出发，通过渐缓的逐次归纳，达到更为广阔的概括"①，这就是弗兰西斯·培根所表达和引导的时代科学精神。

　　与培根同时代的勒内·笛卡尔认为，数学应当成为其他学科的楷模。他特别注重数学的方法，认为数学的独特优点在于从最简单的观念开始，然后从它们出发进行谨慎的推理。在笛卡尔看来，既然一切自然知识的首要问题是发现最简单的和最可靠的观念或原理，那么，哲学思考就应当从寻求知识可靠的出发点入手，通过对一切可能加以怀疑的事物提出疑问，最终找到那种可以作为知识出发点的不受任何怀疑的东西。作为这种寻求的结果，笛卡尔发现，无可置疑的东西就是怀疑本

① ［英］亚·沃尔夫：《十六、十七世纪科学技术和哲学史》，710—713 页，北京，商务印书馆，1985。引文有改动。

身，即怀疑本身是不可怀疑的。而怀疑则意味着思维和思维者，所以笛卡尔提出的著名哲学命题是"我思故我在"。笛卡尔的这种"怀疑"精神，正是表达和引导了他所处的时代的科学精神——先自我而后上帝、先理解而后信仰的理性精神。

与人们从总体上把近代以来的科学精神称为"理性"精神相呼应，人们常常在多元的理解中概括现代的科学精神。有人把 20 世纪称作"分析的时代"（如美国哲学家莫尔顿·怀特），有人把 20 世纪称作"综合的时代"（如美国未来学家阿尔温·托夫勒），有人把 20 世纪称作"相对主义的时代"（如美国哲学家 J. 宾克莱），如此等等。

对于 20 世纪的科学，我国学者曾做过这样的总体性概括："从十九世纪末至今，现代科学九十余年的进程大体可分为三个阶段。前三十年为物理学革命阶段。其主要标志是 X 射线、放射现象和电子等物理学三大新发现，量子假说的提出和爱因斯坦相对论的建立。它不仅把人类科学视野由低速、宏观领域推进到高速、微观领域，而且意味着对所有学科的理论基础、方法论原则进行了一次时代性洗礼，萌动着科学研究模式的变革。本世纪二十年代末到五十年代初是现代基础自然科学普遍深入发展时代。其标志是量子力学的确立和核物理学的长足发展。量子力学确立的新的理论秩序和科学思维模式，为整个科学尤其是为原子核物理学、粒子物理学、固体物理学、量子电子学、物理化学、生物学、天文学、宇宙学等基础学科的崛起开拓了广阔的前景。从五十年代始，现代科学进入了综合发展时期。其主要标志是以生物工程、微电子技术、新材料工艺为三大基干的知识工程部门，和以信息论、控制论及系统论为核心的方法论学科的兴起。物理学革命的冲击，基础自然科学纵横两方面的高速发展，使科学在高度分化的基础上，形成了一个高度综合、浑然一体的网络结构。当代新兴科学的高涨——新的科学技术革命，正是这三个阶段科学运动的直接产物。"①

---

① 李晓明、冯平：《科学的进步与认识论的发展》，载《哲学研究》1986 年第 10 期。

我国有关部门在1999年12月进行了一次关于"20世纪影响人类生活的20大科技发明"的民众调查，结果是电脑位居"世纪发明"之首，其余各项依次为人造地球卫星、核能、因特网、电视机、激光、飞机、汽车、基因工程、无线电、光导纤维、航天飞机、雷达、克隆、避孕药、胰岛素、机器人、硅片、塑料和超导体。20世纪的技术发明深刻地改变了人类的生活方式，从而也使科学精神成为20世纪的时代精神。

当代科学技术的最显著的特点，是它的发展呈指数增长的趋势。20世纪60年代以来人类所取得的科技成果的数量，比过去的两千余年的总和还要多。有人认为，截至1980年，人类社会获得的科学知识的90％是第二次世界大战前后30余年间获得的。人类的科技知识，19世纪是每50年增加1倍，20世纪中叶是每10年增加1倍，20世纪末则是每3年至5年增加1倍。20世纪末，超级计算机的最快运算速度已达320亿次/秒。人们现又开始研制光学计算机。它的信息处理速度将比电子信息处理速度快1000倍，甚至有人预测快1万倍。①

在当代科学技术的发展呈指数增长的过程中，科学的分支化与整体化同步展开。研究的完整性，研究对象的多学科性，学科的多对象性，科学研究的信息化，成为当代科学研究的认识论特征。与此相适应，当代科学技术发展形成的思维方式的特点是：从绝对走向相对；从单义性走向多义性；从精确走向模糊；从因果性走向偶然性；从确定走向不确定；从可逆性走向不可逆性；从分析方法走向系统方法；从定域论走向场论；从时空分离走向时空统一。②

当代科学的认识论特征，以及与此相适应的思维方式的变革，意味着当代科学精神发生了重大变化，从而也意味着由这种科学精神所表征的时代精神发生了深刻变化。当代的科学精神，虽然蕴含着一般的求真精神、求实精神、批判精神和创造精神，但它更明显地具有"从绝对走

---

① 参见宋健主编：《现代科学技术基础知识——干部选读》，40页，北京，科学出版社，中共中央党校出版社，1994。

② 同上书，48页。

向相对""从单义性走向多义性"的宽容精神，即真正的激励批判与创造的精神，它也更明显地具有"从精确走向模糊""从确定走向不确定""从分析方法走向系统方法"的历史意识，这深刻地体现了人类的理论思维的时代性特征，体现了人类意识的超越性在当代的结晶。

六　哲学：有限世界的超越

"明月几时有，把酒问青天。不知天上宫阙，今夕是何年。"人类面对千差万别、千变万化、无边无际、无始无终的茫茫宇宙，又面对有生有死、有爱有恨、有聚有散、有得有失的有限人生，总会驰骋自己的探索宇宙和人生奥秘的智慧，以自己意识的超越性去超越自己所理解的有限世界。

"横看成岭侧成峰，远近高低各不同。不识庐山真面目，只缘身在此山中。"人生活于有限的世界，又企图跳到这有限的世界之外去"观"世界，以便弄清楚"天上的太阳"与"水中的月亮"到底"谁亮"，"山上的大树"与"山下的小树"究竟"谁大"，"心中的恋人"与"身外的世界"哪个"更重要"。人的意识总是试图超越有限的世界从而对它做出"深层"的解释。

"前不见古人，后不见来者。念天地之悠悠，独怆然而涕下！"人类俯仰古今而觉时间之无限，环顾天地而觉空间之永恒，回顾自身而觉人之立于两间的万千感慨！人的意识总是试图超越"哀吾生之须臾，羡长江之无穷"的困惑与迷惘，以自己的超越性为人生寻求"安身立命之本"。

"爱智"的哲学，就是一种驰骋人类智慧、探究宇宙奥秘的渴望，就是一种求索人生意义和追求理想生活的渴望，就是一种超越有限对永恒的无奈、实现"天人合一"的渴望。人类意识的超越性，以哲学的方式迸发出无比瑰丽的光彩。

人类意识的终极指向性

人类意识总是渴求在最深刻的层次上解释世界的一切现象，因而总是指向对确定性、简单性、必然性、规律性和统一性的寻求，也就是对"终极存在"的寻求。众所周知，化学寻求基本元素，物理学寻求基本粒子，生物学寻求遗传基因，这不正是对"终极存在"的关怀吗？自然科学、社会科学、思维科学和数学都要寻求"基本原理"，这不正是对"终极解释"的关怀吗？就全部科学的直接指向性而言，不都是企图以某种终极存在为基础而对自己的研究对象做出统一性的终极解释吗？有谁否认科学对"终极存在"和"终极解释"的这种"关怀"或"追求"呢？

恩格斯说，人的思维是"至上"与"非至上"的辩证统一，"按它的本性、使命、可能和历史的终极目的来说，是至上的和无限的；按它的个别实现情况和每次的现实来说，又是不至上的和有限的"[1]。人类意识对"终极存在"和"终极解释"的追求正是植根于人类思维的"本性、使命、可能和历史的终极目的"中的，即植根于人类思维的"至上"性上。对此，当代美国哲学家 M. W. 瓦托夫斯基也指出，"不管是古典形式和现代形式的形而上学思想的推动力都是企图把各种事物综合成一个整体，提供出一种统一的图景或框架，在其中我们经验中的各式各样的事物能够在某些普遍原理的基础上得到解释，或可以被解释为某种普遍本质或过程的各种表现"[2]。而这种寻求"本体"的形而上学渴望之所以是不可"拒绝"的，是因为人类"存在一种系统感和对于我们思维的明晰性和统一性的要求——它们进入我们思维活动的根基，并完全可能进入到更深处——它们导源于我们所属的这个物种和我们赖以生存的这个世界"[3]。

人类意识寻求作为世界统一性的"终极存在"和作为知识统一性的"终极解释"，并不是超然于人类历史活动之外的玄思和遐想，而是企图通过对"终极存在"的确认和对"终极解释"的占有，来奠定人类自身在世

---

①　《马克思恩格斯选集》第 3 卷，427 页，北京，人民出版社，1995。

②　[美]M. W. 瓦托夫斯基：《科学思想的概念基础——科学哲学导论》，14 页，北京，求实出版社，1982。

③　同上书，13 页。

界中的安身立命之本，即人类存在的最高支撑点。人类对终极存在和终极解释的关怀，植根于对人类自身终极价值的关怀。

"自然是人的法则"，"人是万物的尺度"，"上帝是最高的裁判者"，"理性是宇宙的立法者"，"科学是推动宇宙的支点"，"人的根本就是人本身"，这些表达特定时代精神的根本性的哲学命题，就是哲学本体论历史地提供给人类的安身立命之本或最高的支撑点。它们历史地构成人类用以判断、说明、评价和规范自己的全部思想和行为的根据、标准和尺度，即作为意义统一性的终极价值。

人类意识对"终极存在""终极解释"和"终极价值"的寻求，表现为哲学的"本体论"式的"终极关怀"。对于这种哲学的"终极关怀"，我们可以从人类意识的超越性出发，做出这样的解释：追寻作为世界统一性的终极存在，这是人类实践和人类思维作为对象化活动所无法逃避的终极指向性，这种终极指向性促使人类百折不挠地求索世界的奥秘，不断地更新人类的世界图景和思维方式；追寻作为知识统一性的终极解释，这是人类思维在对终极存在的反思性思考中所构成的终极指向性，对终极解释的关怀就是对思维规律能否与存在规律相统一的关怀，也就是对人类理性的关怀，这种关怀促使人类不断地反思"思维和存在的关系问题"，引导人类进入更深层次的哲学思考；追寻作为意义统一性的终极价值，这是人类思维反观人自身的存在所构成的终极指向性，对终极价值的关怀就是对人与世界、人与人、人与自我的关怀，这种关怀促使人类不断地反思自己的全部思想与行为，并寻求评价和规范自己的标准和尺度。

思想自我超越的反思方式

哲学寻求"终极存在""终极解释"和"终极价值"，它的"终极关怀"是以思想的自我反思的方式实现的。

"反思"，是思想以自身为对象反过来而思之。显然，"反思"的对象就是"思想"。

"思想"，是关于思想对象的思想；没有思想的对象，就不会有"思想"。这正如马克思所说的,"意识在任何时候都只能是被意识到了的存在"①,"观念的东西不外是移入人的头脑并在人的头脑中改造过的物质的东西而已"②。因此,在关于"反思"的对象的思考中,我们不能局限于对"反思"与"思想"二者关系的思考,而必须扩展为对"反思""思想"和"思想对象"三者关系的思考。从这三者的关系中,我们既会看到"反思"对象的普遍性,又懂得"反思"对象的特殊性,从而在"反思"对象的普遍性与特殊性的统一中,深化对"反思"的哲学思维的理解。

首先,我们分析"思想"与"思想对象"的关系。人以"思想"的方式去把握对象,从而构成关于经验对象的各种规定性的思想,这就是人的"构成思想"的思想维度。在"构成思想"的思想维度中,作为思想对象的"存在",不仅是指"物质性"的存在,而且是指"精神性"的存在和"文化性"的存在。如果借用英国科学哲学家卡尔·波普的"三个世界"理论来表述作为思想对象的"存在",那么,这里的"存在"主要包括三个方面:(1)所谓"物理自然世界",即客观物质世界;(2)所谓"人的意识世界",即主观精神世界;(3)所谓"客观知识世界",即语言文化世界。实际上,作为"思想"对象的"存在",就是构成思想对象的全部存在。

与"构成思想"的思想维度不同,哲学反思的直接对象是"思想",而不是思想的对象。如果反思的对象仍然是作为思想对象的"存在",那么,这仍然是"构成思想"的思想维度,它所形成的也仍然是关于世界的思想。正因为"反思"的对象是"思想",而不是思想的对象,因此,"反思"才把"思想"作为"对象"反过来而思之。就是说,人类思想的反思维度,不是具体地实现思维与存在之间的统一,从而构成关于"存在"的某种"思想";恰恰相反,人类思想的反思维度,是揭露思维与存在之间的矛盾,对各种关于"存在"的"思想"进行反省和批判。正因为"思想"的"对象"是构成思想的全部"存在","思想"本身是无限丰富、复杂的,所

---

① 《马克思恩格斯选集》第1卷,72页,北京,人民出版社,1995。
② 《马克思恩格斯选集》第2卷,112页,北京,人民出版社,1995。

以，反思的对象是无限开阔的，古往今来的各种哲学从未停止对"思想"的"反思"，当代哲学则越来越强烈地感受到"反思"的任重道远。

"思想"，是关于"世界"的思想，人们正是在"思想"中才能达到对"世界"的把握、理解和解释；"反思"，是对"思想"的反思，关于"世界"的全部"思想"都是哲学"反思"的对象。

哲学确认自己"反思"的思维方式，并确认"思想"为反思的对象，这经历了漫长的过程：在古代，"哲学"曾经充当包罗万象的"知识总汇"，也就是关于"世界"的全部"思想"；在近代，"哲学"曾经充当凌驾于科学之上的"科学的科学"，即"全部知识的基础"，也就是关于"世界"的最具普遍性的"思想"；只有当"科学"能够提供关于"世界"的各种"思想"时，"思想"才真正成为"反思"的对象，哲学才能够以自己的反思方式实现思想的自我超越。哲学从充当关于"整个世界"的"思想"，到只以"思想"为"反思"的对象，是哲学被科学"驱逐"出自己的"世袭领地"的过程，也就是一个越来越"无家可归"的过程；然而，哲学正是在"无家可归"的过程中，才越来越确认了自己的真正的"家"，这就是以"思想"为对象反过来思之。正是由于"思想"是关于世界的"思想"，"思想"的对象是"整个世界"，所以，以"思想"为对象的"哲学"，又从"无家可归"变成了真正的"四海为家"。

人类思想的反思活动，是"对思想的思想""对认识的认识"，也就是以"思想"为对象的再思想、再认识的特殊维度的思想活动，由此便决定了反思活动的"超验性""批判性""综合性"和"前提性"的基本特性。

所谓"超验性"，就是反思活动的超越经验的性质。反思是以"思想"为对象的思维活动。"思想"本身已经是源于经验又超越经验的理性认识，对思想的思想，既不是黑格尔所批判的沉浸于经验内容之中的"表象思维"，也不是黑格尔所批评的超然于经验内容之外的"形式思维"，而是超越于经验之上的关于经验内容的思考。这是反思的超验的特性。

反思的超验性具有两重含义。其一指反思的超越经验的性质，就是说，反思不是直接地关于经验对象的思考，反思的直接对象是关于经验对象的"思想"。正因如此，反思需要自己的超越经验科学的特殊方式和特殊方法，也就是需要反思的主体经过较为系统的反思的训练和培养。其二指哲学的反思是"超越经验"，而不是"脱离经验"，即哲学的反思并不是脱离经验内容的玄思和遐想。自近代以来的哲学，逐步形成了一种关于思想内容的逻辑即"内涵逻辑"，它构成了哲学反思的对象。因此，黑格尔在论述哲学的反思时，总是强烈地批判那种"以脱离内容为骄傲"的"形式思维"。

既超越于经验内容之上，又反观于经验内容之中，就是哲学反思"经验"的二重性内涵。反思的这种"超验性"，决定了它既要以"批判性"的方式对"思想"进行再思想，又要以"综合性"的方式去实现对"思想"的批判，由此便构成了哲学反思的批判性和综合性。

所谓哲学反思的"批判性"，是指哲学反思对"思想"的否定性的思考方式，或者说，把"思想"作为"问题"予以追究和审讯的思考方式。从一定的意义上说，批判性是反思的最本质的特性。

"批判"是人类特有的活动方式，它包括观念形态的精神批判活动和物质形态的实践批判活动这两大批判形态或批判方式。在人类现实的历史发展过程中，否定世界的现存状态而把世界变成人所要求的现实的实践批判活动，既是精神批判活动的现实基础，又以精神批判活动为前提。这是因为，在观念上否定世界的现存状态，并在观念中构建人所要求的现实的精神批判活动，既为实践活动提供改变世界的理想性图景，又为实践活动提供满足人的需要的目的性要求。哲学的反思活动是一种观念形态的精神批判活动，直接地表现为对"思想"的批判过程。这主要表现为揭示思想（使含混的思想得以澄明）、辨析思想（使混杂的思想得以分类）、鉴别思想（使混淆的思想得以阐释）和选择思想（使有用的思想得以凸显）的过程。

哲学反思对思想的揭示、辨析、鉴别和选择，并不是通常所理解的以某种确认的思想去代替其他思想；恰恰相反，在哲学的反思中，所有思想都是反思的批判对象。哲学批判所要实现的，是整个思想的逻辑层次的跃迁，也就是实现人类的思维方式、价值观念、审美意识和终极关怀的变革。关于哲学反思的批判性，马克思提出，"批判的武器当然不能代替武器的批判，物质力量只能用物质力量来摧毁；但是理论一经掌握群众，也会变成物质力量。理论只要说服人［ad hominem］，就能掌握群众；而理论只要彻底，就能说服人［ad hominem］"①。哲学反思作为"批判的武器"，以自身巨大的逻辑征服力去撞击人们的理论思维，从而使人们敞开思想自我批判和自我超越的空间，形成更为合理的理想性图景和目的性要求，从而以实践批判的方式使世界变成更加理想的世界。

所谓哲学反思的"综合性"，是指哲学的批判性反思是通过各种思想的相互撞击和"对话"实现的。没有广博深厚的"思想"，就没有哲学的"反思"；没有各种各样的"思想"的相互撞击，也无法实现哲学的批判。

哲学反思的综合性，源于对人类把握世界各方式的超越性综合。人类以科学的方式探索世界之真（为何如此），以伦理的方式反省世界之善（应当怎样），以艺术的方式体验世界之美（是与应当的融合），以宗教的方式追寻世界之永恒（超自然的或彼岸的真善美的存在），以实践的方式让世界满足自己的需要（把世界变成对于人来说是真善美相统一的现实）。科学、伦理、艺术、宗教和实践，作为人类把握世界的基本方式，在人类自身的历史发展中是相互渗透、相互融合的，而不是孤立自在、彼此绝缘的。知、情、意融为一体，真、善、美相互依存。因此，人类不仅追求"天人合一"的真，"知行合一"的善，"情景合一"的美，而且始终追求真善美的统一，渴望达到对人的存在方式的统一性把握，从而为人类的全部思想和行为提供自己时代水平的最高的支撑点，即人类的安身立命之本。哲学，是人类把握世界的一种基本方式，其独立存在的根据和价值，就在于它是对其他方式的超越性综合。

所谓哲学反思的"前提性"，指哲学的反思是对思想的各种"前提"的

---

① 《马克思恩格斯选集》第 1 卷，9 页，北京，人民出版社，1995。

批判，而不是一般所理解的对思想"内容"的批判。哲学反思的前提性，既构成了哲学反思的真实对象，又决定了哲学批判的真实意义。理解哲学反思的前提性，是掌握哲学反思的思维方式的根本性要求。

哲学的批判性反思，总是对反思对象的批判；没有作为反思对象的"思想"，也就没有作为反思活动的批判。然而，值得我们深长思之的是：反思的对象不只是作为思想内容的思想，而且包括构成思想的根据。这种构成思想的根据，是思想得以形成的前提。它是哲学反思的真实对象，因而哲学的反思具有"前提批判的性质"。

在哲学的意义上，思想的前提是构成思想的根据，推演思想的支点，评价思想的尺度和检验思想的标准。对思想的前提批判，也就是对思想的根据、支点、尺度和标准的批判。这种"前提批判"的出发点和归宿，是实现思想的逻辑层次的跃迁。这表明，哲学的反思是反思的特定层次——前提批判的反思活动。

任何思想，不管是常识思想还是宗教思想，不管是艺术思想还是科学思想，都隐含着构成具体内容，从而也是超越具体内容的根据和原则。这些根据和原则，是思想构成自身的一只"看不见的手"。它以文化传统、思维模式、价值尺度、审美标准、行为准则、终极关怀等形式构成思想的立足点和出发点。这种思想的立足点和出发点，作为思想构成自己的逻辑前提而隐含在思想构成自己的过程和结果中，并对思想构成自身的进程与结果发挥逻辑的强制性力量——从既定的思想逻辑支点出发而形成特定的思想。因此，要变革思想，就必须变革构成思想的逻辑支点。这就要求人们必须从思想自我反思的第一个层次——思想内容的反思，跃迁到思想自我反思的第二个层次——对思想构成自己的根据和原则的反思，也就是对思想前提的反思。这就是哲学的前提批判。

思想的前提，就是思想构成自己的根据和原则，也就是思想构成自己的逻辑支点。人的任何思想，都蕴含着构成自己的前提；对思想的前提批判，就是思想的逻辑层次的跃迁。

思想前提，作为构成思想的根据和原则，是思想中的"一只看不见的手"，也是思想构成自己的"幕后的操纵者"。比如，在一般的思维过程中，我们总是按照形式逻辑的三段论的方式去思考问题，并且不自觉地遵守着形式推理的各种规则。这些形式推理的规则，在我们构成思想的进程和结果中，只是"默默地奉献"，深深地隐匿在思想活动之中。我们还应看到的是，思想活动，并不仅仅不自觉地遵循着思维运动的规律与规则，而且"隐匿"着更多的"幕后操纵者"。比如，文化传统，这就像《我的中国心》里唱的，"洋装虽然穿在身，我心依然是中国心"。文化传统无条件地烙印在人们的思想之中，并以不自觉的方式规范着人们的所思所想和所作所为。同样，人们的思维模式、价值观念、审美意识、终极关怀等，都以不自觉的和无条件的方式规范着人们的思想内容和行为内容。

思想构成自己的根据和原则虽然深深地"隐匿"在思想的过程与结果之中，但它作为思想中的"看不见的手"和"幕后的操纵者"，却直接地规范着人们想什么和不想什么、怎么想和不怎么想、做什么和不做什么、怎么做和不怎么做。这就是思想前提对构成思想的"强制性"。比如，在"常识"范围内，我们必须遵循"经验"的方式去构成思想，任何"超验"的思考，都是对"常识"的"挑战"。同样，在各种特定的理论框架中，我们必须以这些理论框架提供的基本原则为思想的前提，并依据这些思想前提去形成思想。在平面几何的论域内，我们必须（而且只能）从三角形内角之和等于180度出发去思考三角形问题，而不能（不允许）从其他思想前提出发去构成思想。这就是思想前提对构成思想的逻辑强制性。

思想前提的"隐匿性"和"强制性"，构成了哲学反思的必要性。这就是，人们只有进行哲学反思，才能超越对思想内容的反思，从而达到对构成思想的前提的反思；也只有通过对构成思想的前提的哲学反思，才能揭示出"隐匿"在思想的过程和结果中的"前提"，并以哲学批判的方式去解除这些思想前提的"逻辑强制性"，从而使人们解放思想，创立新的思想。在人类的全部意识活动中，还有比揭示、反思、批判思想的前提更为深刻的意识形式吗？哲学这种文化形式，最为深刻地展现了人类意识的超越性——意识的自我超越。

哲学对思想前提的反思，不仅因为人类思想的发展需要不断地揭示隐匿于思想之中的前提，并不断地"解除"这些思想前提的"逻辑强制性"，而且因为，思想前提自身所具有的"可选择性"和"可批判性"，为哲学的前提批判提供了现实的可能性。

哲学对思想的前提批判，首先是因为，任何思想的前提或思想的任何前提都具有"可选择性"。这就是说，思想的前提具有二重性：一方面，在构成思想的特定过程和特定结果中，它是确定的，不可变易的，因而它的逻辑强制性是合理的；另一方面，在思想的历史发展过程中，它在纷繁复杂和多种多样的思想领域中，又是不确定的，可以变易的，因而它的逻辑强制性又是应当和可以解除的。

哲学对思想的前提批判，其次是因为，任何思想的前提或思想的任何前提都具有"可批判性"。这就是说，我们在对任何思想的反思中，都不仅可以反思思想的内容，而且能够反思思想的前提。思想的前提在思想的过程和结果中是"隐匿"的，但人们却可以通过哲学的反思去揭示这些隐匿的前提，对这些前提进行"分析"或"解释"，使它们以文化传统、思维模式、价值尺度、审美标准和终极关怀等方式成为哲学批判的对象。

在人思想的过程和结果中，思想前提是"无处不在"和"无时不有"的。这种思想前提的"普遍性"，既构成了哲学对思想的前提批判的必要性（任何思想都"隐匿"着需要揭示和批判的"前提"），又构成了哲学对思想的前提批判的可能性（从任何思想中都能够揭示出予以批判的"前提"）。以"思想"为对象的哲学之所以能够"四海为家"，从根本上说，就在于思想的"前提"具有普遍性。

思想前提的普遍性，首先表现在任何思想都有构成其自身的根据。具体地说，任何思想的自我构成，都是以某种"世界观""认识论"和"方法论"为前提的。这就是说，人们在构成具体的思想之前，总有某种关于世界的整体图景，总有某些构成思想的方法，总有某些对思想进行解释和评价的解释原则和评价标准。

思想前提的普遍性，又表现在思想的过程总要遵循思维的规则和运用思维的方法。这些思维的规则和方法正是思想构成自己的重要前提。学习形式逻辑，要求人们自觉地掌握和运用思维的规则去构成思想和交流思想。思想的前提批判则要求对构成思想的思维规则和思想方法进行哲学反思。以社会实践为基础的人类认识具有生理的、心理的、语言的、逻辑的、经验的、情感的、意志的、文化的多质性及其错综复杂的矛盾关系。人类在前进的发展过程中，又不断地生成多方面的、数目永远增加着的各式各样的认识成分，从而构成思维与存在之间的日益丰富的矛盾关系，并实现思维与存在的辩证的、历史的、具体的统一。揭示和批判地考察这些认识成分、认识环节和认识方法等，是哲学的前提批判的重要内容。

思想前提的普遍性，还表现在思想的构成总要以人类把握世界的基本方式为前提。这就是说，任何思想的构成，都是通过常识的、神话的、宗教的、伦理的、艺术的、科学的或哲学的方式构成的；没有把握世界的某种特定方式，也就没有某种特定的关于世界的思想。问题在于，人类把握世界的各种基本方式，都不是凝固的和僵死的，而是在人类前进的发展中历史地变化的。哲学的前提批判，就是揭示思想在自我构成中，究竟是以怎样的方式为前提的。这样的哲学的前提批判，会变革和更新人类把握世界的基本方式，从而实现思想的逻辑层次的跃迁。

思想前提的普遍性，最深层地表现为"理论思维的前提"。恩格斯曾经强调指出，在人的全部思想中，隐含着一个最普遍的、"不自觉的"和"无条件的"前提，这就是思维与存在的统一性。恩格斯说："我们的主观的思维和客观的世界遵循同一些规律，因而两者在其结果中最终不能互相矛盾，而必须彼此一致，这个事实绝对地支配着我们的整个理论思维。这个事实是我们的理论思维的本能的和无条件的前提。"①人类思想

---

① 《马克思恩格斯选集》第 4 卷，364 页，北京，人民出版社，1995。

的哲学维度，就在于它不像各门具体科学和人类把握世界的其他方式那样，把理论思维的"前提"当作毋庸置疑的出发点，去实现思维和存在的某种形式的统一，而是把理论思维的这个"不自觉的和无条件的前提"作为考察的对象，去反思"思维和存在的关系问题"。因此，只有理解哲学对理论思维的前提批判，才能把握哲学反思的思维方式，自觉地实现思想的自我超越。

时代精神的理论表征

任何一种哲学理论，都凝聚着哲学家所捕捉到的该时代人类对人与世界相互关系的自我意识，都贯穿着哲学家用以说明人与世界相互关系的独特的解释原则和概念框架，都熔铸着哲学家用以观照人与世界相互关系的价值观念、审美意识和终极关怀。因此，任何一种真正的哲学理论，都是黑格尔所说的"思想中所把握到的时代"，都是马克思所说的"时代精神的精华"。

"时代精神"，是同各个时代的人们对生活意义的理解密不可分的；或者也可以说，"时代精神"是一种普遍的关于生活意义的"自我意识"。这种"自我意识"一般是以三种基本方式存在的：（1）人类把握世界的各种方式所创造的具有时代内涵的生活世界的"意义"，主要是该时代的科学精神、艺术精神、伦理精神等；（2）该时代的普遍性的、倾向性的"意义"的个体自我意识，即该时代占主流的关于"意义"的个体自我意识，如普遍的社会心理等；（3）该时代的理论形态的关于"意义"的社会自我意识，即关于时代"意义"的哲学理论。

每个时代的哲学精神，当然是该时代的"时代精神"，但是，作为一种"时代精神"的"哲学精神"，却不仅是一种"时代精神"，而且是"时代精神"的"精华"。这是因为，其一，每个时代的哲学精神，既是"聚焦"人类把握世界的各种方式所创造的具有时代内涵的生活世界的"意义"之"普照光"，又是对该时代的普遍性的、倾向性的"意义"的个体自我意识的理论升华。这就是说，在"时代精神"这三种基本的存在方式中，作为"意义"的社会自我意识，最为集中地、最为深刻地、最为强烈地表现了每个时代的时代精神，因而成为"时代精神的精华"。其二，哲学作为人类的反思思维方式，以"社会的自我意识"的理论形态，批判性地反思"时代精神"，创造性地塑造和引导"时代精神"，因而成为"时代精神的精华"。

西方学者曾经以哲学所表征的时代精神为依据，把西方的历史划分为"信仰的时代"（中世纪）、"冒险的时代"（文艺复兴时期）、"理性的时代"（17世纪）、"启蒙的时代"（18世纪）、"思想体系的时代"（19世纪）和"分析的时代"（20世纪）。欧洲的中世纪时期，哲学和科学都成为神学的"婢女"，哲学正是以其对上帝的论证而表征着"信仰的时代"的时代精神。欧洲的文艺复兴时期，如恩格斯所说的，是一个"需要巨人而且产生了巨人"的时代，是一个开启资本主义市场经济的"冒险的时代"。而欧洲的17世纪，正是近代实验科学兴起，科学理性精神扩展和深化的时代。

近代以来的时代精神，无论是文艺复兴时期的"冒险"精神，还是17世纪的"理性"精神抑或18世纪的"启蒙"精神——都集中地表达和塑造了以"理性"为核心的时代的科学精神。这种时代的科学精神，就是弘扬人的理性权威，确立人的主体地位，发挥人的主观能动作用。

20世纪的西方哲学，实现了人们通常所说的"语言转向"。如果对比近代哲学的"认识论转向"和现代哲学的"语言转向"，对比近代哲学所"转向"的"观念"和现代哲学所"转向"的"语言"，我们会深切地体会到20世纪哲学所表征的新的时代精神。

从哲学形态上看，"观念"与"语言"何者成为人的存在方式的理论表征，表现了人的存在方式的划时代性的变革："观念"体现的是个体理性把握世界的英雄主义时代，"语言"体现的是社会理性把握世界的英雄主义时代的隐退。这是因为，以公共性的"语言"表征人的存在方式，意味着社会理性的普遍化，它代替了"观念"所表征的某些"英雄人物"对理性的垄断与统治。

"观念"体现的是以个人私德维系社会的精英社会，"语言"体现的是以社会公德维系社会的公民社会。这是因为，历史性和公共性的"语言"表征着人的存在方式，意味着社会公德的普及化，代替了"观念"所表征的某些"精英人物"的私德的表率作用。

"观念"体现的是个体的审美愉悦的精英文化，"语言"则体现的是社会的审美共享的大众文化。这是因为，"语言"所表征的人的存在方式，体现了主体间性的普遍化和多样性，代替了以"观念"所表征的某些"精英文化"的文化垄断。

"观念"体现的是交往的私人性的封闭社会，"语言"体现的则是交往的世界性的开放社会。这是因为，"语言"所表征的人的存在方式，体现了主体间开放性的广泛交流与沟通，代替了"观念"所表征的狭隘的交流空间。

"观念"体现的是主体占有文化的教育有限性，"语言"体现的是文化占有主体的教育普及性。这是因为，"语言"所表征的人的存在方式，体现出人被历史文化的"水库"所占有，而这种"占有"的前提是教育的普及，代替了"观念"所表征的有限的教育及其对主体的占有。

"观念"体现的是客体给予意义的对"思想的客观性"的寻求，"语言"体现的是主体创造意义的对"人的世界的丰富性"的寻求。这深刻地表现了近代哲学与现代哲学的重大区别。在"观念论"中，"意义"是客体给予主体的，因此近代的观念论的根本问题是寻求"思想的客观性"。在"语言转向"中，"意义"离不开主体的创造活动，因此现代哲学诉诸人的存在方式及其所创造的人与世界之间的丰富关系。

"观念"体现的是"人类征服自然"的"实践意志的扩张"，"语言"则体现的是"人与自然的和谐"的"实践意志的反省"。近代哲学的"观念论"，其突出特征是张扬人的理性能动性，表现了人类征服自然的欲望与能力。"语言"所表征的人的存在方式，以对语言的批判性反思来反省人与世界的关系，反省人类实践的结果，从而促进人类新世界观的形成。

示范一种生活态度

反思的哲学不仅仅是人类思想的自我批判的维度，也不仅仅是时代精神的理论表征，还是一种示范理想主义的生活态度。这种哲学的生活态度把人类意识的超越性实现为人类的生活活动。

哲学是一种学养，是一种"以学术培养品格"、"以真理指导行为"的努力。在追本溯源、寻根究底的哲学探索中，人们会形成一种坚韧不拔的理想性追求。人类的"哲学"，植根于人类的实践活动和理论思维的无限的指向性中。它永远以理想性的追求去反观现实的存在，永远以"历史的大尺度"去反省历史的进程，永远以人类对真善美的渴求去反思人类的现实。哲学，使人注重由眼前而长远，由"小我"而"大我"，由现实而理想，从而使人从琐屑细小的事物中解放出来，从蝇营狗苟的计较中解放出来。黑格尔说，"哲学所要反对的"，首要的就是"精神沉陷在日常急迫的兴趣中"，"太忙碌于现实"，"太驰骛于外界"①。在当代，如果人们像马尔库塞所说的那样，丢掉内心的否定性、批判性和超越性的向度，成为所谓"单向度的人"②，"哲学"就会变成"往昔时代旧理想的隐退了的光辉"（宾克莱语）。哲学是赋予人的生活以目的和意义的世界观。它永远是理想性的。它要求学习哲学的人永葆理想性的追求。

哲学的理想性，首先要求人具有执着的批判精神。在哲学中，人们会发现一个奇特而有趣的现象："爱智"的哲学总是"反思"一些"不成问题的问题"，也就是把人们习以为常、不予追究的问题作为"问题"去追究，把人们视为不言而喻、不证自明的问题作为"问题"进行反思。就此而言，"对自明性的分析"，是哲学智慧的座右铭。

对"自明性"的分析，源于"熟知而非真知"，因而也就是从"熟知"中去寻求"真知"。例如，人们常常以一种不容争辩的口吻说"艺术是一种创造"。然而，爱智的哲学却要追问：何为"创造"？艺术"创造"了什么？"画家创造不出油彩和画布，音乐家创造不出震颤的音乐结构，诗人创造不出词语，舞蹈家创造不出身体和身体的动态"，为什么把艺术称为

---

① ［德］黑格尔：《小逻辑》，32、31页，北京，商务印书馆，1980。

② ［美］赫伯特·马尔库塞：《单向度的人——发达工业社会意识形态研究》，上海，上海译文出版社，1989。

"创造"呢？我们用什么来评价艺术"创造"的水平呢？我们又是怎样接受艺术的创造呢？同样，当人们说"科学发现"或"技术发明"的时候，爱智的哲学又要追问：何谓"发现"和"发明"？科学所"发现"的"规律"不是"客观存在"的吗？"客观存在"的"规律"为什么不是人人都能"发现"？科学是怎样"发现"规律的？

再如，人们常常以真善美和假恶丑来评论人的思想与行为。对此，爱智的哲学就要追问：何谓真善美？何谓假恶丑？区分真善美与假恶丑的标准是什么？这种区分的标准是绝对的还是相对的，是永恒的还是历史的，是客观的还是主观的？"真"与"善"是何关系？"真"与"美"又是何关系？人们普遍承诺的真善美的原则是什么？人们追求真善美的根据是什么？哲学的追问把人们据以形成其结论的"前提"暴露出来，使这些"前提"成为批判性反思的对象，从而使人们意识到"未经审视的生活是无价值的生活"。

"爱智"是批判的智慧、反思的智慧，是追本溯源、究根问底的智慧。在"爱智"的追求与追问中，一切既定的知识和现成的结论都是批判与反思的对象，因而一切的"有知"在批判性的反思中都成了"无知"。歌德说，"人们只是在知识很少的时候才有准确的知识，怀疑会随着知识一道增长"。在一定的意义上说，人们的学习和生活的过程，就是从"有知"发现"无知"，从"熟知"求索"真知"的过程。

"爱智"的哲学，内含着以否定性的思维去对待人类的现实，提示现实所蕴含的多种可能性；内含着以否定性的思维去反思各种知识和理论的前提，揭示知识和理论的前提所蕴含的更深层次的前提；特别是内含着以否定性的思维去对待哲学家个人所占有的理论，从而实现理论的变革与创新。

哲学是批判与反思的智慧，而绝不是可以到处套用的刻板公式和现成结论。恩格斯曾经嘲讽过的所谓"官方黑格尔学派"，就是这种"诡辩师"的生动写照。恩格斯说："自从黑格尔逝世之后，把一门科学在其固有的内部联系中来阐述的尝试，几乎未曾有过。官方的黑格尔学派从老师的辩证法中只学会搬弄最简单的技巧，拿来到处应用，而且常常笨拙得可笑。对他们来说，黑格尔的全部遗产不过是可以用来套在任何论题上的刻板公式，不过是可以用来在缺乏思想和实证知识的时候及时搪塞一下的词汇语录。结果，正如一位波恩的教授所说，这些黑格尔主义者懂一点'无'，却能写'一切'。"①如此这般地应用"哲学智慧"，怎么能不是"讲套话"、"说空话"呢，怎么能不是"诡辩师"呢，又怎么能掌握和创建哲学的"大智慧"和"大聪明"呢？

著名哲学家霍克海默提出，哲学的真正社会功能在于它对流行的东西进行批判，他还具体地提出，"哲学认为，人的行动和目的绝非是盲目的必然性的产物。无论科学概念还是生活方式，无论流行的思维方式还是流行的原则规范，我们都不应盲目接受，更不能不加批判地仿效。哲学反对盲目地抱守传统和在生存的关键性问题上的退缩。哲学已经担负起这样的不愉快任务：把意识的光芒普照到人际关系和行为模式之上，而这些东西已根深蒂固，似乎已成为自然的、不变的、永恒的东西"②。在《思想家》一书中，英国哲学家 I. 伯林提出："如果不对假定的前提进行检验，将它们束之高阁，社会就会陷入僵化，信仰就会变成教条，想象就会变得呆滞，智慧就会陷入贫乏。社会如果躺在无人质疑的教条的温床上睡大觉，就有可能会渐渐烂掉。要激励想象，运用智慧，防止精神生活陷入贫瘠，要使对真理的追求（或者对正义的追求，对自我实现的追求）持之以恒，就必须对假设质疑，向前提挑战，至少应做到足以推动社会前进的水平。"③而马克思则更为简洁精辟地告诉我们，辩证法在它的"合理形式"上，就是"对现存事物的肯定的理解中同时包含对现存事物的否定的理解，即对现存事物的必然灭亡的理解；辩证法对每一种既成的形式都是从不断的运动中，因而也是从它的暂时性方面

---

① 《马克思恩格斯选集》第 2 卷，40 页，北京，人民出版社，1995。
② ［德］马克斯·霍克海默：《批判理论》，243 页，重庆，重庆出版社，1989。
③ ［英］布莱恩·麦基编：《思想家——当代哲学的创造者们》，4 页，北京，生活·读书·新知三联书店，1987。

去理解；辩证法不崇拜任何东西，按其本质来说，它是批判的和革命的"①。以革命的、批判的态度去对待生活，这当然是一种永葆理想性追求的生活态度。

哲学的理想性，要求人具有英雄主义精神。人生是人的生命显示自己的尊严、力量和价值的过程。人生需要生命过程中的奋斗与光彩。因此，生活的现实可以不是"英雄主义的时代"，人的生活却不可以失落"英雄主义的精神"。学习哲学，需要英雄主义精神，也能够培养人的英雄主义精神。

英雄主义精神，首先是一种人的尊严。把自己当作人，而不是"千万别把我当人"。有了人的尊严，人才能活得堂堂正正，坦坦荡荡。在遭受冷遇的时候，人敢于对自己说："天生我才必有用。"面对可畏的人言，我们敢于对自己说："吾善养吾浩然之气。"在条件艰苦的时候，我们敢于对自己说："斯是陋室，惟吾德馨。"在受到委屈的时候，我们敢于对自己说："莫愁前路无知己，天下谁人不识君。"在坎坷的人生之旅中，我们敢于对自己说："莫听穿林打叶声，何妨吟啸且徐行。竹杖芒鞋轻胜马，谁怕？一蓑烟雨任平生。"而在病魔缠身、死神逼近的时候，我们敢于对自己说："自信生平无愧事，死后方敢对青天。"这就是"贫贱不能移，富贵不能淫，威武不能屈"的人的尊严。

英雄主义精神，是一种使命意识。人是真正的类的存在，使命意识则是真正的类的意识。人的性、情、品、格，是在个人与人类的关系中显现出来的。马克思的崇高形象，是由他"目标始终如一"地"为全人类而工作"塑造起来的。人的使命意识，使他成为民族的象征、时代的象征、人类的象征。我们并不否认，在"平平淡淡，从从容容"的日常生活中，"生活是根据下一步必须要解决的具体问题来考虑的，而不是根据人们会被要求为之献身的终极价值来考虑的"②；然而，似乎谁也无法

---

① 《马克思恩格斯选集》第2卷，112页，北京，人民出版社，1995。

② ［美]L. J. 宾克莱：《理想的冲突——西方社会中变化着的价值观念》，19页，北京，商务印书馆，1983。

否认，"一种终极价值是那种最终目标或目的，所有较小的目标都是为达到它而采取的手段——它也是对一切较小目标进行衡量的标准"①。当代哲学家冯友兰先生说，人的生活应该"极高明而道中庸"。人们在平凡的生活中融注和洋溢着英雄主义的使命意识，才有亮丽的生活光彩，而不是生活平凡得只剩下单一的灰色。

英雄主义精神，是主体自我意识的灵魂。它支撑人的自立和自主，维护人的自爱和自尊，激励人的自律和自省。它把主体挺立起来。失去英雄主义精神而高谈主体的自我意识，就只能是任意妄为的意识，哗众取宠的意识，投机钻营的意识。主体的自我意识，是发挥潜能的意识，实现价值的意识，全面发展的意识，它需要英雄主义精神的支撑、维护和激励。

示范"生活"的"学术"方式

哲学是以"学术"的方式来示范"生活"的，因而它首先需要恢复自己的"学术"形象，并向人类把握世界的各种方式示范"学术"的方式。

人类把握世界的各种方式，是人类以各种方式展现的自己的"智慧"，是构建的"属人的"神话的、宗教的、经验的、艺术的、伦理的、科学的"世界"。然而，人类构建"属人世界"的全部"智慧"活动，却蕴含着一种内在的动力——强烈的、真挚的、忘我的、超功利的对"智慧"的热爱，这就是"爱智"。

"爱智"，是把"智慧"及其结晶——"知识"——作为反思的、批判的对象，去揭示人类知识中所蕴含的构成思想的"前提"、评价真善美的"标准"、衡量历史进步的"尺度"，也就是揭示"知识"得以成立的"根据"。这种向"前提挑战"的批判态度，就是一种体现人类的理想性追求的"学术"精神。"爱智"的哲学，是以示范"学术"精神的方式蕴含于人类把握世界的各种基本方式之中，也就是使人类把握世界的各种方式总是蕴含着"诗意"的理想性追求。

---

① ［美］L.J. 宾克莱：《理想的冲突——西方社会中变化着的价值观念》，37 页，北京，商务印书馆，1983。

理想是对现实的超越。体现理想的"学术"，并不是对"现实"的解释和论证，恰恰相反，它是"实践的反义词"，是"对实践的反驳"，也就是引导"实践的自我超越"。"爱智"或"学术"，是与"现实"不同的另一个"向度"，从而使人们有可能去追求一种超越现实的"理想"。如果不能提供一种超越现实的理想，哲学还有什么存在的意义呢？如果人们不能永葆一种超越现实的理想，人们的存在还有什么意义呢？

人类需要哲学，进入新千年的人类尤其需要哲学。然而，人类需要的不是作为"知识"的哲学，而是作为"爱智"或"学术"的哲学。哲学作为"知识"，正如卡西尔对"科学"的评价，"在我们现代世界中，再没有第二种力量可以与科学思想的力量相匹敌。它被看成是我们全部人类活动的顶点和极致，被看成是人类历史的最后篇章和人的哲学的最重要主题"①。作为"爱智"或"学术"，哲学则是对包括"科学"在内的人类把握世界的各种方式的批判性反思和理想性引导，反思人类已经获得的全部"知识"，引导人类追求新的"理想"。超越意义失落的"生存"状态，塑造和引导"生活"的理想之维，这不是人类最有"意义"的哲学活动吗？重建人类的精神家园，这不应当是21世纪哲学的选择与追求吗？

哲学，是对智慧的真挚、强烈、忘我之爱，是人类的"爱智之忱"的集中体现。这种"爱智之忱"，是探索宇宙的奥秘和洞察人生的意义的渴望，是促进历史的发展和提升人类的境界的渴望，是超越现实和向前提挑战的渴望，是悬设新的理想和创建新的生活世界的渴望，是为人类寻求"安身立命之本"和确认"最高的支撑点"的渴望。正是这种"抑制不住的渴望"，燃烧起古往今来的伟大哲人对"哲学"的永无止境的求索。"爱智之忱"和"抑制不住的渴望"是哲学的修养与创造的原动力。

哲学的修养与创造，最需要的是"不以有知自炫"，"常以无知自警"，"常自疑其知"，"虚怀而不自满"。然而，在学问中的"严以律己"和"宽以待人"又是最为困难的。这是因为，"为人的谦虚宽容"与"学问

---

① ［德］恩斯特·卡西尔：《人论》，263页，上海，上海译文出版社，1985。

的博大精深"是融为一体的。"当一个人没有足够的知识又要维护自己的权威地位时，当一个人并没有掌握真理而又以真理的化身自居时，当一个人固守陈腐的教条而拒绝历史的进步时，当一个人目空一切自作井底之蛙时，这个人必然是不宽容的。"①哲学的修养与创造，体现在对哲学的永无止境的求索中，体现在为人与为学的融为一体的过程中。

哲学作为人类心灵的最深层的伟大创造，主旨在于使人的精神境界不断地升华。哲学给人以理念和理想，从而使人在精神境界的升华中崇高起来。哲学的修养与创造，是人们追求崇高的过程，也是使人们自己崇高起来的过程。在哲学以"学术"的方式所示范的生活态度中，我们能够最强烈地感受到人类意识的超越性。

---

① 梁小民：《一代学人风范长存》，载《读书》1998年第2期。

第四章 人的意义世界

人，诗意地居住在大地上。

——荷尔德林

　　人类意识的超越性，在于它能够"超越"全部的存在——无论是"物理世界"（世界Ⅰ）、"精神世界"（世界Ⅱ）还是"文化世界"（世界Ⅲ）的存在，而把一切的存在都"扬弃"为对于人来说是唯一真实的存在——意义的存在。

　　人的生活世界，是意义的世界。寻求和获得意义，是对人类生活的肯定；生活失去意义，则是对人类生活的否定。黑格尔曾经说过，"一个有文化的民族"，如果没有哲学，"就象一座庙，其他各方面都装饰得富丽堂皇，却没有至圣的神那样"[①]。意义之于人类，正如哲学之于文化一样。意义，就像普照大地的阳光，照亮了人的生活世界。如果失去了意义，人类的生活世界就会变得黯然失色；寻求和获得意义，人类的生活世界才变得五彩缤纷、灿烂辉煌。

---

① ［德］黑格尔：《逻辑学》上卷，2页，北京，商务印书馆，1966。

一　寻找意义：超越"单一的颜色"

人无法忍受"无意义的生存"，是因为"意义"犹如普照大地的阳光，照亮了人类的意识，从而也照亮了人类意识所把握到的世界。

人无法忍受"单一的颜色"，是因为"意义"之光把人类意识照耀得五彩缤纷，从而也把人类意识所把握到的世界照耀得灿烂辉煌。

人类意识的"色彩"，是由人类把握世界的各种"方式"描绘的，又是由人类历史文化的"水库"——语言——更新的，更是由人类的独特的存在方式——以否定的、批判的、理想的方式与世界相统一的实践方式——奠定"底色"的。人以自己的寻找和获得"意义"的方式超越了"动物世界"的"单一的颜色"。

人类意识的"色彩"与人类把握世界的"方式"

人类意识所创造的"意义世界"，是以人类把握世界的各种"方式"——神话、常识、艺术、宗教、伦理、科学和哲学——为中介来实现的。这些"方式"构成了卡西尔所说的"人性的圆圈"，也构成了"意义"的"同一主旋律的多重变奏"。意义的世界，就是由人类把握世界的多种方式所创造的五彩缤纷的世界。

人类把握世界的"神话"方式，既以宇宙事件来看待人的行为，又用人的行为来解释宇宙事件，从而在双重的幻化中构成了神话的意义世界。在神话的意义世界中，人既不是浩渺宇宙中的匆匆过客，也不会无所归依地死去，人的生命活动具有宇宙事件的意义，生命的消逝具有灵魂转移的再生意义。或许正因如此，生活的世界总是不断地编织神话，诗人的灵魂深处总闪烁着神话的光彩。

人类把握世界的"宗教"方式，以塑造"神圣形象"的方式使人的存在获得神圣的意义。宗教中的"神圣形象"（如"上帝"），把各种各样的力量统一为至高无上的力量，把各种各样的智能统一为洞察一切的智能，把各种各样的情感统一为至大无外的情感，把各种各样的价值统一为至善至美的价值。这样，宗教中的神圣形象，就成为一切力量的源泉，一切智能的根据，一切情感的标准，一切价值的尺度，人从这种异在的神圣形象中获得存在的根本意义。然而，生活的意义来源于宗教的神圣意义，这意味着人把自己的本质力量异化给了宗教的神圣形象，这是人还没有获得自我或再度丧失了自我的自我感觉和自我意识。这或许说明，宗教所创造的意义世界，正表现了人的悖论性的存在。

人类把握世界的"常识"方式，以"世世代代"累积"共同经验"的方式，使人们的"世界图景"得到最直接的相互认同，使人们的"思想观念"得到最广泛的相互沟通，使人们的"日常经验"得到最普遍的相互理解，使人们的"生活方式"得到最便捷的相互协调。"常识"为每个"正常人"提供了必需的"自然常识""交往常识""社会常识""政治常识"，从而为人的生活显示了虽未必艳丽，但却多姿多彩的"意义"之光。

人类把握世界的"艺术"方式，以创造"艺术形象"的形式为人的生活提供了一个色彩艳丽的意义世界。艺术使个人的感受条理化，使个人的感情明朗化，使个人的体验和谐化，从而构成了一个表现人的感觉深度的世界，一个深化了人的感觉和经验的世界。在艺术的世界中，我们从尘封的历史中看到一个个"鲜活的面容"，从遥远的异域中看到一个个"跳动的心灵"，从他人的世界中看见一道道"诱人的风景"。于是，我们的意识产生了"感应"，我们的心灵产生了"共鸣"，我们的世界变得更加"丰富"和"鲜明"。

人类把握世界的"伦理"方式，以规范和调整人与他人、"小我"与"大我"相互关系的方式使人成为"社会"的存在，并获得社会生活的意义。一位作家曾俏皮而又真切地提出，请设想一下这种情况，设想一个人只面对自己，独处幽室，或独处荒原，或独处无比寂冷的月球时，他需要意义和法则吗？那时他可以想吃就吃，想拉就拉，崇高和下流都没有意义，连语言也是多余的，思索历史更是荒唐的。他随心所欲无限自由，一切皆被允许，怎样做——包括自杀——都没有什么严重后果。但只要有第二个人出现，比如，鲁滨逊身边出现了星期五，事情就不一样了。累人的文明几乎就会随着第二个人的出现而产生。鲁滨逊必须与星期五说话，这就需要约定词义和逻辑。鲁滨逊不能随便给星期五一个耳光，这就需要约定道德和法律。鲁滨逊如若让星期五接受自己的指导（比如，分工和讲卫生），这就需要建立权威和组织……于是，即便在这个最小的社会里，只要他们还想现实地生存下去，就不可能做到"怎样都行"①。人的社会是"伦理"的社会，"伦理"的社会创造了纷繁复杂的社会生活，也创造了更为丰富多彩的"意义"世界。物我、人己、是非、利害、祸福、毁誉、荣辱、进退、生死、寿夭，纷至沓来的人生矛盾，扑朔迷离的价值冲突，把"社会""历史"和"人生"的色彩打扮得令人"难以用语言来表达"。

人类把握世界的"科学"方式，被卡西尔称作"人的智力发展中的最后一步"，"人类文化最高最独特的成就"，"人类历史的最后篇章"和"推动宇宙"的"支撑点"。科学以它的各种首尾一贯、秩序井然的符号系统为我们展现各门科学所把握到的"物理的""化学的""生物的""数学的"世界，又为我们展现当代科学所把握到的"系统的""信息的""自组织的"世界。科学又以它的"最高完善性的纯粹理论结构"，把"人类的思维训练到能够理解以前几世纪中有教养的人所不能理解的逻辑关系"，并为人类认识的发展、人类意识的自我超越提供了"阶梯"和"支撑点"。科学还以它的"科学方法""科学态度""科学精神"作为价值规范的形式从而变革人们的观念与行为。科学总是不断地更新人的"世界图景""思维方式""价值观念"乃至整个"生活方式"，因此，人的意识总是不断实现自我超越，而使自己所创造的"精神世界"和"文化世界"获得丰富多彩的"意义"。

人类以自己把握世界的各种方式去创造生活世界的"意义"，然而，这种创造活动的结晶——生活世界的"意义"——却像经过三棱镜的太阳

---

① 参见韩少功：《夜行者梦语》，载《读书》1993 年第 5 期。

光一样，被神话、常识、宗教、艺术、伦理和科学这些"方式"分解为赤、橙、黄、绿、青、蓝、紫这样的"七色光谱"，"意义"的"普照光"反而黯然失色了。而作为人类把握世界的另一种独特方式——哲学——的独特价值在于，它作为理论形态的人类关于自身存在的自我意识，把人类以各种方式所创造的"意义"聚集为照亮人的生活世界的"普照光"。卡西尔说："我们全神贯注于对种种特殊现象的丰富性和多样性的研究，欣赏着人类本身的千姿百态。但是哲学的分析给自己提出的是一个不同的任务。它的出发点和它的工作前提体现在这种信念上：各种各样表面上四散开的射线都可以被聚集拢来并且引向一个共同的焦点。"①他还具体地指出："它能使我们洞见这些人类活动各自的基本结构，同时又能使我们把这些活动理解为一个有机整体。语言、艺术、神话、宗教决不是互不相干的任意创造。它们是被一个共同的纽带结合在一起的。""在神话想象、宗教信条、语言形式、艺术作品的无限复杂化和多样化现象之中，哲学思维揭示出所有这些创造物据以联结在一起的一种普遍功能的统一性。神话、宗教、艺术、语言，甚至科学，现在都被看成是同一主旋律的众多变奏，而哲学的任务正是要使这种主旋律成为听得出的和听得懂的。"②或许正因如此，黑格尔才把"哲学"比喻为"庙"里的"神"，由衷地赞赏照亮人类的"精神世界""文化世界"和"意义世界"的"灵光"——哲学。

人类意识的"色彩"与历史文化的"水库"

人类的"意识"与人类的"语言"是息息相关的。"语言和意识具有同样长久的历史：语言是一种实践的、既为别人存在因而也为我自身而存在的、现实的意识。"③语言作为"现实的意识"，不仅把个人当下的意识变成可以沟通和交流的言语行为，而且能够把人世世代代的意识活动的产物"贮存"于历史文化的"水库"之中。正是在这个源远流长、波光激滟的"水库"中，人类意识获得了并显示了艳丽的"色彩"。

---

① [德]恩斯特·卡西尔：《人论》，281页，上海，上海译文出版社，1985。
② 同上书，87、91页。
③ 《马克思恩格斯选集》第1卷，81页，北京，人民出版社，1995。

在谈论语言的时候，文化哲学家卡西尔提出，语言那"具有决定意义的特征并不是它的物理特性而是它的逻辑特性。从物理上讲，语词可以被说成是软弱无力的；但是从逻辑上讲，它被提到了更高的甚至最高的地位：逻各斯成为宇宙的原则，并且也成了人类知识的首要原则"；"在这个人类世界中，言语的能力占据了中心的地位。因此，要理解宇宙的'意义'，我们就必须理解言语的意义"①。

语言的力量，在于它是沟通人与世界的"中介"，是把世界变成人的世界的"中介"。虽然"世界"在人的"意识"之外，即"世界"不依赖于人的"意识"而存在，然而"世界"却在人的"语言"之中，即人只能在"语言"中表述"世界"。"语言"既是人类存在的消极界限，即"语言"之外的"世界"对于人来说只能是一种"有之非有"或"存在着的无"，又是人类存在的积极界限，即"世界"在"语言"中从"有之非有"转化成对于人来说的真正的存在。正是人的"语言"凝聚着人类认识的全部成果、人类文化的全部结晶，因而"语言"成为人的历史文化的"水库"。人离开"语言"，就是离开人的"历史文化"，因而也就把人与世界的现实的、真实的"关系"变成了虚幻的、抽象的"关系"。

"语言"保存着历史的文化积淀，历史的文化积淀由语言去占有个人。使用语言，就是理解历史文化、理解历史和理解人自身过程的发生。语言的历史变化，规定着人的"前理解"，因而也体现着人的历史性变化和规范着人的历史性发展。人从属于历史，也就从属于语言；人只有从属于语言，才能实现自我理解和相互理解。由此，哲学解释学提出了一种新颖的看法，即人创造了语言，但人却从属于语言；人创造的不是一种工具，而是人自己的存在方式。② 从这种角度来看，不是人在使用语言，而是语言构成人的存在。

"语言"作为历史文化的"水库"而占有世世代代的个人，这意味着，

---

① ［德］恩斯特·卡西尔：《人论》，143 页，上海，上海译文出版社，1985。

② 参见殷鼎：《理解的命运——解释学初论》，268 页，北京，生活·读书·新知三联书店，1988。

人既在"语言"中接受和理解"历史文化",又通过"语言"解释和更新"历史文化"。这深层地意味着,"语言"使"历史"与"现实"之间、"历史视野"与"个人视野"之间存在着一种"张力"——历史文化对个人的"占有"与个人"解释"历史文化的对立统一。正是这种"张力"的"历史"与"个人"的统一,构成了每个人独特的"意义世界"。

我们如果具体地对比作为人类意识的"观念"与作为历史文化的"语言",就会饶有兴味地发现,"语言"使"意识"获得和显示了它的色彩斑斓。

人的观念是内在的,而人的语言是可表达的,因而观念必须以语言的形式确定其为思想,也就是说"语言是思想的寓所"。不仅如此,观念还必须以语言的方式实现对世界的把握、理解和描述,因而又可以说"语言是世界的寓所"。进一步说,观念只能是"意识"这一极的存在,语言则消解观念与存在的二元对立,成为"思想与世界相统一的寓所"。更为重要的是,观念必须以语言(文字)的方式实现历史性的社会遗传,并积淀为人类的"文化",因此又可以说"语言是历史文化的水库"。作为历史文化的"水库",语言形式是丰富多彩的,表现为日常语言、艺术语言、科学语言等,从而实现以语言形式的多样性去展现人的世界的丰富性。这样,人类意识就以语言为中介照亮了人的世界。

作为历史文化的"水库",人类的词语并不是孤立的存在。现代语言学大师索绪尔告诉我们,关于语言,在我们所能设想的一切比拟中,最能说明问题的莫过于把语言的运行比喻为下棋。首先,下棋的状态与语言的状态相当。棋子的各自价值是由它们在棋盘上的位置决定的,同样,在语言里,每项要素都由它同其他各项要素的对立来确认它的价值。其次,系统永远只是暂时的,只会从一种状态变为另一种状态。最后,要从一个平衡过渡到另一个平衡,或者用我们的术语来说,从一个共时态过渡到另一个共时态。① 这说明,"语言"是系统性的存在,是历

---

① 参见[瑞士]费尔迪南·德·索绪尔:《普通语言学教程》,128 页,北京,商务印书馆,1980。

史性的存在。它系统性地显现人类意识的丰富多彩，历史性地显现人类意识的发展变化。

在《普通语言学教程》这部名著中，索绪尔为我们深入地辨析了"语言"与"言语"的关系。他提出："语言活动有个人的一面，又有社会的一面；没有这一面就无从设想另一面。在任何时候，言语活动既包含一个已定的系统，又包含一种演变；在任何时候，它都是现行的制度和过去的产物。""把语言和言语分开，我们一下子就把（1）什么是社会的，什么是个人的；（2）什么是主要的，什么是从属的和多少是偶然的分开来了。"索绪尔由此得出的结论是："语言都不能离开社会事实而存在，它的社会性质就是它的内在的特性之一。"

通过辨析语言与言语，我们可以得到这样一些基本认识："语言"表述的是外在于个人的社会性存在，它作为制约人的存在的"制度"而存在，作为人的存在的"规则"而存在。在这个意义上，是"语言"占有个人，个人是历史的"结果"。"言语"表述的是历史性存在的个人的语言实践，它作为个人的物理的、生理的和心理的统一性活动而存在，作为个人活动而存在。在这个意义上，是个人占有"语言"，言语是语言的现实。正是在这种语言占有个人与个人占有语言的双重化过程中，人类意识超越了它的内在性、一极性、单一性和非历史性，获得了多样性的表现形态。

语言的重要特点，还在于它具有逻辑的与人文的双重属性。在现代哲学的"语言学转向"中，所谓"分析哲学"突出语言的逻辑特性，所谓"人文哲学"则突出语言的人文特性。通过对语言的逻辑特性的研究，分析哲学凸显了"语义的单义性""概念的确定性"和"意义的可证实性"。与此相反，人文哲学通过对语言的人文性的研究，则凸显了"语义的隐喻性""概念的非确定性"和"意义的可增生性"。分析哲学与人文哲学的研究结果，既从两个极端凸显了语言的特性，又在它们的相互融合中显现了语言的多侧面、多层次的"张力"。也许，正是语言的这种"张力"，才能够表现多姿多彩、变幻万千的人类意识。

并非"灰色"的理论

人们可以从各种不同的角度去区分语言，如从人类把握世界的基本方式的角度把语言区分为神话语言、艺术语言、科学语言等，从人类意识活动的多样表现形式的角度把语言区分为逻辑语言与情感语言等。然而，从人类活动的两大类基本领域——日常生活领域与恩格斯所说的"广阔的研究领域"——来区分语言，则可以把语言区分为"日常语言"与"理论语言"。理论语言在人类的意识活动中发挥着独特的作用，并使人类的意识活动在更深的层次上超越了"单一的颜色"。

说到这里，也许人们会想起一个有名的说法：生活之树常青，而理论则是"灰色"的。确实，相对于鲜活的、发展的"生活"而言，"理论"的确是"灰色"的，因为理论既不像生活本身那样生动形象，也不像生活那样变动不居。然而，理论相对于生活的"灰色"，仅仅限制在上述两层意思之中。超出这两层意思，我们就会发现，理论不仅不是"灰色"的，而且正是理论才把人类意识，从而也把人类生活照耀得色彩缤纷。

许多人都知道，现代科学和现代哲学提出了一种共同的说法，就是："观察渗透理论""观察负载理论""没有中性的观察""观察总是被理论'污染'的"。这就是说，你怎样看世界，你看到怎样的世界，你如何要求世界，你期待怎样的世界，你将把世界变成怎样的世界，你如何评价被改变了的世界，都离不开一个被称为"理论"的东西。思考一下"理论"这个东西，不是会使我们重新理解人类意识的超越性吗？

大家都知道，我们平时把"理论"和"科学"这两个名词合在一起称作"科学理论"。然而，崇尚"科学"是我们这个时代的一股最强劲的潮流，漠视"理论"也是时下不容回避的一种社会心理。这其中一个最根本的原因就在于，人们认为科学是"务实"的，而理论是"务虚"的。正因为这样，人们才一方面崇尚科学，而另一方面漠视理论。

为什么人们认为理论是"虚"的呢？其中一个重要原因是理论同现实、同实践总是保持了一定的距离，用一个文雅的概念就是所谓"间距"。这种"间距"是由理论的本性决定的。任何一种理论，都有三个基本维度：任何一种理论都是人类认识史的结晶，任何一种理论都是思想中的现实，任何一种理论都是一种概念的发展体系。正是理论的这三个维度，形成了理论与现实的"间距"，也形成了理论的三重内涵。

理论的第一重内涵是，作为一种知识体系，首先在于它给予我们一种具有科学性质的世界图景，也就是说，科学改变了我们对于世界的理解。大家想一想，如果没有哥白尼的日心说，你处于经验观察当中，每天看到的都是太阳从东边升起，到西边落下，那么你获得的太阳和地球的关系是什么关系？只能是"地心说"。而哥白尼的"日心说"理论则使我们形成了"地球围绕太阳旋转"的科学的"世界图景"。

学习理论，不是让我们单纯地获得某几方面的专门技能，而首先是改变我们的世界图景。你再看世界，就不是那个经验图景，而是科学的世界图景；你具有的科学理论越广博精湛，这个世界向你呈现的越丰富多彩。在这个意义上，是科学理论改变了我们的世界图景。科学理论的这种力量，从根本上说，在于科学理论具有向上的兼容性，它是认识史的积淀和结晶，它把整个人类认识经过无数次实践检验了的那个理论给予了我们，我们经过"教育"这个中介接受了人类的亿万次实践的成果，用这个成果来看这个世界，就会形成一种科学的世界图景。

理论的第二重内涵在于，它决定着我们怎样想和不怎样想，也就是规范着我们的思维方式。理论科学的发展不仅表现为科学门类的增加，每门科学范围的拓宽和程度的深化，而且更重要地表现在各门科学的交叉和渗透以及某种带头学科的划时代的发现上。大家都知道，系统论、信息论、控制论，作为现代科学的划时代的发现，改变了人们关于事物的认识的、理解的方式，也就是说，科学理论改变了人们的思维方式。美国哲学家莫尔顿·怀特说，18世纪机械学成为学问之王，19世纪的进化论和黑格尔的历史思想占有统治地位，到了19世纪末和20世纪初心理学有可能重新占据科学的王位。大家琢磨这段话，18世纪人们怎么思考问题，为什么哲学家拉美特利有一个著名的命题"人是机器"？就因为机械学成为学问之王么？到了19世纪，有了达尔文的进化论和黑格尔的哲学思想。恩格斯说，黑格尔的一个"伟大的、天才的、基本的思想"就是"把整个自然的、历史的和精神的世界描写为一个过程"。这不就是一种历史的思想么！为什么结构主义在现代科学当中盛行起来了？那是因为有一位伟大的语言学家索绪尔建构了一种结构主义的语言学，而这种结构主义语言学影响了整个现代科学，人们都试图利用这种结构的方法去研究各门知识的领域，这不就改变了人们的思维方式么！

任何一种理论都具有第三重内涵，即价值规范。任何一种理论，都同时具有肯定和否定双重作用，它肯定了你做什么，同时也就规范了你不能做什么，所以它具有一种价值规范的作用。当然，人文社会科学规范的意义对我们平时的思想和行为的作用更加明显和突出。司汤达说，人在走向社会之前应当为自己选择几条座右铭。它确实规范着你怎么想，怎么做。中国有一句古话叫"君子坦荡荡，小人常戚戚"，这是因为，他们的理论背景不同。"砍头不要紧，只要主义真"，这是脍炙人口的《革命烈士诗抄》的名句，为什么"砍头不要紧"，只要"主义真"呢？

理论的三重内涵不是互相割裂的，它表层给予我们的是一种知识体系，但深层蕴含的，一方面是思维方式，另一方面是一种价值规范。正因为这样，人们才在学习理论的过程中，既改变了我们的世界图景，又变革了我们的思维方式，也形成了我们的价值观念。理论使我们整个人变化了，使我们"看到的"世界日新月异了。

对于我们每个人的生活来说，理论的作用是巨大的。李大钊曾经说过，"人们每被许多琐屑细小的事压住了，不能达观，这于人生给了很多的苦痛"。生活中总有那些躲不开、绕不过的沟沟坎坎，总有那些说不清、道不明的疙疙瘩瘩，总有那些剪不断、理还乱的恩恩怨怨，总有那些得不到、推不掉的争争夺夺。如果总是盯着这沟沟坎坎，想着这疙疙瘩瘩，说着这恩恩怨怨，做着这争争夺夺，人就会感到苦闷和悲哀。如果用理论武装自己，我们就会心胸博大，视野开阔，活得堂堂正正，活得有滋有味。通过理论学习，我们能够使自己生活得更有意义。

人不是"单向度"的存在

人以包括"理论"在内的各种各样的"方式"去把握世界，因而人是一种"多向度"的存在。然而，当代著名的学者、西方马克思主义的重要代表人物之一赫伯特·马尔库塞却写了一部轰动全球的畅销书——《单向度的人》。

所谓"单向度的人"，马尔库塞指的是取消了否定性、批判性和超越性向度的人，这样的人不仅不再有能力去追求，甚至也不再有能力去想象与现实生活不同的另一种生活。马尔库塞认为，当代工业社会作为新型的极权主义社会，把人变成了这种"单向度的人"。

在这部风靡全球的著作中，马尔库塞从政治领域、生活领域、文化领域和思想领域论述了人是怎样失去否定性、批判性和超越性的向度的。他提出，在政治领域，当代工业社会成功地实现了政治对立面的一体化；在生活领域，当代工业社会造成了不同阶层的生活方式的同化；在文化领域，当代工业社会使"文化中心变成了商业中心"，使"高层文化"取消了与现实的"间距"，从而也就取消了超越现实的理想，使表达理想的高层文化不再能够提供与现实根本不同的抉择，也就是使高层文化不再具有同现实根本不同的"另一个向度"；而在思想领域，实证主义、工具理性的流行也标志着单向度思维方式的胜利，它把人的多向度的语言清洗成了单向度的语言。

如果我们可以说"语言是人的存在方式"，那么，"语言的清洗"确实使人从多向度的存在变成了单向度的存在。马尔库塞说："当思想不再超越一种既是纯公理的（数学和逻辑）、又是与既定话语和行为领域共存的概念框架时，思想便与现实处于同一水平上。"①这种与"现实"处于同一水平的"思想"，怎么会保持它的否定性、批判性和理想性的"向度"呢？马尔库塞又说，"多向度语言被转变成单向度语言，在这个

---

① ［美］赫伯特·马尔库塞：《单向度的人——发达工业社会意识形态研究》，153页，上海，上海译文出版社，1989。

过程中，不同的、对立的意义不再相互渗透，而是相互隔离；意义的容易引起争议的历史向度却被迫保持缄默"①。"历史向度"的"缄默"，就是人类文明的沉默；沉默了的人类文明，怎么能不造成人的"单向度"呢？

人的否定性、批判性、超越性的"向度"，深深地植根于人类自己的存在方式——实践活动及其历史发展之中。人类的实践活动具有无限的指向性，因而人类的意识总是指向无限的追求。因此，马尔库塞所揭露的人的"单向度"，是一种需要超越，而且必然会被超越的现实，而不是人的不可挣脱的存在方式。

人类把握世界的全部方式都具有自我超越的本性。仅以被视为"灰色"的理论而言，它本身就不仅仅具有解释性与规范性的功能，而且具有批判性与理想性的功能。理论能使非现实的存在变成现实的存在。当代解释学大师伽达默尔告诉我们，理论就是实践的反义词，就是对实践的反驳，就是对实践的超越。李卜克内西和拉法格回忆马克思和恩格斯的时候曾经说过，恩格斯的头脑就像一艘生火待发的军舰，随时可以驶向思想的任何一个港湾。这是因为，恩格斯有广博的理论知识，而且具有一种辩证的思维方式，并且还有一种为全人类工作的价值取向。在谈到马克思的时候，李卜克内西说，在那样一个夜晚，我和马克思谈起一个问题的时候，就像把窗帘的帷幕拉开一样，这个谈话使我洞见到了整个历史进程。这就是马克思在《〈政治经济学批判〉序言》中所阐述的历史运动规律的思想。美国的著名诗人朗费罗说，"伟人的生平昭示我们，我们也能够生活得高尚"；俄国的著名诗人普希金也说过，"跟随伟大人物的思想，是一门最引人入胜的科学"。我们用人类文明的成果去思考生活，去追求更加理想的生活，人类意识就会放射出更加光彩夺目的光芒。

---

① ［美］赫伯特·马尔库塞：《单向度的人——发达工业社会意识形态研究》，178页，上海，上海译文出版社，1989。

二 创造价值：超越"凝固的时空"

人的世界，是人的创造性活动的"产品"；在人的自我意识中，对于人而言的世界，"每天都是新的"。

超越其所是的存在

曾经风靡全球的"存在主义"哲学有一个关于人的著名命题：存在先于本质。

何谓"存在先于本质"？这是由"人"与其他存在物的根本区别构成的命题。这就是说：除人之外的一切存在物，都是"本质先于存在"的存在；唯有人是一种特殊的存在，是"存在先于本质"的存在。

中国有句俗话，叫作"种瓜得瓜，种豆得豆"。这就是说，有一粒"瓜"的种子或"豆"的种子，把它们播撒到土地里，有了适宜的阳光、雨水、肥料等条件，种子内部所包含的因素便预先地决定它构成哪一种植物，结出哪一种果实，也就是种"瓜"者得"瓜"，种"豆"者得"豆"。

"种瓜得瓜，种豆得豆"，意味着什么？这意味着在"瓜"和"豆"的果实尚未"存在"之前，它们的"本质"已经预先地决定了它们将是怎样的存在，也就是"本质先于存在"。植物是这样，动物也是这样。一只小狗或一匹小马，在它未出生之前，"狗"或"马"的"本质"已经预先地决定了它们出生之后的整个生命活动将是怎样的存在。这就是马克思所说的动物只是按照它所属的那个"物种"的尺度来进行它的生命活动，"物种"的本质，预先地规定了它的整个生命的存在。这不就是所谓"本质先于存在"（或"本质决定存在"）吗？

在纯粹生物的意义上，人作为高级动物，当然也是"本质先于存在"，即人的自然存在，已经预先地被人这个"物种"的本质所决定了。恩格斯曾经说过，既然人来源于动物界，也就永远不可能完全摆脱兽性。这就是说，不管人类文明如何发达，人的社会性如何丰富，人的精神生活如何充实，人类永远是作为一个"物种"而存在的。就此而言，人类这个"物种"的"本质"永远预先地决定着每个人的个体生命是怎样的存在。那么，为何说人是"存在先于本质"呢？

人不是"纯粹自然"的存在。与动物只有自己所属的"物种"的那个尺度相比，马克思说，人有两种"尺度"，即任何物种的尺度和人自己的尺度。所谓"任何物种的尺度"，就是说人能够依据任何物种的"本质"或"规律"来进行生产；所谓人的"内在固有的尺度"就是人的目的性要求，也就是马克思所说的"把自己的生活活动本身变成自己的意志和意识的对象"。这两种"尺度"，说得通俗一些，就是"客观规律"和"人的目的"，在这两种"尺度"的统一中"生产"，也就是实现"合规律性"与"合目的性"的统一。

"规律"，是人在"后天"中才能"认识"和"利用"的；"目的"，是人在"后天"中才能"形成"和"实现"的。在"先天"的意义上，"人"既不懂得"任何物种的尺度"，也不会形成"有意识的生活活动"。人，每个人，都是在自己的"存在"（生活活动）中获得人的"本质"的——根据"任何物种的尺度"和"人的尺度"来进行生产，也就是马克思所说的"按照美的规律来塑造"的"本质"。人的这种"人的本质"是在人的存在方式——生活活动——中形成的，这不就是"存在先于本质"吗？

就人类而言，人的各种自然器官都不仅是纯粹自然的产物，而且是马克思所说的"世界历史"的产物，也就是人自己的生活活动的产物。"人同世界的任何一种属人的关系——视觉、听觉、嗅觉、味觉、触觉、思维、直观、感觉、愿望、活动、爱——总之，他的个体的一切官能，正象那些在形式上直接作为社会的器官而存在的器官一样，是通过自己的对象性的关系，亦即通过自己同对象的关系，而对对象的占有"，人的"五官感觉的形成是以往全部世界史的产物"①。

---

① 马克思：《1844 年经济学—哲学手稿》，77—79 页，北京，人民出版社，1979。

人不是纯粹自然的存在，而是历史文化的存在。卡西尔曾经这样论述"人"的存在："人的突出特征，人与众不同的标志，既不是他的形而上学本性也不是他的物理本性，而是人的劳作（work）。正是这种劳作，正是这种人类活动的体系，规定和划定了'人性'的圆周。"对"人性"的寻求，"寻求的不是结果的统一性而是活动的统一性；不是产品的统一性而是创造过程的统一性"①。人的创造过程，就是改变人与世界的过程，就是使人获得人的"本质"的过程，就是把世界变成"属人"的世界的过程。就此而言，人不正是一种"存在先于本质"的存在吗？

就人的历史而言，人更为显著地表现了"存在先于本质"。历史作为每一代人存在的"前提"，当然是历史地（而不是纯粹自然地）规定了下一代人的存在方式（活动方式）；但是，人的存在方式（活动方式）的特征恰好在于它要"变革"自己既有的存在方式（活动方式），也就是"超越"自己曾经所是的存在。人是"超越其所是的存在"。

人的"精神世界""文化世界"和"意义世界"，都是"超越其所是"的存在。每一代人都有其不同于前代人的精神世界，都创造着新的文化世界，都体验着新的意义世界，谁也无法预先规定下一代人的精神世界、文化世界和意义世界。这正如恩格斯所说的，如果有一天人们达到了所谓"绝对真理"，而后来的人们只能袖手旁观和惊愕于这些"绝对真理"的伟大，这将是一幅怎样的图景呢？

我在这里借用"存在先于本质"的这个命题，对人的存在方式进行了借题发挥式的阐述，意在表明，在人类的世世代代的历史发展中，下一代人怎能滞留于前代人所创建的"时空"之中呢？在人类的每个生命个体的生活活动中，人怎能凝固于某种特定的"时空"之中呢？超越"凝固的时空"，才是人的"超越其所是的存在"。

"时间是存在的空间"

"世界"这个概念，是同"时间"和"空间"这两个概念密不可分的，同

---

① ［德］恩斯特·卡西尔：《人论》，87、90页，上海，上海译文出版社，1985。

样，在人的"意识"中，只有把"时间"和"空间"与"世界"统一起来，人才有关于"世界"的"对象意识"，关于"人"的"自我意识"，以及关于"人"与"世界"的"关系"的"自我意识"。

世界上的全部存在，包括人自身的存在，都是"时"（时间）"空"（空间）存在。然而，"本质先于存在"的动物的"时空"，与"存在先于本质"的人的"时空"，是根本不同的。如果用一句话来概括，那就是：对于动物来说，"空间"是它的存在的"时间"；对于人来说，"时间"则是人存在的"空间"。人的超越意识，就在于人意识到自己独特的存在方式——时间是存在的空间。

对于动物来说，"世界"，必须是（只能是）它的"物种"能够"适应"的世界；超出它的"物种"的"尺度"，那样的"空间"便不可能是它的"世界"。这是因为，动物只能按照它所属的"物种"的唯一的"尺度"来维持它的存在。这个唯一的"尺度"，既决定了它的"物种"的遗传方式，也决定了它的每个"个体"的存在方式。就动物"物种"的遗传方式来说，虽然它在世代的遗传中也包含各种各样的"变异"，但却不可能改变自己"尺度"的唯一性。因此，任何动物都只不过是一代又一代地"重复"自己，"复制"自己，而无所谓"历史"和"发展"。离开了"历史"，离开了"发展"，动物"时间"就是纯粹自然而然的"空间"存在——动物世世代代地存在于特定的"空间"之中。同样，就动物个体的存在方式来说，它的从"生"到"死"的整个生命活动过程，都是在纯粹自然的状态中重复自己所属物种的生命活动，根本没有"昨天""今天""明天"和"过去""现在""未来"的区别。因此，每个动物个体的"时间"，也只能是"空间"的存在——在自己的物种能够适应的"空间"中存在。就此而言，"空间"就是动物存在的"时间"。

人对动物的超越，在于人把"时间"变成了自己存在的"空间"。

就人类来说，人类的"时间"就是人类的"历史"，人类的"历史"才是人类的"时间"。人类是以"过去""现在""未来"来标志"时间"的。"过去""现在"和"未来"，创造了人类存在的"空间"。"过去"的人类，生活在狭小的、自然经济状态的"空间"之中；"现在"的人类，生活在普遍交往的、市场经济状态的"空间"之中；"未来"的人类，在人们所说的"信息时代""知识经济"时代中，又将形成怎样的人类存在的"空间"呢？

就人类的每个个体来说，他们的"时间"就是被历史文化占有，并且创造新的历史文化的"过程"。在这个"占有"与"创造"的过程中，他们形成了自己的存在"空间"。每个人都有自己的"昨天""今天"和"明天"。"昨天""今天"和"明天"，构成了每个人生活的"空间"。每个人的"昨天"，都被限定在特定的"空间"之中；每个人的"今天"，都在拓展自己生活的"空间"；而每个人的"明天"，都有自己的理想性"空间"。离开"昨天"的创造，哪里有"今天"的"生活空间"？离开"今天"的创造与追求，又何谈"明天"的"生活空间"？"生活"的空间，是人在"时间"中创造出来的。"时间"是人的存在的"空间"。

"时间"创造了人的"精神世界"，也创造了人的"文化世界"，还创造了人的"意义世界"。每个人的"精神世界"都是不断地"拓宽"与"深化"的。人在自己的"时间"中，为自己"拓宽"了知识视野，从而"看到"了新鲜的"世界"（空间）。人在自己的"时间"中，为自己"深化"了各种"认识"，从而"发现"了各种"看不见""摸不着"的"世界"（空间）。人在自己的"时间"中，为自己"想象"了和"设计"了各种理想性的存在，从而"创造"了各种"不存在"的"世界"（空间）。在人所"看到""发现"和"创造"的"世界"中，人又给自己构成了新的"文化世界"，人又使自己感受到了新的"意义世界"。人以"时间"的方式创造了自己生活的"空间"。

"意义"大于"存在"

人的"生活空间"，就是人的"意义世界"。人的"意义世界"，大于人的生存的"空间"。

无论是作为人类的"大我"，还是作为生命个体的"小我"，人的生存空间总是狭小的、有限的。然而，人为自己创造的"生活"的"空间""意义"的"世界"，却是无限的。

人的"眼睛"看到了什么？它不仅看到了"大地"，而且看到了"苍茫"的大地；它不仅看到了"海洋"，而且看到了"浩瀚"的海洋。它不仅看到了"太阳"，而且看到了"旭日"或"夕阳"；它不仅看到了"月亮"，而且看到了"皎洁"的或"凄冷"的"月光"。

人的"耳朵"听到了什么？在《秋声赋》中，秋天的风声、虫声、落叶之声，"初淅沥以萧飒，忽奔腾而砰湃，如波涛夜惊，风雨骤至。其触于物也，鏦鏦铮铮，金铁皆鸣；又如赴敌之兵，衔枚疾走，不闻号令，但闻人马之行声"。欧阳修由写"秋之声"而写"秋之状"，再议"秋之声"："此秋声也，胡为而来哉？盖夫秋之为状也：其色惨淡，烟霏云敛；其容清明，天高日晶；其气栗冽，砭人肌骨；其意萧条，山川寂寥。故其为声也，凄凄切切，呼号愤发。丰草绿缛而争茂，佳木葱茏而可悦；草拂之而色变，木遭之而叶脱。其所以摧败零落者，乃其一气之余烈。"这里的"秋声"不是远远地大于秋天的风声、虫声、落叶之声的"存在"吗？在《琵琶行》中，弹拨几根琴弦，又被白居易"听到"了怎样的声音？"轻拢慢捻抹复挑，初为《霓裳》后《六幺》。大弦嘈嘈如急雨，小弦切切如私语。嘈嘈切切错杂弹，大珠小珠落玉盘。间关莺语花底滑，幽咽泉流冰下难。冰泉冷涩弦凝绝，凝绝不通声暂歇。别有幽愁暗恨生，此时无声胜有声。银瓶乍破水浆迸，铁骑突出刀枪鸣！"这里的琵琶之声，又在"时间"的流逝中，给人带来了怎样的"空间"？这琵琶之声对人的"意义"，又岂是声音的"存在"所能容纳的？

人的"眼睛"看到什么，"耳朵"听到什么，都离不开"心灵"想到什么。没有心灵的创造，就没有人的存在。欧阳修为"秋声"而赋，赋的是对"意义"的感叹："嗟乎！草木无情，有时飘零。人为动物，惟物之灵；百忧感其心，万事劳其形；有动于中，必摇其精。而况思其力之所不及，忧其智之所不能；宜其渥然丹者为槁木，黟然黑者为星星。奈何以非金石之质，欲与草木而争荣？念谁为之戕贼，亦何恨乎秋声！"白居易为琵琶之声而吟诗，吟出的是对"意义"的感慨："我闻琵琶已叹息，又闻此语重唧唧。同是天涯沦落人，相逢何必曾相识！我从去年辞帝京，谪居卧病浔阳城……春江花朝秋月夜，往往取酒还独倾。岂无山歌与村笛？呕哑嘲哳难为听。今夜闻君琵琶语，如听仙乐耳暂明。莫辞更坐弹一曲，为君翻作《琵琶行》。"

人是寻求意义的存在。意义大于人的存在。人总是为寻求意义而生活，人总是为失落意义而焦虑。人的意识的超越性，在于它总是超越"存在"而创造"意义"，从而使人"生活"在自己所创造的"意义世界"之中。

三　提醒幸福：超越"存在的空虚"

人的"存在先于本质"，就是说，人只有在自己的"存在"中创造"意义"，才能获得人的"本质"，否则就是人的"存在的空虚"。而人在自己的"存在"过程中，不仅需要创造"意义"，而且需要自觉到自己所创造的"意义"。这就是向自己"提醒幸福"。

"匹夫不可夺志"

人的意识活动，大概可以分为"知"（认知）、"情"（情感）、"意"（意志）。心理学所讲的"智商"和"情商"，大概是把"知"之外的"情"和"意"合在一起归结为"情商"。而我以为，无论"智商"或"情商"，其中最为重要的应该是另一个字——"志"。志向的志，志气的志，立志的志。

"志"是意识的超越性活动的动力。前不久，年近九旬的著名学者费孝通先生撰文纪念他的上一代学者、化学家曾昭抡先生。费先生说，曾先生那一代学者，他们的生活里边有个东西，比其他东西都重要。这个东西怎么表达呢？是不是可以用"志"来表达，"匹夫不可夺志"的"志"？这个"志"在他们的心里很清楚。他要追求一个东西，一个人生的着落。①

---

①　参见费孝通：《我心目中的爱国学者》，载《读书》1999 年第 11 期。

"志"，是人们追求一个目标的志向，这个志向构成了"人生的着落"。这意味着，有"志"则有"人生的着落"，无"志"则无"人生的着落"。显而易见，一个连"着落"都没有的"人生"，怎么能不是"存在的空虚"呢？反之，"人生"有了"着落"，怎么会感到"存在的空虚"呢？有志与无志，有着落与无着落，大概是"存在"是否"空虚"的根源。

在费孝通先生看来，曾昭抡那一代学人的"志"，有两个主要的东西，第一个是"爱国"，第二个是"学术"。费先生说，"他们真的爱国，这是第一位的东西。为爱国，别的事情都可以放下"。而他们的志于学术，"是和对待他爱人一样的"。费先生举例说，曾先生创办化学学会杂志，用的钱都是自己掏出来的。不是人家要他拿钱，是他主动把工资拿出来办这个杂志。杂志比他的鞋重要。他为这个学科费尽心力，像一个妈妈对自己的孩子一样。后来，曾先生当了部长后又被打成右派，然而，官做不成了，他也不在乎。他觉得这样很好啊，又可以回去教书了，可以归队了。他真的到武汉去教书了，而且教得很认真，教得很好。编写了很多教材，培养了很多人才。他在的那个学校，在珞珈山上，高高低低的路不大好走。他还是老样子，穿的还是破鞋子，有时候走路碰在树上，碰破了头也不在乎。他心里边装的就是一个学科的发展，志向在此。

由纪念曾先生引发了费先生的许多感慨。他说，知识分子心里总要有个着落，有个寄托，一生要做什么事情，要知道，要明白。现在的人很多不知道一生要干什么，没有一个清楚的目标，没有志向了。过去讲"三军可夺帅，匹夫不可夺志"，现在人大多没有志了，没有一个一生中不可移动的目标了。费先生说，"志"是以前的知识分子比较关键的东西，上一代人在这个方面比较清楚。像汤佩松，把一生精力放在生物学里边；曾昭抡把一生的精力放在化学里边。没有这样的人在那里拼命，一个学科不可能建出来。现在科学院里的人，可以在一门学科的考卷上证明自己学得很好，分数考得很高，得到硕士学位、博士学位，得到各种各样的名誉，可是他们并不清楚进入这个学科追求的应该是什么，不会觉得这个学科比自己穿的鞋还重要，比自己的老婆还重要。费先生在文章的最后说，"没有'志'了，文化就没有底了，没有根本了，我很担心"。

费孝通先生的这番议论与感慨，我是深以为然的。"志"是人的精神创造性的源泉与动力，无志则无"人生的着落"和"文化的根底"。眼下，一些人急于"自我实现"而又唯恐"活得太累"，这大概是很难办到的。要想事业有成，恐怕总要活得累一些。而如果一个人连事业有成的"志"都没有，那当然就连"人生的着落"也没有了。"三军可夺帅，匹夫不可夺志"，其中的道理就在于，人无"志"则失去了"人生的着落"，也就是"存在的空虚"。

在《钢铁是怎样炼成的》这部小说中，作者尼古拉·奥斯特洛夫斯基借主人公保尔·柯察金的话说，人最宝贵的是生命。生命对于每个人只有一次，人的一生应当这样度过：回首往事，他不会因为虚度年华而悔恨，也不会因为碌碌无为而愧疚。这样，在临死的时候，他就能够说：我已把自己的整个生命和全部精力都献给了世界上最壮丽的事业——为人类解放而奋斗。

"为人类解放而奋斗"，这就是奥斯特洛夫斯基的"志"。这个"志"使得一位双目失明、全身瘫痪的战士写出了令一代又一代人为之感叹、为之激动的世界名著。这个"志"，使得这位历尽磨难的战士不向命运低下高贵的头颅，而是向命运显示了人之为人的尊严。

在《悼念玛丽·居里》一文中，伟大的科学家爱因斯坦，是这样评价世人仰慕的居里夫人的："在象居里夫人这样一位崇高人物结束她的一生的时候，我们不要仅仅满足于回忆她的工作成果对人类已经作出的贡献。第一流人物对于时代和历史进程的意义，在其道德品质方面，也许比单纯的才智成就方面还要大。即使是后者，它们取决于品格的程度，也远超过通常所认为的那样。"[1]

---

[1] 《爱因斯坦文集》第1卷，339页，北京，商务印书馆，1976。

爱因斯坦满怀激情地指出，"我幸运地同居里夫人有二十年崇高而真挚的友谊。我对她的人格的伟大愈来愈感到钦佩。她的坚强，她的意志的纯洁，她的律己之严，她的客观，她的公正不阿的判断——所有这一切都难得地集中在一个人的身上。她在任何时候都意识到自己是社会的公仆，她的极端的谦虚，永远不给自满留下任何余地。由于社会的严酷和不平等，她的心情总是抑郁的。这就使得她具有那样严肃的外貌，很容易使那些不接近她的人发生误解——这是一种无法用任何艺术气质来解脱的少见的严肃性。一旦她认识到某一条道路是正确的，她就毫不妥协地并且极端顽强地坚持走下去"。"她一生中最伟大的科学功绩——证明放射性元素的存在并把它们分离出来——所以能取得，不仅是靠着大胆的直觉，而且也靠着在难以想象的极端困难情况下工作的热忱和顽强，这样的困难，在实验科学的历史中是罕见的。"而在这篇短文的结尾，爱因斯坦也以一种既是担忧又是期待的心态提出，"居里夫人的品德力量和热忱，哪怕只要有一小部分存在于欧洲的知识分子中间，欧洲就会面临一个比较光明的未来"①。

超越"存在的空虚"，关键在于"匹夫不可夺志"。

超越心灵的冷漠

"存在的空虚"，同"心灵的冷漠"是成正比的：心灵越是冷漠，存在越是空虚；反之，存在的充实，总是依赖于心灵的激动。

生老病死，是人的生命的自然规律，因而是人无法抗拒，无法逃避的。衰老，是人生的必经历程；然而，当衰老来临的时候，人们总是痛切地感受到一种"存在的空虚"。这种似乎难以逃避的"存在的空虚"究竟源于何处？它是衰老的宿命吗？不是。在《生活的艺术》一书中，作者安德烈·莫洛亚告诉人们，"衰老最大的不幸不是身体的衰弱，而是心灵的冷漠"；"那些老得最慢的人是保持了生活目标的人"。

心灵的冷漠，感受不到世界的姹紫嫣红，感受不到情感的万种波

---

① 《爱因斯坦文集》第1卷，339—340页，北京，商务印书馆，1976。

澜，其生活便失去了意义与价值，因而他便会感到"存在的空虚"。这似乎足以提示我们：走出"存在的空虚"，就是挣脱"心灵的冷漠"；延缓衰老，就要保持心灵的激情。

莫洛亚在他的这本书中提醒人们"不要放弃感情"，"心灵和身体一样，都需要锻炼"。他举例说，这当然不是让人故意去萌生爱情，但是，你在真正感受到爱情时，为什么只是因为年龄大了，就压抑自己呢？是因为暮秋之年的恋人可笑吗？可是，只有他们在忘记了自己是老人时，才是可笑的。在一对真心相爱的老人中间，没有任何可笑之处。关怀、柔情、爱恋和倾慕是没有年龄。最重要的是，在动荡的感情过去之后，那些并不十分美满的爱情会伴随着年龄的增长变得朴实无华，醇美清香。感情的误会随着肉欲的减退而消失，嫉妒之火伴着青春的流逝而熄灭，一点即着的暴躁脾气也随着力量的削弱而日趋温和。青年时常常发生摩擦的男女，老年时能变成一对恩爱夫妻。一对夫妻的生活很像一条河流：源头处，狂涛拍岸，惊险异常；到了河湾处就变成一条条平静而清澈的小河，平静如镜的水面倒映着河边的杨树和夜空的星辰。

人的感情生活并不止于爱情，特别是对于老人而言，对子女与孙辈的爱也同样足以充实老人的生活。莫洛亚说，看到自己的儿女也踏上了人生的旅途，是多么令人愉快的事！我们为他们的欢乐而欢乐，为他们的痛苦而痛苦。我们爱他们所爱的人，我们同他们一起斗争。看到孩子们代替我们又在人生这幕戏中扮演角色时，我们怎么可能觉得自己是局外人呢？当孩子们享受着人生乐趣时，我们怎么会认为自己与这些乐趣无缘呢？当第一次尝到了去角斗场的欢乐之后，我们最大的乐趣不就是也带着孩子们去那里吗？当我们从自己喜爱的诗人那里感受到幸福之后，我们最大的愿望不就是期待着孩子们在读了我们为他们选择的书籍之后脸上洋溢出的赞美之情吗？当财富由于年龄的关系不能再给我们带来乐趣时，有什么能比用它来照亮我们所爱的人的眼睛更愉快的事情呢？

对待衰老，最糟糕的莫过于对已经失去了的东西恋恋不舍。"世纪之交"，人们常常听到"看得惯，想得通，放得下"的感慨。然而，透过这些语词，品品那语气，看看那神态，人们感受到的恰恰是"看不惯""想不通""放不下"。看不惯许许多多令人目不暇接的"新鲜事"，想不通各种各样变幻莫测的"新观念"，放不下曾经拥有的自以为然的"辉煌"。人越是往"惯"里看，往"通"里想，越是"心里烦"，"放不下"。于是乎"两极相通"，人以冷漠的心灵去应对鲜活的世界，于是乎"衰老"降临了。

按照莫洛亚的说法，"衰老的艺术，就是成为下一代支柱而不是障碍的艺术；就是成为年轻人的知己而不是敌手的艺术"。老年人要做年轻人的"知己"而不是"敌手"，这是何等高明之论！这是何等高明的人生艺术！

"长江后浪推前浪，一代新人换旧人"，这是自然的规律，也是人生的规律。成为年轻人的"知己"，可以从年轻人那里感受到青春的气息，保持心灵的激动；成为年轻人的"敌手"，却会从年轻人那里感受到咄咄逼人的气焰，心灵由愤怒而衰竭。哲人罗素说，年轻人应当害怕死亡，因为他们有光辉灿烂的未来，老年人则不应当害怕死亡，因为他们已经有过了光辉灿烂的过去。连死亡都不必害怕，还要害怕年轻人成为自己的"敌手"吗？

一位饱经风霜的当代老人说，江山、事业、金钱、美女统统不属于我，我所拥有的，就是眼前的这个"老"字；既然这"老"字还在我眼前，就说明我跟"死"还隔有一段距离；生命只有一次，机不可失，失不再来，为何不可"潇洒老一回"呢？哲人黑格尔说，同一句格言，在一个饱经风霜、备受煎熬的老人嘴里说出来，和在一个天真可爱、未谙世事的孩子嘴里说出来，其含义是根本不同的。黑格尔还具体地提到，"老人讲的那些宗教真理，虽然小孩子也会讲，可是对于老人来说，这些宗教真理包含着他全部生活的意义。即使这小孩也懂宗教的内容，可是对他来说，在这个宗教真理之外，还存在着全部生活和整个世界"①。也许，

---

① ［德］黑格尔：《小逻辑》，423 页，北京，商务印书馆，1980。

我们可以从老人对待生活的态度中，更深切地感受到人类意识的超越性，永葆心灵的激动，超越"存在的空虚"。

超越"存在的焦虑"

人类意识的超越性，在于它能够超越"现象"把握"本质"，超越"个别"把握"一般"，超越"偶然"把握"必然"，从而能够按照事物的"规律"去认识世界和改造世界。

然而，这种超越性的人类意识，却往往导致人们把现象与本质、个别与普遍、偶然与必然对立起来，似乎现象、个别、偶然是无足轻重的存在，唯有本质、普遍、必然才是关乎大局的存在。不仅如此，人们还往往把认识论意义的本质与现象的对立，扩大为价值论的"标准"与"选择"、"崇高"与"渺小"、"君子"与"小人"的对立，以"标准"取代"选择"，以"崇高"凌驾"渺小"，以"君子"规范"小人"。这种以"普遍性"压抑"个别性"的思潮，被现代的"存在主义"哲学称为"本质主义的肆虐"。

现代的人类意识，是以"消解"这种"本质主义的肆虐"为己任的。然而，这种"消解"的过程，又造成了现代人的一种强烈的自我意识——"存在主义的焦虑"。这种"焦虑"，就是人的思想与行为失去了"根据""标准"和"尺度"的焦虑，是由于失去"根据""标准"和"尺度"所造成的"存在的空虚"的焦虑。

在人的自我意识中，有"标准"而无"选择"，是一种"生命中不堪忍受之重"的痛苦。这犹如在中世纪的欧洲，"上帝"是无所不知、无所不能、无所不在的最高的裁判者，他窥视、监督和裁判我们的全部意识活动，我们的意识无可逃避地受到"上帝"的窥视、监督和裁判，"上帝"就是我们的意识中的"宪兵"和"警察"。由此而形成的人的自我意识，不能不是一种"没有选择的标准的生命中不堪忍受之重的本质主义的肆虐"。

然而，如尼采所说的"上帝被杀死了"之后，也就是人类意识中的"本质主义的肆虐"被"消解"之后，人类意识却陷入了新的困境。"上帝死了"，这对于有些人来说，取代人类心灵裁判者（上帝）的应该是人为自己负责，而对于另外一些人来说，心灵裁判者（上帝）已死，人也就不再承担任何责任。这正如一位作家所说，有两种不同的"虚无"，"一种是建设性执著后的虚无，是呕心沥血艰难求索后的困惑和茫然；一种是消费性执著后的虚无，是声色犬马花天酒地之后的无聊和厌倦。圣者和流氓都看破了钱财，但前者首先看破了自己的钱财，我的就是大家的。而后者首先看破了别人的钱财，大家的就是我的。圣者和流氓都可以怀疑爱情，但前者可能从此节欲自重，慎于风月；后者可能从此纵欲无忌，见女人就上"①。真理观的相对主义、价值观的多元主义和历史观的非决定主义，使得人们用以确认思想的"根据"、用以选择思想的"标准"、用以评价思想的"尺度"，都失去了绝对的意义。在多元主义或相对主义的选择中，人们难以确认选择的"标准"。这就是一种"没有标准的选择的生命中不能承受之轻的存在主义的焦虑"，也就是哲学所说的"信仰的危机""形上的迷失"和"意义的失落"。

超越"本质主义的肆虐"而后又陷入"存在主义的焦虑"，这是当代人类的一种生存困境，也是人类意识在当代的一种二难抉择。马克思和恩格斯说："意识在任何时候都只能是被意识到了的存在，而人们的存在就是他们的现实生活过程。"②当代人类的自我意识，正是当代人类的"现实生活过程"在当代人的意识中的表现。

两极对立模式的消解，是当代人的最为强烈的自我意识。在以自然经济为基础的传统社会中，人们的经济生活、政治生活、文化生活和精神生活都处于两极对立的状态之中，人们总是以两极对立的思维方式去思考一切问题，总是试图在真与假、善与恶、美与丑的绝对对立中去寻求某种绝对的确定性。把这种绝对的确定性对象化为某种确定的存在并使之神圣化，造成了"人在神圣形象中的自我异化"。现代市场经济日益深刻地消解掉了这些"神圣形象"的灵光，使得人们的生存方式发生了"从两极到中介"的变革，把真善美理解为时代水平的人类自我意识，把

---

① 韩少功：《夜行者梦语》，载《读书》1993 年第 5 期。
② 《马克思恩格斯选集》第 1 卷，72 页，北京，人民出版社，1995。

人类已经达到的认识成果理解为时代水平的"合法的偏见"，把人类的存在视为"超越其所是"的开放性、未完成的存在，这已逐步成为当代人类的共识。然而，由于"两极对立模式的消解"消解掉了传统社会所悬设和承诺的绝对确定的种种思想的根据、价值的尺度和行为的标准，因此，面对这种"两极对立模式消解"的社会思潮，人类自我意识需要实现新的自我超越——重新寻求人的思想与行为的根据、尺度和标准。

"两极对立模式的消解"使当代人类陷入"没有标准的选择的生命中不能承受之轻的存在主义的焦虑"之中。这就是"现代人的困惑"——寻求人类"精神家园"的困惑。市场经济把它的等价交换原则渗透到全部社会生活当中，并成为现代人的生存方式，由此造成了人与自然的异化（无休止地攫取造成"全球问题"），人与社会的异化（社会对人的全面发展的扭曲），人与他人的异化（金钱关系所形成的人际关系的冷漠与紧张），人与自我的异化（人异化为金钱的奴隶而造成自我的失落）。现代人的这种"物化"或"异化"，使人愈益深切地感受到"精神家园"的失落：世界的符号化和自然的隐退所形成的"无根"意识，价值尺度的多元化和不确定性所形成的"没有标准的选择"，终极关怀的感性化所形成的"信仰缺失""形上迷失"和"意义失落"。超越这种"存在主义的焦虑"，对时代性的"意义危机"做出全面的反应、批判的反思、规范性的矫正和理想性的引导，这是人类意识及其文化形式在当代创造性的使命。

四　认同和谐：超越"两性的残缺"

"男人的一半是女人"，这是一部曾经颇受争议的小说的名字，但又是由这部小说的名字而被广泛流传开来并且被人们"普遍认同"的"说法"。这个"说法"显然"合乎逻辑""合乎情理"地蕴含着与它相对立的另一个"命题"（"说法"），这就是"女人的一半是男人"。如果这两个对应的"命题"或"说法"都得到"普遍认同"，这就意味着人的意识趋向于超越

"两性的残缺"，指向两性之间的"和谐"。

超越动物之性的人之性

辩证法讲"对立统一"，用辩证法大师黑格尔的说法，叫作"差别的内在发生"。这种"对立统一"或"差别的内在发生"，或许最为直观而又最为强烈地表现在两性关系上。雄与雌、公与母、男与女，如若成立"性"关系，则必是"同中之异"且"异中之同"——总是"同类"中之"异性"的关系，或者说，"异性"在"同类"中发生的关系。非"同类"发生的"异性"关系，或"同类"中发生的"同性"关系，大概都属于"非自然"或"非正常"行为。

暂且不说"非自然""非正常"的关系。单就"自然"而"正常"的关系来说，最重要的是动物的性与人之性的区别。把动物分为"公"与"母"，而把人分为"男"与"女"，大概不是"贬低"动物而"褒扬"人类，而是为了区别动物之"性"与人之"性"。

作为自然的存在，两性之间的关系，既是生命个体之间的最重要的关系，也是关乎整个种类"生死存亡"的最重要的关系。在纯粹自然的意义上，"性"是与"生育"同一的，对于动物的"种类"延续来说，"性"的使命是纯粹的繁衍后代。然而，对于动物个体来说，虽然它是以"性"的方式实现其种类的繁衍的，但"性"行为的实现却是它的自然生命力的实现。在"动物世界"中我们看到，雄性的性权力、性机会，总是通过"残酷"的，甚至是"你死我活"的搏斗与厮杀得以实现的。对于雄性动物来说，这种性权力、性机会的实现，是它生命力的显示，因而也是它"一生"中最为辉煌的"自我实现"。

这种通过残酷斗争获得的性机会与实现的性权力，在"弱肉强食""物竞天择"的动物生存规律中，应该说是一种最"公平"、最"合理"的方式。动物的"性"行为，是纯粹的繁衍后代的"生育"行为，只有这种通过残酷斗争而实现的性行为，才能够保证动物个体生命遗传的"优生"，从而也才能够保证动物种类或各个动物群落的"适者生存"。已经进入"知识经济"时代，"智力"成为最为重要的能力，人类中的女性当然会更多地瞩目于"智力"发达的男人，然而，在越是"蛮荒"的时代，女性不越是瞩目"魁伟"的男性吗？正是由于人之"性"超越了纯粹的动物之"性"，人类的性行为、性关系才突破了纯粹的"自然"关系，从而既产生"两性的残缺"，又构成"两性的和谐"。

在自然而然的两性关系中，"性"与"生育"是同一的。这就是说，动物总是在特定的"生育期"才构成"发情期"并进行"性行为"。就此而言，"非生育期""非发情期"的动物是"非性"或"中性"的。人类则与此根本不同。随着"性"与"生育"的非对应关系的逐渐稳定，"性"在人类生活中获得了远远超出"生育"的"意义"。

来源于自然又超越自然的人类，以人类活动的方式实现自己在大自然中的"物竞天择"。人不像动物那样以肉体器官去适应自然界以维持自身的存在，而通过改变自然界来维持和发展自身，这就是人类的"生产"。人类的"生产"有两种，一种是"生活资料"的生产，另一种是人类自身的生产，即种的繁衍。人类自身的生产，与"生活资料"的生产，是息息相关的。人类在自身的发展过程中所实现的对动物状态的脱离，需要"以群的联合力量和集体行动来弥补个体自卫能力的不足"①，而动物的"性"方式，特别是"雄者的忌妒"，却会"削弱或者暂时瓦解任何共居生活的群"②。因此，在"人类自身生产"的历史上，我们会发现这样一种状态，即"男子过着多妻制的生活，而他们的妻子同时也过着多夫制的生活，所以，他们两者的子女都被看作大家共有的子女；这种状态本身，在最终分解为个体婚姻以前，又经历了一系列的变化。这些变化是这样的：被共同的婚姻纽带所联结的范围，起初是很广泛的，后来越来越缩小，直到最后只留下现在占主要地位的成对配偶为止"③。以"对偶家庭"的方式实现人之"性"，这是人类性行为的特殊方式——社会方式。

人类的两性矛盾，起源于人自身"社会化"过程。人类在性行为的社

---

① 《马克思恩格斯选集》第 4 卷，30—31 页，北京，人民出版社，1995。

② 同上书，29—30 页。

③ 同上书，27 页。

会方式中，改变了作为生命个体的性行为的"自然性"，使之具有了"社会性"。这种"社会性"是人在"社会化"的过程中获得的，这种"社会性"的"两性矛盾"也是人在"社会化"的过程中展开的。

以"社会"方式存在的人类，需要以"伦理"的方式规范个体的行为，其中十分重要的就是规范个体的性行为。几乎所有宗教性的"清规戒律"，都贬低"性"的重要性，甚至否认"性"的存在，扼杀"性"的权利。同样，几乎所有"封建礼教"，都认为"万恶淫为首"，把性行为的"越轨"视为最严重的"违法"行为。与此同时，无论是在《十日谈》中，还是在《妻妾成群》《大红灯笼高高挂》中，我们都看到了与"规范"相反的行为。

人类的社会性表现在人的两性上，这显然构成了男性与女性的社会性差别。男性与女性在角色规定、角色期待、角色扮演、角色实现以及角色评价中，都显示了这种社会性的差别。对于这种社会性的两性差别，人们有两种截然不同的看法。一种看法认为，这种"历史性"的、"文化性"的、"社会性"的"性别规范"是造成"两性残缺"的根源，特别是造成女性受压抑、被扭曲的根源。在这种观点看来，男性不仅利用了这种"性别规范"，而且建立和完善了与之配套的"意识形态"，从而使女性心甘情愿地遵循这种规范，甚至造成了扭曲的女性性格特征和心理特征。与此相反，另一种观点则认为，不仅"女性"是历史、社会、文化的产物，因而需要遵循社会的性别规范，而且"男性"也是历史、社会、文化的产物，因而同样需要遵循这种社会的性别规范。"人"就是历史文化的产物，"人"就是社会关系的总和，社会性别规范总是具有历史的合理性的。后一种观点还认为，人类文明史对男女两性的自然差异做出选择，有利于人类整体的生存延续，因而是人类整体在生存斗争中不得不做出的选择，是一种满足人的社会分工，提高效率的需要的选择。

也许这可以说是对这种社会性的两性分裂的最为重要的补偿，人之"性"贯注了与之相融合的"情"——爱情。莫洛亚在《生活的艺术》中说，

"人类爱情的奇迹，就在于人能在单纯的本能和欲念的基础上，修筑起细微复杂的感情大厦"。人世间最激动人心的感情，大概就是爱情。有人把爱情比喻为火，显示出燃烧的瑰丽；有人把爱情比喻为水，显示出柔情的魅力；有人把爱情比喻为花，显示出诱人的芳香；有人把爱情比喻为诗，显示出难以言说的美丽。所以有人说，"只要两颗心还能够通过亲吻/融合相爱，只要还有一个漂亮女人活在世上，就有诗存在!"所以哲人培根说，"爱恋之心蔑视死亡"。传为千古美谈的罗密欧与朱丽叶、梁山伯与祝英台，就是"蔑视死亡"的"爱恋之心"的故事。

恋爱，婚姻，家庭，当然是区别于动物之性的人之性。然而，在人社会化的过程中，人们还会看到失恋、离婚、婚外恋、同性恋、非婚同居等"社会性"的人之"性"。人之"性"，是人面对的千古难题!

互为一半的男人和女人

同中之异的男人和女人，总是既说不清男女之间的"同"，更讲不透男女之间的"异"，而尤其评不准这"异"的优与劣。

女性作家毕淑敏，有专门的篇章分写"男人"和"女人"。她确实以文学的方式"多侧面""多角度""多层次"地对比了"男人"和"女人"的"同"与"异"。我们且来欣赏女作家的连珠妙语：

"男人和女人都做事业。男人是为了改造这个世界，女人是为了向世界证明自己。

"男人遇到伤心事的时候，把眼泪咽到肚里，所以他们的血液就越来越咸，心像礁石，虽然有孔，但是很硬。女人遇到伤心事的时候，就把眼泪洒在地上，所以她们的血液就越来越淡，像矿泉水一样，比较甜，比较晶莹。

"男人会喜欢很多的女人，在他一生的任何时候。女人会怀念一个唯一的男人，在她行将离开这个世界的瞬间。

"男人和女人都要孩子。男人是为了找到一个酷肖自己的人，自己没做完的事还等着他去做呢。女人是为了制造一个崭新的人，做一番自己意想不到的事。

"男人和女人都吃饭。男人吃饭是为了更有力气，所以他们总是狼吞虎咽。女人吃饭是因为必须要吃，所以她们总是心不在焉。"

这就是这位女性作家所发现的"男人"和"女人"。她是以文学语言来描绘两性的"互补"与"融合"的。她说，"一个好的男人和一个好的女人，在共患难的日子里，是一种奇怪的有四只脚和四只手的动物。他们虽然有两颗心，却只有一个念头——风雨同舟地向前"。她还既欣慰又辛酸地写道："我们的记忆，同自己的伴侣紧密地缠绕在一处，像两种混淆于一碟的颜色，已无法分开。你原先是黄，我原先是蓝，我们共同的颜色是绿，绿得生机勃勃，绿得苍翠欲滴。失去了妻子的男人，胸口就缺少了生死攸关的肋骨，心房裸露着，随着每一阵轻风滴血。失去了丈夫的女人，就是齐斩斩折断的琴弦，每一根都在雨夜长久地自鸣……"①

把"男人"和"女人"描绘为"你原先是黄，我原先是蓝，我们共同的颜色是绿，绿得生机勃勃，绿得苍翠欲滴"，这是一幅何等美好的两性和谐的图景！似乎只有这样的图景，才构成"人诗意地居住在大地上"。因而女作家告诫人们，男与女，"无所谓高下，无所谓短长，无所谓优劣，无所谓输赢。各自沐着风雨，在电闪雷鸣的时候，打个招呼"。

由"黄"与"蓝"融合成生机勃勃的"绿"，这是对男女和谐的向往与礼赞。在现实生活中，人们看到的往往是某种方式，某种程度上两性的"分裂"或"残缺"。当代一位学者在剖析《廊桥遗梦》与现代人的情感困境时，使用了"无奈中的美丽神话"这个标题。他写道："现代社会性观念的解放和性关系的开放，使得性像纸币一样严重地通货膨胀，成为一种唾手可得的廉价消费。传统的性爱观念被解构了，性与爱，肉欲与情感不再彼此相连，分裂成两种截然不同的两半。在一个崇尚感官享受，肉欲泛滥成灾的时代之中，爱的激情反而成了可遇而不可求的稀缺资源。许多人风流了一辈子，与无数的异性有过无数次肉体的交往，却从来不

---

① 参见毕淑敏：《随风飘逝》，108—114页，上海，上海人民出版社，1996。

曾体验过那种'刻骨铭心，永志不忘'的心灵震撼。爱的情感为性的欲望所遮蔽，现代人可以随意找到满足肉体快乐的性伙伴，唯独缺少的就是那种古典式的，出自灵魂深处的生命激情。爱的情感一旦为性的欲望所遮蔽，生命也就找不到其真正的意义。"①

在两性融合的道路上，现代人面对重重难题。"爱情与婚姻的分离，业已成为现代人情感生活的新的时尚。婚姻作为爱情的法律和世俗的合法性保障，人们本来是期望在这座两人城堡之中白头偕老，相爱终身的。然而，对于一个成功的婚姻来说，情爱仅仅是它的必要条件，而非充分条件……日常生活中那些乏味的，毫无情调可言的琐琐碎碎，磨损了、消耗了我们太多的生命激情，以至于婚后的生活变得味同嚼蜡，如食鸡肋，与婚前的浪漫形成了令人伤感的反差。而且，一种刻骨铭心的情感总是要靠激情维持的，而激情又总是与某种空间上的距离或审美上的神秘感相联。当两个人终日厮守在同一个屋檐底下，无论是精神还是肉体对于双方都毫无秘密可言，相互之间的默契和交流已经到了无须借助任何语言，任何符号的时候，又何以寻求激情的源泉？"②

然而，面对婚姻中的无奈，"婚外恋"是一种怎样的选择呢？"它属于一种最不稳定的人际关系，极易被变动的生活所颠覆，即使能够维持下去，总有激情退潮的时刻。爱情往往是一种无限的承诺和兑现，但作为个人，其秉性总是有限的，让有限的凡人去承担爱的无限欲望，总有幻灭的一刻。恋人间的每一步接近，每一次的心灵探索，都会减少几分对象的神秘。在一次次的幽会和灵肉狂欢之中，距离不知不觉地消失了，爱的魅力也随之同步递减。婚外的恋情就像婚姻一样，在实现爱的永恒上可能同样是苍白无力的。"③这意味着，婚外恋是"一条漫长而无尽头"的"苦行"。而爱情与婚姻的失败，则造成了现代人情感生活中的

---

① 许纪霖：《寻求意义——现代化变迁与文化批判》，358 页，上海，上海三联书店，1997。

② 同上书，359 页。

③ 同上书，361 页。

"虚无感"与"荒谬感"。

在缺乏"爱情"的时候，人们被"空中飞来飞去"的"情歌"所包围。"为了爱，梦一生""一世情缘""一生守候""胡想十八次""爱你一万年""我对爱情不灰心""你是我永远的乡愁"……然而，在这些"痛不欲生、哭哭啼啼、痴情得一塌糊涂"的男女歌手的"情歌"中，我们不是感到"别有一番滋味在心头"吗？

两性的"分裂"与"残缺"是社会性的，同样，两性的"融合"与"和谐"也是社会性的。两性的"分裂"与"融合""残缺"与"和谐"，都源于人的社会性存在。马克思曾经说过，人们对待两性关系的态度，能够最显著地表明一个人的教养程度。恩格斯也提出，婚姻是否以爱情为基础，是评价一种婚姻进步性的根本标准。如果想做一个有教养的人，那么他就应该致力于两性关系的和谐；如果想超越"两性的残缺"，那么他就应该终生呵护温馨甜美的爱情。

"男人的一半是女人，女人的一半是男人"，这大概是每个成年人的不可或缺的"自我意识"。这种自我意识，确实如同一首歌的歌词，"你中有我，我中有你"。认同"两性"的和谐，才会有"自我"的和谐，才会有"自我意识"的和谐。

五　把持自我：超越"喧嚣的孤独"

"超越"一词，按其字面意义，指"超出""超过"，也就是对既有状况或既定规范的"突破"。这种"突破"，不仅超出或超过外在的状况或外在的规范，而且尤为重要的是超出或超过内在的状况或内在的规范。这种内在的超越，即心灵的自我超越和人格的自我升华。

时下有一个颇为时髦的说法，叫作"外面的世界真奇妙"。的确，放眼"外面的世界"，高楼大厦耸入云天，高级轿车到处奔驰，高档时装花样翻新，高级享乐五花八门。这实在是比广告词中的"椰风"更加"挡不住的诱惑"。

面对"真奇妙"的"外面世界"，面对这"挡不住的诱惑"，现代人的意识又将如何"把持"住"自我"，而防止"自我"的"失落"呢？

"真奇妙"的"现代社会"

人们常说，现代化，说到底是人的现代化。这话也可以变个说法，即现代化把人"化"为"现代"。把人"化"为现代，也就是改变人自己的存在方式，从"近代"的或"古代"的存在方式"化"为"现代"的存在方式。

人原来是生活在"古代"的"自然经济"之中的，也就是一种以自然经济为基础的存在方式。这种"自然经济"中的人的"存在方式"，马克思称为"人对人的依附性"。人的这种存在方式，有三个基本特点：一是经济生活中的"禁欲主义"，不能追求个人的现实幸福；二是精神生活中的"蒙昧主义"，不能驰骋个人的理性自由；三是政治生活中的"专制主义"，不能实现个人的天赋人权。把这三点合在一起，就成了"人对人的依附性"——所有的"平民百姓"都要依附"至高无上"的君主。

社会从"自然经济"发展到"市场经济"，人的存在方式也就从马克思所说的"人对人的依附性"发展到了"以物的依赖性为基础的人的独立性"。人在这种存在方式中，相应地出现了三大变化：一是人在经济生活中反对禁欲主义而要求现实幸福，功利主义的价值取向成了公开的、合理的、基本的价值取向；二是人在精神生活中反对蒙昧主义而要求理性自由，科学理性的思维方式成了普遍的、公认的、主流的思维方式；三是人在政治生活中反对专制主义而要求天赋人权，民主法制的政治体制成为现代社会取得共识的政治体制。这样的价值取向、思维方式和政治体制，当然使人获得了前所未有的"独立性"。然而，人在市场经济中所获得的这种"独立性"，又是"以物的依赖性为基础"的。就是说，在市场经济的存在方式中，由于起主导作用的功利主义的价值取向，人的"独立性"不能离开对"物的依赖"。这意味着，由自然经济到市场经济，人的存在方式由"对人的依附性"转到了"对物的依赖性"。这确实深刻地表现了市场经济造成的人的存在方式的二重性。

市场经济中的人的存在方式的二重性，使得"真奇妙"的"外面的世界"深深地烙上了二重化的印记。

由自然经济转向市场经济的过程，也是由"传统社会"转向"现代社会"的过程。现代化，是把"日常生活""非日常化"的过程。感受一下生活的变化，我们就会发现：我们的"日常经验"正在"科学化"，我们的"日常交往"正在"社交化"，我们的"日常消遣"正在"文化化"，我们的"日常行为"正在"法治化"，而"包围"城市的"农村生活"正在日益迅速地"城市化"。这些"现代化"了的方方面面，改变了我们的生活，改变了"外面的世界"。

首先说"日常经验"。"正常人"之所以"正常"，就在于他有健全的"常识"；反过来说，"健全的常识"之所以"健全"，就在于它能够满足人的正常生活的需要。然而，在一定的意义上，"现代化"的过程，就是最广泛的"非常识"（如科学、技术和艺术等）的"常识化"过程，也就是传统意义的"常识"的"消解"的过程。基于直接经验的"知识"，基于摹仿自然的"艺术"，基于自然关系的"伦理"，基于经验中的"世界"，都被"非常识"的"常识化"改变了。"信息爆炸"的知识使人目不暇接，流行全球的"大众文化"使人追赶不及，"多元角色"的人际关系使人变幻莫测，现代世界的"科学图景"要求人"终身教育"。"常识"不再是传统意义的常识。在"现代化"的生活方式中，"科学"与否，几乎成为人们判断一切的终极性的根据、标准和尺度。这就是现代"科学主义思潮"盛行的现实生活基础。

其次说"日常消遣"。有人说，人是寻求快乐的存在。如果不把这句话推向极端，恐怕没有人否认或反对人是需要娱乐或消遣的。然而，随着现代科学技术的发达、市场经济的发展和大众文化的盛行，"日常消遣"越来越"文化化""艺术化"了。"艺术"作为人类把握世界的一种基本方式，对人类的生活价值，似乎既是无处不在和显而易见的，又是可有可无和模糊不清的。唱歌、跳舞、绘画，看电影、听音乐、读小说，常常被视为"闲暇时光"的"消遣方式"。在审美形象全面增殖的商品社会中，广告形象、时装表演、明星效应、通俗小说、"卡拉 OK""MTV"等构成"泛审美形象"。艺术既以泛审美形象和泛审美意识扩展其对人类生活的"意义"，又以"大众文化"的盛行和"诗意文化"的失落考验其对人类生活的"意义"。

再次说"日常交往"。在自然经济的存在方式中，人们的交往范围是极为有限的，人的"社会关系"也不是十分复杂的。亲戚、朋友、邻居、同学、同事，这大概就是人的"日常交往"的基本"社会关系"。在这种"日常交往"中，人们寻求的是"温情脉脉"的相互慰藉，"相濡以沫"的互相帮助，"田园诗"般的心灵默契，因而才有"亲上加亲"，"远亲不如近邻"等说法。然而，市场经济以其"今天工作不努力，明天努力找工作"的"冷酷"改变了人们的"田园诗"般的生活方式。不断增长的效率要求，不断增长的工作紧张，人们已很少有闲情逸致去"聊大天""摆龙门阵"或"神侃"了。特别是市场经济的功利主义的价值取向，更使人们相信"与其相濡以沫，不如相忘于江湖"，越来越要"亲兄弟，明算账"了。于是一向"温情脉脉"的"友情"变成了"人一走，茶就凉"的"交情"，一向"相濡以沫"的"近邻"变成了"似曾相识"的某些熟悉而又冷漠的面孔。这大概就是"人在江湖"的"冷暖自知"吧。

最后说"日常行为"。人在自然经济中，当然不是"无法无天"的，但自然经济中的"法"主要是维护"人对人的依附性"的法，自然经济中的"天"不过是扮演"神圣形象"的"君主"。自然经济中，老百姓的日常生活，既靠不上那个凌驾于"庶民"之上的"君主"，也不敢沾那个维护"依附性"的"法"的边儿。老百姓在自己的"日常行为"中，是凭"良心"办事的，也就是靠"道德"来规范自己的所作所为的。然而，本质上是法治经济的市场经济，却从根本上改变了人的"日常行为"。人在市场经济中日新月异地扩大了自己的社会交往，也日新月异地变更了自己的日常行为。这就是在急速扩大的"社会交往"中以"法"规范自己的"行为"。毫无疑问，这是历史性的进步。但是，许多人只是把"法"作为"消极的界限"即不得超越的界限来规范自己的行为，而把"道德"的"积极的界限"即"应当怎样"的规范当作"迂腐"的观念而弃之如敝履。于是出现了一种所谓"耻言理想，蔑视道德，躲避崇高，拒斥传统，不要规则，怎么都行"的社会思潮，甚至以"良心到底多少钱一斤"这样的心态来"拒斥"道德对人的行为规范。

面对"滚滚的红尘"和"喧嚣的世界"，人应当如何实现自己的意识的最为可贵的超越性——把持自我呢？

超越人与自我的疏离

人在现代生活中，总会隐约地或显著地感受到种种的"疏离"：人与自然的疏离，人与历史的疏离，人与未来的疏离，人与他人的疏离，特别是人与自我的疏离。如果进而仔细地品味这种种的疏离，我们还会发现，一切的疏离，最深层的是人与自我的疏离。

从自然中生成的人类，本来是依赖于自然而生存、发展的，然而，由于人类是以实践的方式即"改造自然"的方式而现实地存在着，因此，在几千年来的人类意识中，人总是把自然当作被改造、被占有甚至被掠夺的异己的对象。当这个被视为"异己的对象"作为"全球问题"摆在现代人的面前时，人才深深地感到了自己与自然的疏离，才感到必须与大自然"交朋友"。把自己所由来的自然当作"异己的对象"，不就是人与作为"天地大我"的"自我"的疏离吗？人类意识的超越性，需要超越作为"小我"的"人类"，从而形成以"自然"作为"大我"的"天地境界"。

人总是生活于"社会"之中，"社会"是人的更为直接、更为亲切的"大我"。在"社会"的"大我"中，"我"与"他人"都是作为"小我"而存在的，因此，个体"小我"与社会"大我"的统一与和谐，需要奠基于"我"与"他人"的诸个"小我"的统一与和谐。然而，正如有人所说，现代人的寂寞不是凄风苦雨、独对孤灯、远怀友人的酸楚，而是灯红酒绿，用体温互相慰藉的悲凉；现代人的孤独不显现在窗外高挂的月色上，不显现在阶前急扣的雨声上，而只显现在有情节没有情怀的连续剧上，只显现在拨七个号码就可以解决思念的电话上，只显现在人潮汹涌竟然无一人相识的街头。品味一下这段很美而又很苦的文字，也许我们便不难理解，自从人"化"为"现代"的存在方式以来，总有那么多"人文学者"沸沸扬扬地，并且持久不衰地在那里讨论和宣传"人文精神"，因而被称为"无可逃避"的"人文情怀"。"人文情怀"是一种关注人的"精神"的"情怀"，也就是呼唤人们把持住"自我"，切莫与各个"自我""疏离"的情怀。

人是历史文化的存在，离开历史文化，人便失去了自己的存在之根。就此而言，"拒斥传统"，或者说"与历史的疏离"，也就是"存在的遗忘"。现代人的生活是急促的，匆忙的；现代人的心态也往往是紧张的，焦躁的。人们似乎已无暇去做昔日的回眸，似乎也无暇去品味心灵的感受。有人甚至断言，回忆只是老年人和传统人的无可奈何的嗜好和精神的自我抚慰，青年人和现代人总是一往无前地斩断与过去的联系。可以设想，人们如果只是"一往无前"，而"无暇回顾"，那么就会发现人对自己的"存在的遗忘"。这是因为，生活的意义离不开历史的积淀与升华。"历史"，是作为"文化"而存在的"大我"，每个人类个体都是在文化的"大我"中生成为"小我"的。"疏离"作为历史文化的"大我"，作为生命个体的"小我"又如何存在呢？

人是历史性的存在，因而人是创造性的存在，开放性的存在，理想性的存在。未来，对于人来说，并不只是尚未到来的时间，而是过去和现在所指向的理想。这就是说，"未来"是以理想观照现实的"大尺度"，是人之为人的必不可少的存在。对"未来"的疏离，同对"历史"的疏离一样，都是对"存在的遗忘"。在当代工业社会里，人们普遍关心的是，"一种主意行得通吗？它的'兑现价值'如何？我们真能运用一种提出来的理论去获得一些实际效果吗？诸如此类的问题反映出人们对在现代技术社会中所面临的实际问题的切实关心。生活是根据下一步必须要解决的具体问题来考虑的，而不是根据人们会被要求为之献身的终极价值来考虑的"。"'一些现代性的酸'已经使过去各种宗教式的笃信溶解了。……科学方法的影响和工业都市社会的发展是使各种绝对的东西失去信仰的主要因素。甚至在道德领域里，我们从《旧约全书》中希伯来人那儿继承下来的戒条也正开始在一个新时代的精神里溶解了。"①这大概就是一些人把 20 世纪称作"相对主义的时代"的根据。然而，不管人们如何评价当今的时代与如何展望未来的世纪，人之为人的理想性是不会改变的。人类存在的理想性，决定了人与未来的亲近，决定了人必须超越人对未来的疏离。

人与"自然""社会""历史""未来"的疏离，都可以说成人与不同层次、不同形态的"大我"的疏离。而人与各种"大我"的疏离，既源于人与"小我"的疏离，也深化了人与"小我"的疏离。人在"化"为现代的生活方式的过程中，出现了一种奇特的现象，即"形象"大于"存在"——人为自己制造的"形象"大于人自身的"存在"。大于自身"存在"的"形象"，遮蔽了人自身的"存在"，使"存在"变成了"形象"，于是"存在"隐退了，剩下的只是"形象"。想一想所谓"泛审美形象的增殖"：广告、模特、明星、时装、股票、证券、桑拿、发廊、通俗小说、流行歌曲、电视喜剧、有奖销售，为人们制造了铺天盖地的、光怪陆离的、无所不包的生活形象。认同这些形象，追赶这些形象，模仿这些形象，充当这些形象，便是自我的存在，便是自我的生活。自我被疏离了，自我被淹没了，自我被丢失了。人感受到这些形象的异在性时，也就感受到人与自我的疏离。由此，人就会深深地体验到失落自我与寻求自我的冲撞与痛苦。

在《生命中不能承受之轻》这部小说中，作者米兰·昆德拉以"媚俗"这个词来概括他所抨击的社会思潮。他说，"所谓'新潮'就得竭力地赶时髦，比任何人更卖力地迎合既定的思维模式。现代主义套上了媚俗的外衣"②。"媚俗"，就是"遗忘""存在"而"追赶""形象"，也就是用"形象"遮蔽"存在"。这样的"存在"，便不能不是"生命中不能承受之

---

① ［美］L. J. 宾克莱：《理想的冲突——西方社会中变化着的价值观念》，19、6—7页，北京，商务印书馆，1983。

② ［捷］米兰·昆德拉：《生命中不能承受之轻》，344 页，北京，作家出版社，1991。

轻"了。这正如昆德拉所说："也许最沉重的负担同时也是一种生活最为充实的象征，负担越沉，我们的生活也就越贴近大地，越趋近真切和实在。相反，完全没有负担，人变得比大气还轻，会高高地飞起，离别大地亦即离别真实的生活。他将变得似真非真，运动自由而毫无意义。那么我们将选择什么呢？沉重还是轻松？"①这是值得我们深长思之的。

保持"必要的张力"

人们既无法忍受"生命中不堪忍受之重"，也难以承受"生命中不能承受之轻"。生命的"沉重"与"轻浮"，是人的生命难以接受的。然而，昆德拉所追问的是"重"还是"轻"，一直是人的生活困境。早在近二百年前，德国哲学家叔本华就告诉人们："人类注定永远在两极之间游移：不是灾难疾病，就是无聊厌烦。"看看大街上或橱窗里的背心上所写的"烦死了"，听听广播中或电视里"金榜曲"中的"有点烦"，真是需要问问自己：怎么那么"烦"？

作为"人文学者"，我想首先进行自我追问。近期我读了另一位"人文学者"的一本书，其在自序中说："作为一个知识分子，对社会所能做的，也许只是凭借自己的超越性思考和敏锐感受提出问题，并提出解决问题的可能性途径，仅仅如此而已。我们不可能直接改变现实，只能通过我们的话语，构建公共话语，影响人们的思维，间接地参与社会进程。事实上，对于中国知识分子来说，直接面临的已不仅仅是外在于自我的社会问题，而是自身的生存方式的困境。九十年代的知识分子所面临的是一个迥然不同于八十年代的生活境遇。政治意识形态退潮了，但另外一种更为普遍化和社会化的商业意识形态却以前所未有的凶猛势头迅速崛起，它对知识分子的生存造成了更大的威胁。如果说在八十年代，知识分子无论命运沉浮，总还是居于舞台中心的话，那么到九十年代却真正地被边缘化了，完完全全成为商业社会尴尬的多余人。文化热

---

① ［捷］米兰·昆德拉：《生命中不能承受之轻》，3 页，北京，作家出版社，1991。

中形成的精英意识骤然成为一厢情愿的自恋幻影。在新的时势之中，知识分子安身立命之处究竟何在?"①

这本书的作者认为，在"对精英意识的理性反思"中，他找到了作为一个知识分子应该所处的"现实位置"。他提出，"在现代世俗社会中，知识分子可以扮演两种角色。一种是学者，那是处于社会边缘的注定寂寞的位置。如果你选择了这一角色，就不得不忍受这种寂寞，甚至有可能是物质生活的贫乏。但在隔离的智慧中，上帝会赐予你求知的幸福，那是其他任何物欲的满足都无法替代的快乐，是真正的智者才配享有的欢愉。另外一种角色是观察者，那是站在知识—文化的立场上，对社会发生的种种现象作出独立的观察和评论，以积极的姿态介入和参与到当代社会的文化进程之中"②。作者认为，他自己所选择的是一种"一身兼二任"的方式，即一方面"以一种超然的姿态"继续纯学术的研究，另一方面则"以一种介入的文化方式"关注当代社会的种种问题，"发出自己良知的声音"。

我很赞同这位作者的"理性反思"以及由此给出的"选择"，但我更赞赏作者曾经有过的"精神冬眠"。他说："人的一生的确需要一两次精神的冬眠，它能够帮助你发现精神飞扬的时期所不能感觉到的种种问题——无论是社会的还是个人的。"

如果我们的视野超出毕竟人数甚少的"人文学者"，我们同样会发现，"把持自我"与保持"必要的张力"是密切相关的。而无论是少数的"人文学者"，或是多数的"非人文学者"，"消解"人与自然、人与社会、人与他人、人与自我的"疏离"，在自我的"意识"中，都需要一种保持"必要的张力"和达到"微妙的平衡"的辩证智慧。

---

① 许纪霖:《寻求意义——现代化变迁与文化批判》，自序，5页，上海，上海三联书店，1997。
② 同上书，5—6页。

六　终极关怀：超越"彻底的空白"

人的个体生命是有限的，死亡，是人对自身存在的最终归宿的自我意识。人类意识的超越性，最为强烈地表现在超越自我意识到的死亡，以自己的生命追求实现自己"诗意地居住在大地上"。

人的意识"向死"而"思生"

"死亡"是人自觉到的归宿，但却是一个对人而言的"非存在"。

"死亡"当然是一个"事实"，但这只是对"死者"而言的"事实"；对于未死者，这却是一个不可破译的"事实"。

死者无法复生，当然无法谈死；生者谈死，则无异于说梦。因为生者只能在自己的夜梦中"真实的想象"那"并非真实的死亡"，或者在白日里编织自己"对死亡的想象"，而这又是真真切切的"白日做梦"。

其实，如果认真想来，"死亡"是连"想象"这种最自由的方式也无法达到的。想象必有"象"，有"象"则为"有"，而死亡却是"无"，地地道道的"一无所有"的无。"死者"已是"无意识"的存在，它无法向"有意识"的"生者"传递任何关于"死亡"的信息，"生者"又如何"想象"关于"死亡"的"存在"呢？

死亡消解了人的"意识"，因此，它消解了欢乐，也消解了苦难，消解了肉体，也消解了灵魂。死亡是"彻底的空白"。这种连灵魂都不复存在的空白是人无法"想象"的，也是人无法"容忍"的。于是，"生者"总是编织对"死亡"的"想象"。

老人会想到死，青年会想到死，连儿童也会想到死。儿童想象的死亡，是暗夜里的幽灵，犹如他在书中读到的"鬼"，或他在电视剧里看到的"鬼"，恐怖而又新奇，虚幻但也真实。青年想象的死亡，似乎是晴空中的霹雳，毁灭了未来与期望，激起了愤怒和悔恨。老人想象的死亡，有如大海里的暗礁，搁浅了破旧的航船，终结了漫长的航行，留下了汹涌的波涛或只不过是浅淡的波痕。

各种年龄的人都会想象"死亡"，各种生活境遇的人也都会想象死亡。活得无聊的人会想到死，活得沉重的人也会想到死，活得痛苦的人会想到死，活得滋润的人也会想到死。由无聊想到死，死，便是那无聊的生的延长，因而这也就愈加麻木了人对生的挚爱。由沉重想到死，死，便是那沉重的生的升华，因而这愈加迸发了生与死的撞击而燃烧的熊熊生命之火。由痛苦想到死，死，便是那痛苦的生的慰藉或者解脱，因而这愈加冲淡了生的色彩。由滋润想到死，死，便是那滋润的生的终结，因而这愈加强化了人对生的渴求。在《黄连•厚朴》这部小说中，那位活得滋润的老板无论如何也无法忍受那位近乎于神的医生对他的死亡的预期。而在安徒生的笔下，那位卖火柴的小女孩，在圣诞的冬夜，在她燃着最后一支火柴之后，就"飞"到了慈祥的祖母身边。她微笑着"死"了。

人生匆匆，有始有终。死为生之始，亦为生之终。亦如俗话所说，"赤条条来，赤条条去"，"从那里来，到那里去"，"生不带来，死不带去"。人自觉到"死亡"这个无可逃脱的归宿，便是对人生之旅有限的自觉，因而也成为对"生"的意义与价值的不可遏止的追问——如何以有限的生面对"彻底的空白"？如是，对"死"的想象，就成为对"生"的觉解；关于"死"的思考，就成为"生"的学问。

对于生者来说，"死"总是"熟知而非真知"——"看"到许多"死"的"事实"，但却无法破译死的"信息"；"生"则"别有一番滋味在心头"——一切"生者"均"在"，而"在"的"意义"与"价值"千差万别。人的意识"向死"而"思生"，这就是意识的最深层的超越性——终极的关怀。

人"诗意"地居住在大地上

"向死"而思，是人的终极关怀。然而，不同的人，或人在不同的情境，会"思"出许多对"生"的不同理解。《红楼梦》里有一首令人"感戚亦以呼"的《好了歌》，还加上了甄士隐的更加让人感叹的"解注"。作者曹雪芹的"一把辛酸泪"，似乎可以由此得到"解读"。

"世人都晓神仙好，惟有功名忘不了！古今将相在何方？荒冢一堆草没了。

"世人都晓神仙好，只有金银忘不了！终朝只恨聚无多，及到多时眼闭了。

"世人都晓神仙好，只有娇妻忘不了！君生日日说恩情，君死又随人去了。

"世人都晓神仙好，只有儿孙忘不了！痴心父母古来多，孝顺儿孙谁见了？"

确实，人人都知"神仙"好，可又有谁能忘了"功名"呢？又有谁能忘了"金银"呢？又有谁能忘了"娇妻"呢？又有谁能忘了"儿孙"呢？即使人们明明知道"陋室空堂，当年笏满床"，"衰草枯杨，曾为歌舞场"，又有谁能以"了"为"好"呢？

以"了"为"好"，是有悖人性的。以"了"为"好"可为生者的一种"警醒"，而绝不是生者的"路标"。

写到这里，我的脑海中涌现出哲人海德格尔倍加赞赏的诗人赫尔德林的诗句："人诗意地居住在大地上。"

关于这句诗文，我国当代学者叶秀山先生有过深切的阐述与发挥。他说，"诗意""居住""大地"，这三者对于人来说，是缺一不可的。"诗意"是"劳作"，"居住"为"栖息"，"大地"则是人"劳作"和"栖息"的"处所"。"大地"是人的"作""息"之"所"，因而是人的"安身立命"的地方。"劳绩"使人"立命"，"栖息"使人"安身"，二者皆离不开"大地"①。

把"诗意"解说为"劳作"，叶秀山先生是以亚里士多德在《形而上学》中把知识（智慧）分为"实践的""理论的"和"制作的"三方面为根据的。"制作的"不是"理论的"，也不是"实践的"（实用的），而是与人从"居处"培养出的"自由"的态度相关。人"营造""居室"，从而为自己建造了"家"。"居处"中的人既与自然息息相关，又与自然有了"间隔"，因而形

─────────────

① 叶秀山：《何谓"人诗意地居住在大地上"》，载《读书》1995 年第 10 期。

成了我与自然的"同在"，或者说，我和自然都"自在"。而"自在"即"自由"，这就是所谓"自由自在"。"自由"的"劳作"，不是"实用"的、"实践"的，而可以"自由地"对待自己的"作品"。叶先生举例说，我栽种了门前的桃树，不仅为了吃桃子，而且也为"观赏"桃花。为"桃花"而"栽树"，"栽种"就具有"自由劳作"的意味，即让桃树"自在"，让桃花"自在"——当然，我这个栽种者也"自在"。这种"自由"的"劳作"使"劳作"具有了另一种性质，另一种意义。这就是"诗意"的"劳作"，也就是"诗意"地"居住"在"大地"上。

诗的境界是"自由的"境界，是"自在的"境界，所以，"人诗意地居住在大地上"，也就是"人自由地居住在大地上"。把人理解为"诗意"的存在，以"诗意"理解人的存在，这是"生"的境界，也是理解"生"的境界。马克思在论述人的"生产"时，做出过这样的论断：由于人"懂得按照任何物种的尺度来进行生产，并且随时随地都能用内在固有的尺度来衡量对象；所以，人也按照美的规律来塑造物体"[1]。

人按照美的规律来"塑造"，"诗意"地居住在大地上，这是一种"自在"而又"自为"即"自在自为"的存在，也就是"自由"的存在。

关于人的存在的"诗意"或人的"诗意"的存在，中国文化也有独到的理解与解说。所谓"禅悟"，便是一种"在此岸而即彼岸""即现实而即理想"的方式。曾有这样的记载："……问和尚修道，还用功否？师曰用功。曰如何用功？师曰，饥来吃饭，困来即眠。曰一切人总如是，同师用功否？师曰不同。曰何故不同？师曰，他吃饭时不肯吃饭，百种须索，睡时不肯睡，千般计较。"[2]这里同为"吃饭""睡觉"，其境界是不同的。还有一个记载："老僧三十年前，未参禅时，见山是山，见水是水。及至后来，亲见知识，有个人处，见山不是山，见水不是水。而今得个休歇处，依前见山只是山，见水只是水。"(《指月录》卷二十八)这里的同

---

① 马克思：《1844年经济学—哲学手稿》，50—51页，北京，人民出版社，1979。

② 转引自李泽厚：《漫述庄禅》，载《中国社会科学》1985年第1期。

为"见山""见水"，其境界亦不相同。"春有百花秋有月，夏有凉风冬有雪。若无闲事挂心头，便是人间好时节。"超越"牵挂"，"吃饭时肯吃饭"，"睡觉时肯睡觉"，"见山还是山"，"见水还是水"，这便是超越了"自在"和"自为"的"自在自为"的"大智若愚"，是"大巧若拙""返璞归真"的"自然而然"的境界。这样，人便无需设定一个"彼岸的世界"来作为"此岸世界"的希望。

"良心是最好的枕头"

这是一句德国谚语，但却道出了普遍的真理，蕴含着睿智的哲理。

人类的终极关怀，是寻求心灵的安顿，即寻求"安心"之所。这就需要一种与人的本性相一致的存在状态，也就是一种幸福、安宁的自在状态，一种自由、自在的存在状态，一种"诗意"的、和谐的存在状态。

在宗教的世界里，人试图把心灵的幸福、安宁、自由、和谐寄托于无法想象的"彼岸世界"。然而，用"前世"的因缘来解脱"现世"无法承受的焦灼的心灵，只能是生者的自欺；用"来世"的期待去安顿无法忍受的不安的心灵，也只能是生者的怯懦。怯懦与自欺，只不过是"那些还没有获得自己或是再度丧失了自己的人的自我意识和自我感觉"。这种有神论的终极关怀其实只不过是弱者的哲学，生活的强者所需要的是无神论的终极关怀——追求"现世"的幸福安宁、自由自在与诗意的和谐。

人的心灵的和谐，是与"天道"（自然之道）的和谐，也是与"人道"（为人之道）的和谐，因而是"天道"和"人道"在人的心灵中的和谐。这种和谐，就是人的"良心"。

"良心"，是合乎"天道"的"人道"，即"天人合一"之道。在自然遗传的意义上，"良心"是合乎"天道"的人类意识；在社会遗传的意义上，"良心"是合乎"人道"的人类意识。人类意识在自然遗传的"天道"与社会遗传的"人道"的统一中形成人类意识的最深层的超越性：良心。它使人超越一己小我的限制，使人成为其潜能得以"自我实现"的超越性的存在。

"良心"是人之"心"，"心不良"则有违人性，亦即"非人之心"。非人之心，则有违"人道"。有违"人道"，则有悖于"天道"。违背"天道"与"人道"，则为天、人所不容，这样的"心"又如何能够"安顿"呢？更遑论幸福、安宁、自由与和谐了。

有一种说法，凡贪官污吏皆难得"善终"。突然一听，此说法似乎近于"迷信"，即迷信因果报应之类。然而，仔细想想，这种"报应"并非迷信，而是"天道"（自然之道）与"人道"（为人之道）对违"天"悖"人"的存在的"报应"。从现代医学的观点来看，人的许多疾病，均由于"心理"不健康而导致"生理"的恶化。如果一个人总是"吃饭时不肯吃饭"（净想旁门左道或歪门邪道），"睡觉时不肯睡觉"（总是琢磨掩盖劣迹之道或逃脱惩罚之道），又怎么能不引起"生理"疾病呢？一个不知"良心"为何物的人，或者说，把"良心"当成最廉价之物的人，泯灭了人性，丧失了人伦，丢弃了人格，没有了人味，这样的"心"将"何以家为"？一颗飘零、破碎的心，越是肉欲膨胀，不是越难得"善终"吗？

反之，"良心"是人生的最好的"枕头"。

以"良心"为"枕头"，顺乎"天道"（自然之道），就会与自然和谐。无论是风花雪月，还是电闪雷鸣，无论是"星垂平野阔"，还是"月涌大江流"，"心"都会与"自然"相通，感受"天地之大美"，在"天人合一"的情境中体悟人生之美。

以"良心"为"枕头"，顺乎"人道"（为人之道），就会与他人相和谐。人生中的利害、荣辱、毁誉、进退，以"平常心"对待之，是合乎"人道"的为人之道。"严以律己，宽以待人"，"己所不欲，勿施于人"，"仁者爱人"，"舍身成仁"，更是符合"人道"的为人之道。"老吾老以及人之老，幼吾幼以及人之幼"，"先天下之忧而忧，后天下之乐而乐"，心灵放在这样的"枕头"上，人的终极关怀又何必逃遁到"彼岸世界"呢？

以"良心"为"枕头"，顺乎为人之道的"人道"，当然也就是顺乎人之为人的"自我实现"之道。所谓"把握自我"，归根到底，就是保持自己的"良心"。良心泯灭，哪里来的"自我"？良心未泯，"自我"焉会丢失？主体的自我意识，是自觉到"我"是主体的意识，是确定"我"的自主、自立、自尊、自爱、自重、自律的意识。诗人海涅饱含激情地写道："一个人的命运难道不像一代人的命运一样珍贵吗？要知道，每一个人都是一个与他同生共死的完整世界，每一座墓碑下都有一部这个世界的历史。"哲人黑格尔说："人应尊敬他自己，并应自视能配得上最高尚的东西。"尊敬自己的人，不只会赢得别人的尊敬，还会获得自我的肯定。心灵放在尊敬自己、肯定自己的"枕头"上，人的终极关怀又哪里需要诉诸什么"前世"或"来世"呢？

中国人的真智慧，是儒家倡言的"极高明而道中庸"的智慧，是一种"此岸即彼岸""现实即理想"的"入世"智慧。"高明"不在"日常"之外，"日常"又须臾离不开"高明"。离开"日常"的"高明"，不是神秘玄虚，就是怯懦自欺；离开"高明"的"日常"，则会丢掉"良心"这个最好的"枕头"。

人类文明为我们创建了"精神世界""文化世界"和"意义世界"，也为我们创建了属于我们大家的"精神家园"。只有在"精神家园"中，我们才能免除背井离乡、无依无靠的精神流浪者之感。而在这个人类文明构建的"精神家园"中，我们的心灵是否幸福安宁，是否自由自在，是否亲切温馨，取决于我们是否把持住了"良心"这个最好的"心灵之枕"。

生活就是目的

生活不是生存。生活是"有意义"的生命活动。"有意义"的生活就是人的存在的目的，生活不是为了某种存在的结局，生活本身就是目的。超越以"结局"为目的的人生态度，这才是人生的大智慧，也才是人类意识超越性的最为彻底的体现。

关于"生活"与"目的"，有一位青年学者讲述的一段话是颇为深切的。他说："生活中最主要的不幸就是误以为生活目的是某种结局，这种态度离间了生活与生活目的，生活目的成了遥远的目标，生活也就似乎总是还没有开始。生活目的是与生活一起显现的东西，它不是遥远的目标而与生活最接近的存在方向性，但又是永远无法完成的追求。可以说，生活目的不是某种结局而是生活本身那种具有无限容纳力的意义。""生活是一种自身具有目的性的存在方式，这种目的性就是生活本身的意义。"①

　　生活的目的是生活，而不是某种结局；同样，道德的根据是生活的本意，而不是规范生活的伦理。关于"道德"与"伦理"，这位青年学者做过同样深刻的解析。他说："长期以来，'道德'与'伦理'这两个概念被混为一谈，至少是缺乏本质上的区分。""'伦理'表明的是社会规范的性质，而'道德'表明的却是生活本意的性质。道德是一个存在论概念，是一个作为伦理学基础的特殊的存在论概念。""伦理是 moral，是生活中的策略……伦理规范作为一些禁令，总是为了保护有意义的生活……确立伦理规范只是依照道德要求的技术性处理……伦理学的主题是道德而不是伦理，道德主题引出两个问题，一是关于获得幸福的生活方式，另一个是由获得幸福的生活方式去澄清建立伦理规范的要求。"②也许，我们把持住了"良心"这个最好的"心灵之枕"，"道德"就会成为康德所说的"绝对命令"，当然"伦理"也就不再是对心灵的束缚。

　　生活的目的就是生活，这意味着，任何一种创造"意义"的生活活动，都有其自足的意义，都可以实现人的终极关怀。伟大的科学家爱因斯坦在《探索的动机》一文中，提出三种不同的"动机"："有许多人所以爱好科学，是因为科学给他们以超乎常人的智力上的快感，科学是他们自己的特殊娱乐，他们在这种娱乐中寻求生动活泼的经验和雄心壮志的满足；在这座庙堂里，另外还有许多人所以把他们的脑力产物奉献在祭坛上，为的是纯粹功利的目的。……如果庙堂里只有我们刚才驱逐了的那两类人，那末这座庙堂就决不会存在，正如只有蔓草就不成其为森林一样。因为，对于这些人来说，只要有机会，人类活动的任何领域他们都会去干；他们究竟成为工程师，官吏，商人，还是科学家，完全取决于环境。"然而，"除了这种消极的动机以外，还有一种积极的动机。人们总想以最适当的方式来画出一幅简化的和易领悟的世界图象；于是他

---

①　赵汀阳：《论可能生活》，14 页，北京，生活·读书·新知三联书店，1994。

②　同上书，16—17 页。

就试图用他的这种世界体系来代替经验的世界，并来征服它。这就是画家、诗人、思辨哲学家和自然科学家所做的，他们都按自己的方式去做。各人都把世界体系及其构成作为他的感情生活的支点，以便由此找到他在个人经验的狭小范围里所不能找到的宁静和安定"①。

对于这后一种人来说，无论是作画，还是写诗；无论是著书立传，还是科学实验，都是一种"抑制不住的渴望"，都是实现一种终极的关怀。人的意识的超越性，实现于创造意义的生活活动之中。

人就是人所创造的生活，生活就是人生活的目的。人类意识的超越性，就在于它能够超越自己的怯懦与自欺，它能够超越自己的凝固与僵化，把人的生活世界打扮得多姿多彩，使人在自己创造的"精神世界""文化世界"和"意义世界"中"自由自在"地生活。

① 《爱因斯坦文集》第 1 卷，100—101 页，北京，商务印书馆，1976。

第五章　现代人的生活世界

　　人是历史性的存在，现代化的进程是人的存在方式的变革和人的现代生活世界的生成过程。人的现代生活世界，从其最具基础性的和普遍性的内容和方式上看，可以被概括为非日常生活的日常化。这主要表现在日常经验科学化、日常消遣文化化、日常交往社交化、日常行为法治化以及农村生活城市化等方面。非日常生活的日常化过程，也是人的世界图景、思维方式和价值观念的变革与重建的过程，这从深层次上规范了人的现代生活世界。

一　非日常生活的日常化

　　人是历史地变革自己和重塑自己的存在。在前现代化的"日常生活"中，人们主要把以普遍经验为基础的"常识"作为普遍遵循的价值规范。常识在人们的日常生活中，规范着人们的思想与行为，规范人们想什么和不想什么、怎么想和不怎么想、做什么和不做什么、怎么做和不怎么做。常识既是人们的思想和行为的根据，又是人们的思想和行为的限度，还是判断人们的思想和行为的标准。常识对人们的思想和行为具有"规定"和"否定"的双重规范作用。在前现代化的日常生活中，正是由于这种以普遍经验为基础的"常识"的价值规范，人们的话语方式才得到最为便利的沟通，人们的价值观念才得到最为广泛的理解，人们的行为方式才得到最为普遍的认同。这意味着，常识的价值规范是前现代化的人的日常生活的最坚实的根基。现代化，从价值规范的角度来看，就是要实现"非日常生活"的"日常化"，从而以"非日常生活"的价值观念去规范"日常生活"。

作为价值规范的常识，是人类世世代代积累起来的适应人类生存环境的产物，是在最实际的水平上维持人类自身存在的思想准则和行为准则。由于常识是普遍经验的产物，它源于经验而又适用于经验，源于日常生活而又适用于日常生活，所以，在经验的日常生活中，人的所思所想和所作所为，都必须符合常识的价值规范；任何超越或背离普遍经验的思想与行为，都是对常识的价值规范的亵渎与挑战，因而都会被常识的价值规范所排斥或扼杀。这就是前现代化的常识的价值规范的狭隘性与保守性。

常识的价值规范，在人类的世世代代的日常生活中，是以"文化传统"的方式得以世代留传。在这种"文化传统"中，常识的价值规范构成了人类的、民族的以及每个个体的最基本的价值观念。就此而言，具有狭隘性和保守性的常识的价值规范是根深蒂固的。变革这种以日常生活为基础的常识的价值规范是一个极其艰难的过程。近代以来的欧洲在其现代化的过程中，就经历了"冒险的时代"（文艺复兴时期）、"理性的时代"(17世纪)、"启蒙的时代"(18世纪)和"思想体系的时代"(19世纪)这样数百年的历程。当代中国在自己的现代化过程中，同样需要变革常识的价值规范，以推进非日常生活的日常化；也需要在"历时态问题的同时态解决"的背景下，探索自己的有特色的、以"发展"为基础的价值规范，从而实现整个社会生活的现代化。

二　日常经验科学化

日常生活是个体生命的延续活动。在这种生命延续活动的再生产过程中，个体为自己构成了经验中把握的世界。用阿格妮丝·赫勒的话说，它是旨在维持个体生存和再生产的各种活动的总和。① 这种认识活动与实践活动是个体再生产的基础。波普称其为生活的"经验基础"。日常生活中的"经验基础"，构筑了个人再生产的前提条件。

日常生活是给予性的。"日常生活是从属于人——出生于给定世界的给定环境中的人——的自我再生产的活动的总和……世界的所有物质财富都产于那些'把事物视作理所当然'的人们的活动。现在完全可以断言，日常生活的'个人'是在自身之中具有尚未自觉和尚未反映的自在类本质的特性。""这是象征着日常生活水平上'迄今为止的历史'的标志。"②"迄今为止的历史的标志"，就是支撑日常生活的常识与经验。

日常经验与科学都是人对客观世界的认识与把握。日常经验具有直觉性、持存性、僵固性。科学是人对认识对象内在规律的认识与把握。在赫勒看来，日常经验在没有上升到对认识对象的规律性认识之前，只能是"意见"。只有将日常经验上升到科学认识，也就是将日常经验科学化，我们才可称之为"认识"。

人们的日常生活，是依据和遵循"共同经验"的生活。在日常生活中，人作为经验的主体，以经验常识去看待事物和处理问题；各种事物作为经验的客体，以既定的存在构成人的经验对象。人们依据和遵循"共同经验"来编织日常生活，积累生活经验，构成经验的生活世界。

经验的直觉性是日常经验的突出特征，它排斥反思的、批判的、追

---

① 参见［匈］阿格妮丝·赫勒：《日常生活》，14—15页，重庆，重庆出版社，2010。
② ［匈］阿格妮丝·赫勒：《日常生活》，29，重庆，重庆出版社，2010。引文有改动。

本溯源的认识活动。在这种直觉性的经验中，"经验客体"具有"如是性"，即"依其所是的样子"。日常生活是以"共同经验"来维系的生活。"共同经验"世代传承、相习成风，规范人们的日常生活。相习成风的"共同经验"显现出经验的持存性。我国学者在对中国农业文明和传统社会结构的分析中，得出中国社会本质上是一个巨大的日常生活世界的结论。① 相习成风就是重复性实践的结果。中国的"巨大的日常生活世界"为日常经验相习成风提供了巨大的空间和源远的时间流程。几千年的封建社会，尽管朝代更迭，"江山"易主，但是，封建制度没有改变，支撑社会的仍然是以农耕为主的农业文明，如此长久的时间跨度，形成了厚重的日常生活底蕴。同时，中国在空间范围和人口基础上可以称得上地广人多，进一步加大了中国社会在本质上的日常生活的厚重感，使得世代积累的"共同经验"在普遍性、广泛性、久远性的基础上突出了持存性。

日常经验由于代代相承，化成人们的心理积淀，具有僵固性。这正如阿格妮丝·赫勒所说，它们的实践不再成问题，因为它们已成为我们性格的有机部分。② 日常经验的僵固性就是日常思维与实践的同一性和两者的不可分性，就是黑格尔所说的"客观存在与主观运动之间缺少一种对峙"。黑格尔在《历史哲学》一书中把中国称为"那个永无变动的单一"，"中国很早就已经进展到了它今日的情状；但是因为它客观的存在和主观运动之间仍然缺少一种对峙，所以无从发生任何变化，一种终古如此的东西代替了一种真正的历史的东西"③。黑格尔把中国的历史说成是"永无变动的单一"的确有失偏颇。但是，巨大的日常生活，"终古如此的"这种东西"代替了一种真正的历史的东西"，确实道出了日常经验的僵固性。

对于日常经验的僵固性，斯蒂芬·茨威格在《昨日的世界》中描述道：

---

① 参见衣俊卿：《现代化与日常生活批判——人自身现代化的文化透视》，332 页，哈尔滨，黑龙江教育出版社，1994。

② 参见［匈］阿格妮丝·赫勒：《日常生活》，168 页，重庆，重庆出版社，2010。

③ ［德］黑格尔：《历史哲学》，158、161 页，北京，生活·读书·新知三联书店，1957。引文有改动。

"我的父亲、我的祖父，他们见到过什么？他们每个人都是以单一的方式度过自己的一生，自始至终过的是一种生活，没有平步青云，没有式微衰落，没有动荡，没有危险，是一种只有小小的焦虑和令人觉察不到的渐渐转变的生活，一种用同样的节奏度过的生活，安逸而又平静，是时间的波浪把他们从摇篮送到坟墓。"①这里的描述有些凄楚，使人感到生活的呆板与单调，但却是"那个永无变动的单一"的日常生活的写照。

人的存在方式的变革，是在科学技术这一强大动力的直接推动下发生的。我国学者提出，"科学给现代人带来了令人忘乎所以的物质力量和享受"，"假如没有科学和科学化思维，政治和经济改革只能改变部分社会关系和习惯，但不太可能改变人类存在的命运，不可能使人们换一种活法……科学技术造成了现代物质生活，而科学化知识观念造成了现代精神生活"②。科学技术带来的人的存在方式的变革，形成的新的科学精神，以及越来越强烈的科学信仰，日益广泛而深入地冲击着人们的日常生活，加速了日常经验的科学化。

马克思说："用刀叉吃熟肉来解除的饥饿不同于用手、指甲和牙齿啃生肉来解除的饥饿。"③在这里，马克思深刻地揭示了一个道理，这就是：虽然实现的目的相同，但是实现目的的手段不同，主体的"人化"程度是有本质区别的。日常经验科学化，就是主体对客观事物的认识与把握的深化与提升，是主体"人化"的普遍表现。

"中国在本质上是一个巨大的日常生活世界。"几千年的农业文明向现代工业文明的过渡，就是要变革传统生产方式，用现代化的生产方式进行生产。马克思认为，区分一个历史时代，不在于"生产什么"，而在于"用什么"生产。传统农业的劳动方式，依靠人的体力，使用古老简单

---

① ［奥］斯蒂芬·茨威格：《昨日的世界——一个欧洲人的回忆》，3页，北京，生活·读书·新知三联书店，1991。引文有改动。

② 赵汀阳主编：《关于命运的知识》，见《现代性与中国》，245—246页，广州，广东教育出版社，2000。

③ 《马克思恩格斯选集》第2卷，10页，北京，人民出版社，1995。

的生产工具，进行"原始"的体力劳动，维持着日复一日、年复一年的"日常生活"。改革开放以前，我国工业化取得了一些成就，但是，农业生产的现代化进展缓慢，现代化程度很低，中国仍然为巨大的农业文明所包裹。改革开放以后，中国加快了农业现代化的步伐，逐渐摆脱了传统的农业劳动方式，从"原始"的落后的劳动方式向机械化的、科学化的现代劳动方式转变。

现代化，不仅是生产方式的变革，也是消费方式的变革。消费方式是指人们享用生活资料和劳务的方式。消费活动是人类再生产的基本活动。人们的消费方式主要受生产力水平的制约。现代科学技术的发展正在深刻地影响着人们的消费意识、消费能力、消费结构、消费水平、消费习惯，人们由传统习惯的经验消费走向现代的科学消费。改革开放以来，人们的生活水平明显提高，饮食结构发生了较大变化。过去是吃饱肚子，现在是科学饮食，营养搭配。以前人们的衣着色调单一、款式单一，现在的衣着服饰则把人们生活于其中的大千世界装扮得分外妖娆。在居住方面，住房已在结构、建筑材料、内部设施等方面实现了人们由遮蔽风雨到宽敞方便的要求。在现代化的进程中，人们越来越关注生命质量，越来越重视医疗保健。

科学技术使经验生活发生了重大变化，引起了人的存在方式的变革，人们按照科学知识去安排自己的日常生活。这是人的内在本质的外在展开即"人化"的过程。但是，科学技术对人类生活和社会发展的影响，也导致了所谓"理性的暴政"。人们在自己的生活中，总是提出"是否科学"的问题，以至流传这样的"故事"：人们不知道睡觉时头到底应该朝哪个方向才符合"科学"，手里拎着枕头，而无所适从。这似乎启示我们，在认同日常经验科学化的同时，不应把"科学化"和"现代化"当作至善至美的"神话"。

三　日常消遣文化化

在前现代化的传统社会中，人们的文化生活主要表现为日常消遣；或者反过来说，日常消遣是人们的基本文化生活。这里所说的日常消遣，是指人们以日常生活的方式使用自己的闲暇时间，其主要方式包括闲谈、讲故事、下棋、玩牌、游戏等。在现代化的过程中，市场经济促进了生产力的迅速发展和人民生活水平的普遍提高，使得人们获得了改善的经济条件和增多的闲暇时间，从而构成了人们日常消遣文化化的基本趋向。

日常消遣的文化化，首先表现在现代社会的文化主体的变化。在传统社会中，"文化"在教育不普及、不发达的状态下，将"文化"分为"化"者与"被化"者，因而只能是所谓"精英文化"。在"精英文化"占统治地位的传统社会中，民众的"文化"生活只能是所谓"日常消遣"。市场经济的发展，科学技术的进步，教育程度的普及，生活水平的提高，闲暇时间的增多等诸多因素，使"文化"从"精英文化"转变为"大众文化"。大众文化的产生依赖于以市场经济为基础的大众社会的形成，而以市场经济为基础的大众社会的形成则造就了以大众为主体的大众文化。大众文化使大众的日常消遣文化化。

日常消遣的文化化，又是同现代社会的文化生产方式密不可分的。大众文化作为一种面向大众的消费性文化，在市场经济的条件下是作为商品而被生产的。文化产品的商品化，必然形成文化生产的产业化，而文化生产的产业化，又必然造成文化产业的商业化，文化生产的产业化和商业化的统一，必然形成消费性的文化产品的普及化，由此便构成了大众日常消遣的文化化。歌厅、舞厅、卡拉 OK 厅、电子游戏厅、酒吧、网吧、陶吧、咖啡厅、音乐茶座、台球房、健身房、网球场等，不只在大中城市如雨后春笋般产生，还在乡村小镇遍地开花。以"闲谈"和

"游戏"为主的"日常消遣"已经让位于"文化消费"。

日常消遣的文化化，特别与现代传播媒介息息相关。从人类历史上看，文化的发展，基本上是与文化的传播手段大体同步的。在口语文化阶段，文化的传播基本上停留于地域文化中。在书面和印刷文化阶段，由于文字在时间和空间上具有更大的绵延性和拓展性，因而此时能够形成超地域和超时代的文化。但是，由于书面文化的主体具有非大众性，因而此时无法形成以大众为主体的大众文化。现代的大众传媒造成了超越时空、普及大众的真正的大众文化，使得人们的日常消遣真正实现了文化化。与书面文化阶段相比，电子媒介阶段不仅有报纸、杂志、书籍等传播介质，而且更有广播、电影、电视、录音、录像、光盘、互联网等新型传播手段。随着微电子技术、卫星传送技术、光纤通信技术和光储存技术的迅猛发展，大众文化将获得更为广泛、多样、便捷的传播方式，从而使人们的日常消遣更加文化化。

大众文化的商品化、商业化和产业化，使文化生产纳入标准化、程序化的生产程序之中，造成文化产品的批量生产和广泛复制，从而形成人们所批评的文化产品的"平面化"。实现市场经济中的文化产品的精神价值要以商业价值的实现为前提，从而导致为文化而消费进而进行文化生产的运作规则。仅就大众文化的消费数量而言，似乎形成了从实用文化、宣泄文化、神秘文化、宗教文化、政治文化、陶冶文化、学术文化到科学文化的依次递减的基本趋向。大众文化的这种状况，需要有合理的价值规范。这个合理的价值规范，就是"以科学的理论武装人，以正确的舆论引导人，以高尚的精神塑造人，以优秀的作品鼓舞人"。人们在实现经济效益的同时，自觉地积极地实现文化产品的社会效益，这是以实现人的全面发展为根本价值理想的价值规范。

四　日常交往社交化

交往方式的变化，是现代化进程中的根本性的变化。近年来学界凸显对"主体际"或"主体间"的研究，使得"交往理论"成为一种"显学"，这理论地表现了现代社会的交往关系的重要性。

传统社会的人际交往，属于日常生活的交往，主要局限于亲戚、邻里、朋友、同学、同事之间。这种日常交往，具有显著的封闭性、保守性和人情化的特征。首先，日常交往是给定的或自在的，无论是作为血缘关系的亲戚之间的交往，还是作为社交关系的邻里、朋友、同学、同事之间的交往，都不是交往主体自为选择的结果，而主要是被动接受的结果，在这种交往关系中，即便是带有一定自主选择性的朋友关系，也是在相对封闭的狭小范围内形成的。其次，日常交往是重复的或循环的，无论是从"历时态"的世世代代的交往关系上看，还是从"同时态"的每个个体的交往关系上看，人们之间的交往关系总维持在日常生活的范围之中，而没有广泛的或扩展的交往关系，即人们的"社会关系"总是不断重复和循环的。最后，日常交往具有人情化特性。所谓"日常生活"，是指"以个人的家庭、天然共同体等直接环境为基本寓所，旨在维持个体生存和再生产的日常消费活动、日常交往活动和日常观念活动的总称，它是一个以重复性思维和重复性实践为基本存在方式，凭借传统、习惯、经验以及血缘和天然情感等文化因素而加以维系的自在的类本质对象化领域"[①]。这表明，日常交往所构成的是一个"人情世界"，人情交往是中国人几千年来的日常交往的主轴或中心。

传统社会的日常交往，是以自然经济为基础的交往方式，而现代社

[①]　衣俊卿：《现代化与日常生活批判——人自身现代化的文化透视》，33 页，哈尔滨，黑龙江教育出版社，1994。引文有改动。

会的交往方式，则是以市场经济为基础的交往方式，马克思指出，只有在市场经济所实现的"以物的依赖性为基础的人的独立性"的存在方式中，"才形成普遍的社会物质交换，全面的关系，多方面的需求以及全面的能力的体系"①。市场经济"把一切封建的、宗法的和田园诗般的关系都破坏了"，"一切固定的僵化的关系以及与之相适应的素被尊崇的观念和见解都被消除了，一切新形成的关系等不到固定下来就陈旧了"，"一切等级的和固定的东西都烟消云散了，一切神圣的东西都被亵渎了"②。在以市场经济为基础的现代社会中，人们的社会关系，特别是人们的交往关系，出现了根本性的变化。

首先，交往的公共化。与传统社会的日常交往不同，人们在现代社会中的交往关系，具有显著的公共化特征。人们的经济行为必须与现代社会的行政管理、工商管理、税务、银行、保险、司法以及各种各样的中介组织发生广泛的联系，从而使得人们的公共交往大大超过人们的日常交往。

其次，交往的普遍化。交往的公共化构成了人与人之间的极其复杂的社会关系，人们的极其复杂的社会关系要求人们必须进行普遍的社会交往，人的本质作为"一切社会关系的总和"在市场经济中获得了复杂而丰富的内涵。

再次，交往的开放化。以市场经济为基础的现代社会，并不是一种凝固的模式或状态，而是一个以科学技术发展为先导的开放的社会，它每时每刻都在制造新的人际关系和交往关系，人们在这种开放性的社会交往中，不断地推进交往的公共化和普遍化。

最后，交往的非人情化。人们经常把市场经济称为"契约经济"或"法治经济"，市场经济的这种根本特性必然造成人际交往的非人情化。在揭露资本主义生产关系及其社会关系的时候，马克思就指出，"它无情地斩断了把人们束缚于天然尊长的形形色色的封建羁绊，它使人和人

---

① 《马克思恩格斯全集》第46卷(上)，104页，北京，人民出版社，1979。
② 《马克思恩格斯选集》第1卷，274、275页，北京，人民出版社，1995。

之间除了赤裸裸的利害关系，除了冷酷无情的'现金交易'，就再也没有任何别的联系了。它把宗教虔诚、骑士热忱、小市民伤感这些情感的神圣发作，淹没在利己主义打算的冰水之中。它把人的尊严变成了交换价值，用一种没有良心的贸易自由代替了无数特许的和自力挣得的自由"①。有人说，"市场经济不相信眼泪"，正表达了人们对市场经济中的交往的非人情化的体验。

现代社会的交往的公共化、普遍化、开放化和非人情化，表明人的交往关系由传统社会的日常交往转化为现代意义的社会交往，即实现了日常交往的社交化。同传统社会的封闭的、保守的、给定的、自在的、重复的、狭隘的日常交往相比，现代社会的交往关系构建了一个丰富多彩的、积极主动的、拓展开放的社会交往世界。由于现代的社会交往把传统的日常交往降低为从属的、私人的活动领域，并以理性和法治为基础来构建全面的社会关系，因而这实现了社会交往的社交化。社交化，是现代交往的根本性质和基本方式。它对人们的交往关系和交往实践提出了新的价值规范。

在社交化的社会交往中，人们所遵循的首要价值规范，是法治精神，即把法律作为社会交往的首要准则。在现代社会中，无论是社会化大生产中的雇主与雇工、上司与下属以及同事之间，还是商品流通中的商家与顾客、厂家与商家以及生产合伙人或经纪人之间，都必须遵守交往当中的"契约"关系，遵守法律所赋予的利益关系。社交化的社会交往所遵循的另一个重要的价值规范是普遍有效的公民意识。在普遍化的社会交往中，人们不仅形成了极其复杂的法律关系，而且形成了同样复杂的伦理关系，人们的社会交往不仅需要各式各样的法律规范，而且需要多种多样的伦理规范的制约，因而这要求现代交往中的每个行为主体形成普遍有效的公民意识，以理性自律精神规范和约束自己的行为。

---

① 《马克思恩格斯选集》第 1 卷，274—275 页，北京，人民出版社，1995。

社会的进步，总是以片面性的形式实现的，交往方式的历史性变化也有不可避免的二重性。传统社会的日常交往作为本质上的人情交往，不仅难以形成社会交往中的理性精神和法治精神，而且还会造成人际交往的"两面化"，即以情感交流的面目行实现利益之事，进而导致普遍的人性扭曲，这是与人自身的全面发展的价值理念相背离的。然而，作为日常交往的人情交往，在现代社会中仍有它的存在价值。这首先因为，人们的社会生活除了公共交往之外，还必须保留作为私人领域的日常交往，这种日常交往可以密切人们之间的情谊关系，增添生活的闲适、恬淡与情趣，使人际关系趋向和谐与融洽；其次因为，即使非日常交往的社交活动，也有助于人们以"平常心"去对待复杂的人际关系，有助于人们合情合理地调整社会交往。

五　日常行为法治化

人是社会性的存在，这意味着，人与人之间、人与社会之间必须遵循某些共同的规则，才能实现人的社会性存在。这正如恩格斯所说："在社会发展某个很早的阶段，产生了这样一种需要：把每天重复着的产品生产、分配和交换用一个共同规则约束起来，借以使个人服从生产和交换的共同条件。这个规则首先表现为习惯，不久便成了法律。"[①]以法律规范人的行为，是人作为社会性的存在得以发展的重要前提。然而，人的行为法治化，只能是在以市场经济为基础的现代社会中实现的。

人们经常说，"市场经济是法制经济"。这是因为，市场经济的根本特征，是"以物的依赖性为基础的人的独立性"，它是一种以主体的平等独立和平等自由的交换为基础的经济形态，因而它要求以

---

① 《马克思恩格斯选集》第 3 卷，211 页，北京，人民出版社，1995。

权威化和普遍化的法律规则来保证以交换平等为基础的平等与自由。市场经济之前的自然经济，是以个体生产为基础的群体性的存在，主要依靠体现血缘关系、宗法伦理关系的道德规范来维持人的社会性存在，而较少需要法律规则的参与。因此，在传统社会中，人们的日常行为主要是以道德来规范的行为，而在现代社会中，人们的日常行为则主要是以法律来规范的行为，这就是人的日常行为的法治化。法律，是现代人的各种行为的基本价值规范：遵守法律，是现代人的基本的价值取向和价值认同；违犯法律，则是现代人的基本的价值失范。

市场经济中的行为主体，具有明显的功利主义的价值取向，为各自的利益（首先是经济利益）而从事各种活动（首先是经济活动）。人们为了实现和增大各自的利益而参与市场经济中的竞争。法律是以国家认可的价值为标准对人们的行为是否合理、利益是否正当做出权威性的认定，并从而以法定权利促进正当合理的利益追求，制止不正当、不合理的利益追求。人的行为的法治化，首先是对法律权威的认同，即认同法律所认定的价值标准。

在民主法治社会，以经济活动为基础的人们的全部社会活动，都与法律息息相关。现代社会中经济活动的各个领域、各个方面、各个环节都受到法律的制约与调整，商品交易的过程就是行为主体的法律化交往的过程。"法律是国家政治经济政策最权威最确切的反映，因此法也是一种经济信息和经济资源（在现代社会甚至是最重要的经济信息与资源），不了解、不掌握必要的法律知识，就谈不上对经济信息和经济资源的全面准确了解，经济主体也就很难顺利有效地开展经济活动和交往。而在现代社会，作为一种经济信息和资源的法律已经高度复杂化、专门化、技术化和国际化了，非经专门训练和实际操作培训难以熟练掌握。在这种情况下，完善化的法制可以为市场经济的发展提供准确、及时、全面、高效的法律信息服务。"①经济主体只有实现行为法治化，才能实现自身的经济发展。同样，在现代的民主法治社会中，人们的政治活动、文化活动、科学活动、宗教活动也必须遵守法律认定的价值规范。对此，我国国民经济和社会发展第十个五年计划纲要提出，适应经济体制改革和现代化建设的要求，继续推进政治体制改革，加强民主政治建设，发展社会主义民主……提高立法质量和效率，重点建立和完善适应社会主义市场经济体制的法律体系，规范市场经济条件下的财产关系、信用关系和契约关系。推进规范国家权力运行、社会保障和社会中介组织等方面的法律法规建设……健全依法行使权力的制约机制，加强对权力运行的民主监督、群众监督和舆论监督……推进国家各项事业依法管理，提高社会管理的法制化水平。深入开展法制宣传教育，进一步提高全体公民首先是各级领导干部的法律意识和法律素质。建立法律援助体系。② 这就从国家的大政方针上确认了法律对全体人民的基本价值规范。

现代国家的法治建设是一个总体性进程，其中，公民的法治意识是一个至关重要的结构性因素。这就是说，法律作为现代国家的价值规范，必须得到公民的价值认同。而公民对法律的价值认同的首要问题，是法律观念的普遍形成的问题。行为的法治化，首先要求法律观念的普及。

现代法治需要"内生性信仰"，即公民的自觉的、积极的守法精神。对于现代社会而言，以市场经济为基础的民主政治是它的制度性前提和基础，以理性自律精神为主的法律意识则是它的观念性前提和基础，这二者是不可或缺的。只有当"法律"不再是异己的、陌生的、望而生怯的存在，而是人们自己的、熟悉的、自愿接受的存

① 姚建宗：《法律与发展研究导论——以经济与政治发展为中心的考察》，178—179页，长春，吉林大学出版社，1998。引文有改动。
② 参见《中华人民共和国国民经济和社会发展第十个五年计划纲要》，载《新华每日电讯》，2001-03-18。

在，"法律"才是人们行为的价值规范，这种价值规范才能真正推进社会的发展。

中国长期以来是一个以自然经济为基础的传统社会，"法律"观念的普遍化，行为方式的法治化，不能不是一个艰难的过程。在当代中国的"社会转型"过程中，法律观念的形成以及行为的法治化，迫切需要解决传统的伦理取向与法律的价值规范的矛盾问题、传统的权力本位意识与现代的法治观念的矛盾问题、传统的群体意识与现代的守法精神的矛盾问题。

法律是国家认定的价值规范。在建设社会主义市场经济的过程中，国家制定的各种法律，从根本上说，都是以"发展"为基本理念的价值规范。认同法律的价值规范，本质上是认同"发展"的价值理念。我们理解这个根本问题，才能实现伦理道德规范与法律价值规范的协调，才能以现代的法治观念制约传统的权力本位意识，才能把从众的依附心理转化为现代的守法意识。这些转换所实现的人的行为法治化，把"发展"的价值理念实现为促进"发展"的价值规范。

六　农村生活城市化

现代社会所形成的非日常生活的日常化，包括日常经验科学化、日常消遣文化化、日常交往社交化和日常行为法治化等，是以城市化的方式普及全社会的。在现代中国，一方面是农村本身的城市化，另一方面则是农村生活的城市化，逐步地实现了全社会的非日常生活的日常化。建设社会主义新农村，为我国农民生活的现代化开辟了现实道路。

城市作为社会的经济、政治、文化、教育、科技中心，其发展的程度与水平，标志着该社会所达到的现代化的程度与水平。"自 1949 年以来，我国的城市化发展大体可分为五个阶段：第一阶段，健康发展时期（1950 年至 1957 年）。这一时期我国城市经济的发展特征是由消费型城市向生产型城市转化……这一时期，我国城市人口的比例由 1949 年的 10.6％上升到 1957 年的 15.4％。第二阶段，曲折发展时期（1958 年至 1965 年）。由于'左'的指导思想影响，这一时期城市发展出现了畸形状态，城市人口净增 31.4％，新设城市 44 个。三年困难时期后的 1962 年，中央作出了《关于调整市镇建制，缩小城市郊区的指示》。1963 年又相继颁布了新的市镇设置标准，并规定市总人口中农业人口所占比重一般不应超过 20％，否则予以压缩。在此基础上，根据 1955 年规定的设市条件，有关部门对市逐个检查，不符合条件的予以撤销，致使城市人口占全国总人口的比重逐步下降，城市总数也下降为 169 个，与 1957 年相比还少了 7 个。第三阶段，停滞时期（1966 年至 1976 年）。在'文化大革命'时期，我国的城市发展处于停滞状态，年平均递增率仅为 1.3％，新增城市为 19 个。第四阶段，恢复发展时期（1977 年至 1985 年）。党的十一届三中全会以后，随着工作中心的转移和改革开放的逐步展开，我国的城市建设进入了恢复发展的崭新时期。市领导县的新型城乡管理体制逐步形成……九年中，我国累计新设城市 139 个，年平均递增 15.4 个城市。第五阶段，迅速发展时期（1986 年至今），这个时期，我国经济持续增长，乡镇企业大大发展……1986 年至 1993 年，全国共新设城市 248 个，平均每年设新城市 31 个。到 1997 年底，我国除港、澳、台地区外，共设市 668 个。其中，直辖市 4 个，地级市 222 个，县级市 442 个。基本形成了以大城市为中心，大中小城市相结合的比较合理的城市结构体系。"①城市化的进程，体现了中国的现代化进程。特别是改革开放以来的城市化进程，迅速地改变了广大农村人口的生存方式，加速了非日常生活的日常化，使得人们的消遣方式、交往方式、行为方式都获得了现代性的价值规范。

当代中国的城市化，与小城镇的蓬勃兴起是息息相关的。改革开放

---

① 靳润成主编：《中国城市化之路》，导言，5—7 页，上海，学林出版社，1999。引文有改动。

以来，"乡镇企业的蓬勃发展，促进了小城镇的迅速崛起。农村经济体制改革以后，商品经济日渐活跃繁荣，在全国形成了约 60000 个小城镇。乡镇企业的迅速发展，使农村的劳动人口迅速转移，一些农村集镇的非农业人口不断增长，居民生产生活方式也明显城市化，很多原来的农村小集镇，变成了工、农、商业都很发达的小城镇"[①]。根据有关专家的预测，"我国城市化进程将呈现出三个特征：一是城市人口数量增长速度将逐年加快，人口质量也将相应提高；二是城市群沿交通线(包括水路)集中化加强；三是农村人口向城市迁移，将使城市人口的增长由过去的自然增长为主转向机械增长为主。据权威人士预测，我国 2000 年和 2010 年城市化水平将分别达到 34％左右和 42％—45％，其中城市人口比重分别达到 24.49％和 31.5％。"[②]。

　　国家的第十个五年计划纲要，把"实施城镇化战略，促进城乡共同进步"放在重要的位置。国家第十个五年计划纲要提出，提高城镇化水平，转移农村人口，有利于农民增收致富，可以为经济发展提供广阔的市场和持久的动力，是优化城乡经济结构，促进国民经济良性循环和社会协调发展的重大措施。随着农业生产力水平的提高和工业化进程的加快，我国推进城镇化的条件已渐成熟，要不失时机地实施城镇化战略。在这个城镇化战略中，国家的第十个五年规划纲要还特别强调，要加强城镇基础设施建设，健全城镇居住、公共服务和社区服务等功能。以创造良好的人居环境为中心，加强城镇生态建设和污染综合治理，改善城镇环境。加强城镇规划、设计、建设及综合管理，形成各具特色的城市风格，全面提高城镇管理水平。这就不仅为农村城市化提供了宏观的战略思想，而且为农村城市化提供了现实的发展道路。非日常生活的日常化，已经成为城乡居民的普遍的生活方式，由此形成的新的价值规范，也已经成为城乡居民共同的价值规范。

---

　　① 靳润成主编：《中国城市化之路》，192 页，上海，学林出版社，1999。引文有改动。

　　② 同上书，7 页。

七　人的生活信息化

　　自 20 世纪 80 年代以来，人们经常用"网络时代"来概括我们这个时代。这种概括是有道理的。马克思说："各种经济时代的区别，不在于生产什么，而在于怎样生产，用什么劳动资料生产。劳动资料不仅是人类劳动力发展的测量器，而且是劳动借以进行的社会关系的指示器。"[①] 立足于科学技术的迅猛发展所引导的整个社会的发展，我们会发现，所谓"网络时代"，不仅是一场技术革命，而且深刻地变革了人自身的存在方式，对人的认知活动和实践活动提出了新的价值规范。

　　第一，"网络"变革了人的"世界图景"。"网络"为人们提供了一个"虚拟世界"，这是人们取得共识的一个提法。那么，这个由网络提供给人们的"虚拟世界"，对于人的存在来说，究竟具有什么重大意义？"虚拟世界"首先变革了人的"世界图景"。

　　所谓"世界图景"，即人以把握世界的各种方式，把"自在的世界"变成自己的观念中的客体。例如，我们以"常识"的方式把"自在的世界"变成我们的"经验世界图景"，以"科学"的方式把"自在的世界"变成我们的"科学世界图景"。在人类发展史上，"科学"在人们构成自己的"世界图景"的过程中，起到了特别重大的作用。随着科学的发展，人们不断地变革自己的"世界图景"，从而也不断地变革自己的存在方式，以"科学"来规范自己的生活。值得深思的是，互联网开始普及所引起的"互联网革命"，它不仅在传统意义上变革了我们的"世界图景"，即以新的科学理论改变了我们的"世界图景"，而且在为我们创造了一个"虚拟世界"的意义上变革了我们的"世界图景"。

　　"互联网革命"，本质上是一场"信息革命"。通过互联网，我们可以

---

　　① 《马克思恩格斯全集》第 23 卷，204 页，北京，人民出版社，1972。引文有改动。

共享巨大的全球知识库，可以分享千千万万智慧的大脑所提供的各种知识，可以同时享用人们以其把握世界的各种方式所构成的丰富多彩的世界图景。这个世界图景，在与以往的世界图景相对比的意义上，是一个以"信息爆炸"为基础的"世界图景"。就此而言，我们可以说以往的世界图景是一个"信息有限"的图景，而网络所提供的世界图景是一个"信息无限"的图景。在谈论人的"意识"时，马克思曾经说过，"它不用想象某种现实的东西就能现实地想象某种东西"①。那么，在谈论"网络"时，我们也可以做出这样的评论，"它不用想象某种现实的东西就能现实地想象某种东西"，即它能够为我们现实地提供关于"世界"的各种信息，为我们建构一个"全息化"的"世界图景"。

"互联网"和"多媒体"为我们提供的"世界图景"，不仅是"全息化"的，而且是"自主化"的，即主体对"互联网"和"多媒体"提供的"世界图景"具有充分的选择性。"互联网"和"多媒体"的突出特点，是非线性和多维互补性。网络上的"世界图景"是多元性的、动态性的、过程性的。它把人类"历时态"的认识成果"同时态"地展现给人们，又把人类以"多种方式"（如常识、宗教、艺术、科学、哲学等）把握世界的认识成果以"一种方式"（网上世界）展现给人们，还把人们对世界的"多个层次"的认识以"一个平台"的方式展现给人们。它打破了"时空""层次"和"方式"的传统界限，在网上实现了"时空""层次"和"方式"的非线性联系。对于这个非线性的、多元互补的"世界图景"，每个电脑终端的操作主体，都具有充分的选择性。人们在自己所选择的"世界图景"中从事某种特定的工作，应对某种特定的事物，享受某种特定的生活，同时，又在这个多元互补的"世界图景"中不断校正、充实、更新自己对"世界"的理解。

"互联网"和"多媒体"所提供的"全息化"的、"非线性"的"世界图景"，不仅使人们占有了数量空前的信息，而且对信息具有充分的选择性，最重要的是，人们在"互联网"和"多媒体"的"世界图景"中，获得的

---

① 《马克思恩格斯选集》第1卷，82页，北京，人民出版社，1995。

是一个"创意"性的世界图景，即主—客互动的"世界图景"。在谈到人的"认识"时，列宁曾经指出，人给自己构成的是世界的客观图画。① 这就是说，人的"认识"不仅要"反映"世界，而且依据人对世界的要求而"创造"人的"世界图景"。但是，由这种"观念"所形成的"人给自己构成"的"世界的客观图画"，或者是以"观念"的形式构成的，或者是以某种特定的"文化"形式（如科学意义上的"蓝图"、文学意义上的"形象"等）构成的，总是表现为主—客二元对立的形式，即一方面表现为"反映"的"客观图画"，另一方面表现为"创造"的"客观图画"，这两个"客观图画"是对立的。然而，人们在"互联网"和"多媒体"上所获得的"世界图景"，则是主—客互动的产物，即一方面是"网络"所提供的巨大的全球知识库，另一方面是搜索、选择、处理信息的电脑终端的操作主体。主体依据自己的特定需要（认知的、价值的或审美的需要）和特定的"逻辑"（理性的或直觉的逻辑）而创造性地重组各种信息，从而以创造性的方式"给自己构成世界的客观图画"。以"互联网"为中介而构成的人与世界的关系，要求人们以不断发展的"世界图景"来理解人的世界，并以"发展"的价值观念去规范自己的思想与行为。

第二，"网络"变革人的"认识方式"。"网络"不仅以"信息爆炸"的方式使"全世界的知识都可以声色俱全地通过电话线或者电缆像自来水一样廉价和方便地流进你家"，从而为我们提供"瞬息万变"的"世界图景"，而且从认识对象、认识手段、认识主体的思维方式以及认识活动中的主体间的关系等方面，深刻地变革了人的"认识方式"，并要求人们对自己做出新的价值评价。

著名的英国科学哲学家卡尔·波普曾经引人注目地提出"世界Ⅲ"理论，即把由人的语言文化构成的"客观知识"世界同"物理自然"世界、"人的精神"世界相并列，突出"客观知识"在人的世界中的地位和作用。波普的这个理论在 20 世纪 80 年代初入中国的时候，既引起了理论界的

---

① 参见《列宁全集》第 38 卷，235 页，北京，人民出版社，1959。

关注，也受到许多责难，一些研究者批评波普"抬高"了"客观知识"在人类认识中的作用。然而，连波普本人也未料到的是，自 1995 年互联网开始普及以来，作为"客观知识"的网上"虚拟世界"成为当代人的最为重要的认识对象。过去讲"书海漫游"，现在讲"网上冲浪"。网上的自由浏览是革命性的。"互联网"和"多媒体"轻而易举地实现了文字、音响和图像的立体化的统一，穿越时空地沟通了古人与今人、国内与国外、现在与未来，"一触即通"地展现出各门学科的相关知识，的确实现了人类长久以来的"大千世界，尽收眼底"的夙愿。

关于现代科学的特点，人们曾把它概括为"科学的整体化"与"科学的分支化"两种趋向的统一，而关于现代科学的"热点"学科，人们则把它概括为"边缘学科""交叉学科""横向学科"和"综合学科"。这种关于现代科学的"特点"与"热点"的概括，凸显了现代科学的"跨学科"的特征，即以"问题"为核心的多种学科交叉、互补、融合的特征。例如，对当代人类的生存和发展至关重要的"空间科学""海洋科学""能源科学""材料科学""环境科学""信息科学"等"综合科学"，都是以"跨学科"的、关乎人类生存发展的重大"问题"为对象的，而不以传统的某个学科的对象为认识的对象。互联网在认识论意义上的革命性，在于它为这种科学研究的对象的革命性变革提供了现实性。它在一个"平台"同时态地展现关于某个问题的多学科研究成果，促成人们在对这些成果的创造性重组中拓宽和深化对该问题的认识。在当代，人们对科学的学习，对科学的研究，越来越依赖于互联网和多媒体所提供给我们的认识对象。

互联网和多媒体所实现的认识对象和认识方式的变革，现实地变革了人的思维方式。长期以来，我们一直倡言以辩证法的思维方式批判形而上学的思维方式，然而，以经验的世界图景为认识对象的传统认识活动，是不现实的。在人的日常经验中，认识的对象是给定的、既定的、确定的，人的"观念""概念""思想"是与这种给定的对象一一对应的，因而人的经验常识的思维方式是"是就是，不是就不是，除此之外，都是鬼话"。对于这种被称为"形而上学"的思维方式，恩格斯曾做过这样的评论："初看起来，这种思维方式对我们来说似乎是极为可信的，因为它是合乎所谓常识的。然而，常识在日常应用的范围内虽然是极可尊敬的东西，但它一跨入广阔的研究领域，就会碰到极为惊人的变故。"①在这里，恩格斯明确地告诉我们，人们的"思维方式"是同人们的现实生活密不可分的。在日常的经验生活中，人们所形成的是"是就是，不是就不是"的思维方式，而"广阔的研究领域"，会使这种思维方式"碰到极为惊人的变故"。互联网和多媒体的普及应用，使越来越多的人超越日常的经验生活，进入"广阔的研究领域"，从而变革了自己的思维方式。

"网上世界"是一个非线性的、动态性的、过程性的、互补性的世界，它改变了静止僵化的世界图景，突破了线性因果联系的思维方式，变革了非此即彼的两极对立的思维方式。在"网络"提供的多学科、多领域、多层次的"参照系"中，人们无法固守自己的某种凝固的见解，而只能在"激活"这些"背景知识"的过程中，形成关于某个问题的新的理解。"网络"改变了人的思维方式，也"激活"了人的创造性思维。辩证思维和创造性思维，对于现代人来说，已不仅是"思维方式"的问题，而且构成了现代人的价值规范，即认同辩证思维和创造性思维对于现代人的首要的价值意义。

在传统的认识论中，人们总是把人的认识活动理解并描述为一个主—客二元模式，即一方面是"认识主体"，另一方面是"认识客体"，并以 S→R(刺激→反应)模式来解释认识的本质。近年来，哲学界开始注重把"主体间"关系引进认识论模式，力图以"主—主"模式"冲淡"传统的"主—客"模式。但是，这种"主—主"模式是外在于"主—客"模式的，它只不过是"强调"在主体认识客体的认识活动中，主体之间的关系占有重要地位和发挥重要作用，而不是(也不可能)把"客体"本身"主体化"。互

---

① 《马克思恩格斯选集》第 3 卷，360 页，北京，人民出版社，1995。

联网在认识论意义上的革命性，在于实现了"客体"本身的"主体化"，即认识活动的双方都有主体性。

从现象上看，互联网把电脑终端的"主体"与作为"客体"的"网上世界"联系在一起，然而，"网上世界"的任何信息，都是来自另外电脑终端的"主体"。在这个意义上，互联网所实现的就不是"人"（主体）与"网"（客体）的认识关系，而是"人"（主体）与"人"（主体）的关系。这种主体之间的关系所构成的主—客关系，就不再是传统意义上的 S→R 关系，而是一种新型的双向互动、互补关系，即一种以互联网为中介的新型认识关系。尤为重要的是，"互联网"是由数以万计、百万计、千万计的电脑终端的"主体"之间的互动、互补而构成的认识活动，它以前所未有的规模和速度传递、创造各种信息，变革着人们的"世界图景"。2000 年 5 月 12 日《人民日报》（海外版）曾以头条消息宣称，"目前，中国的上网人数已超过 1000 万，而且还在以更快的速度发展"。队伍日益庞大的上网人群，通过互联网形成的新的"主体际"关系，为主体之间的关系提供了新的价值规范。

第三，也是最重要的，"网络"变革了人的"实践方式"。列宁曾经简洁地提出一个公式："人的实践＝要求（1）和外部现实性（2）。"[1]对于这里所说的"要求"，列宁解释说，"世界不会满足人，人决心以自己的行动来改变世界"[2]，而对于这里所说的"改变"，列宁则极富启发性地提出，"人给自己构成世界的客观图画；他的活动改变外部现实，消灭它的规定性（＝变更它的这些或那些方面、质），这样，也就去掉了它的假象、外在性和虚无性的特点，使它成为自在自为地存在着的（＝客观真实的）现实"[3]。

人类的实践活动是一种"目的性"活动，即"决心以自己的行动来改变世界"的活动，因此，人必须首先"给自己构成世界的客观图画"，才

---

① 《列宁全集》第 38 卷，229 页，北京，人民出版社，1959。

② 同上书，229 页。

③ 同上书，235 页。

能够进行"改变世界"的活动。然而，在传统的认识方式中，人给自己构成的客观图画，总是受到认识条件的严重制约：一是"信息不足"，难以获得较为全面的信息；二是"信息不快"，难以在较短的时间内获得较为全面的信息；三是"信息不活"，难以在给定的较少的信息中进行较为灵活的选择；四是"信息不广"，难以实现信息主体之间的及时的广泛的沟通与交流。"互联网"对人的实践活动的革命性意义，首先在于它以"网上世界"为人们提供这种"人给自己构成世界的客观图画"，从而使得这个作为目的性要求的"客观图画"获得充足、快捷、灵活和广泛的信息。这在实践活动的"要求""目的性""人给自己构成世界的客观图画"的环节上，在"信息源"的意义上，变革了人的实践方式。

实践活动是一个"认识"与"实践"不断往复的过程，但是，在传统意义的实践活动中，"认识"与"实践"是作为两种不同的活动、两个不同的过程而交替进行的，即"实践—认识—再实践—再认识"的交替过程。"互联网"的革命性，在于实现了"认识"与"实践"的内在统一，即真正地实现了"认识"作为"实践"的内在环节而存在。在"网上世界"，人们不仅以获取、加工和创造性地重组各种信息的方式形成实践的"目的"和"要求"，从而把自己的理想直接地对象化为网上的"人给自己构成的客观图画"，而且人们可以在网上及时地、不断地修正、调整、重组这个"客观图画"，从而达到及时地、不断地校正实践活动的目的。

"互联网"既是人的"目的"取得"外部现实性"的中介（对此人们没有疑义），又是人的"目的"直接取得"外部现实性"的方式（对此是需要探讨的）。后者对人的实践活动具有直接的革命意义。毫无疑问，无论是在工业社会还是在信息社会，无论是传统产业还是高技术产业，都不可能离开以人的肉体器官及其延长物（物质工具）为中介而实现的对某种现实存在物的改造。但是，在以计算机、互联网为代表的信息革命中，互联网本身已经成为信息社会的实践方式。近些年来，互联网正在使经济活动中的生产、流通、消费诸环节的运行模式发生深刻变革，出现了汹涌而来的生产革命、流通革命和经营革命。"网上世界"使人们进入了"虚拟商店"，足不出户就可以从世界各地选购自己需要的商品。它把生产与消费直接地联系在一起，使生产与消费更加"匹配"。网络时代的教育、医疗、娱乐等方式的变革，使每个人都真切地体验到人的存在方式的变革。互联网与多媒体技术的结合，既实现了信息共享的"远程教育"，又实现了文字、声音、图像结合的"立体化教育"。"网上会诊"，实现了人们渴望的医疗实践的变革——人类所获得的全部医疗实践成果都可以通过"信息高速公路"为每个患者服务。

人的"世界图景""认识方式"和"实践方式"，已经在"网络时代"发生重大变革。"网络时代"不仅对主—客关系提出了新的价值规范，而且对主体与主体之间的关系提出了新的价值规范。它要求人们真正地以"发展"的价值取向去对待人与自然、人与社会、人与他人以及人与自我之间的关系。

第六章 现代人的思维方式

一 熟知非真知：求真意识

> 人们只是在知识很少的时候才有准确的知识。
>
> ——歌 德

(一)超越"常识"

说到"常识"，每个正常的人都会想到那些简洁、明快的自然常识，那些凝重、睿智的政治常识，那些格言、警句式的生活常识。

确实，有谁能够离开常识而正常地生活呢？反之，如果说某人"缺乏常识"，岂不等于说这个人"不正常"吗？

常识，就是那些普通、平常但又经常、持久起作用的知识，就是每个正常的普通人都具有的知识。

在常识中，人们的经验世界得到最广泛的理解，人们的思想感情得到最普遍的沟通，人们的行为方式得到最直接的协调，人们的内心世界也得到最便捷的自我认同。常识，是人类把握世界与自我的最普遍性的基本方式，它对人类的存在具有重要的生存价值。

世界上的任何一个民族，都在世世代代的经验中积淀了不可胜数的方方面面的常识。世界上的任何一个正常的普通人，都在历史的延续中和生活的经验中分享着常识，体验着常识，运用着常识。没有常识的生活是无法设想的。

然而，常识又是必须"超越"的。所谓"现代教养"，首先就是对常识的世界图景、思维方式、价值观念、审美意识和生活态度的超越。

我们首先来看常识的世界图景。

人们常说，世界是在人的意识之外的客观存在，世界的存在不以人的意志为转移。这当然是对的。人们还常说，人的头脑能够反映客观存在的世界，世界是可以被认识的，这当然也是对的。可是，我们还应该进一步追问：人类关于世界的图景是永恒不变的，还是历史性变幻的？如果世界图景是不变的，为什么说人类的认识是发展的？如果世界图景是变幻的，这种变幻的根据又是什么？

让我们举出一个人所共知的实例。我们面对同一个世界，为什么既会有"太阳围绕地球旋转"的"地心说"，又会有"地球围绕太阳旋转"的"日心说"？我们所"看"到的地球与太阳，究竟是谁围绕着谁旋转？我们所"思"的地球与太阳，又是谁围绕着谁旋转？相信"看"的人，恐怕无法否认"太阳围绕地球旋转"，因为他每天都"看"到太阳从地球的东方升起，又从地球的西方落下。相信"思"的人，只能认为"地球围绕太阳旋转"，因为他"知道"这是科学所提供的、经过实践检验的真理。

"地心说"与"日心说"是两个根本不同的"世界图景"。前者符合人类的"共同经验"——有谁看不到太阳的东升与西落呢？后者则超越人类的"共同经验"——有谁能在地球上看到它围绕太阳旋转呢？那么，我们到底应该"相信"哪个"世界图景"呢？

毫无疑问，人们会脱口而出："相信日心说。"然而，如果我们认真地思考一下就会发现：这种回答已经"超越"了常识，由"日心说"所构成的世界图景已经"超越"了常识的世界图景。

常识直接来源于经验，又直接适用于经验。对经验的依附性，是常识的本质特征。人们通过经验的"历时态"遗传与"同时态"共享来获得常识，运用常识和丰富常识，却无法在常识中超越经验去描述世界和解释世界。常识的世界图景，就是以"共同经验"或"经验的普遍性"为内容的世界图景。由于在经验观察中，人们所形成的"共同经验"只能是"太阳围绕地球旋转"，因此常识的世界图景也只能是所谓"地心说"的世界图景。

那么，究竟是什么改变了"太阳围绕地球旋转"的常识世界图景？这就是科学。

科学是关于普遍性、必然性、规律性的知识。它来源于经验，但并不是依附于经验，而是超越于经验。科学的世界图景不是以直接的"共同经验"为内容的世界图景，而是以科学概念、科学原理以及科学模型等为内容所构成的世界图景。它是一种概念化的、逻辑化的、精确化的和系统化的世界图景。它具有内容的规律性、解释的普遍性、描述的可检验性以及理论的可预见性等特征。

科学及其所建构的世界图景，主要不是诉诸人的感性直观，而是诉诸人的理性思维。人通过理性思维和科学知识去接受和理解科学的世界图景。列宁曾经非常生动地举例说，人的感觉无法描述每秒 30 万公里的运动，而人的思维却能把握它。确实，有谁能用感觉去描述光的运动？可是，凡是学过光学的人，又有谁不知道光速？美国当代科学哲学家瓦托夫斯基也举例说，在常识的世界图景中，我们既无法想象也无法表达某物在同一时间内存在于两个地方；然而量子物理学却要设想和描述基本粒子不"经过"中介空间而从一个地方到达另一个地方，不是一条路径而在不同时间突然出现在不同的地方。

科学改变了常识的世界图景，为我们提供了超越经验的科学世界图景。不仅如此，科学的最重要的特性，在于它具有自我批判和自我发展的创造特性。在科学的发展过程中，科学的世界图景总是处于历史性的变革之中的。特别是每一次划时代的科学发现，都为人类提供了崭新的世界图景。现代的交叉科学、边缘科学、综合科学、横向科学，特别是"系统论""控制论""信息论""耗散结构理论""突变论""协同学"等，已经深刻地变革了人类的世界图景。现代科学的世界图景，是经验常识根本无法想象的。

由此我们可以看到，所谓"现代教养"，首先需要学习科学知识，形成现代科学的世界图景。这就必须"超越"经验常识的狭隘视界。现代德国哲学家卡西尔有一部名著《人论》。在这部著作中，卡西尔提出："人总是倾向于把他生活的小圈子看成是世界的中心，并且把他的特殊的个人生活作为宇宙的标准。但是，人必须放弃这种虚幻的托词，放弃这种小心眼儿的、乡下佬式的思考方式和判断方式。"①超越常识的科学世界图景，为我们展现了具有无穷奥秘的世界，也为我们拓展了无限广阔的思维空间。以现代科学变革我们的世界图景，并形成良好的科学素质，是现代教养的重要内容。

我们再来看常识的思维方式。

常识的思维方式，是形成于人们的日常生活，又适用于人们的日常生活的思维方式。常识思维方式的突出特征，是一种"两极对立"的思维方式。

人们的日常生活，是一种依据和遵循"共同经验"的生活。在日常生活中，人作为经验的主体，以经验常识去看待事物和处理问题；各种事物作为经验的客体，以既定的存在构成人的经验对象。在这种日常生活的主—客体关系中，人是既定的经验主体，事物是既定的经验客体，主体的经验与经验的客体，具有确定的、一一对应的经验关系。白的就是白的，黑的就是黑的，男人就是男人，女人就是女人，太阳就是太阳，月亮就是月亮，一清二楚，泾渭分明。因此，日常生活要求人们的思维保持对"有"与"无"、"真"与"假"、"是"与"非"、"善"与"恶"、"美"与"丑"的非此即彼的断定，任何超越非此即彼的断定，都是对常识思维方

① ［德］恩斯特·卡西尔：《人论》，20页，上海，上海译文出版社，1985。

式的挑战，也就是对日常生活经验的挑战。"两极对立""非此即彼"，就是常识的思维方式。

恩格斯曾经指出，所谓"形而上学"的思维方式，就是"在绝对不相容的对立中思维"，恩格斯还具体地指出，"是就是，不是就不是，除此之外，都是鬼话"，这就是形而上学的"思维方式"。那么，为什么这种"形而上学"的"思维方式"会在人类思维中占据牢固的地位？恩格斯非常明确地回答："初看起来，这种思维方式对我们来说似乎是极容易理解的，因为它是合乎所谓常识的。"①

常识的思维方式形成于并适用于"日常活动范围"。一旦人的思维超出"日常活动范围"，进入非日常生活的"广阔的研究领域"，就会发生恩格斯所说的"最惊人的变故"——必须改变两极对立、非此即彼的常识思维方式。

在现代社会生活中，首先是迅猛发展的科学技术超出了"日常活动范围"，进入了非日常生活的"广阔的研究领域"，从而深刻地改变了常识的思维方式。许多人所熟悉的《现代科学技术基础知识》一书，曾这样描述当代科学技术发展所形成的思维方式的特点："从绝对走向相对，从单义性走向多义性，从精确走向模糊，从因果性走向偶然性，从确定走向不确定，从可逆性走向不可逆性，从分析方法走向系统方法，从定域论走向场论，从时空分离走向时空统一。"②

科学的发展史是人类理论思维的进步史。科学概念的形成和确定、拓展和深化、变革和更新，不仅为人类提供"认识和掌握自然现象之网的网上纽结"，而且为人类提供不断增加的、不断深化的认识成分和思维方法。人类理论思维的总体进程，首先从对世界的宏观整体反映进入对事物分门别类的考察，从对世界的笼统直观进入对事物各种属性分解的研究，从对世界现象形态的经验描述进入对事物内在本质和运动规律

---

① 《马克思恩格斯选集》第 3 卷，734 页，北京，人民出版社，1995。
② 宋健主编：《现代科学技术基础知识——干部选读》，48 页，北京，科学出版社，中共中央党校出版社，1994。引文有改动。

的寻求；其次又从对事物的孤立研究进入对事物相互联系的揭示，从对事物的静态考察进入对事物的动态分析，从对事物的个别联系和局部过程的描述进入对事物的普遍联系和全面发展的研究；最后，现代则从对事物的普遍联系和全面发展的宏观把握进入对事物联系与发展的内在机制的研究，从对事物的线性因果联系的认识进入对事物的统计的、概率的理解，从对人类社会与自然界的断裂研究进入对人与自然的内在统一的探索。宏观与微观、决定与非决定、线性与非线性、精确与模糊、绝对与相对，这些认识成分的对立统一，在现代人类的认识系统中占据支配地位。人们已经越来越深刻地懂得，用来构成世界图景的认识系统，是由众多相互联系和相互作用的认识成分按照一定的层次结构组成的，并不断扩展和深化的有机整体。因此，现代人类的世界图景是一个具有多序列、多结构、多层次，相互交叉、相互渗透、相互转化的纵横交错而又生生不息的网络系统。这正如有的学者所指出的，现代科学"已把人类的思想训练到能够理解以前几世纪中有教养的人所不能理解的逻辑关系"。超越常识的思维方式，是形成现代教养的重要前提，也是构成现代教养的重要内容。

现在，我们来看常识的价值观念、审美意识和生活态度。

常识，作为人类"共同经验"的积淀，不仅具有描述和解释世界的功能——构成人的思维方式和世界图景，而且具有约束和规范人的思想与行为的功能——构成人的价值观念、审美意识和生活态度。

常识的规范功能，具体地表现在，规范人们想什么和不想什么、怎么想和不怎么想、做什么和不做什么、怎么做和不怎么做。它既是人们的思想与行为的根据，又是人们的思想与行为的限度。常识对人的思想与行为具有"规定"(想什么和做什么)与"否定"(不想什么和不做什么)的双重规范作用。

常识作为人们的思想与行为的规范，是人类世世代代积累起来的，是适应人类生存的自然环境、社会环境以及一般文化环境的产物。它在最实际的水平上和最广泛的日常生活中发挥对人类维持自身存在的生活价值。不仅如此，常识还以独特的"隐喻"形式拓展和延伸其适用范围和使用价值，从而使常识以"文化传统"的形式得以世代延续，由此构成人类的、民族的以及个体的具有普遍性的价值观念、审美意识和生活态度。

常识的规范作用，正如常识的思维方式和世界图景，是以经验的普遍性为内容的。人的所思所想、所作所为，直接受到常识的思维方式和世界图景的制约，任何超越"共同经验"的思想与行为，都是对常识规范的亵渎与挑战，都会被视为"离经叛道"和"胡作非为"。常识的经验性质决定了常识规范的狭隘性与保守性。

在常识的两极对立、非此即彼的思维方式的制约下，常识的价值判断也具有两极性特征。是非、善恶、好坏、荣辱、祸福、君子小人、渺小崇高，被常识的经验标准泾渭分明地断定为非此即彼的存在。在人们的生活态度和行为方式中，总是采取"要么……要么……"的价值取向：要么搞理想主义，要么搞功利主义；要么搞集体主义，要么搞利己主义；要么讲无私奉献，要么讲赚钱发财；要么讲"莺歌燕舞"，要么讲"糟糕透顶"；要么"整齐划一"，要么"怎么都行"，如此等等，不一而足。常识的价值观念和生活态度缺少辩证智慧的"张力"。简单化与绝对化是常识规范的显著特征。

常识的价值观念、审美意识和生活态度是需要"超越"的。这种超越，主要体现为以科学和哲学去变革常识。

与常识不同，科学的价值观念不是经验性的，而是理性化的。科学是以系统化的知识体系和逻辑化的思维方式去规范人们的所思所想、所作所为。实证精神和分析态度是科学价值规范的实质，它不仅着眼于经验的普遍性，更着重于对经验的理性思考。它不仅着眼于"定性"式的论断，更着重于形成论断的"定量"化的分析。这就是科学价值规范对常识价值规范的简单性和绝对化的超越。

在科学的发展过程中，科学的思维方式及其所建构的世界图景，总处于生生不已的历史性转换之中，从而不断地变革和更新人对自己和世界及其关系的理解，即变革和更新人们的世界观。世界图景和思维方式的更新，必然引起价值标准的更新。价值标准是人们的价值判断、价值取向和生活态度的根据，随着价值标准的更新，整个价值系统都会发生历史性转换。这是科学价值规范对常识价值规范的狭隘性和保守性的超越。

与科学价值规范相比，哲学的价值规范具有显著的"反思"与"批判"特性。哲学不是直接地提出和给予某种价值规范，而是把常识的和科学的价值规范作为"反思"的对象，"批判性"地揭示这些价值规范所隐含的根据、标准和尺度，从而启发人们以批判的态度去对待自己所遵从的价值规范。

科学的价值态度，是以理想化的"应然性"和历史的"大尺度"去"反思"常识和科学的价值规范，使人们的思想与行为在理想与现实、历史的"大尺度"与"小尺度"之间保持"必要的张力"。哲学层面的价值观，是一种辩证的"大智慧"。在现代社会生活中，它寻求科学精神与人文精神、科学理性与价值理性、功利主义与理想主义的辩证统一，引导人们自觉地超越绝对主义的或相对主义的价值态度，重新确立"崇高"在价值坐标上的位置。

科学和哲学是对常识的"超越"，而不是常识的"延伸"和"变形"。人们"熟知"的常识的世界图景、思维方式、价值观念、审美意识和生活态度，在科学和哲学中遭到了恩格斯所说的"最惊人的变故"。用科学和哲学去"反思"常识的过程，就是在"熟知"中求得"真知"的过程，也就是人的素质的提高过程，即"人的现代化"的过程。

(二)"名称"不是"概念"

每个正常的普通人，头脑里都装着数不胜数的"名词"。每当"想到"或"看到"某种东西，我们就可以不假思索地说"这是什么"、"那是什么"。"名词"使"事物"变成我们头脑中的"观念"。如果没有这些"名词"，人同世界的关系是无法想象的。无怪乎有的哲人说"语言是世界的寓所"，"语言是存在的家"，"语言是人的存在方式"。

"语言"这东西真像个天才的魔术师，总是花样翻新，变幻无穷，使人眼花缭乱，目不暇接。远的不说，就说 20 世纪 90 年代，人人脱口而出"尼龙""热狗""电脑""卡通"，个个随口就说"系统""信息""基因""反馈"，"比基尼""麦当劳""皮尔·卡丹""卡拉 OK"无人不知晓，"MTV""MBA""GNP""STS"这些缩写的"洋文"，也无须翻译和解释了。人类进入了"信息时代"，整个世界都"符号化"了。

　　然而，在这个"符号化"了的世界中，语言却成了纯粹的"符号"，人们使用语言也变成了"无底棋盘上的游戏"。似乎只要使用的语言"髦得合时"，使用这些语言的人便追赶上了潮流，也就"现代化"了。哲学家维特根斯坦认为，人们的话语方式，也就是他们的思维方式和行为文化。那么，这种追赶时尚的话语方式，究竟表现着怎样的思维方式和行为方式？

　　先说最为时髦的"洋文"。20 世纪 90 年代，除了有限的日常用语和若干个洋文缩写，真正懂"洋文"的中国人，恐怕还为数不多，然而，不仅"哈喽""拜拜"之声不绝于耳，甚至某些男男女女的"外包装"上也印满了洋文。记得在 20 世纪 80 年代中期，华君武先生有一幅漫画，题目叫作《懂洋文的与不懂洋文的》，画面上，一位时髦女郎身着一件"摩登"服，令人瞠目地写着"Kiss me"（请吻我）。于是，一位戴眼镜的男子便凑上来"kiss"，却被女郎打了一记耳光。看来，这位"不懂洋文"的小姐，其服装的现代化与语言的现代化尚未"同步"；那位"懂洋文"的先生，语言与行为的现代化也陷入了"误区"。

　　放开"洋文"不说，还是说说"中文"。这里的"名称"与"概念"之间，似乎总是"不到位"。

　　语言是历史文化的"水库"。这就是说，语言不仅指称对象的"名称"，而且在这种指称中蕴含着"文化"。进一步说，正是由于语言蕴含着文化，所以语言才具有概念的内容，而不是单纯的名称。无论是科学语言还是艺术语言，无论是常识语言还是哲学语言，都是历史文化的"水库"，都具有深厚的文化内涵。

举一个最简单的例子。比如，我们在用"笔"写字。对于我们拿在手里用来写字的"这个东西"，任何一个普通人都会说："这是一支笔。"然而，"笔"这个词仅仅是指称"这个东西"（或"这类东西"）的一个"名称"吗？我们为什么会把"这个东西"称为"笔"？当我们把手中的"这个东西"称为"笔"的时候，这究竟意味着什么？我们为什么能够判断这支"笔"与其他事物的区别？我们为什么能够断定这支"笔"的真与假、好与坏、美与丑？我们为什么会爱护这支"笔"而不是毁坏它？我们为什么能够创造出比我们正在使用的"笔"更高级的"笔"？

如果认真地想一想，我们就会悟出许多道理。其一，我们把手中的"这个东西"称作"笔"，既构成了"笔"的存在与关于"笔"的观念之间的关系，也构成了"我们"与"笔"之间的主体与客体的关系。而作为"主体"存在的"我们"，并不是以"白板"的头脑去反映对象，而是以我们已有的知识去把握对象。因此，我们在什么程度、什么水平上把握到对象的存在，取决于我们已有的"知识"。要想使"名称"具有"概念"内容，作为"主体"的我们就必须具有相应的知识。其二，我们把手中的"这个东西"称作"笔"，不仅是一个简单的事实判断（"这是一支笔"），而且是一个融事实判断、价值判断和审美判断为一体的综合判断。因为，当我们说"这是一支笔"的时候，我们的观念中已经形成了它是不是"笔"的真与假的断定，已经形成了它对我们是否有用，以及有何用途的价值判断，以及它使我愉悦还是令我讨厌的审美判断。由此我们可以看到，对"笔"的概念式的把握，已经包含了真与假、好与坏、美与丑的丰富的文化内涵。其三，我们把手中的"这个东西"称作"笔"，意味着我们已经具有关于"笔"的观念。如果我们根本没有"笔"的观念，又如何能把手中的"这个东西"称作"笔"？笔的存在是不以人的观念为转移的，但是，人能否把存在着的"这个东西"把握为"笔"，却必须以人是否具有"笔"的观念为前提。这表明，人是历史文化的存在，人用语言指称对象，实质上是以历史文化去把握对象。离开历史文化，对象虽然存在着，但对于认识的主体来说，却是黑格尔所说的"有之非有"，"存在着的无"。其四，我们把手中的"这个东西"称作"笔",并不意味着我们只是把"这个东西"认定为"笔",恰恰相反,我们是把"这类东西"都认定为"笔"。这表明了任何概念都是个别与一般的对立统一。更重要的是,人们不仅能以概念的普遍性去把握"类"的存在,而且能够概念式地分析"笔"的形式、质料、属性和功能等,从而以丰富的联想和想象去观念地创造出更为高级的"笔"。对事物的概念式把握,蕴含着人的目的性要求,因而也蕴含着人类改造世界的创造性。

当然,仅仅以"笔"为例来谈论语言的文化内涵,似乎有些小题大做,甚至故弄玄虚之嫌。然而,如果我们把对"笔"的概念分析拓展为对"科学""艺术""伦理""宗教"的分析,拓展为对"真理""价值""认识""实践"的分析,拓展为对"本质""规律""必然""自由"的分析,拓展为对各种各样的科学概念或艺术概念的分析,我们就会更为深切地领会到语言的文化内涵。

比如,我们常常以一种毋庸置疑的口吻说"规律是看不见的,但又是可以被认识的"。那么,为什么"看不见"的"规律"却可以"被认识"呢?"规律"到底是一种什么样的存在?人们究竟如何认识规律?规律性的认识如何被证明?

再如,人们常常以一种不容争辩的态度说"艺术是一种创造"。那么,艺术究竟"创造"了什么?"画家创造不出油彩和画布,音乐家创造不出震颤的音乐结构,诗人创造不出词语,舞蹈家创造不出身体和身体的动态。"既然如此,为什么把艺术称为"创造"? 同样,当人们说"科学发现"的时候,我们同样可以追问:科学究竟"发现"了什么?如果说科学"发现"了"规律",那么,客观存在的规律为什么不是人人都能"发现"的?科学家凭借什么"发现"规律?

又如,人们常常以真、善、美与假、恶、丑来评价人的思想和行为。那么,究竟什么是真、善、美与假、恶、丑? 区分真、善、美与假、恶、丑的标准是什么? 这种区分的标准是绝对的还是相对的,永恒的还是历史的,客观的还是主观的? 真与善、真与美、善与美到底是何关系？人们常说，狼是凶残的，因为狼吃羊。然而，当我们"涮羊肉片""剁羊肉馅""吃羊肉串"的时候，为何不说人是凶残的？同样是"吃羊"，我们为何会做出截然相反的判断？

"孰知"并非"真知"，"名称"并非"概念"，恰恰相反，"熟知"中往往隐含着"无知"，"名称"常常失落了"概念"。所谓"求真意识"，就是意识到"熟知"所隐含的"无知"，由挂在嘴边的"名称"去追究它的"概念"的文化内涵。

由"熟知"变为"真知"，由"名称"变为"概念"，就个人来说，是"文化"的过程，也是"历史文化占有个人"与"个人创造历史文化"的辩证融合过程。

我国大学者王国维在其名著《人间词话》中，有一段家喻户晓的议论。这段议论，借用三段语句，说明"古今之成大事业、大学问者，必经过三种之境界"。其实，这三种境界，也就是由"熟知"而"真知"、由"名称"而"概念"的过程。

王国维所说的第一种境界是"昨夜西风凋碧树，独上高楼，望尽天涯路"。这指的是登高望远，博览群书，以获得丰富的知识。知识是语言的内容，知识使名称获得内涵。由"熟知"而"真知"的过程，就是以知识为中介，实现从无知到有知的过程。一个人的教养程度，首先取决于他的知识"水库"的广度与深度。培根说，"读书使人充实，讨论使人机智，写作使人严谨"。多读、多想、多写，是提高人的教养程度的基本途径。

如果说登高望远，博览群书的第一境界是对知识的热爱，是在文化"水库"中的随意畅游；那么，第二境界的"衣带渐宽终不悔，为伊消得人憔悴"，则是对知识的迷恋，是在文化"水库"中寻珍探宝。中国古语说，"书山有路勤为径，学海无涯苦作舟"，这确实是获得知识的不二法门。如果不像思恋情人那样去思恋知识，不像拥抱新娘那样去拥抱文化，知识和文化又怎能变为人的教养呢？

也许，热爱知识和迷恋知识的这两个境界，对于所有人来说都是

"可望"而又"可即"的。然而，"众里寻他千百度，蓦然回首，那人却在，灯火阑珊处"的第三境界，却未必是人人都"可即"的。

真知与熟知的区别，在于"熟知"是在"灯火灿烂处"，人人可见，信手拈来；"真知"则在"灯火阑珊处"，视而不见，寻之难得。即使"独上高楼"，"衣带渐宽"，"寻他千百度"，也很难看得见，寻得到。因而才有"蓦然回首"，在"上下求索"的精神历程中达到豁然开朗。莱辛说，"与其记住两个真理，不如自己弄懂半个真理"。记住的"两个真理"，是"学"来的，因此，"终觉浅"；弄懂的"半个真理"，是在"灯火阑珊处"自己"寻"来的，这才是受用终生的"真知"。

读书的第三境界是很难达到的。其中的一个重要原因是，"熟知"与"真知"的区别，并不仅仅在于是否"真正知道"。

通常，我们把"真知"视为"知道"事物的"本质"或"规律"，视为不仅"知其然"，而且"知其所以然"。但是，让我们试想一下，中学生学习了"社会发展史"，也就"知道"了人类历史的"规律"；学习了"政治经济学"，也就"知道"了资本家剥削的"秘密"；学习了"哲学"，也就"知道"了对立统一、质量互变、否定之否定的"规律"。然而，他们是否因此就获得了关于世界、历史和人生的"真知"？

这使我想起了宋代词人辛弃疾的脍炙人口的《采桑子》(亦称《丑奴儿》)："少年不识愁滋味，爱上层楼，爱上层楼，为赋新诗强说愁。

而今识尽愁滋味，欲说还休，欲说还休，却道'天凉好个秋'！"

确实，在天真烂漫的少年时代，我们说"爱"，却不懂爱之真谛；我们写"恨"，却不知恨从何来；我们讲"烦"，却不知究竟烦什么；我们谈"愁"，却愁得笑逐颜开。这可真是乱侃"爱"和"恨"，强说"烦"与"愁"！即使我们读了多少爱与恨的书，懂了多少烦与愁的理，这爱、恨、烦、愁，恐怕我们也算不得"真知"吧？

20世纪90年代，"爱"和"愁"就像一对孪生姐妹，成了流行歌曲的双重主题。"我深深地、深深地爱着你"；"爱你有多深，就是苍天捉弄我几分"；"让我一次爱个够"，"天变地变情不变"，"一世情缘"，"一生守候";"阳光之中找不到我，欢乐笑声也不属于我，从此我只有独自在黄昏里度过，永远没有黎明的我"。然而，尚未谈过恋爱、当然也从未失恋过的男女，即使把这"爱"和"愁"唱得天昏地暗，唱得痛不欲生，又如何能有"爱"与"愁"的"真知"呢？

我们要获得生活中的"真知"，先需要体验"真知"的生活；没有"真知"的生活体验，不会获得生活中的"真知"。有人说，"大学生总是在最深刻的东西中挑选到最浅薄的东西，因为他们的手上还没有长满生活的老茧"，这句话的前半句也许"务为尖刻"，有失偏激；这句话的后半句，却不能不说是一语中的、入木三分的。

撂开生活中的"真知"，再说科学、哲学和文学中的"真知"。

比如，我们学了数学、物理、化学，记住了许许多多的概念、公式、公理、定义，并能够熟练地运用这些"规律"性的知识去做许许多多的题，我们就获得了科学的"真知"吗？我们就尝到了科学家形成这些"真知"的艰辛与幸福吗？我们就懂得了这些"真知"与"非真知"的区别吗？在学习中，我们都有这样的体会：要获得"真知"，总是在掌握了更高深的知识之后。真正懂得欧氏几何，是在掌握非欧几何之后；真正懂得经典物理学，是在掌握非经典物理学之后；真正掌握线性代数，是在掌握非线性代数之后；真正懂得普通逻辑，是在掌握辩证逻辑和数理逻辑之后；真正懂得古典经济学，是在掌握马克思的经济学之后。马克思说，人体解剖是猴体解剖的钥匙。这的确是至理名言。

再如，我们学到了许多哲学范畴和规律，知道了许多对立统一关系，我们是否因此就懂得了哲学呢？哲学家黑格尔做过一个比喻，他说，许多人学哲学，就好比动物在听音乐，听到了各种音符，可就是没有听到"音乐"。这个比喻也许过于尖刻了。然而，认真地"反思"一下，我们就会觉得这个比喻还是蛮深刻的。确实，我们记住了许多哲学名词，诸如物质、意识、实践、认识、规律、范畴、肯定、否定、道德、伦理等，是否因此我们就形成了哲学的"爱智之忱"和"辩证智慧"呢？是否因此我们就形成了哲学的"思维方式"和"生活态度"呢？是否因此我们就形成了"向前提挑战"和"对假设质疑"的能力呢？哲学是一种教养。反思、体悟、品味、涵养，才是形成哲学教养的"不二法门"。

又如，我们读了许多古今中外的文学作品，学了许多古往今来的文学理论，是否因此就懂得了文学呢？作家张炜说：读书读得太花不是博览，那样只是"薄览"。对于一个作家，特别是大作家，不深入进去，只是翻翻看看，看一篇一部就算懂了，议论横生，这绝对不好。文学对于男性和女性，都是一次极大的考验和陶醉，都必须用全部的生命去拥抱。它能耗尽你的一切：才华、青春、激情。它绝不是绣花之类的软手工，不是细小的针线活儿。它需要你付出，而且不是一般的金币，而是生命之汁：一滴一滴地付出。

二　自为的存在：理论意识

> 一个民族要想站在科学的最高峰，就一刻也不能没有理论思维。
>
> ——恩格斯

(一)"科学"与"理论"

崇尚"科学"，是当今最为强劲的时代潮流；漠视"理论"，也是时下不容回避的社会心理。这实在是一种奇怪的现象：人们不是经常把这两个名词合在一起称作"科学理论"吗？

然而，这却是"现实"。

试举一例，20世纪90年代的高中毕业生报考大学，"应用学科"备受青睐，金融财政，经济法律，理财营销，会计外贸，软件硬件，生物工程，同学们纷纷报考；"基础理论"学科则门庭冷落，不必说中文、历史、哲学、数学、物理、化学专业，就是备受青睐的经济、法律专业中的政治经济学、法理学，也由于"理论性太强"而鲜有人报考。

这并不是随意抽取的"例子"，而是比较真实地展现了当时普遍的"社会心理"。1996年，《光明日报》头版头条刊登了《子女教育与家长心思——95北京调查》一文。① 文章说，"1995年12月完成的一项调查结果表明，子女教育已成为老百姓最为关注的问题，子女的教育与辅助养成服务也成为最能调动家长消费投入的领域"。毫无疑问，老百姓最为"关注"的问题和最肯"投入"的领域，当然也就最能表现人们普遍的社会心理了。

那么，人们"关注"和"投入"子女教育的期待是什么呢？文章说，"调查发现，家长群体评价高的几种职业是：科学研究人员、大学教师、医生、军人、中小学教师。评价低的职业有：个体户、集体企业职工、国有企业职工、机关职员等"。然而，"一些职业评价很高，如中小学教师，可很少有人希望自己的孩子去从事。而企业家的职业，尽管公众评价不高，却被公众列在了第4位"。文章的结尾是这样写的，"研究人员认为，单纯的评价仅仅反映了职业的社会声望，即人们对此职业的尊重程度，而公众希望子女从事的职业则不仅仅反映了社会声望，更和这些职业的经济收入等有关"。

确实，"尊重程度"与"经济收入"不是一回事。前者带有"务虚"的意味，后者则毫不含糊地"务实"了。对此，似乎无可非议。然而，由此把"科学"视为"务实"，把"理论"视为"务虚"，并进而尊崇"科学"，漠视"理论"，却不能不说这是认识上的双重"误区"，即对"科学"和"理论"的双重误解。

"科学"不同于"技术"，更不同于"技能"。"科学"是关于自然、社会和思维的"理论"，并以此区分出自然科学、社会科学和思维科学等。科学是由概念、范畴、命题以及定义、公式、公理等组成的逻辑化的理论体系，其首要功能是对研究对象做出普遍性的和规律性的理论解释。在这个意义上，科学也是"务虚"的（理论地解释世界），而不是"务实"的

① 载《光明日报》，1996-01-19。

（不是操作性的技术或技能）。

那么，为什么人们会把"科学"与"理论"区别开来甚至对立起来，认为科学是"务实"的而理论是"务虚"的？这里面有两个重要表现。其一，人们把科学区分为"基础学科"与"应用学科"，并把前者视为"理论"，而把后者视为"科学"。现代德国哲学家、解释学大师伽达默尔的一段议论，或许可以清楚地说明这个问题。他说："自我们世纪（20世纪）以来，一个高度工业化的经济体系已逐渐从与目标紧密相连的大规模的研究中建立起来。科学研究的纯理论兴趣在某种程度上已陷入不得不保卫自己的地步。人们从把这种纯理论的科学研究命名为基础研究的做法中看到了这一点。基础研究对于所有科学进步和技术进步都是不可或缺的。因此，在20世纪这个充斥新的社会功利主义的时代，出于纯理论的兴趣而保存了一个小小的自由王国。但是实用主义的普遍观点却未受到限制。于是，对理论的损害就变成了对实践的赞美，而理论则必须在实践的法庭上为自己辩护。"①这大概就是"数理化"乃至"天地生"等"基础研究"被视为"理论"并被漠视的原因。其二，人们把科学区分为"自然科学"与"人文科学"，并把前者视为"科学"，而把后者视为"理论"。对此，当代美国哲学家瓦托夫斯基的议论，或许可以切中要害地说明这个问题。他说，根据自然科学的研究对象的自在性、研究手段的实验性、研究程序的精密性以及研究结果的定量性、可证性和客观一致性等，把自然科学和人文科学区分为"硬"科学和"软"科学、"精密"科学和"非精密"科学、"定量"科学和"定性"科学，"通常是为了贬低'软'、'非精密'和'定性'的科学"②。这大概就是"文学、历史、哲学"乃至"政治经济学"和"法理学"等被视为"理论"并遭受冷遇的原因。

由此我们可以看到，人们在关于"科学"与"理论"的理解中，实际上做出了两个方面的区分：一是把"基础研究"作为"理论"而排除中心的

① 《赞美理论——伽达默尔选集》，34页，上海，上海三联书店，1988。
② ［美］M. W. 瓦托夫斯基：《科学思想的概念基础——科学哲学导论》，525页，北京，求实出版社，1982。

"科学"，二是把"人文学科"作为"理论"而排除中心的"科学"。排除掉"理论"的科学"是什么呢？那就只能是"应用""技术""技能"，也就是"实用"了。这同"科学"的本意不是相距甚远吗？我们又应该如何去理解"理论"呢？

(二)思想中的现实

理论被人们视为"务虚"并因此被"漠视"，从根本上说，因为人们认为理论与现实有"间距"，不解决切身的"实际"问题。然而，这却是对理论的根本性误解。

什么是理论？理论不是超然于世界之外的玄思和遐想，而是思想中所把握到的现实，即以概念的逻辑体系所表述的现实。理论中的现实，不是事物的个别存在和现象形态，不是事物的外部联系和偶然状态，而是事物的共性、本质、规律和必然。离开理论，人们就无法对事物做出普遍性、本质性和规律性的解释，就无法形成对世界的合规律性、合目的性的要求，就无法有效地改造世界以满足人类的需要。欧几里得的几何学理论，哥白尼的日心说理论，牛顿的经典力学理论，爱因斯坦的相对论理论，玻尔的量子力学理论，一切具有划时代意义的科学理论，对于人类生存与发展的巨大价值，几乎是尽人皆知的，也是无人质疑的。

即使那些被人们视为"最抽象"的理论，也无不是思想中所把握到的现实。对于黑格尔的"思辨哲学"，马克思就曾深刻地指出，它是以最抽象的形式表达了最现实的人类生存状况："个人现在受抽象统治，而他们以前是互相依赖的。但是，抽象或观念，无非是那些统治个人的物质关系的理论表现。"[①]这就是说，黑格尔的"抽象"，既不是他个人的"偏爱"，也不是他个人的"编造"，而是根源于理论所表达的现实——现实被"抽象"统治。就此而言，黑格尔的思辨哲学就不是远离了现实的，恰恰相反，它是以"抽象"的理论真实地表达了受"抽象"统治的现实。

理论同现实之间确实存在"间距"。然而，正是由于这种"间距"，理

---

① 《马克思恩格斯全集》第46卷(上)，111页，北京，人民出版社，1979。

论才能"全面"地反映现实,"深层"地透视现实,"理性"地解释现实,"理想"地引导现实,"理智"地反观现实。正是由于这种"间距",理论才能使人超越感觉的杂多性、表象的流变性、情感的狭隘性和意愿的主观性,把握到"看不见""摸不着"的普遍性、本质性、规律性和必然性,引导人类有效地认识世界和改造世界。

对此,人们还会提出怀疑,理论对于人类来说,也许是"实"的;但对于个人来说,却还是"虚"的。因为个人没有理论照样生活,有了理论也不能解决实际问题。这恐怕是人们漠视理论的更深层的根源。

理论不仅是解释世界的概念系统,而且是规范人们思想与行为的概念系统。具体地说,理论在观念上规范着人们想什么和不想什么、怎么想和不怎么想,即规范着人们的思想内容和思维方式。理论又在实践上规范着人们做什么和不做什么、怎么做和不怎么做,即规范着人们的行为内容和行为方式。就此而言,理论是理性的人类的存在方式,每个有理性的人的思想与行为无不受到理论的规范。

中国有句古话,叫作"君子坦荡荡,小人常戚戚";外国有句名言,叫作"仆人眼中无英雄"。放开"君子"与"小人""仆人"与"英雄"的划分是否合适不说,我们在生活中总会看到,面对同样的人或事,同样的境遇或问题,总有人"坦荡荡",也总有人"常戚戚"。也许有人会说,这是"性格"使然。其实不然,人是有理性的存在,总是自觉或不自觉地接受某种理论,正是这些理论构成了理性所思所想的根据和标准。

(三)观察渗透理论

生活中的每个人都需要理论意识,一个有教养的现代人更需要有自觉的理论意识。这不仅因为理论规范着人们的所思所想和所作所为,而且因为理论直接规范着人们"看"到什么和"听"到什么,即规范着人们的最基本和最普遍的认识方式——观察。用现代术语来说就是:"观察负载理论""观察渗透理论""观察受理论的污染""没有中性的观察"。

平常,我们总说要"一切从实际出发""实事求是""按照事物的本来面目去认识事物"。但是,人们常常把这些根本性的要求简单化地理解为认真地"看"和仔细地"听"，而很少思考理论对观察的规范作用，甚至把理论与观察对立起来。比如，人们常说认识的内容是客观的，认识的形式是主观的，似乎越排斥认识形式的"主观性"，才能越坚持认识内容的"客观性"，越排斥理论的规范作用，才能越坚持观察的正确性。

对此，我们首先要问：在人的意识中，究竟有没有纯粹的客观内容？我们的回答是：没有。这是因为，意识在任何时候都只能是"意识到了"的存在，观念的东西总是"移入人的头脑"并在人的头脑中"改造过了"的存在。"意识到了""改造过了"，认识的内容就深深地打上了认识主体的印记，就牢牢地受到了认识形式的束缚。设想纯粹客观性的认识内容，就是幻想认识内容脱离认识形式而独立存在。

这里的关键问题在于，认识的内容（映象）并不是认识的客体（对象），而是移入人的头脑并在人的头脑中"改造过了"的对象。认识的客体作为客观存在，在它未转化为人的认识内容之前，只能是一个未知的存在。认识的客体转化为认识的内容后，认识的内容已经在观念上被认识的主体所改造，成为主体所理解的存在。这表明，认识内容（映象）的存在，必须具有缺一不可的两个条件：其一，映象是关于对象的映象，没有对象的存在就没有映象的存在；其二，映象是主体认识活动的产物，没有主体的认识活动也不可能形成关于对象的映象。所以人的观察以及人的全部认识活动，是"对象——认识——映象"三项关系，而不是"对象——映象"二项关系。

"对象"变成"映象"必须以"认识"为中介，这就造成了认识内容的无法逃避的矛盾性。客观事物是世界的本来面目，但它不经过人的认识活动，就构不成人的认识内容。认识内容是关于对象的映象，也是人的认识活动的产物，是已经在人的头脑中改造过了的东西。仅从认识的矛盾性上看，人类的认识就陷入了不可解脱的二律背反：人类要认识世界的"本来面目"，就必须"吾丧我"，即不作为认识的主体而存在；人类丢掉了认识主体的地位，就与世界构不成认识关系，当然也就谈不上对世界的认识。

这个问题从反面启发了人们重新思考认识的形式。所谓"认识形式是主观的"，只能指如下两层含义：其一，认识形式是主体进行认识活动的形式；其二，主体在运用认识形式的过程中具有自主性。超出这两层含义，把认识形式看成纯粹的主观性，将导致经过认识活动所形成的认识内容，也只能是主观性的存在。正是从这种新的理解出发，人们开始重新看待认识的内容与形式的关系，以及认识活动中的观察与理论的关系。

首先，我们应该看到，人的认识形式具有客观的物质基础。认识形式作为人类认识机能的表现形式，具有先天性，是一种遗传性的获得。大脑是认识机能及其表现形式的物质承担者。大脑的结构和功能是物质自身长期进化的产物，它的运动规律受到物质运动一般规律的支配。大脑在自己的运动过程中，实现自己特殊的功能——达到物质的自我认识。正是由于人的思维与外在的世界在本质上服从于同一规律，所以人的认识才具有客观意义。这就是认识形式的自然基础。它构成了人类进行认识活动的不自觉的和无条件的前提。

其次，我们还应看到，人的认识形式具有客观的实践基础。人类本身，包括人的各种感觉器官以及思维器官，都不仅是自然界长期发展的产物，而且是在自然根基的基础上，历史地发展的社会实践的产物。马克思说，人的五官感觉就是在以往的"全部世界历史"中形成和发展起来的。同样，"人的实践经过千百万次的重复，它在人的意识中以逻辑的格固定下来。这些格正是（而且只是）由于千百万次的重复才有着先入之见的巩固性和公理的性质"。

20世纪80年代以来，国内学术界开始重视和研究瑞士心理学家皮亚杰的发生认识论。这个理论的重要成果在于，它以大量的观察材料和实验材料为基础，揭示了认识形式的实践基础。事实上，马克思主义哲学特别强调的实践是认识的基础，它不仅从客体方面来说明实践提供认识的对象、认识的物质手段和检验认识的真理性标准，而且从主体方面揭示出人类智力（包括认识形式）发展的现实根据。从总体上看，正是人类感性实践的逻辑不断地"内化"为思维运演的逻辑，思维本身才具有越来越扩展和深化的把握现实的力量。在实践活动中，一方面主观付诸客观，主体改造了客体，主观目的取得了现实性；另一方面，客观改造了主观，主观形式获得了把握现实的客观意义。

最后，我们特别应当看到，观察中所运用的理论和方法，并不是抽象的、凝固的，而是具体的、发展的。科学既历史地扩展和深化了人类用以把握世界的"方法"，也历史地扩展和深化了人类用以把握世界的"理论"。正是科学的理论和方法使人的认识形式具有了客观意义，从而也使认识内容具有了客观意义。

就现代而言，我们不仅具有多层次的归纳和演绎、分析和综合、抽象和概括、假说和证明、公理和公设等逻辑方法，而且具有诸如系统方法、仿生方法、信息方法、数学模型法、概率统计法、功能模拟法、思想实验法等认识方法。正是由于这些观察当中"渗透"着的这些相互制约、相互贯通，具有一定层次结构而又变化不息的方法系统，我们才能形成现代科学的世界图景。

科学的发展还为人类观察世界提供了历史发展的概念之网——理论。爱因斯坦说："物理学是从概念上掌握实在的一种努力。"海森堡也说，"物理学的历史不仅是一串实验发现和观测，再继之以它们的数学描述的序列，它也是一个概念的历史"。科学理论所编织的"概念之网"，构成了人类认识发展的"阶梯"和"支撑点"。如果我们不像马克思所批评的那样，仅仅从"客体的"或"直观的"形式去理解我们观察到的世界，而像马克思所要求的那样，从人的"感性活动"或"实践的"方面去理解我们所观察到的世界，我们就会认识到，"观察渗透理论"这个命题具有极为重大的现实意义：世界所呈现给我们的图景，与我们用以观察世界的理论是一致的；世界图景的更新与观察世界的理论的变革是一致的；现代人所具有的世界观与现代科学所提供的理论是一致的。如果我们用"范式"这个概念来表述不同理论的核心内容，那么，观察与理论的关系，就可以用哲学家斯台格弥勒的一段话来予以总结："范式的更换使学者们像是移居到另外一个星球上。本来熟悉的东西从一个全新的角度出现了，前所未知的东西聚集起来了。他们观察整个世界的概念之网更换了。可以毫不夸张地说，范式的变更使世界本身也变了。"①

（四）赞美理论与超越实践

"一切实践的最终含义就是，超越实践本身"，这是现代德国哲学家伽达默尔所著《赞美理论》一文的结束语。

这话颇有些费解：实践就是实践，何必超越自身，又如何超越自身？如果我们再引述这篇文章的另两句话，或许可以对这句费解的话做一个注解："理论就是实践的反义词"，"对理论的赞美成了对实践的反驳"。

然而，这个注解也许会引起更深的疑惑：实践不是理论的基础吗？理论不是对实践的指导吗？为什么对理论的"赞美"反而成了对实践的"反驳"？为什么"赞美"理论就是对实践的"超越"？

我们暂且"存疑"，先来谈谈"时尚"。

据一份研究"时尚"的调查报告说，1993年中国流行程度最高的语言排列为：(1)下海，(2)炒股，(3)申办奥运，(4)第二职业，(5)大哥大，(6)大款，(7)发烧友，(8)发，(9)打的，(10)老板。在行为时尚方面，抽样调查表明，有40.6％的人从事过本职以外的经济活动，9.2％的人炒过股票，8.7％的人换过国库券或外汇券，7.4％的人练过摊，34.2％的人参加过各种新潮培训班，其中最热的是外语、电脑、股票、期货、公共礼仪等培训班。

"语言时尚"和"行为时尚"，最能表现一个社会在特定时期最为普遍的社会思潮，也最能表现这个社会在这个时期最为普遍的实践方式。那么，这种到处流行的"下海""炒股""大款""老板"的"语言时尚"，这种铺天盖地的"兑换""练摊""短训""公关"的"行为时尚"，究竟表现的是什么样的"社会思潮"和"实践方式"呢？

也许有人会脱口而出，这不是搞"市场经济"吗？然而，我们能说

---

① ［西德］W. 斯台格弥勒：《科学哲学中的革命——围绕库恩科学观的争论》，载《自然科学哲学问题丛刊》1980年第1期。

"下海""炒股""练摊""公关"就是"社会主义市场经济"吗？由此，我们大概可以联想到"理论对实践的反驳"和"实践对自身的超越"。

美国当代哲学家宾克莱说，"一个人除非对供他选择的种种生活方向有所了解，否则，他不可能理智地委身于一种生活方式"①。为了"理智"地"委身"于"市场经济"这种"生活方式"，每个人都需要"理论"地了解当代中国所选择的社会主义市场经济，从而推进社会主义市场经济的健康发展。市场经济需要理论意识。

市场经济是同"现代社会"以及"现代主义"不可分割地联系在一起的。从历史的角度来看，"现代社会"是相对于"传统社会"而言的。传统社会是以自然经济为基础的社会，现代社会是以市场经济为基础的社会。在自然经济条件下，生产力水平低下，科学技术不发达，人的社会关系等级化，"传统主义"在本质上是经济生活的禁欲主义、精神生活的蒙昧主义和政治生活的专制主义的"三位一体"。在这种以自然经济为基础的传统社会中，人们的存在方式表现为"人对人的依附性"。

以市场经济为基础的现代社会，在市场机制的作用下，以传统社会无法想象的广度和深度推进了生产力水平的进步，促进了科学技术的发展并改变了人们的社会关系和生存方式。"现代主义"作为"传统主义"的历史性超越，是一种新的"三位一体"，它在经济生活中反对禁欲主义而要求现实幸福，它在精神生活中反对蒙昧主义而崇拜理性权威，它在政治生活中反对专制主义而诉诸法治建设。功利主义的价值态度、理性主义的思维方式和法治主义的政治思想，是现代主义所表达的市场经济理念。

市场经济不仅仅是一种资源配置方式，还是一种人的存在方式。市场经济按照自己的理念去改变和重塑全部现代生活。功利主义导引的需求与生产的发展，理性主义的思维方式推进的科学与技术的进步，民主

---

① ［美］L. J. 宾克莱：《理想的冲突——西方社会中变化着的价值观念》，6 页，北京，商务印书馆，1986。

法制的社会体制实现的社会现代化，共同导致了人的新的存在方式。这就是马克思所说的"以物的依赖性为基础的人的独立性"。

毫无疑问，市场经济之于自然经济、现代社会之于传统社会、现代主义之于传统主义，是一种巨大的历史进步，是人类实践的空前的自我超越。然而，同样不可否认的是，资本主义的市场经济并不是实现每个人的全面自由发展的"乐土"，建立在以"物的依赖性"为基础上的"人的独立性"并不是真正的、普遍的人的独立性，以功利主义、工具主义和法治主义为核心的现代主义并不是实现现代社会自我超越的"理念"。马克思的资本主义批判的科学社会主义理论，从经济、政治、文化和思想等方面深刻地揭露了资本主义中现代社会的种种矛盾及其内在的否定性，并深刻地阐述和论证了以社会主义的现代社会去取代资本主义的现代社会的历史必然性。

让我们重温一下马克思和恩格斯在《共产党宣言》中的一段论述："资产阶级在它已经取得了统治的地方把一切封建的、宗法的和田园诗般的关系都破坏了。它无情地斩断了把人们束缚于天然尊长的形形色色的封建羁绊，它使人和人之间除了赤裸裸的利害关系，除了冷酷无情的'现金交易'，就再也没有任何别的联系了。它把宗教虔诚、骑士热忱、小市民伤感这些情感的神圣发作，淹没在利己主义打算的冰水之中。它把人的尊严变成了交换价值，用一种没有良心的贸易自由代替了无数特许的和自力挣得的自由。总而言之，它用公开的、无耻的、直接的、露骨的剥削代替了由宗教幻想和政治幻想掩盖着的剥削。""资产阶级抹去了一切向来受人尊崇和令人敬畏的职业的神圣光环。它把医生、律师、教士、诗人和学者变成了它出钱招雇的雇佣劳动者。""资产阶级撕下了罩在家庭关系上的温情脉脉的面纱，把这种关系变成了纯粹的金钱关系。"①

由此我们可以懂得：当代中国要确立的市场经济，并不是把一切都"淹没在利己主义打算的冰水之中"的市场经济；当代中国要实现的现代

---

① 《马克思恩格斯选集》第 1 卷，274—275 页，北京，人民出版社，1995。

化，并不是"把人的尊严变成了交换价值"，把全部关系都变成"纯粹的金钱关系"的现代化。社会主义的市场经济和社会主义的现代化，意味着我们既要充分发挥市场经济的"正面效应"，又要坚决有力地抑制市场经济的"负面效应"；我们既要加快速度实现现代化，又不把现代化了的西方社会作为追逐的目标。这就是建设中国特色社会主义市场经济，这就是实现中国特色社会主义现代化。在"下海""炒股""练摊""公关"的时候，我们还应该具有这样一些"理论意识"。它可以使我们了解一些"理论对实践的反驳"，实现一些"实践对自身的超越"。

关于理论的社会功能，马克思在《资本论》序言中的一段议论，是发人深省的。马克思说："本书的最终目的就是揭示现代社会的经济运动规律，它还是既不能跳过也不能用法令取消自然的发展阶段。但是它能缩短和减轻分娩的痛苦。"①

的确，如果我们夸大理论的社会功能，甚至把理论的作用夸大为可以改变社会发展的规律，结果只能是"假作真时真亦假"，使理论的信誉扫地，使理论的冷漠成为一种普遍的社会心理。反之，如果无视理论的社会功能，甚至根本否定理论在社会生活中的作用，结果也必然是"无为有处有还无"，使实践变成盲目的实践，甚至破坏人类自身发展的实践。

实践需要理论的"反驳"，从事实践活动的人需要"理论意识"，从根本上说，马克思所指出的理论能够"把生育的痛苦缩短并且减轻"。

社会历史的发展总处于某种"二律背反"之中，因此总表现为某种片面性，特别是社会发展的变革时期或转型时期，更无法逃避"生育的阵痛"。以当今中国的改革而言，市场经济与精神文明，经济效益与社会效益，发展生产与环境保护，短期行为与长远利益，宏观调控与微观搞活，对外开放与自强自立，真可谓"矛盾无处不在""矛盾无时不有"。在当代中国人的社会心理层面上，功利主义与理想主义、政治狂热与政治冷漠，理

---

① 马克思：《资本论》第 1 卷，第一版序言，11 页，北京，人民出版社，1975。

论淡化与理论饥渴，追求享乐与承担责任，呼唤变革与留恋过去，道德律令与唯我主义，无私奉献与拜金主义，构成了极其尖锐复杂的心理冲突。理论不可能"废除"这种"阵痛"，却可以"缩短"并且"减轻"这种"阵痛"。

社会的进步就是实践的自我超越，理论的力量就是对既有实践的反省和对未来实践的引导。理论作为思想中的现实和社会的自我意识，能够最集中、最强烈、最深沉地把握住和显现出时代的脉搏，能够对人们的实践活动进行全面性的反应、批判性的反省、规范性的矫正和理想性的引导。个人具备应有的理论意识，能够全面地看待改革的实践，深刻地理解社会发展中的"阵痛"，理智地投身于新的生活方式之中。

任何时代和任何社会，都有各种各样的理论。各种不同的理论有各自不同的命运。马克思说，理论在一个国家的实现程度，决定于理论满足这个国家需要的程度。理论的命运取决于它在何种程度上构成"思想中的现实"，现实的命运则在一定程度上取决于能够满足它的需要的理论。失去现实需要的理论是没有希望的理论，失去理论兴趣的民族是没有希望的民族。

赞美理论，贡献出无愧于时代的理论，并以塑造和引导时代精神的理论去推进实践的自我超越，这是我们的希望之所在。

三　合法的偏见：创新意识

> 理解并不是一种复制的过程，而总是一种创造的过程。
>
> ——伽达默尔

(一)只有"相对的绝对"

有人把过去视为"绝对主义时代"。

有人把现在称作"相对主义时代"。

信奉绝对主义的人，总是把绝对当作绝对的绝对。

崇尚相对主义的人，总是把相对当作绝对的相对。

对于绝对主义者来说，相对也是绝对。如果相对主义者说，一切都是相对的；绝对主义者就会予以反驳，你说"一切都是相对的"，这本身不就是绝对的断言吗？

对于相对主义者来说，绝对就是相对。如果绝对主义者说，黑和白是绝对不同的；相对主义者同样会予以诘难，黑与白的绝对不同，不就是由于它们是相对的存在吗？

绝对主义者使相对成为绝对。

相对主义者使绝对成为相对。

于是智者笑曰：相对绝对乃辩证统一。

这话说得不错，但做起来却不易。弄不好，就会像恩格斯所嘲笑的"官方黑格尔学派"那样，把"辩证统一"当作"用来套在任何论题上的刻板公式"，"用来在缺乏思想和实证知识的时候及时搪塞一下的词汇语录"①。

事实上，人的思想从"绝对"或"相对"的框子里跳出来，可以说是极为困难的。相反，人的思想倒是常常从"绝对"跳到"相对"，或者从"相对"跳到"绝对"。但是，不管从这端跳到那端，还是从那端跳到这端，都难以跳出"要么这端，要么那端"的框子。"两极对立"的思维方式似乎是最易于接受，也最易于运用的思维方式。

首先说"绝对的绝对"观。

人们经常使用诸如"科学""真理"这些概念，并总是把这些概念作为判断是非、评论真假的标准。比如，某人说他讲的是"科学"或"真理"，而别人也认同这是"科学"或"真理"，于是大家便无话可说，既无须争论，更不质疑，"科学"或"真理"就成了"绝对的绝对"。

这种绝对主义的思维方式，突出地表现在对"理论联系实际"的曲解上。人们总是首先把"理论"与"实际"截然对立起来，把理论视为无须反

① 《马克思恩格斯选集》第2卷，40页，北京，人民出版社，1995。

省的"客观真理",把实际看作与人无关的"客观存在",然后再用理论去"联系"实际,其实就是用理论去"套"实际。

这里表现了双重的绝对主义:既绝对主义地看待理论,又绝对主义地看待实际。

是否存在与人无关的、"客观存在"的实际?没有。"实际"在人的意识之外,但又总在人的思想之中。凡是我们所"看到"的"实际",总是被我们"看到"的"实际"。这里的"看到",并不是用照相机的空白底片去给"实际"摄影,而是观察者自觉或不自觉地运用自己的知识、情感和意志去"看"实际。其中当然也包括运用观察者已有的理论去"看"实际。因此,这"看"的结果,被理论"污染"了,实际也就不那么"客观"了。由此可见,"理论联系实际",并不是要不要用理论联系实际的问题,而是用何种理论去联系实际的问题,特别是用何种理论去取代其他理论联系实际的问题。比如,我们要用建设中国特色社会主义理论去联系实际,从根本上说,就是要用这种理论去代替 20 世纪 70 年代中的理论或全盘西化的理论或"内圣开出新外王"的理论去看待实际。

是否存在与人无关的、"客观存在"的理论?没有。观察者要用某种理论去联系实际,他必须把握这种理论,理解这种理论。而只要人在理解,总是会产生不同的理解。[①] 观察者总是运用已有知识、思维方式、价值观念、审美意识和全部教养去占有理论。因此,这"占有"的结果,就变成了对"本文"的"解释",理论又被观察者的教养"污染"了。由此可见,"理论联系实际",不仅是用何种理论去联系实际的问题,而且是我们在何种程度上、何种水平上占有理论的问题。比如,以建设中国特色社会主义理论为例,我们要用这种理论去联系实际,首要的是认真地学习这种理论,深入地理解这种理论,使我们的理解和解释达到与"本文"的"融合"。这样,我们才有可能以这种理论去"联系"实际,而不是以其

---

① 参见[德]H-G. 伽达默尔:《真理与方法——哲学解释学的基本特征》,280 页,沈阳,辽宁人民出版社,1987。

他理论去观察和解释实际。

由此可见，理论与实际的关系，并不是我们是否用理论去联系实际的问题，而主要的是我们以何种理论去"看"实际的问题。我们只有习惯性地以直观反映论的观点去看待理论与实际的关系，才能把理论当作与主体无关的"客观真理"，又把实际当作与主体无关的"客观存在"，似乎把现成的理论往现成的实际上一套，就是"理论联系实际""有的放矢"了。这种把"理论"与"实际"绝对对立起来的绝对主义，只是把理论当作"用来套在任何论题上的刻板公式"。我们不是经常能听到这样的"大话""空话"和"套话"吗？

进一步思考，我们还会发现，如果把理论与实际当作截然对立的存在，又用理论去"联系"实际，就会把理论本身当作凝固的、僵死的存在，而丢弃了对理论的反省与发展。正因如此，长期以来我们总是墨守某种理论，甚至把理论的"坚持"与"发展"对立起来。在"文化大革命"中，人们甚至把理论与实际的关系归结为"带着问题学""活学活用""急用先学""立竿见影"等。事实上，如果理论不随着实际的变化而发展，又如何用这种理论去"联系"实际呢？理论并不是"万变不离其宗"的僵化的抽象教条，而是"思想中的现实"。绝对主义地看待"理论"和"实际"及其相互关系，只会失去理论的力量与信誉，失去实践的生机与活力。真正的"理论联系实际"，必须超越绝对主义的思维方式。

其次说"绝对的相对"观。

"一切都是相对的"，在两种意义上都是成立的。其一，任何事物的存在都处于某种关系当中，没有不发生任何关系的孤立存在的事物。这里的"关系"，表明了事物存在的无一例外的"相对性"。其二，人类的全部认识都处于历史过程之中，没有超历史的抽象的终极性认识。这里的"历史性"，表明了人类认识的毫无例外的"相对性"。

然而，"关系"和"历史"除了表明事物存在和人类认识的"相对性"外，是否还表明事物存在和人类认识的"绝对性"？让我们仍以"理论联系实际"来说明这个问题。

按照我们的看法，理论与实际并不是截然对立的关系，而是"观察负载理论""观察渗透理论"的关系，我们所"看"到的实际，是被理论"污染"了的实际。与人无关的实际、人未认识到的实际，对于人的认识而言，只能是黑格尔所说的"有之非有""存在着的无"——它存在着，但对于人的认识来说它是一个"无"。这种"认识"与"实际"的"关系"是绝对的。无论人的认识如何发展，处于何种阶段或水平，"实际"只有成为认识的"对象"，才成为人所认识的"实际"；要成为人的认识对象的实际，就要被人的认识（常识或科学等）所"污染"，因而理论与实际不是截然对立的，而是"绝对"相关的。

　　按照这种看法，理论联系实际，重要的是以何种理论联系实际的问题。如果所有的理论只是相对的，无所谓正确与错误、先进与落后，我们又如何选择某种理论或拒斥某种理论去"联系"实际呢？我们选择或拒斥的根据又是什么呢？这只能是"历史的选择"。"历史"既是"相对性"的根源，又是"绝对性"的根据。

　　任何一种可以称为"理论"的观念体系，都具有三个方面的基本特性：其一，历史的兼容性，即人类认识史的积淀或结晶；其二，时代的容涵性，即思想中所把握到的现实；其三，逻辑的展开性，即概念发展的有机组织。但是，不同的理论不仅在其历史感、时代感和逻辑感的程度上和水平上是不同的，而且其总结历史、把握时代和展开逻辑的出发点与结论也是不同的，由此便构成了理论之间"相对"而言的对与错或优与劣。

　　如果我们把理论之间的这种"相对"视为"绝对的相对"，认为所有理论只不过是"仁者见仁，智者见智"或"公说公有理，婆说婆有理"，那就取消了理论之间的对与错或优与劣的可比较性，从而也就取消了选择或拒斥某种理论去联系实际的问题。因此，真正的"理论联系实际"，又必须超越相对主义的思维方式。

　　超越对理论的绝对主义或相对主义的理解，关键在于寻求和确认判断理论之对与错或优与劣的标准。这里，我想引证马克思的三段论述来探讨这个问题。

其一，在《关于费尔巴哈的提纲》中，马克思提出："人的思维是否具有客观的真理性，这不是一个理论的问题，而是一个实践的问题。人应该在实践中证明自己思维的真理性，即自己思维的现实性和力量，自己思维的此岸性。关于离开实践的思维的现实性或非现实性的争论，是一个纯粹经院哲学的问题。"①这就是我们常说的实践是检验认识的真理性标准的问题。确实，在理论自身的范围内，我们如何去验证各种理论之间的对与错或优与劣呢？只能或者绝对主义地、"独断"地认定某种理论之对与优，或者相对主义地但同样"独断"地否认理论之间的可比较性。因此，我们只能在"实践"中检验和鉴别理论。

其二，在《〈黑格尔法哲学批判〉导言》中，马克思从一个新的角度谈论理论与现实的关系问题："理论在一个国家实现的程度，总是决定于理论满足这个国家的需要的程度。"②确实，任何一个国家在它的任何一个历史时期，都会存在各种各样的、相互抵牾的理论。究竟何种理论能够"实现"，以及在何种程度上"实现"，取决于它"满足这个国家的需要的程度"。由此我们可以看到，究竟选择哪种理论去"联系"实际，是同实际的"需要"密不可分的。这种"需要"的历史性，决定了理论选择的相对的绝对性。

其三，在同一篇文章中，马克思提出："理论只要说服人，就能掌握群众；而理论只要彻底，就能说服人。"③人们接受或拒绝某种理论，总是以能否被该种理论"说服"为前提的。不能说服人的理论，即使明令推行，也仍然"口服而心不服"，难免"阳奉阴违"；反之，能够说服人的理论，即使明令禁止，也会让人"心悦诚服"。这说的就是《革命烈士诗抄》中的两句诗："砍头不要紧，只要主义真。"理论怎样才能说服人呢？马克思不仅说"理论只要彻底，就能说服人"，而且进一步解释说："所

---

① 《马克思恩格斯选集》第1卷，58—59页，北京，人民出版社，1995。
② 同上书，11页。
③ 同上书，9页。未加外文。

谓彻底，就是抓住事物的根本。但是，人的根本就是人本身。"马克思主义之所以能够"说服"人，就在于它具有理论的彻底性，它抓住了"事物的根本"，抓住了"人本身"。认真地读一读马克思的著作，我们都会强烈地感受到马克思主义的理论说服力和逻辑征服力。它绝不是一种抽象的、空洞的、枯燥的、刻板的、僵化的教条，而是一种深邃的、睿智的、历史地发展着的理论。

关于绝对与相对的关系，我们也许可以用发表过的论文中的一段话来作结："人类在自身的历史发展中所形成的具有时代特征的关于真善美的认识，既是一种历史的进步性，又是一种历史的局限性，因而它孕育着新的历史可能性。就其历史的进步性而言，人们在自己的时代所理解的真善美，就是该时代的人类所达到的人与世界的统一性的最高理解，即该时代人类全部活动的最高支撑点，因此具有绝对性；就其历史的局限性而言，人们在自己的时代所理解的真善美，又只是特定历史时代的产物，它作为全部人类活动的最高支撑点，正是表现了人类作为历史的存在所无法挣脱的片面性，因而具有相对性；就其历史的可能性而言，人们在自己的时代所理解的真善美，正是人类在其前进的发展中所建构的阶梯和支撑点，它为人类的继续前进提供现实的可能性。真善美永远是作为中介而自我扬弃的。它既不是绝对的绝对性，也不是绝对的相对性，而是相对的绝对性——自己时代的绝对，历史过程的相对。"①

超越绝对主义，方能冲破思想的禁锢。

超越相对主义，才会挣脱思想的虚无。

(二)提出问题比解决问题更重要

"科学始于观察"，是人们根深蒂固的信念。人们甚至认为，为了保证观察的"客观性"，应该像把外衣挂在实验室外的走廊上一样，把头脑中的"成见"也"放"在实验室之外。

---

① 孙正聿：《从两极到中介——现代哲学的革命》，载《哲学研究》1988 年第 8 期。

与此相反，当代著名的科学哲学家卡尔·波普则提出："科学始于问题。"他认为，科学的本质是永无止境的求索。科学犹如"探照灯"，总是把探索的光芒投向广阔的未知领域。科学是一个历史地发展的过程，因而从来不是完备的知识系统，而是一个需要不断改进和发展的活的机体。科学研究，就是寻找科学中存在的"问题"。正是"问题"促使我们进行观察和实验，展开联想和想象，提出假说和理论。"问题意识"是科学探索的首要意识。

　　波普的"问题意识"，会使我们想起爱因斯坦的一句名言：在科学探索中，"提出一个问题比解决一个问题更重要"。

　　无论是在日常生活中，还是在各种非日常生活的研究领域，每个人都常常会产生这样的困惑：我们知道各种答案，就是不知道问题在哪里。也许，需要撰写学位论文的大学生和研究生们，更有这样的切身感受吧。

　　"问题"在于"提出"。能否真实地提出问题，能否提出真实的问题，是一个人的创造性的精神品质和创造性的智力活动的集中表现。

　　"智力"是指人的认识能力和活动能力的总和。人的智力主要是由观察能力、记忆能力、思维能力、想象能力、直觉能力和实践能力构成的。而超越所有这些能力之上，并融汇于所有这些能力之中的最重要的智力，则是人的创造能力。这种创造能力使观察能力变得敏锐，使记忆能力变得灵敏，使思维能力变得敏捷，使想象能力变得丰富，使直觉能力变得深刻，使实践能力变得卓有成效。高超的智力，是人的各种智力的创造性综合。正是这种创造性的综合，形成和提出了具有创造性的新"问题"。

　　提出"问题"的创造精神和创造能力，主要表现在三个方面：一是善于从观察和实验以及各种"文本"中捕捉到别人视而不见的新现象和新情况，善于从"合乎逻辑"的推理中提出别人漠然置之的新问题；二是敢于向人们习以为常的经验常识提出超越常识的新观念，敢于向人们奉为金科玉律的"公理""规则"提出"离经叛道"的新假说；三是善于并且敢于联想人们认为没有任何联系的事物，善于并且敢于驰骋"现实地想象"。

　　培养创造性的"提出问题"的能力，首先要培养"激活背景知识"的能力。

　　人是历史性的文化存在。人总是通过各种渠道（经验常识、生活体验、学校教育、职业实践等）获得各种"知识"。知识是通过记忆储存在人的大脑之中的，并成为人发现问题、分析问题和解决问题的"背景知识"。人的记忆能力主要包括"识记""保持""再现"和"再认识"这四个方面。因此，人们常常用下面四个指标来衡量人的记忆能力：敏捷性（识记的速度）、持久性（保持的时间）、正确性（再现的准确程度）、备用性（再认识时的有效性）。但是，人们在使用这四个指标去衡量人的记忆能力或人的知识储存的时候，却往往忽视"激活背景知识"的能力——灵活地运用知识的能力和创造性地调动记忆的能力。结果，许多人仅仅把"记忆"当作迅速、准确、持久地掌握知识的能力，甚至把知识和记忆当作"死记硬背"的东西。

　　按照当代美国著名心理学家布鲁纳的观点，人类记忆的首要问题不是"储存"知识，而是"检索"知识。"储存"，只是把知识保持在记忆中，而不能灵活地调动记忆中的知识，更不能"激活知识"以提出新的问题。"检索"，则是突出对知识的调动、组织和创造性重组的能力。检索首先表现为对知识的调动和组织，也就是在记忆库中查找信息和获得信息。每个从事研究的人员都有自己的井然有序的记忆网络，通过检索，研究人员能在这个记忆网络中迅速、准确地调动自己所需要的知识。这就像一只经过整理的抽屉，不仅能够容纳更多的东西，而且能够使人更快地找到东西。检索是对知识的创造性的重新组合。它把记忆网络中的知识调动到所研究的问题上来，在知识的重新组合中，它活化了已有的知识，使知识产生新的联系，从而引发出创造性的联想和想象，提出新的问题，并形成新的猜测和假说。

　　波普以"科学始于问题"作为科学增长模式的出发点，构成了 $P_1 \rightarrow TT \rightarrow EE \rightarrow P_2 \cdots\cdots$ 的科学增长模式。这里的 P_1 表示所提出的问题，TT

表示关于问题的试探性理论即"猜测"或"假说"，EE 表示检验和消除试探性理论的理论，P_2 表示提出新的问题。波普说，"选择某个有意义的问题，提出大胆的理论作为尝试性解决，并竭尽全力去批判这个理论"，从而提出更加深刻的新问题。在波普的这个科学知识的增长模式中，我们不仅可以体会到"问题意识"的极端重要性，而且可以体会到"激活知识"和提出"尝试理论"的重要作用。

培养创造性的"提出问题"的能力，其次需要培养"使用思维工具"的能力。

寻找、发现和提出新的问题，首先要"激活背景知识"，没有背景知识的激活，只会提出"无意义的假问题"。但是，激活背景知识本身，就是灵活地使用思维工具的结果。记住了的东西不能够深刻地理解它，只有理解了的东西才能更准确地记住它。大概正因如此，爱因斯坦认为，公式和数据只需查手册就可以解决问题，因而不值得记忆。真正值得重视的是科学思维的方法。

培养创造性的"提出问题"的能力，最后需要培养"进攻性"的品质。

1979 年诺贝尔物理学奖获得者、美国哈佛大学教授温伯格提出，科学家第一个重要的品质是"进攻性"：不要安于书本上给你的答案，而要尝试发现书本中的问题。他认为，这种"进攻性"的品质比智力更重要，是否具有这种品质是区别最好的学生与次好的学生的分水岭。

温伯格教授的话，使我们联想到许多著名学者对大学、大学生和大学教育的看法。怀特海说："大学的理想与其说是知识，不如说是能力。""概括的精神应当统治大学"，"在中小学阶段，学生在精神上是埋头在书桌上的；在大学里，他就应当站起来环顾四周"。马赫说："我不是哲学家而只是一个科学家。……可是，我不愿做一个盲目听从某一哲学家指挥的科学家，像莫里哀喜剧中的病人那样要听从医生的指挥。……我不打算给科学引进什么新的哲学，而只想打发掉陈旧的、过时的哲学。……有些错误，哲学自己也已注意到了。……它们在科学中却有较长的生命，因为在那里碰不到尖锐的批判，正像一种在大陆上无法活下去的动物，却能够在一个偏远的海岛上免受伤害，因为那里没有天敌。"①

创造性地提出问题，提出关于问题的解释，又对这种解释进行毫不留情的批判，从而提出更深刻的问题，这既是科学发展的逻辑，也是培养创造性品质的过程。科学研究的创造性，就是郭沫若所说的"既异想天开，又实事求是"。现代科学的突出特点，是"交叉""渗透""横向""综合"学科的兴起。这些学科正是创造性地把过去的壁垒森严的不同学科内在地联系起来，向过去不曾问津的领域"进攻"的结果。

培养"强烈的问题意识"，锻炼"激活背景知识"和"使用思维工具"的能力，形成"进攻性"的思维品质，我们的智力就会显示出广阔性、深刻性、独立性和敏捷性的特点。广阔性，就是善于在宽广的领域里较为全面地思考问题，使想象力冲破时间和空间的限制；深刻性，就是善于抽象、概括事物的本质，使洞察力穿透事物扑朔迷离的种种偶然现象；独立性，就是善于独立地思考问题和提出问题，见人所未见；敏捷性，就是善于迅速准确地捕捉到新的问题，当机立断，把思想具体化。其中，最重要的是思维的独立性。具有独立思考能力的人，才能创造性地提出问题和解决问题。

(三)创建新"范式"

"范式"这个概念是当代美国科学哲学家托马斯·库恩提出来的。他为了说明科学发展的历史与逻辑而提出这个概念。由于这个概念所具有的广泛的解释力，它已经远远超出了对科学发展模式的解释，而被广泛地运用于解释文学、艺术、哲学等各种文化形式的变革与发展中。这就是人们经常听到和看到的"科学范式""文学范式""艺术范式""哲学范式""法学范式""史学范式""经济学范式"乃至广而言之的"理论

---

① 转引自［美］菲利普·弗兰克：《科学的哲学——科学和哲学之间的纽带》，6、12页，上海，上海人民出版社，1985。引文有改动。

范式"等。

在库恩那里，"范式"这个概念是与"科学共同体"（或"科学家集团"）这个概念互为解释的。这就是："范式"是"科学共同体"所信奉或遵从的信念与规则，"科学共同体"则由于信奉或遵守某些最基本的信念与规则而形成科学家集团。如果把这里的"科学"共同体变换为"文学""艺术""哲学"共同体，这里所说的"范式"当然也要变换为"文学范式""艺术范式""哲学范式"了。

"范式"作为"共同体"所信奉或遵从的最基本的信念与规则，其内涵是丰富的，也是复杂的，以至库恩本人并未做出准确的规定。如果可以通俗一些说，"范式"最重要的内涵，是"共同体"的世界图景、思维方式、价值观念和审美意识等所凝聚成的"解释原则"——如何解释科学（或文学、艺术、哲学等）自身及其研究对象和研究结果呢？

解释自身，就是自我解释。比如，"科学范式"的首要内容，就是解释"什么是科学"，也就是解释"科学分界"的问题——如何区分"科学"与"非科学"。同样，"哲学范式"的首要内容，也是解释"究竟什么是哲学"。这种自我解释，正是"共同体"所信奉或遵从的最根本的信念或规则。试想一下，如果人们所理解的"科学"或"哲学"不是一回事，又怎么会有共同的信念或规则，又如何按照"规则"去"游戏"呢？又哪里会有所谓"共同体"呢？

自我解释不同，关于对象和结果的解释当然也不同。但关于研究对象和研究结果的解释，凸显了作为研究结果的关于对象的"基本原理"，也就是把对象性理论区别开来的最根本的原理。比如，哥白尼的日心说原理，使他的天体运行理论区别于托勒密的地心说的天体理论；马克思的劳动价值论使他的政治经济学理论区别于英国古典政治经济学；索绪尔的结构主义理论使他的语言学区别于传统的语言学理论；如此等等。这种作为理论生命线的最基本原理，也就是该种理论做出全部解释的最基本的解释原则，所以当代科学哲学家伊姆雷·拉卡托斯将其形象地称作"理论硬核"。这种"理论硬核"正是"范式"的核心内容。

库恩从"范式"与"共同体"的相互解释及其统一性出发,对科学的演进,特别是对科学的"革命"做出了如下描述:前科学→常规科学→科学危机→科学革命→常规科学→……

这里的"前科学",指的是"科学范式"和"科学共同体"尚未成熟的学科状况;"常规科学"是指"科学范式"和"科学共同体"的成熟所达到的一门学科已成其为"科学"的状况;"科学危机",是指既有的"范式"无法解释越来越多、越来越频繁的"反常现象",以至于人们对这种"范式"开始怀疑,对它的信念开始动摇,并导致"共同体"的分裂,导致"范式"的一统局面被破坏的状况;"科学革命",用库恩自己的话来说,就是"旧范式向新范式的过渡",就是"抛弃旧范式与接受新范式"的"同时发生的过程";新的"常规科学",则是新范式的确立和新的共同体的组成,以及由此而形成的相对稳定的该学科发展的新时期。科学研究在新范式中的累积性进步,会引发新的反常,陷入新的危机,引起新的革命,从而实现从新范式到更新范式的转变,使科学研究进入更新的常态科学时期。显然,这是一个动态的、开放的科学发展模式。

库恩所描述的科学发展模式,不仅是引人入胜的,更是发人深省的。它对于培养人的创新意识和创造精神,既是富于启发性的,也是具有操作性的。

时下,"学"无奇不有,泛滥成灾。只要你涉及一个领域,提出一个问题,甚至说出一个名词,几乎就有关于这个领域、这个问题或这个名词的"学"。就说"管理"吧,不用说"行政管理学""工业管理学""农业管理学",也不用说"财政管理学""金融管理学""外贸管理学",连"宿舍管理学""食堂管理学""教室管理学"乃至更"微观"的"管理学"都在堂而皇之地成为"一门科学"。

确实,现代科学的发展不仅呈现出整体化的趋势,也表现为分支化的趋势。新学科的出现层出不穷,也是现代科学发展的重要标志之一。但是,任何新的学科之所以成为"一门科学",并不是因为在某个名词之后加上"学"字,而是因为它形成了库恩所说的"科学范式"和"科学共同体"。否则，不管什么时髦、诱人的"学"，也只是如库恩所说的"前科学"。超越"前科学"而形成"常规科学"，是需要一个较长时期的"科学范式"和"科学共同体"的成熟过程的。

当然，库恩的"范式"理论的重要启发意义并不在这里。重要的是，它启发我们如何去对待"常规科学"以及"科学危机"和"科学革命"。

"常规科学"时期，是依据既定的"科学范式"进行研究的时期。"科学共同体"对待"科学范式"的态度，就如同虔诚的信徒对待宗教教义一样。在这个时期，"共同体"的科学精神是保守的，而不是革命的；是惯性的，而不是创造的。在这个时期，即使"共同体"的成员发现"范式"与经验事实不一致，并因而在运用"范式"解决问题时遭到失败，也不会由此去怀疑"范式"，而是怀疑自己对"范式"的理解与运用。这就如同人在游戏中遭到失败，只能怨恨自己的能力不佳或运气不好，而绝不会怀疑游戏的规则一样。

"常规科学"时期的"科学范式"的保守性以及"科学共同体"遵从"科学范式"的思维惯性，对于科学的累积性进步是必不可少的。正是人们拒绝对"范式"的怀疑，才会在"范式"的规范下提高科学知识的精确性和可靠性，扩大科学知识的解释力和预见性，并使"范式"得到进一步的应用与证实。

然而，"范式"的保守性本身就具有"内在的否定性"。这正如波普所说的，"库恩认为常态科学时期的科学家对范式的态度不是创造性态度，而是教条式态度。他们的任务不是检查范式或改变范式，而是坚守范式，坚定不移地用范式去解决科学研究中的各种问题"。不仅如此，由于"范式"是"共同体"所信奉和遵从的信念与规则，因此，对"范式"的任何怀疑就是对"共同体"的蔑视，对"范式"的任何超越也就是对"共同体"的挑战。这样就使遵从共同范式的常规科学时期，变成了特定范式的专制时期，它限制了人们的思维视野，遏制了人们的创造精神，压制了人们的理论变革。房龙在《宽容》一书中所描述的种种"非宽容"或"反宽容"，正是科学史和思想史所给出的佐证。

理论是灰色的，而生活之树常青。人类实践活动的扩展与深化，总是使背离"范式"的"反常现象"越来越多并且越来越频繁，从而引发对"范式"的怀疑，原有的"共同体"，出现固守旧范式与创建新范式的激烈争论，形成派别之间的斗争，导致"共同体"的分裂，这就是"危机"时期。著名物理学家洛仑兹在古典物理学的危机时期忧心忡忡地说："在今天，人们提出了与昨天所说的完全相反的主张。在这样的时期里，已经没有真理的标准了，也不知道什么是科学了。我真悔恨自己没有在这些矛盾出现的五年前死去。"另一位著名物理学家玻尔，在海森堡建立新量子理论前不久，也大惑不解地说："现在物理学又混乱得如此可怕了。无论如何，这对我来说太困难了。我希望自己不是一个物理学家，而是一个电影喜剧演员或别的什么。从来没有听说过物理学有多好呀！"这些较为形象地表现了科学家在"科学危机"时期惶惶不安和无所适从的心理状态。

然而，正如库恩所说，"危机打破了旧框框，并为范式的根本变革提供了必需的日益增加的资料"，"首先是由于危机，才有新的创造"，"危机是新理论的前奏"。确实，危机绝不仅仅带来分歧和混乱，更重要的是它给人们带来批判精神和创造精神。它是科学中的保守精神的解毒剂，也是科学中的创新精神的振奋剂。

科学革命是旧范式向新范式的过渡，是抛弃旧范式与接受新范式的双重性过程，因而是破坏与建设的统一性过程。库恩认为，新范式的创立者和拥护者往往是"共同体"中较为年轻的一代，这是因为他们受旧范式的熏染不深，对旧范式的信念不坚定，容易对旧范式产生怀疑，是科学中的进步力量；固守旧范式和拒斥新范式的往往是"共同体"中较为年长的一代，他们习惯于旧的范式并对其坚信不疑，是科学中的保守力量。因此库恩说："范式的转变是一代人的转变。"

在库恩看来，科学的常规状态与危机状态都是科学发展中的既必不可少又不可避免的两种状态，真正的科学精神既不是单纯批判的也不是单纯保守的，而应该是批判精神与保守精神适当的结合与平衡。他提出，科学思维有两种基本形式：一是发散式思维，思想开放活跃，敢于标新立异，反对偶像崇拜，这是"破旧立新"的批判的、革命的思维方式；二是收敛式思维，思想集中专注，研究踏实稳健，竭力维护传统，这是"循序渐进"的保守思维方式。库恩认为，正因为这两种思维各有所长，一个成功的科学家就需要同时兼备这两种思维与性格，并使之达到合适的平衡。这就是"必要的张力"。

对于库恩的"范式"理论，人们尽可以"见仁见智"。但是，在"面向21世纪"的理论思考中，我们总可以从中得到某些有益的启示。特别是人们在总结中国改革开放以来的实践经验和理论成果，试图建构各门学科新的理论体系的过程中，尤其需要建立新范式的批判精神和创新意识。这是一种理论层面的现代教养。

我们在"理论意识"部分曾经说过，任何一种真正的理论，都具有历史的兼容性、时代的容涵性和逻辑的展开性，这是人类认识史的积淀，是思想中把握到的时代，是概念发展的有机组织的统一。因此，理论体系的建设，就是建设具有深厚的历史感和强烈的现实感的逻辑化的概念系统。

体系化的新理论，首先来源于对人类认识的总结。恩格斯曾经指出，黑格尔哲学的理论魅力，在于它的"巨大的历史感"。读一读黑格尔的《精神现象学》《哲学史讲演录》和《逻辑学》，我们不能不折服于一种"历史性的思想"与"思想性的历史"相互辉映的理论的征服力量。尽管黑格尔那里有许多"猜测的"甚至是"神秘的"东西，但他的"史论结合"，绝不是我们所看到的许多"体系化"的理论所有的样子，以"论"为纲，以"史"为例，纯属外在的"结合"。正是在系统总结和深刻反思包括黑格尔哲学在内的人类思想史的基础上，恩格斯做出了一个发人深省的论断：所谓"辩证哲学"就是一种建立在通晓思维的历史和成就的基础上的理论思维。① 离开深厚的历史感，所谓"体系化"的理论只不过是没有血肉的

---

① 参见《马克思恩格斯选集》第 4 卷，533 页，北京，人民出版社，1995。

教条主义式的拼凑。我们以为，这大概就是许多冠以"理论体系"的教科书被人冷落的重要原因之一。

关于理论，人们常常强调它的"现实感"或"现实性"。这当然是对的。需要认真思考的是，理论作为思想中的现实，并不是"现存"的各种事实和统计数据的堆积，更不是个人智巧的卖弄和煞有介事的"高级牢骚"。理论的"现实性"，在于它以通晓思维的历史和成就的理论思维去把握现实、观照现实、透视现实，使现实在理论中再现为"许多规定的综合"和"多样性统一"的"理性具体"。历史感规范着理论在何种程度上洞察到现实的本质和趋势。现实感则规范着理论在何种程度上实现自己。理论的历史感由于现实感而获得把握时代的意义，理论的现实感则由于历史感而获得把握时代的力度。离开历史感的所谓"现实性"，只能是一种外在的、浅薄的、时髦的赝品，这样的"理论体系"只能是某种明星式的轰动效应，而无法构成"思想中的时代"。同样，离开现实感的所谓"历史感"，只能是一种繁琐的、经院的、陈旧的说教，这样的"理论体系"只能作为学究式的自我欣赏，无法成为"思想中的时代"。

理论体系是概念发展的有机组织，也是逻辑化的概念展开过程。然而，人们所看到的许多"体系化"的理论，往往是概念、范畴、原理的简单罗列或任意拼凑，缺少内在的"逻辑"。这正是黑格尔曾尖刻地批评过的"散漫的整体性"。从形式上看，这些"体系"有章，有节，有目；有纵，有横，有合。方方面面，林林总总，似乎完整无缺。从内容上看，这些"体系"的概念、范畴、原理缺乏内在的有机联系，缺乏由浅到深的概念发展，缺乏撞击人的理论思维的逻辑力量。而造成这种状况的深层根源，则在于这些"体系"尚未形成比较成熟的"范式"，尚未形成贯穿"体系"的基本解释原则。

任何理论的发展，都像库恩所描述的科学发展一样，必会经历理论体系的建构——解构——重构的过程，即理论的自我否定与自我重建的双重性过程。其中，否定性的"解构"——抛弃旧范式和建立新范式——是重构理论体系的关键环节。道理很简单，理论体系的重建，并不是外在的"体系"的重新构造，而是"理论"本身的变革与创新，是"理论"在变革与创新中形成新的解释原则，并从而形成新的逻辑化的概念发展体系。

在相当长的时期内，我们总是习惯性地把某些"体系化"的理论——比如，各种"教科书"式的"原理体系"——视为"绝对真理"，似乎"体系"中的每个概念都有唯一的"定义"，每条原理都是"天经地义"的。于是，所谓"体系建设"，或者"运用"已有的定义和原理去解释某些问题，或者"寻找"某些事例来论证已有的定义和原理，或者用已有的定义和原理进行新的排列组合。其结果是，"体系"变了，"范式"是旧的，当然"理论"也是旧的。

创建新的理论"体系"，必须首先创建新的理论"范式"；创建新的理论"范式"，则必须首先对"范式"有深刻的认识。任何理论范式，既有历史的合理性，也有内在的否定性，它既是某个时代的绝对，又是历史过程的相对。

因此，任何范式及其理论体系，都是一种"合法的偏见"——它具有历史的合理性，因而是"合法的"；它具有历史的局限性，因而总是有"偏见"的。

人们常说，辩证法在本质上是批判的、革命的。但是，人们往往忽视了辩证法又是宽容的。这是因为，辩证法在对事物的"肯定的"理解中同时包含对它的"否定的"理解。这种"肯定"的理解，也就是"历史"的理解，即承认一切事物的历史合理性。这种"否定"的理解，也是"历史"的理解，即承认一切事物的历史暂时性。这种辩证法的理解方式，既体现了最彻底的批判精神，也蕴含了最真实的宽容精神。辩证智慧使人的思维超越两极的对立，保持"必要的张力"。

四 向前提挑战：批判意识

> 无论科学概念还是生活方式，无论流行的思维方式还是流行的原则规范，我们都不应盲目接受，更不能不加批判地仿效。
>
> ——霍克海默

(一)思想的另一个维度

说到"维度"，人们自然会想到时间和空间，如时间的一维性，空间的三维性，以及由时间和空间四个坐标形成的"四维空间"等。

把"维度"同"思想"联系起来，提出"思想的维度"，人们也许会联想到一些学者对"现代思维方式"特点的概括与描述。比如，有人说现代思维方式的特点是"多侧面""多角度""多层次"乃至"全方位"地思考问题；还有人说"超前性""预测性""模糊性"乃至"全息性"是现代思维方式的本质。

这些概括和描写，确实显示了"思想的维度"："多侧面"是不能只看到一个侧面；"多角度"是不能只从一个角度去看；"多层次"，是不能只看到一个层次；至于"全方位"，也就把所有的侧面、角度、层次都看到了。这恐怕不是一维或三维，而是无限维了。思想的维度远不是时空的维度所能描述的。如果再加上"超前""预测""模糊"乃至"全息"，那么，无论怎样驰骋我们的想象，想要"全面"地描述思想的维度，大概也是"可望而不可即"了。

我说这些，主要的意思并不在于评论这些对现代思维方式所做的概括与描述。究竟如何概括和描述现代思维方式的本质与特点，人们尽可以驰骋自己的想象或进行切实的研究。

这里我要说的主要意思在于：上述关于现代思维方式的概括与描述，似乎是要展现思想的无限维度；然而，换个"角度"来看，却仍然又描述了思想的"一个"维度——思想把握和解释存在的维度。

思想把握和解释存在的维度，就是思想指向对象的维度，是思想构成自己的维度，是思维与存在统一的维度，是思想形成关于对象的映象与观念的维度。一句话，思想把握和解释存在的维度，就是"对象意识"的维度。

对象意识，是指关于对象的意识。"多侧面""多角度""多层次"乃至"全方位"，都是讲的如何看待对象的问题。"多侧面"就是从不同的侧面看对象，"多角度"就是从不同的角度看对象，"多层次"就是从不同的层次看对象。但是，人们不管怎么看，总是看对象，这就是对象意识。至于"全方位"，虽然有"跳出来"的意思，但并没有跳出看对象的对象意识。"横看成岭侧成峰，远近高低各不同。不识庐山真面目，只缘身在此山中。"所谓"全方位"，是要跳出"庐山"看"庐山"。然而，尽管这种"全方位"的思维方式也许可以看到"庐山真面目"，但它仍然是关于"庐山"的"对象意识"。

"超前""预测""模糊"乃至"全息"的思维方式也是如此，"超前"与"滞后"相对，有"见人所未见"的意思。"事前诸葛，事后曹操"，属于比较聪明的人的思维。但这里所说的"超前"，仍属于超前地认识对象，即关于对象的对象意识。"预测"是以掌握对象的运动规律为基础来把握对象的未来状况，"模糊"是以对象的非线性存在为前提去认识对象的存在，因而都是关于对象的对象意识。至于"全息性"，大概是说思维的"小宇宙"与外在的"大宇宙"具有"异质同构"性（或"同质异构"性？），因而可以"全面"地和"完整"地反映外在的"大宇宙"。这种"全息性"的对象大则大矣，但也仍然说的是关于对象的对象意识（尽管这种对象意识包容了整个宇宙）。

这样谈论关于现代思维方式的概括与描述，并不是一种嘲弄或"反讽"。我们只是说，这种概括与描述，不管以怎样的特点去表达现代思维方式，都只是向人们展现了思想的一个维度——关于对象的对象意识。

那么，思想的另一个维度是什么？这就是时下人们经常挂在嘴边的一个概念——"反思"。但是，正因为人们经常把"反思"挂在嘴边，才往往造成"熟知而非真知"，并没有深究"反思"的含义，更没有把"反思"看作思想的另一个"维度"。

"反思"不是一般所说的三思而后行的"反复思考"。因为这种反复思考，仍然是反复地思考对象，即仍然是一种对象意识。

"反思"也不是一般所说的"反向思维"。所谓"反向思维"是与"正向思维"相对的，也就是从相反的方向、方面、角度去看对象。这仍然属于对象意识。

"反思"是"对思想的思想"，"对认识的认识"，是"思想以自身为对象反过来而思之"，这才是思想的另一个维度——不是关于对象的思想维度，而是关于思想自身的思想维度。

"反思"的思想维度当然也有自己的思想对象，但这个思想对象就是思想本身，或者说思想本身就是思想的对象。

"反思"把思想作为思想的对象，这是一种怎样的思想维度？

第一，"反思"是思维对存在的一种特殊关系。思维对存在的反思关系，就是思维把"思维和存在的关系"作为"问题"来思考。

人与世界的关系，从总体上看可以归结为两种基本关系，一是认识关系，二是实践关系。所谓认识关系，就是在观念中实现思维与存在的统一，掌握事物的本质、规律和必然。所谓实践关系，就是在行动中实现思维与存在的统一，把人的目的性要求变成客观的现实，让世界满足人的需要。

无论是在认识中达到思维和存在的统一，还是在实践中实现思维与存在的统一，都表现了思想的一个维度——思维与存在统一的维度，即形成关于对象的思想的维度——试想一下，无论是在生产劳动和经验累积中，还是在技术发明和工艺改进中；无论是在科学探索和艺术创作中，还是在日常生活和道德践履中，有谁会把"思维和存在的关系"作为"问题"来思考？恰好相反，我们总是以"思维和存在的统一"作为无须考虑的前提而进行认识活动和实践活动。恩格斯有一个著名的论断，非常深刻地说明了这个问题。他说："我们的主观的思维和客观的世界遵循同一些规律，因而两者在其结果中最终不能互相矛盾，而必须彼此一致，这个事实绝对地支配着我们的整个理论思维。这个事实是我们的理论思维的本能的和无条件的前提。"①正因为人们把"思维和存在的统一"作为"本能的和无条件的前提"，才能心安理得地、放心大胆地去认识世界和改造世界。

这就好比说，有人问你：你看到的太阳就是太阳，你看到的月亮就是月亮吗？你用的桌子就是桌子，你坐的椅子就是椅子吗？你一定觉得这是些稀奇古怪的问题，甚至怀疑发问者是否精神出了问题。那么，你为什么觉得这些问题"稀奇古怪"呢？你为什么认为发问者"不正常"呢？这是因为，"思维和存在的统一"，在你的头脑中是一个"本能的和无条件的前提"，因而是一个不成问题的问题、不能发问的问题。

然而，一旦我们把这些不成问题的问题当作问题，把这些不能发问的问题当作非问不可的问题，"思维和存在的统一"就成了问题：人的思维为什么能够认识存在？思维所表达的存在是不是存在本身？思维与存在的统一的根据何在？思维怎样实现与存在的统一？思维与存在是否统一如何检验？不仅如此，上述追问，还会引发更多的，几乎是无尽无休的追问：人的知识在思维和存在的统一中起什么作用？人的情感在思维和存在的统一中起什么作用？人的意志在思维和存在的统一中起什么作用？人的知、情、意在思维和存在的关系中如何统一？人的真、善、美在思维和存在的关系中如何统一？区别真、善、美与假、恶、丑的标准是什么？"我思故我在"吗？"存在就是被感知"吗？"人是万物的尺度"吗？"理性是宇宙的立法者"吗？"语言是世界的寓所"吗？"科学是世界的支点"吗？"世界就是人所理解的世界"吗？人类能够"认识自己"吗？……

---

① 《马克思恩格斯选集》第 4 卷，364 页，北京，人民出版社，1995。

提出和追问这些问题，就是思维把"思维和存在的关系"作为问题来思考，就是思想把思想自身作为对象来思考，这就是思想的另一个维度——反思。

反思并不神秘，科学家在科学探索的过程中，总会出现这样的情况：他不是把"存在"作为对象去研究，而是反问自己，我的观念中的客体到底是不是对象本身？这就是思维把"思维和存在的关系"作为"问题"来进行"反思"。比如，爱因斯坦和玻尔关于量子力学的争论就是这种"反思"的争论。微观粒子只有通过宏观仪器的中介作用才能被人观察到，那么这个问题是，究竟人所看到的是微观粒子本身，还是微观粒子经过宏观仪器的"显现"？同样，艺术家在艺术创作的过程中，也会出现这样的情况：我在创造美，但"美"究竟是什么？美是对象的属性？美是主体的感受？美是对象属性与主体感受的统一？为什么关于同样的艺术品人们的感受不一样？为什么"一千个读者就有一千个哈姆雷特"？如此这般，艺术家的思考就进入了美学的反思中。同样，每个人在日常生活中，也会出现这样的情况：一个人不仅生活着，而且追问生活的意义；一个人不仅劳作着，而且追问劳作的价值；一个人不仅追求着，而且追问追求的根据；一个人不仅做出某种判断（例如，孰是孰非），而且追问做出这种判断的标准（依据什么断定此是彼非或昨是今非等）。在这种思考中，"思维和存在的统一"就成了"问题"，也就是对"思维和存在的关系"的"反思"。

第二，"反思"是对"知识"的一种特殊关系。它不是通过"思维和存在的统一"去形成知识，而是把形成了的知识作为批判的对象，从而变革既有的知识。

人类所创建的全部科学——数学、自然科学、社会科学、人文科学、思维科学等——都通过"思维和存在的统一"为人类提供"知识"，为人类建构科学的世界图景。人类把握世界的各种基本方式——经验、常识、艺术、伦理和科学——也都通过"思维和存在的统一"为人类提供方方面面的知识，为人类建构丰富多彩的"经验世界""常识世界""艺术世界""伦理世界"和"科学世界"。由此可见，是"思维和存在统一"的"知识"，构成人类的世界、人类的文明以及人类的进步与发展。没有知识，就没有人类的一切。正因如此，"知识就是力量"成为现代人类的座右铭。

然而，人类的知识究竟是如何发展的？它只是一个累积增加的过程吗？它只是一个不断收获的过程吗？不是。知识的发展过程，是批判与建构的统一，是肯定与否定的统一，是渐进与飞跃的统一。知识的批判、否定和飞跃，集中地表现了人类思维的另一个维度——反思的维度。

思想的自我反思从来不是抽象的。思想，从根本上说，是构成思想内容的知识；反思，在其现实性上，是对构成思想内容的知识的否定、批判和超越。

知识是人类认识的历史性成果，是一种"合法的偏见"。提出"科学始于问题"的当代科学哲学家卡尔·波普，经过对科学知识及其进化的长期研究，提出了许多令人深思的看法。他认为，科学是可以有错误的，因为我们是人，而人是会犯错误的。人们尽可以把科学的历史看作发现理论，摈弃错了的理论并以更好的理论取而代之的历史。任何科学理论都是试探性的、暂时的、猜测的，都是试探性假说，而且永远都是这样的试探性假说。

为了防止人们对这些看法有误解，波普还特别做出了两方面的解释。其一，不应当把我的观点误解为我们不能达到真理。既然我们需要真理，既然我们的主要目标是获得真实的理论，那么我们就必须想到这样的可能性，即我们的理论，不管目前多么成功，都并不完全真实，它只不过是真理的一种近似，而且，为了找到更好的近似，我们除了对理论进行理性批判以外，别无他途。其二，理性批判并不是针对个人的，它不去批判坚持某一理论的个人，只批判理论本身。我们必须尊重个人以及由个人所创造的观念，即使这些观念错了。如果不去创造观念——新的甚至革命性的观念，我们就会永远一事无成。但是既然人们创造了并阐明了这种观念，我们就有责任批判地对待它们。①

在人们的通常理解中，科学是"建立在事实基础上的建筑物"。因此，人们往往把科学理论、科学知识看作一种纯粹"客观的""中性的""确定的东西"。似乎科学活动所使用的概念和方法不是人类历史活动的产物，似乎科学活动凭借的观察和实验，同观察和实验的主体无关。似乎科学知识所提供的世界图景具有终极存在的性质。于是，"科学""理论""知识"，都变成了与人无关的"X"——它存在着，问题只在于我们是否找到了它；找到了它，我们就被真理照亮了；尚未找到它，我们就继续寻找它。这种理解，正是反思维度的缺失和批判精神的匮乏。

事实上，科学史、艺术史、哲学史乃至整个人类思想史，都是一部自我反思、自我批判、自我超越的历史。

科学的发展主要表现在两个方面：一是新的理论必须具有向上的兼容性，即能够对原有的理论做出更为合理的理论解释；二是新的理论必须具有论域的超越性，即能够提出和回答原有的理论所没有提出或没有解决的问题。前者，属于原有逻辑层次上理论的延伸、拓宽和深化；后者，则要求变革原有的思维方式，实现逻辑层次上的跃迁。科学的自我反思和自我批判就是在这两个层次上展开的。

当代科学哲学家伊姆雷·拉卡托斯提出，任何一个科学研究纲领，都是由一套方法论规则构成的。这套方法论规则包括两个部分：一部分是由一系列相互联系的基本原理构成的"理论硬核"，另一部分是由许多辅助性假说和初始条件构成的"保护带"。借用拉卡托斯关于"研究纲领"的"理论硬核"与"保护带"的区分，我们可以这样来理解两个层次的科学自我批判：如果科学的自我批判只是指向作为"保护带"的"辅助性假说"，那就是在原有的逻辑层次上实现理论的拓宽与深化；如果科

---

① 〔英〕波普尔：《科学知识进化论——波普尔科学哲学选集》，前言，北京，生活·读书·新知三联书店，1987。

学的自我批判指向并修正了"理论硬核",那就是实现了科学理论逻辑层次的跃迁。

科学理论逻辑层次的跃迁,其实质是对人们一向奉为天经地义的"公理"的挑战。在科学发展史上,日心说之于地心说,进化论之于创生论,非欧几何之于欧氏几何,相对论和量子物理学之于经典物理学,剩余价值学说之于古典政治经济学,科学社会主义理论之于空想社会主义学说,都可以说是对"公理"的挑战,并以新的"公理"取代旧的"公理"(包括把旧"公理"作为新"公理"的特例而容含于新公理之中)。正因如此,科学的发展不仅是知识内容的累积和增长,而且是科学世界图景的转换、理论思维方式的变革和价值规范模式的更新。

反思就是思想的自我批判。这种思想自我批判的真正对象,并不是"看得见"的思想内容,而是"看不见"的思想根据——构成思想的"前提"。

(二)思想的"看不见的手"

"我知道我在想什么。"这就是说,每个人不仅有思想,在思想;而且知道自己有什么思想,在思想什么。

如果追问一句:"你为什么有这种思想?你为什么会这样思想?"这该如何回答呢?

也许你会回答:别人讲的,书里写的,自己想的,如此等等。如果再追问一句:别人为什么这样讲,书里根据什么这样写,自己为何会这样想?这又该如何回答呢?

也许你会非常厌烦或不以为然地说:别人就这么讲的,书里就这么写的,自己就这么想的,谁知道为什么?

确实,追问"为什么"是一件令人头痛和使人厌烦的事情。然而,如果不加追问又会如何呢?在《批判理论》一书中,霍克海默说,人的行动和目的绝不是盲目的必然性的产物。无论科学概念还是生活方式,无论流行的思维方式还是流行的原则规范,我们都不应盲目接受,更不能不加批判地仿效。在《思想家》一书中,I. 伯林更为尖锐地指出:如果我们不对假定的条件进行检验，将它们束之高阁，社会就会陷入僵化，信仰就会变成教条，想象就会变得呆滞，智慧就会陷入贫乏。社会如果躺在无人质疑的教条的温床上睡大觉，就有可能会渐渐烂掉。人要激励想象，运用智慧，防止精神生活陷入贫瘠，要使对真理的追求（或者对正义的追求，对自我实现的追求）持之以恒，就必须对假设质疑，向前提挑战，至少应做到足以推动社会前进的水平。

也许有人会说：看，你们不是正在引用"别人说的"和"书里讲的"吗？但这"书里讲的"，正是要求我们追问"为什么"。

那么，究竟为什么人们会想这些（而不是想那些）、这样想（而不是那样想）呢？当代解释学大师伽达默尔向我们揭示了这个奥秘："前理解"是一切理解的"前提"。

"前理解"，是指构成人的思想活动即理解活动的先决条件。按照伽达默尔的说法，这种决定人的思想活动的先决条件，主要包括三个方面。一是历史与文化对个人的占有。人是社会性的存在，意味着人是历史的存在，文化的存在。人总是生活在一定的历史条件之中，生活在一定的文化传统之中。离开历史与文化，人就不是现实的存在，而是一种抽象的、生物的存在。人之所以为人，首先在于历史与文化"占有"了个人，使个人成为历史文化的存在。历史与文化，就是伽达默尔所说的构成人的思想的先决条件的"先有"。二是语言、观念及语言结构对个人的占有。无论我们想什么，也无论我们怎样想，总是要用语言去想，总是在想语言的意义。但是，语言并不是思想的工具，而是历史文化的"水库"。语言保存着历史、传统和文化，语言使人成为真正的历史与文化的存在。因此，不是我们"使用"语言，而是语言"占有"我们。语言，就是伽达默尔所说的构成人的思想的先决条件的"先见"。三是已知的知识、假定、观念对个人的占有。人作为历史文化的存在，不是以"白板"式的头脑去思想，不是从一无所有的"无知"走向"有知"。恰好相反，每个人都是从给定的"已知"——如霍克海默所说的"科学概念""生活方式""思维方式"和"原则规范"——去推导"未知"。已有的知识作为思想的前提构成思想的活动，这就是伽达默尔所说的构成人的思想的先决条件的"先知"。

"先有""先见"和"先知"，作为人的思想和思想活动的先决条件成为思想的前提。正是这些思想的前提决定着我们"想什么"和"怎么想"。

但是，人们通常并不是这样来看待自己的思想的。人们在通常的理解中，总认为是我们占有历史文化，而不是历史文化占有我们，因而认为是我们的思想在选择历史文化；人们总认为是我们在使用语言，而不是语言在占有我们，因而认为是我们的思想在选择语言；人们总认为思想是从无知到有知，而不是从已知到未知，因而认为是我们的思想在选择思想。

当然，历史、文化、语言和知识占有我们的过程，就是我们"理解"历史、文化、语言和知识的过程。伽达默尔说："理解并不是一种复制的过程，而总是一种创造的过程。"因此，在"理解"的过程中，历史文化占有了我们，我们也创造了新的历史文化。这就是伽达默尔所说的"历史视野"与"个人视野"的融合，这就是由这种融合所形成的"意义的世界"。

但是，不管在历史文化占有我们的过程中，我们如何改造了历史文化，历史文化总是作为思想的先决条件构成思想的前提。尤其值得深入思考的是，历史、语言、文化作为"先在""先见""先知"，不仅作为既有的知识来规范人的思想，而且化为人的思维方式、语言结构、价值态度和审美情趣而构成人们"想什么"和"怎样想"的思想前提。这才是真正的思想的"看不见的手"。

思想的"看不见的手"，是构成思想内容，从而也是超越思想内容的根据和原则，是思想得以形成和演化的立足点和出发点，它普遍地存在于一种思想之中。试想一下，为什么一提到"科学"，人们就会马上想到"真的""对的""好的""合理的""正确的"？反之，一说"非科学"，为什么人们立刻想到"假到""错的""坏的""不合理的""不正确的"？进一步说，为什么一提到"科学"，人们自然地就想到"自然科学"，略加思索或经人提示才会想到"社会科学"和"人文科学"？为什么一讲"科学普及"，人们就想到普及自然科学知识，而很少想到普及科学还包括普及社会科学？为什么一说"概括科学成果"，人们就以为是概括自然科学成果，而根本想不到社会科学也是应该（和可以）概括的？这就是思想中的"看不见的手"在规范着思想。

其实，"科学"不也是人类的一种活动吗？不也是"合法的偏见"吗？不也是在自我批判中发展的吗？"艺术"是"非科学"，但艺术是假的、错的、坏的吗？社会科学同样是"科学"，为什么人们总把它视为"准"科学、"软"科学甚至是"伪"科学呢？这是因为，近代以来的实验科学（或者说实证科学），越来越成为人类文明发展的决定性力量。它不仅作为知识体系构成人的科学世界图景，而且作为科学方法构成人的思维方式，作为科学规范构成人的价值观念。实验科学所具有的精确化、定量化、实证化、实用化和操作化，成为人们判断科学与否的标准。美国的一位科学哲学家就曾这样发问：如果所谓社会科学并不具有自然科学的客观性（表述客观实在）、一致性（科学家取得同样的观察结果）、可证伪性（科学理论能够被观察或实验证明为错）、可预见性（科学理论可以预见新的经验事实），为什么人们把它称作"科学"呢？显而易见，这位学者正以实验科学的标准作为构成思想的前提，从而形成了"社会科学不是科学"的思想。

把思想的前提称作"看不见的手"，不仅因为它具有思想的普遍性，更因为它在思想中具有"隐匿性"，以及它对思想的"强制性"。隐匿性和强制性，是思想中"看不见的手"的两大基本特点。

构成思想的前提，是"幕后的操纵者"，而不是"前台的表演者"，这就是它的"隐匿性"。人们在思想的过程中，思的是思想的对象，想的是思想的内容，而不是构成思想的前提。这就如同在评论一个人的时候，我们说他"好"或"坏"、"善"或"恶"、"美"或"丑"，往往只是做出这种判断，而不必"反思"做出这种判断的根据，更不必追问什么是真、善、美，什么是坏、恶、丑。因为，做出判断的那个根据，构成思想的前提，自发地在发挥它的"幕后操纵者"的作用。于是，我们所做的判断就"不证自明""不言而喻"了。

构成思想的前提，虽然是"隐匿性"的存在，却具有逻辑的、情感的、意志的"强制性"。思想的前提，首先作为逻辑的支点去构建思想的逻辑——由某种前提出发，必然形成某种思想。不合逻辑的思想，是被思想所排斥的。而合乎逻辑的思想，是由逻辑的支点所构成的。在相互争论中，争论的双方常常指斥对方"不可理喻"。其实，不是不可理喻，反倒是各以自己的"理喻"——逻辑支点去构建自己的逻辑，这就是思想前提的"逻辑强制性"。与此同时，思想前提作为价值态度和审美情趣等，又具有情感的和意志的强制性。

因为思想中的"看不见的手"具有普遍性、隐匿性和强制性的特点，对思想前提的反思也具有三个基本特点：一是以思想的反思维度去批判地考察全部思想，不断地扩展思想的前提批判；二是从思想的反思维度去揭示思想所隐含的构成其自身的根据或原则，使思想前提由"幕后的操纵者"变为"前台的表演者"，成为可批判的对象；三是以反思的逻辑去"审讯"这个走上"前台的表演者"，迫使它对自身做出不可逃避的辩护，从而解除它作为思想支点的逻辑强制性。

由此可见，思想的反思维度，不只是思想自我批判的维度，更重要的是思想前提的批判维度。

（三）"酸性智慧"

酸，特别是硝酸、硫酸等强酸具有强烈的腐蚀作用，因而可以利用硫酸跟金属氧化物起反应的性质，来除去金属表面的氧化物，使金属的光泽得以重现。

思想，在种种流行的观念、时髦的话语或陈腐意识的侵蚀中，也许比金属更容易形成锈迹斑斑的"氧化物"，因而也需要一种"酸性"的东西来不断地予以清除。

这种思想中的"酸"，就是思想的反思的维度、批判的维度。反思，是人类思想的"酸性智慧"。

"酸性智慧"有两层含义。其一，反思的智慧是"酸性"的智慧。这就是说，思想的反思维度不是形成知识、构建知识和积累知识，而是"反其道而行之"，批判地对待全部知识，并以"酸"的性质清除束缚和禁锢思想的陈腐"知识"，以"酸"的性质清除"过眼烟云"的流行"知识"。其二，反思的"酸性"是智慧的"酸性"。这就是说，思想的反思维度不是"强制性"地清除思想的"氧化物"，而是以"智慧"的方式消解思想的尘垢，并以"智慧"的方式重现思想的"光泽"。

　　思想的"酸性智慧"，也许可以追溯到古希腊的苏格拉底那里。

　　苏格拉底被黑格尔称为"具有世界历史意义的人物"。他的宽大额头，成为他的形象特征，也成为他的智慧象征。他的一生清心寡欲，淡泊宁静；他的思想却卓尔不群，"离经叛道"。结果，他被古希腊的城邦法庭判处死刑。苏格拉底从容赴死，临刑前仍与门徒高谈阔论，试图把人们引进更为高尚的真理境界。据说，苏格拉底咽气前的最后一句话是，叮嘱门徒代他还欠别人的鸡钱。这几乎成了颂扬苏格拉底高尚人格的千古美谈。

　　苏格拉底不认为自己"有智慧"，而认为自己是"爱智慧"。他说："我只知道一件事，那就是我一无所知。"在他看来，当一个人学会怀疑，尤其是怀疑自己珍视的信念、教义和原则的时候，哲学就出现了。谁知道这些珍惜的信念是怎么在我们的思想中变成如此确定无疑的？谁知道这一定不是某种心愿在从中作梗，为愿望披上思想的外衣而引起的呢？苏格拉底自称无知，向人请教，并在发问中使对方陷入"矛盾"的状态。结果，原以为有知的人变得无知。人们原以为，什么是真，什么是善，什么是美，什么是道德，什么是正义，是天经地义、不言而喻的。然而，通过苏格拉底的"辩证法"的"盘诘"，人们心目中的这些坚定不移的东西动摇起来，人们不得不沿着"反思"的维度去思考。

　　苏格拉底的这种"爱智"，确实是一种"酸性智慧"。爱智的辩证与盘诘，使传统观念遭受了严厉的审视和有力的批判，对人们的精神起着震撼的作用，启示人们以理性的而不是信仰的态度去对待传统观念，使人们获得一种洗心革面、脱胎换骨的感觉。这在当时，使古希腊人唤醒了自我感，形成了强烈的主体意识。这表明："只有当心灵转过身来，直面自己，审视自己的时候，真正的哲学才会出现。"①因此，苏格拉底说：认识你自己。

认识自己，就是扫除种种"遮蔽"，就需要反思的"酸性智慧"。苏格拉底的学生柏拉图，曾是一位身材魁伟、英勇善战的战士，却在老师的"辩证"智慧中感受到了无限的魅力。看到老师用尖锐的问题击中对手的要害，"戳穿僵死的教条和武断的设想"②，他感到惬意极了。柏拉图成为智慧的热烈追求者。

苏格拉底的辩证法，最后总是要人回答：真、善、美或正义、勇敢、德性"是什么"，也就是要求人们给概念下定义。柏拉图由此提出，既然各种各样的"美的事物"都不是"美本身"，这就是说，人不能凭借感官经验，而必须诉诸抽象思维，才能形成关于"美"的认识。于是，柏拉图提出："事物，可见不可知；理念，可知不可见。"感官感觉到的事物，对于理性思维来说是"非存在"；理性思维认识到的理念，对于感官经验来说是"非存在"。这样，我们就把世界的"存在"与"非存在"同感知事物现象的"感性"与把握事物本质的"理性"联系起来。于是，苏格拉底的"认识你自己"，就获得了真实的对象：人的感性与理性的矛盾。

人们都知道，"知识就是力量"，这是近代哲学开拓者之一弗兰西斯·培根的名言。但是，人们却不甚了解这句名言的真实意义。培根认为，人类的力量在于智力，发挥智力必须首先"澄清智力，而澄清智力，就要找出并阻断谬误的来源"。孔狄亚克曾做过这样的评论："没有人比培根更了解人类犯错误的原因。"培根著名的"四假相说"，就是他以反思的"酸性智慧"，对"人类犯错误的原因"的揭示，对人类智力的"澄清"。

所谓"四假相"，就是"种族假相""洞穴假相""市场假相"和"剧场假

---

① ［美］威尔·杜兰特：《哲学的故事》，12页，北京，文化艺术出版社，1991。
② 同上书，18页。

相"。正是这"四假相"，构成了人类犯错误的根源。

　　人类作为一个种族，总具有"人类中心主义"思想，认为"人是万物的尺度"。培根提出，"人的所有知觉，包括感官的和理智的知觉，所涉及的只是人，而不是宇宙。人的头脑类似于那些表面凹凸不平的镜子，它们把自己的特性赋予了不同的对象"，"使它们扭曲、变形"。人类理解力由于其特殊的本质，很容易夸大事物实际上的秩序及规律的程度。任何一个命题一旦被提出（无论是由于得到普遍承认和信仰还是由于它能令人愉快），人类的理解力便会强迫每一件其他事为之添加新的支持和旁证；而且，即使有非常令人信服的大量例证表明事实正好相反，但人们对这些实例要么视而不见，要么嗤之以鼻，要么用个别的差异来排斥和拒绝它们。人们总是怀着强烈的有害偏见，不肯放弃先入为主的成见。这就是所谓"种族假相"。

　　"洞穴假相"是指因人而异的错误。培根说，"每个人都有自己的洞穴，它会使自然的光线产生折射并改变颜色"。这个"洞穴"，就是由天性加上教养以及个人的身心状态所形成的性格。例如，有的人长于分析，因而到处看到差异；有的人善于综合，因而随时看到相似；有些人的情趣表现出对古董的无限倾慕，有些人则急不可待地拥抱新奇。正是人人皆有自己的"洞穴"，便难以逾越个人的成见。

　　"市场假相"，是指语言及其表达所造成的错误。这种错误来自"人与人之间的交往和联系"，所以称作"市场假相"。人们用语言交谈，而词语的含义是根据一群人的理解强加在个人头脑之中的，不好的和不恰当的词语会对人的思想产生奇怪的阻碍。

　　"剧场假相"，是培根用来特别地批判先前哲学的。他说：所有得到公认的哲学体系，都只不过是一些舞台上的戏剧，代表了哲学家们以虚构和戏剧的手法创造出来的各种世界。"在哲学剧场上演的剧目中，你所观察到的事物与在诗人剧场中所能看到的完全相同，——舞台上表现出来的故事比现实更缜密、精美，它们更符合我们的愿望，而不是历史的事实。"因此，培根把那些"从哲学家们的各种教导和错误的演示规则中移入人们头脑的"假相称作"剧场假相"。这既体现了培根对以往哲学，特别是中世纪经院哲学的批判，又表达了培根对冲破精神世界的局限和创建新的哲学的渴望。正是为了寻求符合近代实验科学要求的新的推理方式和新的理解工具，培根系统地形成和提出了归纳方法。

在今天看来，培根关于"四假相"的阐释，大有可以商榷之处。但是，"四假相说"所表现的"酸性智慧"，具有思想的自我批判和自我超越的永恒价值。一个人如果从肯定开始，就会走向怀疑；但如果他从怀疑出发，就将以肯定为归宿。这大概就是不破不立的道理。

(四)消解"超历史的非神圣形象"

反思的"酸性智慧"，是"洗涤"思想和文化"尘垢"的智慧，因而也就是"澄明"思想和文化的智慧，是创造思想和文化的智慧。

人类的历史，如果可以用最简洁的概念来予以概括，那就是马克思所说的"追求自己的目的的人的活动过程"。这个过程，是把"人属的世界"变成"属人的世界"的过程，是把"自在的存在"变成"为我的存在"的过程。这就是世界的"人化"过程。

"人化"，就是以人的智力、情感、意志、目的及其实践活动来"化"世界，把世界"化"成人所希望和要求的样子。这就是人所创造的文明化了的世界，即"文化"的世界。

文化是由前人创造和传递的一个整体。它作为"传统"或"模式"，规范着后人的认识活动和实践活动。这样，文化传统与个人活动，就构成了一种既要求稳定性又要求变化性的微妙关系：如果无视传统和排斥传统，个人活动就会失去必需的支撑条件，导致群体的或社会的分裂与崩溃；如果以僵化的态度对待传统，用过度一体化的文化模式去限制个人活动，个人的创造活动就会被淹没。

在人类历史上，任何文化传统或文化模式，本来都是(并且只能是)历史性的存在；但是，所有文化传统或文化模式，却总是(毫无例外)以"超历史"的面目存在于历史性的传递之中，由此构成了"超历史"的"神圣形象"或"非神圣形象"对人的限制与控制，甚至造成马克思所说的人的"异化"状态。人类思想的反思维度即"酸性智慧"，则是从思想上消解这种"异化"状态的"解毒剂"。

人类的智力活动——以概念的方式把握世界的活动，通过抽象概括以形成关于世界的知识的活动——是一种追求普遍性的活动。苏格拉底曾经说过，"单一的东西是概念表达的主题"。全部科学活动，从根本上说，就是寻求一般以说明个别，寻求本质以解释现象，寻求必然以理解偶然，寻求统一以把握杂多，寻求规律以预测未来的人类活动。

毫无疑问，这种抽象化和普遍化的智力活动，对于人类的生存与发展是非常重要的。然而，这种抽象化和普遍化的智力活动，却隐含着一种极大的危险性。这就是，把抽象的"普遍性"当作真实的存在，而把现实的"个体性"视为虚幻的存在；把抽象的"观念"当作目的与意义，而把现实的"个人"视为实现这些观念的载体与手段。这就是"观念"对"个人"的统治，或者说"个人"在"观念"中的"异化"。

"个人"在"观念"中的"异化"，主要有两种情况：一是在所谓"神圣形象"中的异化，一是在所谓"非神圣形象"中的异化。对于这种异化状况及其克服，马克思在《〈黑格尔法哲学批判〉导言》中，都做了精辟、精彩的阐述。

所谓"神圣形象"，就是披着神圣的外衣，打着神圣的油彩的形象，这就是宗教中的"上帝"形象。对于这种"神圣形象"，马克思说，"人创造了宗教，而不是宗教创造了人"。对此，马克思进一步解释说，"宗教是还没有获得自身或已经再度丧失自身的人的自我意识和自我感觉"①。这就是说：人给自己创造了宗教，并给"上帝"披上了无所不知的神圣外衣，又给"上帝"打上了无所不能的神圣的油彩，从而把"上帝"制造成洞察一切、裁判一切的神圣形象；人创造这种神圣形象，是因为人还没有"获得自身"，或者是"再度丧失自身"，即人还没有形成主体的自我意识，却把人自己的本质"对象化"给了"上帝"。

---

① 《马克思恩格斯选集》第 1 卷，1 页，北京，人民出版社，1995。

这是多么精辟而又精彩的对"神圣形象"的揭示！在现实生活中，人们不是经常会有这种"自我意识和自我感觉"吗？我们在感到命运之舟不是掌握在自己的手中，而是被某种异在力量控制的时候，不是很容易产生某种"宗教情绪"吗？马克思说："宗教是这个世界的总理论，是它的包罗万象的纲要，它的具有通俗形式的逻辑，它的唯灵论的荣誉问题，它的狂热，它的道德约束，它的庄严补充，它借以求得慰藉和辩护的总根据。"①而宗教之所以能够傲然端坐在如此神圣的位置上，是因为"宗教是人的本质在幻想中的实现，因为人的本质不具有真正的现实性"。幻想的现实性，根源于真正的非现实性；上帝的神圣性，根源于人的非主体性。因此，马克思由对宗教的批判引申出对现实的批判——"反宗教的斗争间接地就是反对以宗教为精神抚慰的那个世界的斗争"。

人们常常孤零零地抽取"宗教是人民的鸦片"这句话来说明宗教的本质和马克思的宗教观，因而难以深切地理解马克思的思想，从而难以深切地理解宗教的根源与本质，更难以深切地理解批判宗教的根据与意义。由于马克思本人的论述是我们的解释所无法替代的，我把马克思的论述照录如下：

> 宗教里的苦难既是现实的苦难的表现，又是对这种现实的苦难的抗议。宗教是被压迫生灵的叹息，是无情世界的心境，正像它是无精神活力的制度的精神一样。宗教是人民的鸦片。
>
> 废除作为人民的虚幻幸福的宗教，就是要求人民的现实幸福。要求抛弃关于人民处境的幻觉，就是要求抛弃那需要幻觉的处境。因此，对宗教的批判就是对苦难尘世——宗教是它的神圣光环——的批判的胚芽。
>
> 这种批判撕碎锁链上那些虚构的花朵，不是要人依旧戴上没有幻想没有慰藉的锁链，而是要人扔掉它，采摘新鲜的花朵。对宗教

---

① 《马克思恩格斯选集》第1卷，1页，北京，人民出版社，1995。

的批判使人不抱幻想，使人能够作为不抱幻想而具有理智的人来思考，来行动，来建立自己的现实；使他能够围绕着自身和自己现实的太阳转动。宗教只是虚幻的太阳，当人没有围绕自身转动的时候，它总是围绕着人转动。①

这段优美精彩的文字，包含着马克思对人民的深情，蕴含着深沉的哲理。确实，宗教之所以能够存在，是因为它是"被压迫生灵的叹息""无情世界的心境"；批判"锁链上那些虚构的花朵"，绝不是为了戴上"没有幻想没有慰藉的锁链"；抛弃"虚幻幸福"，是要求"现实幸福"；抛弃"关于人民处境的幻觉"，是要求抛弃"需要幻觉的处境"。因此，马克思提出："谬误在天国为神祇所作的雄辩[oratio pro aris et focis]一经驳倒，它在人间的存在就声誉扫地了。一个人，如果想在天国这一幻想的现实性中寻找超人，而找到的只是他自身的反映，他就再也不想在他正在寻找和应当寻找自己的真正现实性的地方，只去寻找他自身的映象，只去寻找非人了。……因此，真理的彼岸世界消逝以后，历史的任务就是确立此岸世界的真理。人的自我异化的神圣形象被揭穿以后，揭露具有非神圣形象的自我异化，就成了为历史服务的哲学的迫切任务。于是，对天国的批判变成对尘世的批判，对宗教的批判变成对法的批判，对神学的批判变成对政治的批判。"②熟悉马克思思想历程的人都知道，马克思在批判宗教——"人的自我异化的神圣形象"——的基础上，系统地批判了资本主义的"尘世""法"和"政治"——"非神圣形象的自我异化"。而为了对资本主义进行"武器的批判"，马克思又系统地展开了对德国古典哲学、英国古典政治经济学和英法空想社会主义学说的批判，从而锻造了"批判的武器"——关于人类解放的学说。

一个半世纪过去了，人类社会取得了长足的进步，人类文明取得了

---

① 《马克思恩格斯选集》第 1 卷，2 页，北京，人民出版社，1995。
② 同上书，1—2 页。

辉煌的成果，世界迅速地"人化"或"文化"了。然而，消解人在"非神圣形象"中的"自我异化"，却是一个艰难曲折的漫长过程。

当代西方马克思主义的代表人物马尔库塞，写过一部批判当代的"非神圣形象"的名著。这部书的名字很有意思，很耐人寻味——《单向度的人》。

马尔库塞的这部著作，是对当代发达工业社会的批判。他认为，当代发达工业社会是一种新型的极权主义社会，生活于这个社会中的人已经失去想象与现实生活不同的另一种生活的能力，因而是丧失了否定、批判和超越能力的"单向度的人"。

在马尔库塞看来，这种所谓"单向度的人"，首先是现代发达工业社会使人的生活方式同化起来的结果。"工人和老板享受同样的电视节目，漫游同样的风景胜地，打字员同她雇主的女儿打扮得一样漂亮，连黑人也有了高级轿车。"这就使得流行的生活方式成为没有选择的生活方式，并使得人们不再想象另一种生活方式。

同样，在文化领域，由于文化的商品化、商业化、工业化和市场化，"文化中心变成了商业中心"。以电视为主要传媒的大众消费文化、消遣文化、娱乐文化同化了以理想性为旨趣的高层文化；以广告形象为主要标志的泛审美形象取代了以超越性为特征的"诗意的审美形象"。表达理想性和超越性的高层文化被大众消费文化所淹没，从而失去了文化的反思维度。

在思想领域，实证主义和科学主义，把思想简化为操作的程序和共同的符号，把语言清洗为逻辑化的、精确化的、单一性的人工语言，从而把多向度的思想变成单向度的思想模式，把多向度的语言变成单向度的话语方式。由于人们的话语方式也就是他们的思维方式和行为方式，因此单向度的语言构成了单向度的思想和单向度的行为，人也就成了单向度的人。

马尔库塞曾引证行为主义者布里奇曼关于"长度"概念的分析来说明操作主义的本质及其对社会的广泛影响。我们不妨把布里奇曼的论述照录如下：

> 如果我们能够说明任一物体的长度，那么，我们显然知道我们所谓的长度是什么意思，对物理学家而言，没有必要作更多的解释。要确定一个东西的长度，我们必须进行某种物理操作。当测量长度的操作完成后，长度的概念也就确定了，就是说，长度的概念正好意味着，也仅仅意味着确定长度的一整套操作。总之，我们所说的任何概念其意思就是一整套操作；概念等同于一套相应的操作。
>
> ……
>
> 采用操作主义观点的意义远不止于对"概念"意义的理解，而是意味着我们整个思想习惯的深刻变化，意味着我们不再容许在思想概念里把我们不能用操作来充分说明的东西当作工具来使用。①

这种操作主义的、行为主义的、工具主义的思维方式，拒斥理性的超越性、思想的否定性和语言的多样性，把语言、思想和文化清洗为单一的向度；而这种"单一的向度"——工具主义的思维方式——却成为统治人的思想的"非神圣形象"，人则在这种"非神圣形象"中变成了失去思想的否定性、批判性和超越性的"单向度的人"。

当代西方发达工业社会，面对种种"非神圣形象"，出现了一种所谓"后现代主义"思潮。这种思潮已经在我国产生了广泛的影响。分析一下这种思潮，也许会有助于我们对批判当代的"非神圣形象"的理解。

人们常常把西方近代以来的文化称作"后神学文化"，即神学占有统治地位之后的文化。它的基本时代内涵，是消解人在超历史的"神圣形象"中的自我异化，也就是把异化给神的人的本质归还给人自己。这就

---

① 转引自［美］赫伯特·马尔库塞：《单向度的人——发达工业社会意识形态研究》，13页，上海，上海译文出版社，1989。

是所谓"人的发现"。但是，人们逐渐发现，消解了人在"神圣形象"中的自我异化，却又用对"非神圣形象"（理性、哲学、科学等）的崇拜，代替了对"神圣形象"（如上帝）的崇拜，因而人们仍然以种种"超历史的存在"来规范人的思想和行为。所谓"后现代主义"，从根本上说，就是试图消解这些超历史的"非神圣形象"，从而在观念上挺立个人的独立性和文化的多样性，在思想上确立批判的、反思的维度。

后现代主义思潮有三个最重要的代表人物，即美国人罗蒂、法国人福柯和德里达。他们主要在哲学的层面上反对所谓表象主义、基础主义、本质主义、结构主义和中心主义等。其中，最有代表性的是德里达的以"边缘"颠覆"中心"，福柯的以"断层"取消"根源"，罗蒂的以"多元"代替"基础"。这里，我们以罗蒂的反表象主义和反基础主义为例，来简略地透视这种后现代主义思潮。

罗蒂有两本书在我国知识界产生了重要影响。一本为《哲学和自然之镜》，另一本为《后哲学文化》。在前一本书中，罗蒂提出："哲学家们常常把他们的学科看成是讨论某些经久不变的永恒性问题的领域——这些问题是人们一思索就会涌现出来的。其中，有些问题关乎人类存在物和其它存在物之间的区别，并被综括为那些考虑心与身关系的问题。另一些问题则关乎认知要求的合法性，并被综括为有关知识'基础'的问题。去发现这些基础，就是去发现有关心的什么东西，反之亦然。因此，作为一门学科的哲学，把自己看成是对由科学、道德、艺术或宗教所提出的知识主张加以认可或揭穿的企图。它企图根据它对知识和心灵的性质的特殊理解来完成这一工作。哲学相对于文化的其他领域而言能够是基本性的，因为文化就是各种知识主张的总和，而哲学则为这些主张进行辩护。"[①]

在罗蒂看来，把哲学当作全部知识主张的"基础"，并用这个"基础"

---

① ［美］理查·罗蒂：《哲学和自然之镜》，1页，北京，生活·读书·新知三联书店，1987。

去认可或揭穿、证明或反驳其他知识主张，这就是统治人类思想几千年的"基础主义"。那么，在消解这种"非神圣形象"的"基础主义"之后，罗蒂认为的人类文化的合理形态应当是什么样子的呢？

在《后哲学文化》这本书中，罗蒂提出，"'后哲学'指的是克服人们以为人生最重要的东西就是建立与某种非人类的东西（某种像上帝，或柏拉图的善的形式，或黑格尔的绝对精神，或实证主义的物理实在本身，或康德的道德律这样的东西）联系的信念"[①]。这就是说，罗蒂所认可的"后哲学文化"，从根本上说，就是"克服"把人生的意义同超人的东西联系起来的信念，也就是消解"哲学"为人生提供"基础"的信念。

正是以"反基础主义"为出发点，罗蒂进一步描述了他的"后哲学文化"。他说："在这个文化中，无论是牧师，还是物理学家，或是诗人，还是政党都不会被认为比别人更'理性'、更'科学'、更'深刻'。没有哪个文化的特定部分可以挑出来，作为样板来说明（或特别不能作为样板来说明）文化的其他部分所期望的条件。认为在（例如）好的牧师或好的物理学家遵循的现行的学科内的标准以外，还有他们也同样遵循的其他的、跨学科、超文化和非历史的标准，那是完全没有意义的。在这样一个文化中，仍然有英雄崇拜，但这不是对因与不朽者接近而与其他人相区别的、作为神祇之子的英雄的崇拜。这只是对那些非常善于做各种不同的事情的、特别出众的男女的羡慕。这样的人不是那些知道一个（大写的）奥秘的人、已经达到了（大写的）真理的人，而不过是善于成为人的人。"[②]在罗蒂的这番论述中，我们可以看到，理性、科学、哲学乃至真理和英雄的"神圣性"，都被罗蒂彻底地"消解"了。

消解掉一切神圣性的"后哲学文化"之后，人将是怎样的存在呢？罗蒂说："在一个后哲学文化中，人们感到自己是孤独的，有限的，与某

---

① ［美］理查德·罗蒂：《后哲学文化》，作者序，11页，上海，上海译文出版社，1992。

② 同上书，15页。

种超越的东西失去了任何联系的。""除了我们自己放在那里的东西以外，在我们内部没有更深刻的东西；除了我们在建立一个规矩过程中建立的标准以外，没有任何别的标准；除了祈求这样的标准的合理性准则以外，没有任何其他准则；除了服从我们自己约定的证明以外，没有任何严格证明。"①

通过分析罗蒂的"反基础主义"及其所倡言的"后哲学文化"，我们或许可以对所谓"后现代主义思潮"做出自己的评论。这就是：它的"消解非神圣形象"的意义是明显的，它力图在当代西方发达工业社会中，在观念上挺立个人的独立性和文化的多样性；同样，它的"消解"的困境也是明显的，它蔑视和侮辱了人类存在的崇高感，否定和拒斥了人类追求的根据、标准和尺度，从而陷入相对主义和虚无主义的幽谷。

巴斯卡曾经警告人们，必须反对"两个极端，排斥理性，或只承认理性的地位"。在现代社会生活中，我们确实应当超越"两极对立"的思维方式，防止思想从一个极端走向另一个极端。生活告诉我们：绝对主义与相对主义、理性主义与非理性主义、盲目崇拜与信仰缺失，往往是一枚铜钱的两面，从一面翻到另一面，又从另一面翻到这一面。真正的批判意识，不是随意的批判和徒然的否定，而是以"通晓思维的历史和成就"的理论思维去反思思想的前提，并为历史的进步构建新的基础。以这样的思维方式去看待所谓"后现代主义"，也许我们就可以展开对它的前提批判。

---

① ［美］理查德·罗蒂：《后哲学文化》，21页，上海，上海译文出版社，1992。

五　创造的源泉：主体意识

> 人的根本就是人本身。
>
> ——马克思

（一）主体的自我意识

现代人的求真意识、理论意识、创新意识和批判意识，表现了现代人的强烈的主体自我意识。一个没有或丧失了主体自我意识的人，怎么会有执着的求真意识、浓厚的理论兴趣、坚韧的创新意识和顽强的批判精神呢？

在世界文学史上，鲁迅笔下的阿Q，是一个最具典型意义的文学形象。阿Q的典型意义，就在于他丧失了人之为人的主体自我意识。

阿Q喝了"两碗黄酒"之后，曾"手舞足蹈"地说"他和赵太爷原来是本家"，似乎无比地荣耀。而当赵太爷"满脸溅朱"地喝问："我怎么会有你这样的本家？你姓赵么？"阿Q却捂着挨了一记耳光的脸颊，"没有抗辩他确凿姓赵"，唯唯诺诺地退出了赵府，因而"终于不知道阿Q究竟姓什么"。

阿Q因头上的癞疮疤而讳说"癞"以及一切近于"赖"的音，并采用"怒目主义"的方式回击人们的嘲弄，却还是"被人揪住黄辫子，在壁上碰了四五个响头"，阿Q则在心里想"我总算被儿子打了"，于是便"心满意足地得胜地走了"。

阿Q要与吴妈"困觉"，吴妈不从，事后又在赵府中大哭大闹，寻死觅活，阿Q却浑然无事地赶来瞧热闹，直到赵太爷"手里捏着一支大竹杠"朝他打来，才"猛然间悟到"自己"和这一场热闹似乎有点相关"。

阿Q"革命"不成，被稀里糊涂地判了死刑，却似乎既无生的渴望，也无死的恐惧，只是"使尽了平生的力"在死刑书上"画圆圈"，"生怕被人笑话，立志要画得圆”，结果偏又“画成瓜子模样”，而阿Q又以“孙子才画得很圆的圆圈呢”而感到“释然”了。

这就是鲁迅笔下的阿Q。

然而，这只是《阿Q正传》中的阿Q吗？

如果大家都狂热地失去了理性，却好像我们哪一个也没有丧失理性一样；如果大家都百无聊赖地混日子，却似乎我们个个都活得很滋润；如果大家都争先恐后地“下海”“经商”，却仿佛“下海”的每个人都做出了“最佳选择”；如果大家都讳言“理想”“道德”“崇高”，却好像谁都“躲避”得轻松且自然一样……

这就是主体自我意识的失落。这就是造成主体自我意识失落的“集体无意识”。这种集体无意识与人的现代教养是格格不入的。

人之为人，不仅在于人是认识和改造世界的主体，而且在于人具有“人是主体”的自我意识。马克思说，“凡是有某种关系存在的地方，这种关系都是为我而存在的；动物不对什么东西发生‘关系’，而且根本没有‘关系’；对于动物来说，它对他物的关系不是作为关系存在的”[①]。人作为“我”而存在，并且具有“我”的自我意识，才会形成无限丰富的“关系”——人与自然的关系、人与社会的关系、人与历史的关系、人与文化的关系、人与他人的关系、人与自我的关系等。正是在这种无限丰富的“关系”和“对象性活动”之中，人才成为“主体”。

主体的自我意识，是自觉到“我”是主体的意识，是确认和肯定“我”的主体地位的意识。它包括人的自立意识、自重意识、自信意识、自爱意识和自尊意识。正是这种主体的自我意识，才使人获得了人的力量、人的品格、人的尊严和人的发展。

主体的自我意识，是自觉到自己的处境、焦虑、理想和选择的意识，是反思和超越现实的意识。人是现实的存在，但人又总不满意和不满足于自己的现实，而要把现实变为更加理想的现实。主体的自我意识

---

① 《马克思恩格斯选集》第1卷，81页，北京，人民出版社，1995。

是意识的理想维度。希望、向往、憧憬和期待，激发人的幻想、联想、想象和创造，使人挣脱迷茫、焦虑、怅惘和烦躁，以人的"对象性活动"去创造理想的现实。

主体的自我意识，是个体自觉到"我"的存在与价值的意识，是确认和肯定"我"的自主性、自为性和自律性的独立意识。"我"是自己的思想与行为的主体，"我"的思想与行为塑造自己的人生，"我"为自己的思想与行为承担责任，"我"要求和规范自己作为"大写的人"（高尔基语）而生活。

主体的自我意识，主要包括自我感受、自我观察、自我体验、自我分析、自我评价、自我塑造、自我超越和自我反省等活动形式。

自我感觉就是感觉到自我的存在。诗人海涅曾经饱含激情地写道："一个人的命运难道不像一代人的命运一样珍贵吗？要知道，每一个人都是一个与他同生共死的完整世界，每一座墓碑下都有一部这个世界的历史。"一个人，只有首先感觉到自我的存在，才会去探寻和追求自我存在的意义与价值。阿Q当然也有"一个与他同生共死的完整世界"，然而，那却是一个丧失了自我感觉的世界，没有感觉到自我存在的世界，失落了生活的意义与价值的世界。对于阿Q们的存在，鲁迅先生曾有一句名言："哀其不幸，怒其不争。"这"不幸"，是连自我感觉都不复存在的大不幸；这"不争"，是连获得自我感觉的主体意识都不复存在的大不争。近代以来的所谓"人的发现"，首先便是人的自我感觉的发现；现代人的教养，首先便是自我感觉的主体意识的增强。

自我感觉需要自我观察和自我体验。观察和体验自己的言语、思想和行为，观察和体验自己的喜悦、愤怒和悲哀，观察和体验自己的好恶、选择和追求，这会使我们更强烈地感觉到自我的存在。人与动物的区别，不仅在于有生的追求，而且在于有死的自觉。面对自觉到的而又无可逃避的死亡，人会强烈地体验到自我存在的感觉。死者无法复生，便也不能谈死；生者并无死的体验，谈死无异于说梦。然而，活着的人又无不编织对死的想象。① 人生匆匆，有始有终；死为生之始，亦为生之终。人自觉到死亡这个无可逃避的归宿，便是对人生之旅有限的自觉，因而也就成为对生的意义与价值的追问与追求，强化了自我存在的感觉与体验。培根说："复仇之心胜过死亡，爱恋之心蔑视死亡，荣誉之心希冀死亡，忧伤之心奔赴死亡，恐怖之心凝神死亡。"体验自我对是非、荣辱、祸福、进退、成败、生死的感受，会强化自我存在的感觉。

自我分析，自我评价和自我反省，会使人发现真实的自我，并进而塑造理想的自我。蒙田在他的《随笔集》中说："我这本书的内容就是我自己……但是我希望读者看到的是我平凡、普通和自然的样子，无拘无束，不装模作样，因为我勾画的不是某个别人，而是我自己。""我一面给别人画我的肖像，一面在我的想象中画我的肖像，而且用色比原先更准确。如果说我创造了这本书，那么也可以说这本书创造了我。"如果说蒙田力图展现自己的平凡性，卢梭在其《忏悔录》中则毫无掩饰地表现他的独特性。卢梭说："我要做的事前无古人，后无来者。我想让我的同胞看到一个人的整个真实本性，这个人就是我。我独一无二。我知己知人。我天生与众不同；我敢说我不像世界上的任何人。如果我不比别人好，那么我至少跟别人两样。大自然铸造了我，然后把模型打碎了，她这样做究竟是好是坏，只有读完我的忏悔录才能够判断。"而在《真话集》中，巴金则专门描述了他的自我解剖："解剖自己的习惯是我多次接受批斗的收获。了解了自己就容易了解别人。要求别人不应当比要求自己更严。听着打着红旗传下来的'一句顶一万句'的'最高指示'，谁能保持清醒的头脑？谁又能经得起考验？做一位事后诸葛亮已经迟了。但幸运的是我找回了失去多年的'独立思考'。有了它我不会再走过去走的老路，也不会再忍受那些年忍受过的一切。十年的噩梦醒了，它带走了说不尽、数不清的个人恩怨，它告诉我们过去的事绝不能再来。"②无论是

---

① 参见第四章第六节"人的意识'向死'而'思生'"部分。

② 巴金：《真话集》，121 页，北京，人民文学出版社，1983。

蒙田的朴实无华的自我展现，卢梭的毫无掩饰的自我表露，还是巴金的饱含血泪的自我解剖，都挺立着作者的强烈的主体自我意识，也向我们昭示着如何去寻求自我的感觉和确立自我的意识。

自我塑造和自我超越是自我感觉的升华和自我意识的实现。一些西方学者曾这样谈论现代化的问题：从传统社会到现代社会的转变过程，就是人的行为模式由指定性行为转变为选择性行为的过程，也就是人的行为模式以世代相袭的行为规范为指导转变为以理性的思考为基础的过程。不管人们究竟怎样评价这种观点，由于现代化进程中的科学技术的迅猛发展，生活方式的急剧转变、思想观念的不断更新，都要求人们必须以强烈的主体意识去塑造自己和超越自己。在建立社会主义市场经济的过程中，每个人都会越来越强烈地感受到，必须树立能力本位观念、自主自立观念、平等竞争观念、开拓进取观念，以代替权本位观念、依附观念、特权观念、等级观念和保守观念。塑造自我，就是塑造适应现代社会的才智能力、价值观念、道德人格、思维方式和精神状态；超越自我，则是自我塑造的不断升华，使自我获得更加强烈的主体自我意识，并把自己塑造成为更加理想化的存在。

(二) 自我的独立与依存

关于"我"，辩证法大师黑格尔有一段颇为精彩的论述。他说："因为每一个其他的人也仍然是一个我，当我自己称自己为'我'时，虽然我无疑地是指这个个别的我自己，但同时我也说出了一个完全普遍的东西。"[①]

黑格尔的论述提示我们："我"是个别与普遍的对立统一。从个别性看，"我"作为独立的个体而存在，"我"就是我自己；从普遍性看，"我"又作为人类的类分子而存在，"我"又是我们。作为个体性存在的"我"是"小我"，作为我们存在的"我"则是"大我"。"小我"与"大我"是"我"的两种存在方式。

---

① ［德］黑格尔：《小逻辑》，81 页，北京，商务印书馆，1980。

由于"大我"具有明显的层次性，诸如家庭、集体、阶层、阶级、民族、国家和人类，因此这又构成多层次的"小我"与"大我"的复杂关系。正是这种多层次的复杂关系，构成了人的无限丰富的社会性内涵。也许正因如此，马克思说"人的本质不是单个人所固有的抽象物，在其现实性上是一切社会关系的总和"①。

"我"既是"小我"又是"大我"，带来了"小我"与"大我"的个体性与普遍性、独立性与依存性的矛盾，以及由此所引发的价值规范问题、社会制度问题、伦理道德问题、政治理想问题、社会进步问题、自我发展问题、人类未来问题等。而在现代社会中，个人的自主性与社会的模式化同步增加，越来越尖锐地凸显了人的独立性与依存性的矛盾。

在两极对立的思维方式中，或者以"大我"去淹没"小我"，把"小我"变成依附性的存在，从而扼杀"小我"的独立性；或者以"小我"凌驾于"大我"，把"大我"变成虚设性的存在，从而取消了"小我"的依存性。然而，没有以独立性为前提的依存性，只会是扼杀生机与创造的依附；没有以依存性为基础的独立性，只能是陷入混乱与无序的存在。因此，我们必须改变两极对立的思维方式，以辩证法的思维方式去看待现代社会生活中的人的独立性与依存性的矛盾，真实地树立主体的自我意识。

在论述人类历史的时候，马克思说："全部人类历史的第一个前提无疑是有生命的个人的存在。"②没有作为个体生命的人的存在，当然不会有人类的历史。但是，个体生命的存在，并不是人的独立性。"自然界起初是作为一种完全异己的、有无限威力的和不可制服的力量与人们对立的，人们同自然界的关系完全像动物同自然界的关系一样，人们就像牲畜一样慑服于自然界。"③在这种历史过程中，主体不是任何单个的个人，而只能是由一定数量的个体所构成的"群体"。个体之间只具有相互的"依存性"而不具有个人的"独立性"。这是一种个体单纯地依赖于群

---

① 《马克思恩格斯选集》第 1 卷，4 页，北京，人民出版社，1995。

② 同上书，67 页。

③ 同上书，81—82 页。

体的"人的依附性"。

个体对群体的依赖，实质上是人对自然的依赖。在以自然经济为基础的封建社会中，由于生产力水平的低下，人们对自然（首先是土地）的依赖，仍然决定了个人对以血缘关系和地缘关系为纽带的群体的依赖和依附。个人的独立性和个人的主体意识，不具有现实的基础。

以工业生产、科技进步、商品交换、自由贸易为主要内容的市场经济，摧毁了以等级从属关系为主要形式的人身依附关系，形成了马克思所说的"以物的依赖性为基础的人的独立性"，并不断地培植起个人的主体自我意识。"自我选择""自我表达""自我塑造""自我真实""自我实现"等，不仅是现代社会的时髦口号，是现代个体的普遍认同，而且也成为现代文明的基本标志。

由此观照人的现代化和人的现代教养，我们首先必须承认，培植人的独立性和确立人的主体自我意识，是我们的当务之急和长远大计。

中国传统对人的定义是"仁者，人也"。"二人"为人，人必在诸如君臣、父子、夫妻、兄弟、姐妹、朋友、邻里乃至尊卑、上下、左右、前后的"对应关系"中才成其为人。个人的自我意识，就是"关系"的自我意识，"角色"的自我意识，"地位"的自我意识，"责任"的自我意识，而唯独排斥"自我"的自我意识。所以梁漱溟先生说中国人是"依存者"。

这种依存性首先表现为缺乏自主性。所谓"在家靠父母，在外靠朋友"，这个"靠"字活脱脱地表达了自主性的匮乏与缺失。个人升学、就业、婚恋似乎都不是由个人自主决定的事情，而必须"靠"别人的"参谋""指点""帮助"和"决定"。行为的主体变成了行为的客体。主体的自我意识变成了群体的依存意识。这不能不弱化主体的自我判断、自我选择和自我决策的能力，因而也不能不阻碍主体的主动性、积极性和创造性。

这种依存性又表现为缺乏自为性。个人行为的选择与成败，首先考虑的不是个人的需要与情感，不是个人的现在与未来，而是群体的要求与期待，群体的现在与未来。个人失败了，便是辱没父母，愧对师长，

"无颜以见江东父老"；个人成功了，则是光宗耀祖，衣锦还乡。于是乎，"一荣俱荣，一损俱损"，甚至"一人得道，鸡犬升天"。于是乎，攀龙附凤的裙带关系，拉帮结伙的帮派关系，"剪不断，理还乱"。指鹿为马者颐指气使，溜须拍马者平步青云，单枪匹马者无路可行。这就是人的"依附性"所造成的自为性的缺失。

这种依存性又表现为缺乏自律性。个人的成就与荣誉，个人的失败与耻辱，均依赖于他人的评价。成功的体验或成就感，只能来自父母、师长、领导、权威的肯定和赞赏。个人的行为似乎是做给各种不同的监督者（奖励者和惩罚者）看的，而不是要达到某种自我需要的满足或自我实现的境地。人们的行为成为他律的产物，而不是自律的结果。在人们的自我意识中，按照他人的意志办事既是最安全的，也是最有希望的，反之则既是危险的又是无希望的。这不仅造成了因循守旧，人云亦云，按长官意志办事，"唯上唯书"的普遍心理，以至于出现所谓"说你行你就行，不行也行；说你不行就不行，行也不行"的民谣；而且造成了行为主体的责任感、过失感、羞耻感和恐惧感的弱化，自我监督的缺失。既然要按他人意志办事，任何事情都是"集体决定"，出现问题当然也就由"他人"或"集体"负责。这真像一些人所说的那样：没有任何东西能像完全没有自己的意见那样有助于内心的平静。

其实，这种缺乏自主性、自为性和自律性的"从众主义"，并不是真正的"集体主义"，而恰恰是一种消极形态的"个人主义"。从众主义者和个人主义者，都把"集体"看作某种外部的、异己的力量。二者的区别在于，个人主义者以某种公开的、显著的甚至极端的形式去损害集体利益而获得个人利益，而从众主义者则以某些隐蔽的、曲折的甚至屈从的形式去获得个人的利益。正因如此，我们说失落主体自我意识的从众主义是消极的、冷漠的个人主义。

这种从众主义、媚俗主义，或者说消极、冷漠的个人主义，绝没有强化集体意识、集体精神和集体力量，也绝没有强化人与人之间的相互依存和相互合作，而恰恰消极地破坏了集体意识、集体精神和集体力量，消极地瓦解了人与人之间的相互依存和相互合作，有句俗话叫作"一个和尚担水吃，两个和尚抬水吃，三个和尚没水吃"。人有一种"窝里斗"的劣根性，就在于个人缺乏自主、自为、自律的主体自我意识，就在于从众主义所具有的消极的、冷漠的个人主义的本质。就此而言，强化主体的自我意识，是强化主体的依存意识的前提。没有真正独立的主体，就没有真正的主体的依存。

当代中国，强化主体的自我意识，实现主体的独立性与依存性的协调和同步发展，最根本的途径就是建立和健全社会主义市场经济。市场经济所实现的是"以物的依赖性为基础的人的独立性"。在市场经济中，人以物为基础获得独立性，人的独立性又奠基于对物的依赖性上，这便造成了人的独立性与人的物化的双重效应。这就是市场经济的正、负两面效应。强调建立和健全社会主义市场经济，从根本上说，就是既充分发挥市场经济的正面效应，又有力地克服市场经济的负面效应。

首先，社会主义市场经济为确立个人的主体地位和强化个人的主体意识提供了经济前提。它把个人从对行政命令、长官意志、条块分割、人才垄断的"依附性"中解放出来，使人成为具有独立的主体地位的个人。

其次，社会主义市场经济否定了个人之间的等级特权关系，给每个人提供一个自由平等的竞争环境，从而使个人形成平等竞争的观念。同时，社会主义市场经济的平等竞争原则和效率效益原则，不断强化了个人的能力本位意识，使每个人的能力得到越来越充分的发挥。

最后，社会主义市场经济不仅需要形成个人的独立性以及个人的主体自我意识，而且需要形成以个人的独立性为基础的真实的、全面的人与人之间的相互依存关系。人的社会交往的扩大，人的选择机会的增多，人的合作领域的拓宽，人的权利义务的增强，要求人们以开放的思维方式、健全的社会性格、良好的道德品质和积极的精神状态去适应各种社会环境，对待各种社会关系，参与各种社会活动，取得各种社会认同。"小我"必须在多个层面的、多种性质的"大我"中，才能获得和实现自己的独立性。主体的独立性与依存性，在一个健康的社会主义市场经济中，能够不断增强相互协调与相互促进的关系。

(三)效率的"核能源"

现代化的基本要求和基本标志之一，是每个人都能脱口而出的"高效率"。那么，这种高效率从何而来？它的最根本的"能源"是什么？

无论是经济建设、行政管理、军事外交的高效率，还是教育科研、体育卫生、公安司法的高效率，都离不开实践主体的高效率。主体的效率意识，是效率的"核能源""核动力"。

许多人都非常喜爱的《读者》杂志，曾刊载一篇题为《差别》的短文。文章说的是两位同龄的年轻人同时受雇于一家店铺，阿诺德的工资一长再长，布鲁诺的工资却原地踏步。对此，布鲁诺甚为不满，终于向老板说出了自己的抱怨。老板未做任何解释，却通过指派两个年轻人去做同一件事情而使布鲁诺哑口无言。

老板先派布鲁诺到集市上去看看有卖什么的。布鲁诺从集市上回来对老板说，今天早上集市上只有一个农民拉了一车土豆来卖。老板问土豆有多少？布鲁诺闻言匆匆赶回集市去问土豆的数量。听过布鲁诺的汇报，老板又问土豆的价格是多少？结果，布鲁诺又第三次跑到集市上去问土豆的价钱。

于是老板对布鲁诺说，现在请你坐到椅子上一句话也不要说，看看别人怎么说。阿诺德从集市上回来后，不仅汇报了土豆的数量、质量和价格，而且带回样品让老板定夺，并且让卖土豆的农民在外面等着回话。

这就是"差别"，效率的差别。

在汉语里，人们常常使用"举一反三""触类旁通""一语中的""当机立断""事半功倍"等成语来形容人们在认识活动和实践活动中的反应敏捷、思路开阔、善于联想、判断准确、成效显著等。这里首先就是思维效率问题。

思维效率，从思维结果与思维过程的关系中去考察和评价思维主体的思维活动。如果对思维效率给出定义式的表述，那就是：思维主体在单位时间内正确地反映思维对象，做出相应的判断和推理，用以指导实践活动的综合的思维结果。从现代的信息论的角度去界说思维效率，则又可以把它表述为：思维主体在单位时间内接收、加工、输出和反馈某种信息，消除思维对象的某种不确定性的思维结果。

时间性、准确性、深刻性和有效性，是思维效率的基本特征，也是考察和评价思维效率的基本指标。在相当长的时期里，关于思维的研究，特别是对思维的认识论研究，总是仅仅着眼于思维能力，而不是思维结果；对思维结果的研究，总是着眼于其性质（正确与错误，真理与谬误），而不是其效率（时效性与有效性），这不仅造成了简单化的两极对立的思维方式（只问思维能力的高下和思维结果的对错），而且直接地阻碍思维效率的提高。

思维的有效性，强调必须从结果上而不是从能力上去考察和评价思维效率，它突出地显现了思维效率的实践意义；思维的时效性，强调必须从思维结果得以形成的时间和速度上去考察和评价思维活动，它突出地显现了思维主体的效率意识；思维的准确性和深刻性，在思维效率的意义上，考察和评价的是在思维结果与思维速度的相互关系中所表现出来的量的规定性，而不是对思维能力的评价。迅速、准确、深刻、有效，构成思维效率的评价依据。

从思维效率去考察思维活动，就对思维主体及其思维活动提出了显著的实践性要求：思维主体必须在无限复杂的信息源所发出的无限丰富的信息中，迅速、准确地选择和接收尽可能多的与问题相关的信息，提高单位时间的信息接收量；思维主体必须迅速、有效地调动各种概念系统（背景知识）和各种认识成分（诸如归纳和演绎、分析和综合、抽象和概括、联想和想象、直觉和洞见等），提高单位时间的信息加工量，形成基本判断和解决问题的相应程序；思维主体必须坚决、果断地将解决问题的程序和方式付诸实践，并敏锐地、准确地对实践结果进行信息反馈，及时、有效地进行调控，以求达到最佳的实践效果。

以思维效率要求思维主体，能够强化主体的效率意识，促使思维主体自觉地改善自己的思维结构和提高自己的思维能力：增大思维的跨度，掌握和运用各种概念系统和各种认识成分去接收、加工信息；开掘思维的深度，抽象和概括思维对象的多方面和多层次的规定性，对这些思维规定进行创造性重组，以形成新颖的观念客体和解决问题的有效程序；加快思维的节奏，以强烈的时效观念去对待思维活动，迅速有效地实现选择和接收、加工和处理、输出和反馈信息的周期转换；提高思维的弹性，辩证地、综合地、灵活地运用各种概念系统和各种认识成分去反映和重建思维客体，并保持思维过程中的必要的张力。

自 20 世纪中叶以计算机的发明为标志的第一次信息革命以来，信息业的发展日益迅猛，已成为当代经济发展的重要特征。21 世纪主要发展以多媒体为代表的信息通信产业。以微电子技术、信息技术和现代通信技术相结合为特征的信息革命，是一次影响深远的产业革命。工业革命用蒸汽机，第二次工业革命用电力代替畜力、体力作为动力。而这一次信息革命，是用信息和计算机的智能并入整个社会的生产、管理、服务和生活系统中，改组现有的全部社会的产生构成，对社会的经济、政治、文化等方面产生影响。[①]

在"信息社会"中，主体的效率意识在主体的自我意识中占据越来越重要的地位，构成了主体的生存意识、能力意识和竞争意识的基调和底色，也构成了主体的自主意识、自立意识和自为意识的催化剂。效率意识变革了主体的因循守旧的、形式主义的和教条主义的思维方式。

主体的思维效率是由理论思维方式、文化心理结构、专业知识框架和个人意志品质等因素交互作用来决定的。提高主体的思维效率，不仅需要强化主体的效率意识，而且必须在这些基本方面得到综合改善。

思维效率直接取决于主体的理论思维方式。在传统的两极对立的思维方式中，人们压抑了主体的自我意识，抑制了主体意识的积极性和创造性，导致思维取向具有显著的公式化、形式化、教条化和简单化的特

---

① 参见张鸣：《信息高速公路将把我们带向何方》，载《光明日报》，1994-11-02。

点。在思维过程中，人们往往把概念规定当作孤立理解的零星碎片，而不是概念的相互理解导致的概念的自我理解。在当代各门科学相互渗透和转化，并形成立体交叉的网络背景下，思维主体要灵活地运用各种概念系统、认识成分和逻辑方法来把握和操作思维客体，就必须建立辩证的思维方式。

主体的文化心理结构，是影响思维效率的经常的、稳定的、坚实的重要因素。文化心理结构是主体获得的全部文化知识、全部生活阅历，凝聚和升华的产物，集中地表现为主体的教养程度。这种"教养"包括广博的知识、开阔的视野、敏锐的感受力和深刻的洞察力等。它在具体的思维活动中不露声色、潜移默化地发挥作用，经常地、稳定地起着作用。例如，时下颇为时髦的"公关学"，很重视外在的言谈、举止和交往的"手段"，却忽视了"公关"主体的内在教养，因而难以在"潜意识"的层次上做出迅速、准确、有效的思维判断，即思维效率是不高的。文化心理结构是主体在长期的实践和认识过程中形成的，对它的改造也是最为困难的。因此，要提高主体的效率意识和思维效率，其中一个最易被人忽视，却又至关重要的问题，就是使主体形成合乎现代社会要求的文化心理结构——现代教养。

在现代教养中，人文教养具有突出地位。有学者提出，人文是"化成天下"的学问，它包括启迪人的智慧，开发人的潜能，调动人的精神，激扬人的意志、规范人的行为，以及维护人的健康，保持社会稳定，发展社会经济，协调人际关系等学问。人文精神既是人化的成果，又是化人的武器。它教人合乎历史、合乎必然、合乎方圆、合乎德性。人们具有深厚的人文教养，才能具有超越操作智慧的决策智慧和管理智慧；跨世纪的一流人才，特别需要作为决策智慧和管理智慧的"大智慧"①。

同主体的理论思维方式和文化心理结构相比，主体的专业知识结构

---

① 参见曾钊新、胡弼成、曾鉴：《人文精神：高科技人才必识的大智慧》，载《有色金属高教研究》1995 年第 3 期。

对思维效率的影响是显而易见的。

主体的思维过程，并不是以"白板"式的头脑去反映对象，而是以已有的知识，特别直接的是以具体的专业知识去把握对象。离开具体的专业知识，人们不仅无法加工和处理特定的信息，甚至无法接收和选择特定的信息。例如，不懂医学的人看 X 光透视片，所见到的只是黑白相间、模糊不清的底片，而医生却会发现是否有病理变化，迅速准确地做出思维判断。专业知识对思维效率的影响，具体地表现为思维主体能否运用相关的概念系统去把握客体，在何种广度和深度上把握客体的规定性，能否在已有知识的基础上创造性地提出新的观念客体，又在何种程度上使这些新的观念客体具有客观现实性。可见，主体的专业知识结构对于提高思维效率具有直接的现实意义。认识主体建立起专门的、合理的、系统的、不断更新的专业知识结构，可以使主体的思维效率在较短的时间内得到明显的提高。

现代人的效率意识，是同现代科学的迅速发展分不开的。哲学家卡西尔曾经这样盛赞科学："科学是人的智力发展中的最后一步，并且可以被看成是人类文化最高最独特的成就。""在我们现代世界中，再没有第二种力量可以与科学思想的力量相匹敌。""对于科学，我们可以用阿基米德的话来说：给我一个支点，我就能推动宇宙。在变动不居的宇宙中，科学思想确立了支撑点，确立了不可动摇的支柱。"[①]就此而言，思维效率之所以是全部效率的"核能源"，是因为主体的思维是以科学思想为支撑点的。不断地变革和更新主体的专业知识结构，就会为提高思维效率和提高全部效率提供"不可动摇的支柱"。

主体的理论思维方式、文化心理结构以及专业知识结构的形成和发挥作用，都同主体的意志品质息息相关。远大的理想，坚定的信念，高尚的情趣，顽强的毅力，求实的学风，果断的作风，会促使主体在思维活动中具有明确的目的性、强烈的求知欲和高尚的成就感，充分激活各

---

① ［德］恩斯特·卡西尔：《人论》，263 页，上海，上海译文出版社，1985。

种背景知识，激发创造性的想象力，获得最佳的思维效果和实践效果。

马克思说："激情、热情是人强烈追求自己的对象的本质力量。"①自主、自立、自为、自律、自尊、自爱的主体自我意识，是效率的"核能源"和"核动力"，也是实现人生的价值与意义的"支撑点"。

---

① 《马克思恩格斯全集》第 42 卷，169 页，北京，人民出版社，1979。

第七章　现代人的价值观念

一　选择的困惑：现代人生

> 一个人单凭生活在现在并不就有资格被称为现代人。……唯有对现在最有感知性的人才是现代人。
>
> ——荣　格

(一)谁"可怜"？

可怜别人，大概可以分为不同的种类：第一种是所谓"恻隐之心"的爱怜，如"老吾老以及人之老，幼吾幼以及人之幼"等；第二种是所谓"物伤其类"的自怜，可怜别人其实是可怜自己；第三种是所谓"不足齿数"的怜悯，可怜别人其实是鄙视别人；第四种是"悲从中来"的痛惜，如鲁迅的"哀其不幸，怒其不争"。此外，还有种种不同的"可怜"。

这里说的是"可怜别人"。如果是"被人可怜"，那就不管是爱怜还是自怜，怜悯还是痛惜，总表现为一种羞愧与悲哀。人活到被人可怜的份儿，其滋味是很不好受的。

然而，有意思的是，"可怜别人"的人总是"被人可怜"，"被人可怜"的人也总是"可怜别人"。于是，究竟谁可怜，就成了大问题。

鲁迅写的《药》，是大家所熟知的。其中就有一段关于"谁可怜"的对话，因而也就提出了"谁可怜"这个大问题。

《药》里的夏瑜是反清的革命者，康大叔则是对革命者行刑的刽子手。行刑后的康大叔，在老栓的茶馆里，与茶客们有这样一段对话：

"包好，包好！"康大叔瞥了小栓一眼，仍然回过脸，对众人说，"夏三爷真是乖角儿，要是他不先告官，连他满门抄斩。现在怎样？银子！——这小东西也真不成东西！关在牢里，还要劝牢头造反。"

"阿呀，那还了得。"坐在后排的一个二十多岁的人，很现出气愤模样。

"你要晓得红眼睛阿义是去盘盘底细的，他却和他攀谈了。他说：这大清的天下是我们大家的。你想：这是人话么？红眼睛原知道他家里只有一个老娘，可是没有料到他竟会那么穷，榨不出一点油水，已经气破肚皮了。他还要老虎头上搔痒，便给他两个嘴巴！"

"义哥是一手好拳棒，这两下，一定够他受用了。"壁角的驼背忽然高兴起来。

"他这贱骨头打不怕，还要说可怜可怜哩。"

花白胡子的人说，"打了这种东西，有什么可怜呢？"

康大叔显出看他不上的样子，冷笑着说，"你没有听清我的话；看他神气，是说阿义可怜哩！"

听着的人的眼光，忽然有些板滞；话也停顿了。小栓已经吃完饭，吃得满身流汗，头上都冒出蒸气来。

"阿义可怜——疯话，简直是发了疯了。"花白胡子恍然大悟似的说。

"发了疯了。"二十多岁的人也恍然大悟的说。[1]

---

[1] 《鲁迅全集》第 1 卷，468—469 页，北京，人民文学出版社，2005。

读完这段文字，谁都会感到一种冰冷的悲哀。这悲哀来自对阿义们的"可怜"，或许也包含对夏瑜们的"可怜"。对阿义们的"可怜"，用现代的话语来说，是可怜其失去了人的"主体自我意识"；对夏瑜们的"可怜"，则是可怜其杀身成仁反被视为疯子，被其解救的对象——"民"们视为疯子。

然而，夏瑜们只是可怜阿义们，却绝不以为自己可怜。因为他们是为拯救阿义们而献身的。他们或许感到悲凉和悲哀，但不是自怜。在夏瑜们的心中，对"谁可怜"，有一种自觉到的标准和尺度。这就是人之为人的标准和历史的进步与发展的尺度。我们用这个标准和尺度去评价夏瑜们和阿义们，"谁可怜"的答案是清楚明白的。

现在，"谁可怜"的问题似乎更为复杂了。我最近读韩小蕙女士的《怜悯断想》①，引发了更多的关于现代人生的联想。

这篇断想的开头说，"怜悯"这个词平时只用于典雅的书面语，老百姓们更习惯说"可怜"，这是人类的一种很普遍的情感，我们每一个人，都可怜过别人，也被别人可怜过。文章接着又说，正是由于"可怜"这种情感太过普遍了，所以我们往往失去了感觉，一定要有某种外力的撞击，才会唤起我们的思索。那么，究竟是什么"外力的撞击"，唤起了韩小蕙的思索，并写出了这篇断想呢？

韩小蕙说，她参加一个文学沙龙，本以为参与的"全是出过几本书的青年作家们"，没想到一进门，"但见一位时髦女郎端坐屋中"，却原来是"一位男作家带来的女朋友"。于是她便有了下面的叙述与感慨：

> 我们都很礼貌地和她打了招呼。怕她感到冷落，几位女性还特意与她聊上几句服饰之类。她呢，不大开口，只是垂着眼帘听我们讲。但很显然的，她一点也没进入我们的氛围，只是在熬时光，一心巴望早点被男朋友带出这个门，就像搭错了车的一个乘客。

---

① 韩小蕙：《怜悯断想》，载《北京文学》1995 年第 1 期。

我不禁可怜起她来。看她还很年轻，却连固定工作都没有。只是每天跟着男朋友，从早到黑当他的影子。男朋友固然很有钱，可以供她穿金戴银，出入高级宾馆饭店。可是可以明显地看出来，他并不拿她当成与自己平等的人，她只是属于他的一个私有财产，就像他的彩电冰箱或宠狗宠猫一样。

这种完全没有自我的日子，难道不难受吗？我一边端详着她的脸蛋一边想：这难道就是她的理想生活方式？她真是心甘情愿的么？她的今后怎么办呢？……

谁知后来竟听说，她同时也在可怜我们——可怜我们生为女人，竟还得自己思想、自己写作、自己上大学读书、自己上班挣钱、自己进入文学沙龙和男人一样讨论问题、自己苦兮兮地往前奋斗……

上帝啊，这两种互为逆向的、同时又都是那么真切的怜悯啊！①

从这个描述与感慨，作者便敞开对"怜悯"的思索的空间，为我们展现了生活中随处可见的种种"截然相反的怜悯与被怜悯"。如果改写或缩写原文，我总觉得会失去原有的文采与深沉，还是照录几段以飨读者：

有表层形态的。比如早上你情绪饱满地踏上上班的路途。你正一心一意地蹬你的自行车，突然斜刺里冲出一辆车抢行。你躲闪不及被猛然撞倒，那人却不但不道歉，反而对你破口大骂。这个时候，你当然不屑于同他争吵，而是从心里可怜他，这么没有教养，不怕被人看不起？他呢，看你文质彬彬地一声不吭，竟也在可怜你——就你这书呆子样，也配跟我较劲?!……

有观念不同的。比如有一位小报记者曾对我夸口，说他每天根

---

① 韩小蕙：《怜悯断想》，载《北京文学》1995 年第 1 期。引文有改动。

本不用回家吃饭："要是记者还回家吃饭，这记者不就白当了吗？"我不无讽刺地说，那你就天天都去赶会。他自豪地"哈！哈！"然后说："哪还用赶会呀？你就这么出了门，推哪个门进去，不是你的报道对象？"说实在的，我当时的第一感觉就是怜悯他：就为了这么一顿饭，就得日日天天周旋表演一番，也太不值了！谁知他还大感其慨地怜悯我——"没想到你这个大报记者这么不开窍，我要是有你这个位子……"

还有关乎道德伦理的。前段时间，文坛出现了一股隐私文学热。有些作者利用小说、散文等文学样式，来展示自己的婚外恋、同性恋、性欲望、性生活乃至手淫、强奸……在读者中引起极其强烈的批评。我对这些作者深深怜悯，可怜他们靠出卖自己招揽读者的做法，就写了批评性文章。不久却收到了这样的反馈："你干吗要当卫道士呢？"其怜悯之情也是溢于言表的。

还有人格差距的。生活中，我接触过一些大伪似真的家伙。本来在他们丑恶的内心中，对这个世界充满了攫取欲和占有欲，整天焦虑着争名、争利、争官、争宠，随时算计着怎样使别人倒点霉，怎样把别人打入地狱。可越是这样的家伙，脸面上越作出迷人的少女微笑，嘴巴里越高唱着真善美的歌谣，文章里也总是不忘以美丽辞藻装点自己。我极度讨厌这样的伪善儿，宁愿跟表里如一的恶魔打一仗也不愿跟伪善儿说句话；同时我亦从心里深深可怜他们，可怜他们忙于做婊子又累心立牌坊，而又随时随地都有被人戳穿的可能——现代人是多么聪明，谁能欺骗和掩盖得久呢？可是当我把这层心思向朋友说起时，不料朋友劈头向我断喝："你别发呆了，他们还从心里更可怜你呢！可怜你都什么年代了，还讲究什么表里俱澄澈！"①

---

① 韩小蕙：《怜悯断想》，载《北京文学》1995 年第 1 期。引文有改动。

读过这些表层形态的、观念不同的、道德伦理的、人格差距的"截然相反的怜悯与被怜悯"，我们会有怎样的感受呢？也许，我们的第一感受就是强烈共鸣。虽然人们的身份、地位、职业和处境不同，但这种"怜悯与被怜悯"的矛盾却是"无处不在、无时不有"的。如果说这种感受有区别，那就是对"谁可怜"的感受不同。也许，有人像文章的作者一样，"可怜"那位男作家的女朋友、那位任意横行的撞车人、那位出卖自己的撰稿人、那位不择手段的伪善儿，以及作者所"可怜"的此类人等。但也许有人"可怜"此文的作者以及与此文作者抱有同样心态的人。

于是，读过此文的第二感受，便是痛感一条古训——人同此心，心同此理——之可疑。如果此心此理人所皆然，又何以搞不清楚到底"谁可怜"呢？于是我们又读到了作者的议论："价值观不同，判断就全然不同。是耶？非耶？嘲弄崇高，亵渎神圣，蔑视道德，排斥传统，丧失目标。生活可以全不必问为什么，只要有钱，傻吃傻喝也算当代英雄。"于是我们又读到了作者的更为令人触目惊心的叙述与议论："今天提倡价值观念的多元选择，有一晚我督着女儿弹钢琴，她想偷懒，突然嬉皮笑脸地给我唱了一首儿歌：'好男不上班，好女傍大款。得了5分算什么，不敌他爹20万'。""女儿刚10岁，天可怜见！"

读过此文的第三感受，是感动于作者的"文人的良心"。为了寻找到底"谁可怜"的答案，作者"问天""问地""问古人"，"天地不语，圣人答焉"。于是作者引证了孔子的"见贤思齐焉，见不贤而内自省也"，引证了韩愈的"古之君子，其责己也重以周，其待人也轻以约。重以周，故不怠；轻以约，故人乐为善"，又引证了在作者"心目中被奉若神明"的当代学者张中行先生的所言所行。作者说，张中行先生"在许多文人和青年人的心目当中，都是'神'。他集哲学家、文学家、语言学家、教育家、诗人、作家……于一身，对我说的却是：'我这一辈子学问太浅，让高明人笑话'"。于是作者感慨道："而我辈之人呢？有的一共也没读过几本书，也没写出过几篇像样的文章，就敢自我陶醉、自我膨胀、自我吹嘘、自我扩张、唯我独尊、妄自尊大，老子天下第一，整天汲汲于名次、争座位，诋毁别人，抬高自己，愤愤然于得不到的焦躁里"①。由于找到这种"差距"，作者提出了如下见解："我们人类，本来就有着许多先天的毛病，面对着泱泱大千世界，浩浩历史长空，最大的悲哀就是由于认识能力的有限，我们永远无法穷尽真理，使世界好得到位。但是我们也有一些能够做到的事——学习，便是其中之一。这是万事之源，立身之本，悠悠世间，唯此唯大。"②

对于"安身立命"来说，学习，当然不仅仅是"认识"的问题，还包含着认识在内的人的修养与教养的问题。不过，既然说到"认识"，我们不妨就此分析下去：为什么"可怜别人"的人总是"被人可怜"，"被人可怜"的又总是"可怜别人"？究竟"谁可怜"？"可怜"的标准是什么？现代社会为什么会造成如此对立的相互"可怜"？人们如何走出这种"相互可怜"的怪圈？这些，大概就是现代人生的选择与困惑，因而也是现代价值观念的核心问题。

(二)价值坐标的震荡

"谁可怜?"这种价值观的困惑，集中地表征着价值标准的冲突和价值坐标的震荡。

任何一个社会的价值问题，都表现为相互矛盾的两个方面：一是"我们到底要什么?"这就是社会的价值导向和价值规范问题；二是"我到底要什么?"这就是个人的价值取向和价值认同问题。

从表层来看，"我到底要什么"的个人价值取向和价值认同具有极大的主观性、任意性和随机性，似乎完全是依据个人的利益、欲望、需要、兴趣甚至是情绪来进行价值选择的；从深层来看，个人的价值取向总是"取向"某种社会的价值"导向"，个人的价值认同总是"认同"某种社会的价值"规范"。因此，在现实的价值冲突中，"我们到底要什么"的社会价值导向和价值规范总居于主导的和支配的地位。个人想什么和不想

---

① 韩小蕙：《怜悯断想》，载《北京文学》1995 年第 1 期。引文有改动。
② 韩小蕙：《怜悯断想》，载《北京文学》1995 年第 1 期。引文有改动。

什么、怎么想和不怎么想、做什么和不做什么、怎么做和不怎么做，首先取决于社会的价值导向和价值规范。由此可见，"谁可怜"的问题，似乎首先不能追究个人之间的价值观冲突，而应正视和探索社会的价值标准的冲突和价值坐标的震荡。

当代中国，从以阶级斗争为纲到以经济建设为中心，从计划经济到建立社会主义市场经济，必然伴随着价值范式的重建，由此首先凸显了"我们到底要什么"的社会价值导向和价值规范问题。

在《怜悯断想》一文中，韩小蕙女士叙述了种种"截然相反的怜悯与被怜悯"之后，还有一段值得深思的叙述与议论。她说："记得 9 岁那年，我被批准第一批加入少先队。当我穿着白衬衫花裙子，站得笔直，在队旗下宣誓的时候，好几位没被批准入队的同学都哭了起来。在那时的日子里，人文大环境崇尚的是活得崇高，有意义，为社会和人民作奉献。人们心中的是非标准尺度，虽然单纯，但极为明确，以善为善，以美为美，白天就是白天，黑夜也就是黑夜。"

这段叙述与议论，既把我们那一代人带回到天真烂漫甚至纯洁无瑕的少年时代，因而勾引起许许多多美好的回忆；也使我们联想到时下那种"耻言理想，蔑视道德，躲避崇高，拒斥传统，不要规则，怎么都行"的社会思潮，使我们禁不住发出许许多多的感慨与叹息，确实感到"人文大环境"变了。

然而，我们冷静下来，认认真真地反思那"白天就是白天，黑夜也就是黑夜"的日日夜夜，除了许许多多美好的回忆，那些日子是否也会引起许许多多痛苦的思索呢？反之，我们认认真真地品味这"怜悯被怜悯"纠缠不清的社会思潮，除了许许多多的感慨与叹息，它是否也会引起许许多多更为深切的思索呢？

确实，那个"白天就是白天，黑夜也就是黑夜"的时代，是一个有着"单纯"的价值标准的时代，是个人的价值取向和价值认同既无须选择也别无选择的时代。它给我们带来了许许多多的激动和喜悦，许许多多的成功和欢庆。然而，在单一的和僵化的计划经济模式中，特别是在以阶级斗争为纲的极左思潮中，价值取向和价值认同却逐步升级地形成了"要么……要么……"乃至"宁要……不要……"的思维方式和价值模式。无论是作为"我们到底要什么"的社会价值导向和价值规范，还是作为"我到底要什么"的价值取向和价值认同，都表现出显著的单层化和单一化的总体特征。只讲理想不顾现实，只讲道德不讲利益，只讲崇高不讲平凡，只讲统一不讲选择的价值导向和价值规范，不仅形成了单一化的"政治意识"的价值范式，而且造成了"理想""革命""崇高"本身的扭曲。在那个把以阶级斗争为纲的"单纯"的价值范式推向极端的年代，我们曾经付出了多么沉重的代价！

以"单纯"的价值标准去看人，人便被"一分为二"地划分为"好人"与"坏人"；以"单纯"的价值标准去观己，己便被"一分为二"地归入"正确"与"错误"的人；以"单纯"的价值标准去论事，事便被"一分为二"地区分为"好事"与"坏事"。于是，看人只能是"亲不亲，线上分"，"人性""人情""人格""人品"，统统成了"立场不稳""界限不清"的犯忌的名词；观己则必须狠斗私字一闪念、"灵魂深处闹革命"，时刻警惕"个人奋斗""白专道路""名利思想""小资情调"；对事则要"做不做，纲上分"，"需要""欲望""利益""富裕"，都成了讳莫如深的错误想法。

正是这种被推向极端的"单纯"的价值标准，造成了"要么……要么……"乃至"宁要……不要……"的两极对立、非此即彼的形而上学的思维方式。无论看人还是论事，只是要么"好"要么"坏"、要么"正确"要么"错误"、要么"肯定"要么"否定"。人的多重需要和事物的多重属性，人的丰富生活和事物的矛盾存在，人的多样选择和事物的多种可能，均被拒斥于"要么……要么……"的思维方式之外。把这种两极对立、非此即彼的思维方式和价值观念推向极端，便是20世纪70年代的"宁要……不要……"的猖獗。痛定思痛，当年的"宁要社会主义的草，不要资本主义的苗"，"宁要社会主义的低速度，不要资本主义的高速度"，"宁要贫穷的社会主义，不要富裕的资本主义"，岂不是荒谬绝伦吗？

改革开放以来，人们越来越懂得"贫穷不是社会主义"，"发展才是硬道理"和"三个有利于"的价值标准。社会的价值导向和价值规范，以及个人的价值取向和价值认同，已经和正在发生深刻的变革。这就是以经济建设为中心和共同富裕的主导性价值范式的建立。

这个主导性价值范式在建设过程中，出现了各种价值观念的冲撞，引起了价值坐标的震荡。人们越来越强烈地感受到，那种所谓"中止对立的是非判断""封闭一切价值通道""从情感的零度开始"的理论思潮，那种所谓"跟着感觉走""谁也别管谁""咋活咋有理"的社会思潮，正在把社会的价值导向和个人的价值取向从一个极端引向另一个极端。

这"另一个极端"，就是盛行于当代世界的相对主义的价值观。在这种价值观中，理想似乎等于幻想甚至狂想，因而"耻言理想"；信仰似乎等于迷信或盲从，因而"嘲弄信仰"；道德似乎等于迂腐甚至愚笨，因而"蔑视道德"；崇高似乎等于虚伪甚至愚弄，因而"躲避崇高"；传统似乎等于废品或垃圾，因而"拒斥传统"；规则似乎等于枷锁或桎梏，因而"不要规则"。耻言理想，嘲弄信仰，蔑视道德，躲避崇高，拒斥传统，不要规则，变成了"怎么都行"，于是互相觉得"可怜"，便出现了《怜悯断想》中所描述的傍大款的靓女、出言不逊的撞车人、出卖自己的撰稿人、不择手段的伪善儿……

如果说人们在以阶级斗争为纲的日日夜夜感受到"生命中不堪忍受之重"，人们在"怎么都行"的相对主义的社会思潮中则深深地感受到"生命中不能承受之轻"。失落了理想就是失去了目的，失落了信仰就是失去了动力，失落了道德就是失去了人伦，失落了崇高就是失去了尊严，失落了传统就是失去了依托，失落了规则就是失去了尺度，"怎么都行"只能是一种失去标准的"存在主义的焦虑"。

于是，人们开始议论"信仰危机""形上迷失""意义失落"，人们开始寻求"精神的家园""人文的价值""安身立命之本"，人们开始探索精神文明的建设，构建社会主义市场经济的价值范式。

面对现实，我们应当超越两极对立的思维方式去思考"我们到底要什么"的价值导向和价值规范，在理想主义与功利主义、期待道德与义务道德之间保持一种"必要的张力"。

(三)崇高的位置

面对现代人生的价值选择的困惑，我们需要一种辩证的哲学智慧。

在人类生活的价值坐标上，崇高与渺小一向是对立的两极：崇高表征着真善美，渺小则意味着假恶丑；追求崇高是人生的真谛，沦为渺小才是可怜的境地。因此，献身崇高的事业，弘扬崇高的思想，完善崇高的人格，臻于崇高的境界，一向是人生价值的最高尺度，是人生意义的基本内涵和人生追求的根本目的。

哲学作为理论形态的人类自我意识，即理论地把握到的人类关于自身的存在、焦虑、理想和选择的自我意识，无论是中国哲学还是西方哲学，一向以建构人类生活的精神坐标为根本使命，也就是以阐扬崇高和贬抑渺小为根本使命。然而，现代的哲学理性却在反省崇高和批判传统哲学的精神历程中，既消解了种种被异化了的崇高，又承受着失落了崇高的精神困倦。世纪之交的哲学理性正徘徊于对崇高的沉思之中。

社会的价值导向和价值规范，最深层的是它的理论导向与理论规范；个人的价值取向和价值认同，最根本的是对取向和理论的认同。哲学理性的困惑是人类的焦虑的理论表征，反过来，哲学理性的困惑又会导致人类精神的焦虑。因此，面对"谁可怜"的迷惘与价值坐标的震荡，我们似乎有必要在哲学智慧的海洋中游弋一番。

首先，我们领略一番传统哲学及其所表征的人类对崇高的追求。

20世纪以来，在关于中国哲学与西方哲学的比较研究中，人们常常以如下观点来表述中、西哲学之异，即中国哲学突显对人生的意义与价值的体认，"道""仁""心""理"皆为伦理实体；西方哲学则贯穿对知识的逻辑基础的寻求，"本体""理念""规律""自由"均以真理为目标。按照这样的理解，似乎中国哲学是以"拟价值"的形态去充任"一切价值的价值"，西方哲学则是以"拟科学"的方式去充任"全部科学的科学"。

在我看来，这种认识虽然在某些方面说明了中、西哲学的差异，但却从根本上丢弃了中、西哲学在人类性上的深层一致性，以及中、西哲学在时代性上的历史共同性。实际上，无论是中国哲学还是西方哲学，都是理论形态的人类自我意识，因而都集中地、深层地表达着人类对自身存在的焦虑和渴望；它们都以建构人类生活的精神坐标为目的，因而都能够强烈地影响和规范社会的价值导向和个人的价值取向。哲学的魅力在于，它是对人生的意义与价值的理论回答。

在漫长的以自然经济为基础的传统社会中，人类一向是以两极对立、非此即彼的思维方式去看待人生的价值与意义的。这种思维方式和价值观念，集中地、深刻地体现为整个传统哲学对崇高的追求。

传统哲学对崇高的追求，是以崇高与渺小的绝对对立和互不相容为前提的，是以确立崇高的永恒性和终极性的存在为目标的，是以自身所达到的理论形态作为崇高的终极实现而自期自许的。这不正是人们长期以来所理解的崇高的理论写照吗？

传统哲学向自己提出的问题是：什么是绝对之真？什么是至上之善？什么是最高之美？在传统哲学看来，只有当哲学为人类提供这种绝对之真、至上之善和最高之美，并且人类按照绝对之真、至上之善和最高之美去规范自己的全部思想与行为时，人类才能崇高起来。传统哲学的这种追求与期待，不正表征着人们长期以来对真善美的追求与期待吗？

传统哲学的这种自期与自许，把人类对崇高的向往与追求，变成了种种亘古不变的哲学理念，把崇高的历史性的时代内涵，变成了限制人的思想与行为的种种僵化的教条和崇拜的偶像。在这种思想与行为的禁锢与束缚中，人们怎么能不感受到"生命中不堪忍受之重"，又如何以创造性的精神去推动历史的进步和人的全面发展呢？

中国传统哲学，一向是以"为天地立心，为生民立命"为己任，以"究天人之际，通古今之变"为底蕴，以"修齐治平""内圣外王"为门径，去构建人类生活的精神坐标，确立人类生活的"安身立命之本"。中国传统哲学对崇高的追求，真可谓百折不挠、一以贯之。

然而，在"存天理，灭人欲"，"君子喻于义，小人喻于利"，"君为臣纲，父为子纲"，以及所谓"法先王之法""以孔子之是非为是非"的"告诫"与"纲常"中，我们不仅可以看到非此即彼、两极对立的绝对化的思维方式和价值观念，而且可以看到被扭曲了的价值标准和价值导向：崇高被扭曲为代表"国家""社稷"的"君主"，从而形成了"君权神授"一切听命于皇帝的价值导向；崇高被扭曲为代表"经典""文本"的"儒学"，从而形成了"尊孔读经"、一切由典籍来裁判的价值导向；崇高被扭曲为代表"伦理""道德"的"纲常"，从而形成了"循规蹈矩""不得越雷池一步"的价值导向；崇高被扭曲为代表"人格""人品"的"圣贤"，从而形成了"君子喻于义""小人喻于利"，以"君子"为人生典范的价值导向……一切背离这种"导向"与"规范"的思想与行为，都被视为"离经叛道"或"大逆不道"。

由此我们可以看到，正是由于传统哲学对崇高的追求及其所造成的对崇高的扭曲，我们才必须对中国传统哲学及其所代表的整个传统文化，采取"取其精华，弃其糟粕"的批判继承、推陈出新的态度。今人所谓"继承中华民族优秀传统"和"弘扬中华民族传统文化"，大概最重要的就是继承且发挥其追求崇高的传统；"五四"以来的所谓"打倒孔家店"，就其深层指向而言，恐怕最根本的就是"消解"种种被扭曲了的"崇高"。因此，在现代人生的价值选择中，"历史虚无主义"与"复古主义"，是同样"不合时宜"的。以当代的社会发展为背景重建人类生活的价值坐标，即重新确立崇高的位置，应该是世纪之交的中国哲学理性思考的轴心，也应该是每个有教养的当代中国人的思考的轴心。

在这种理性思考中，我们还需要重新理解西方传统哲学及其所表征的整个西方传统文化。西方传统哲学虽然在理论形态和研究方式等诸方面与中国传统哲学存在种种差异，但它作为理论形态的人类自我意识，却是以崇高和使人崇高起来作为自己的追求目标的，并以传统社会的自然经济为基础导致了对崇高的种种的扭曲。尤为重要的是，对当代中国产生广泛影响的现代西方哲学——无论是科学主义思潮和人本主义思潮，还是所谓后现代主义思潮——都是以"消解"被扭曲的"崇高"为出发点的。正是这个消解崇高与失落崇高的矛盾，表现出了当代哲学理性的深刻的精神困倦，当代相对主义价值观的理论危机，表现出了当代人类所面对的价值选择的困境。下面，就让我们一起来探讨这个问题。

盛行于当代的所谓后现代主义思潮中，有一位在当代中国思想理论界和文学艺术界产生重要影响的代表人物，这就是理查德·罗蒂。他写了两本颇有影响的书，一本叫《哲学和自然之镜》，另一本叫《后哲学文化》。我们就以这两本书为对象，来分析和思考西方传统哲学，以及后现代主义对它的批判。

在《哲学和自然之镜》一书中，罗蒂对整个西方传统哲学及其所表征的整个西方传统文化，做出这样的概括："自希腊时代以来，西方思想家们一直在寻求一套统一的观念，……这套观念可被用于证明或批评个人行为和生活以及社会习俗和制度，还可以为人们提供一个进行个人道德思考和社会政治思考的框架。"

那么，西方传统的思想家们如何保证这套"观念"或"框架"的合理性或有效性呢？罗蒂说，"作为一门学科的哲学，把自己看成是对由科学、道德、艺术或宗教所提出的知识主张加以认可或揭穿的企图。它企图根据它对知识和心灵的性质的特殊理解来完成这一工作。哲学相对于文化的其他领域而言能够是基本性的，因为文化就是各种知识主张的总和，而哲学则为这些主张进行辩护"。

正是基于这种理解，罗蒂提出了哲学理性的当代任务："摈弃西方特有的那种将万物万事归结为第一原理或在人类活动中寻求一种自然等级秩序的诱惑。"由此所形成的，便是罗蒂所说的"后哲学文化"。罗蒂提出："在这个文化中，无论是牧师，还是物理学家，或是诗人，还是政党都不会被认为比别人更'理性'、更'科学'、更'深刻'。""在这样一个文化中，仍然有英雄崇拜，但这不是对因与不朽者接近而与其他人相区别的、作为神祇之子的英雄的崇拜。这只是对那些非常善于做各种不同的事情的、特别出众的男女的羡慕。"

罗蒂的这些思想，不仅集中地表现了当代西方哲学的特征与趋向，而且理论地表现了当代西方价值观念的变化。所以，我们准备分三个层次予以评述，从而更为清晰地说明崇高在西方文化中的表现形态和演化趋势。

第一个层次，西方传统哲学及其表征的西方文化所追求的目标是什么？在这个层次上，我们赞同罗蒂的概括，即西方传统哲学以寻求和提供一套裁判人的全部思想与行为的"观念"或"框架"为目标。它所寻求和提供的这套"观念"或"框架"，构成人的全部思想与行为的根据、标准和尺度，也就是人类生活的精神坐标上的"崇高"的理论表征。它对西方人的生活，具有价值导向和价值规范的作用。

第二个层次，西方传统哲学寻求这套"观念"或"框架"的方式和途径是什么？在这个层次上，我们同样肯定罗蒂的概括，即西方传统哲学是以对"科学、道德、艺术或宗教所提出的知识主张加以认可或揭穿"的方式，来履行它作为崇高的理论表征的社会功能的。正是在追求崇高的方式与途径这个层次上，凸显了西方传统哲学与中国传统哲学的重大差异。

在西方传统哲学那里，对崇高的追求，最根本的是超越"意见"而获得"真理"，认识"必然"而实现"自由"。所以，它总是寻求超越全部知识又能够解释全部知识的"最高原因的基本原理"（亚里士多德语），超越经验世界又能够规范经验世界的永恒不变的"本体"。超验的"本体论"，是西方传统哲学的核心内容，也是构成西方文化价值观念的思维方式。

美国当代哲学家瓦托夫斯基，及其所代表的思维方式，企图"把各种事物综合成一个整体，提供出一种统一的图景或框架，在其中我们经验中的各式各样的事物能够在某些普遍原理的基础上得到解释，或可以被解释为某种普遍本质或过程的各种表现"[1]。这表明，西方传统哲学

---

① ［美］M. W. 瓦托夫斯基：《科学思想的概念基础——科学哲学导论》，14 页，北京，求实出版社，1982。

对崇高的追求，是一种理性主义的、逻辑主义的追求，是一种求知的、求证的知识论立场的追求，而不是中国传统哲学的体悟的、内省的、直觉的追求。这不仅表现了中西传统哲学对崇高的追求方式有重大差异，而且导致把崇高扭曲为不同的形态。

崇高在中国传统哲学中的扭曲形态，主要表现为"君权""经典""纲常"等伦理关系的神圣化；崇高在西方传统哲学中的扭曲形态，则主要表现为"本体""共相""逻辑"等认知关系的神圣化。这里，我们主要谈谈西方文化中的"上帝"。

在西方文化中，"上帝"是人的全部思想与行为的最高规范和最高裁判，也就是被神圣化了的"崇高"。"上帝"是绝对之真、至上之善和最高之美的"三位一体"。因此，"上帝"不仅规范人的思想和行为，而且裁判人的思想与行为。"上帝"是人的全部思想与行为的最高的根据、标准和尺度。

那么，"上帝"的观念是从哪里来的？它并不是幻想的、想象的、直觉的或信仰的产物，而恰恰是极端理性主义或极端逻辑主义的产物。西方文化在寻求"本体""理念"的过程中，总是企图寻找一种永恒不变、绝对确定的终极性"存在"。这种"存在"被"合乎逻辑"地推演为无所不在、无所不知、无所不能的"上帝"。这表明，"上帝"是作为超越经验的理性思维所创造的"本体"而存在的。无论是在柏拉图的"最高的善"和亚里士多德的"形式的形式"的实体演绎中，还是在牛顿的"第一推动力"和黑格尔的"绝对精神"的逻辑证明中，"上帝"都是作为极端理性主义的产物而形成的。"上帝"作为神圣化了的崇高，其实质就是"理性""逻辑"的神圣化。试想一下，如果我们把理性主义或逻辑主义推向极端，认为一切存在都是某种目的性的产物，我们将会产生怎样的观念？而人们一旦形成"上帝"创造一切、规范一切、裁判一切的观念，又会过着怎样的生活？"上帝"像无所不在、无所不知、无所不能的"宪兵"一样，无时无刻不在窥视和监视人的思想与行为，人怎么能不时时感到"生命中不堪忍受之重"呢？人又如何能够忍受这个被异化的"崇高"呢？

罗蒂说，他所谓"后哲学文化"，"指的是克服人们以为人生最重要的东西就是建立与某种非人类的东西（某种像上帝，或柏拉图的善的形式，或黑格尔的绝对精神，或实证主义的物理实在本身，或康德的道德律这样的东西）联系的信念"①。在这里，罗蒂正是把"善的形式""绝对精神""物理实在本身""道德律"等的神圣化，都视为与"上帝"一样的"非人类的东西"。就是说，如果人们把人生最重要的东西（比如，价值标准）异化给"非人类"的东西，人自己的生活就被异化了，就会感受到"生命中不堪忍受之重"。

例如，如果我们不把科学看成人类自己的活动，而用"科学"去规范和裁判人的全部思想与行为，就会造成工具理性和科学主义的泛滥，从而把人看成一种纯粹逻辑的存在。美国当代哲学家伊姆雷·拉卡托斯在论述"科学"时说，人们本来是用"科学"去反对"神学"，但却常常"根据他们直接由神学继承过来的标准"去要求"科学"，认为"它必须被证明是确凿无疑的。科学必须达到神学未达到的那种确实性"。似乎一说什么是"科学"的，就是绝对正确、不容置疑和不可变易的。现代西方的科学主义思潮，其实质就是以"科学"去拒斥"哲学"，取代"哲学"。由此我们谈到第三个层次。

第三个层次，如何看待和评价传统哲学及其所表征的人类对崇高的追求？在这个层次上，我们对包括罗蒂在内的现代西方哲学家的观点持否定态度。

现代西方科学主义思潮的代表人物之一汉斯·赖欣巴哈，曾经这样谈论他所批判的"哲学"，他说，哲学表现了人类的"不幸的本性"，即人类总是倾向于"还无法找到正确答案时就作出答案"，由此赖欣巴哈断言："当科学解释由于当时的知识不足以获致正确概括而失败时，想像就代替了它，提出一类朴素类比法的解释来满足要求普遍性的冲

---

① ［美］理查德·罗蒂：《后哲学文化》，作者序，11 页，上海，上海译文出版社，1992。

动。……这样，普遍性的寻求就被假解释所满足了。哲学就是从这个土地上兴起的。"①

对于这种观点，我们至少需要提出如下双重质疑：一方面，既然"要求普遍性的冲动"是人类的"本性"（尽管赖欣巴哈称之为"不幸的本性"），它又如何能够从人类的"本性"中清除掉呢？另一方面，科学是否也是人类"要求普遍性的冲动"？它为什么就具有理性自我批判的"豁免权"呢？

由此我们可以看到，赖欣巴哈的观点表现了双重的"非法性"：一方面，它"非法"地剥夺了人类"本性"的权利，具体地说，就是"非法"地剥夺了哲学所表征的人类对最重要的"普遍性"——价值坐标上的崇高——追求的权利；另一方面，它又"非法"地把"科学"供奉在裁判人的全部思想与行为的崇高的位置上。这样，赖欣巴哈所代表的科学主义思潮，就把人类对真善美的价值目标的全面性追求，变成了极端理性主义或极端逻辑主义的"单向度"的追求。

以罗蒂为代表的所谓"后现代主义"思潮，在批判科学主义思潮的过程中，不仅否定科学主义思潮以"科学"去代替"哲学"的位置，而且从根本上拒绝一切文化形式对崇高的追求。在罗蒂所倡言的"后哲学文化"中，没有任何一门学科或任何一种文化占有特殊的位置，因而是一种没有"基础"的"对话"；无论是自然科学家还是社会科学家，无论是政治人物还是文学家，都没有特别"深刻"之处，因而也不代表人类的价值追求；人们以为是崇高的人格化的英雄，其实不过是一些比较能干的"好男好女"，因而也不是价值标准的典范。总之，在这种"后哲学文化"中，高层精英文化失落了，英雄主义时代隐退了，理性主义权威丧失了，崇高被彻底地消解了。

然而，面对当代的种种相对主义和虚无主义的理论思潮和社会思潮，我们要提出的问题是：人类能够忍受崇高的失落和价值坐标的消解

---

① ［德］H. 赖欣巴哈：《科学哲学的兴起》，11 页，北京，商务印书馆，1983。

吗？没有崇高的生活难道不是昆德拉所说的"生命中不能承受之轻"吗？面对价值选择的困惑，有教养的现代人需要更深沉地、理论地求索崇高的位置。

(四)理论的启示

20世纪的哲学理性，直接的是以黑格尔哲学为背景而凸显出来的。"在黑格尔的博大体系中，以往哲学的全部雏鸡都终于到家栖息了。"①传统哲学及其所表征的人类对崇高的追求，在黑格尔的哲学体系中得到了最集中也最深刻的理论表达。首先我们耐心地分析一下黑格尔哲学，也许会帮助我们更深切地理解人类对崇高的追求。

对于黑格尔哲学，人们总是习以为常地这样谈论它的二重性，即一方面，由于它把整个自然、历史和精神的世界描述为一个过程，所以它给我们留下了一份宝贵的精神遗产即"辩证法理论"；另一方面，由于它以所谓"绝对精神"的自我运动来展现世界的辩证发展过程，所以它又给我们留下了一堆糟糕的精神垃圾即彻底的"唯心主义理论"。

对于这种"通常解释"，一个有教养的现代人也许应当提出这样的追问：黑格尔这位大思想家为什么会荒谬绝伦地把世界的辩证发展说成是"绝对精神"的自我运动？造成黑格尔哲学的"辩证法"与"唯心主义"的矛盾的根源在哪里？作为传统哲学集大成者的黑格尔所要解决的巨大理论困难究竟是什么？

黑格尔曾经形象地把哲学比喻为"庙里的神"。谁都知道，有庙必有"神"，无"神"不成为庙。同样，人类的精神殿堂必有"精神"，没有"精神"也不成为精神殿堂。在黑格尔看来，哲学是"庙里的神"，也就是精神殿堂里的"精神"。这个"精神"，就是人类生活精神坐标上的"崇高"。所以黑格尔说，"凡生活中真实的伟大的神圣的事物，其所以真实、伟大、神圣，均由于理念"②。又说，"人应尊敬他自己，并应自视能配得

---

① [美]H. D. 阿金：《思想体系的时代——十九世纪哲学家》，64页，北京，光明日报出版社，1989。

② [德]黑格尔：《小逻辑》，35页，北京，商务印书馆，1980。

上最高尚的东西"①。

现在的问题是：为什么黑格尔要把人类所追求的"崇高"视为"理念"即"绝对精神"？我们知道，哲学史是人类的艰难而曲折的自我认识的思想史，也就是人类的艰难曲折的追求崇高的精神历程史。为了回答上面的问题，我们必须探寻黑格尔所自觉到的理论困难。

人类及其哲学对崇高的追求，始终贯穿着三大问题：崇高的存在、崇高的标准和崇高的实现。哲学作为理论形态的人类自我意识，必须理论地回答这些问题，才能规范和引导人类对崇高的追求。

从总体上看，传统哲学对崇高问题的回答，构成了两种基本理论思路：一种是以"心"即中国哲学所说的"良知"为崇高的存在，以"心所同然"即"人同此心，心同此理"为崇高的标准，并以"发明本心"即"致良知"为崇高的实现；另一种则以"理"或"理念"为崇高的存在，以"理"或"理念"的"本真性"为崇高的标准，并以人们对"理"或"理念"的普遍认同为崇高的实现。

然而，这两种理论思路都蕴含着深刻的矛盾。就前者来说，"人同此心"的"心"，"心同此理"的"理"，必是超越一己之心的普遍之"心"，超越一己之理的普遍之"理"。因此，以"发明本心"去实现的崇高，只能归结于对普遍性的"理"的认同。就后者来说，超然于心外之"理"，只能是以认知的方式去实现"思"与"在"、"心"与"理"的统一。而认知作为过程，又必然是以已知求未知，以有限逐无限，永远也达不到黑格尔所说的"全体的自由性"的崇高。

正是由于自觉到这种矛盾，黑格尔从"思维的本性"去批判以往哲学对崇高的追求。他提出，如果仅仅从思维的主观性上看，它作为一种普遍性的精神活动，当然也就是"全体的自由性"。但是，正因为这样的"自由"不过是抽象的思想的自我联系，所以这种自由又只能是一种没有任何规定的虚幻的自由。反之，如果仅仅从思维的客观性上看，它的内

---

① ［德］黑格尔：《小逻辑》，36 页，北京，商务印书馆，1980。

容就应该是存在的规定。但是，正因为存在的规定只能是"认识"的结果，所以认识过程中的思维也就无法达到"全体的自由性"。

由此，黑格尔批判了他所说的两种错误的思维方式。其一是"表象思维"。黑格尔说，这种思维可以称作"物质的思维"，"偶然的意识"，"它完全沉浸在材料里，因而很难从物质里将它自身摆脱出来而同时还能独立存在"。其二是"形式推理"。黑格尔说，这种思维"以脱离内容为自由，并因超出内容而骄傲"。

"表象思维"和"形式推理"都不能达到"自由"，那么，怎样才能达到"自由"即"崇高"呢？黑格尔的下述思想是耐人寻味的，这就是他对"个体理性"和"历史理性"的双重"消解"。首先，黑格尔提出，思维的主体并不是"能思者"，而是"能思者的思维"。这样，他就把思维的主体由个体的思维转换成人类的思维，用人类思维的普遍性去"消解"个体思维的有限性。其次，黑格尔又提出，思维的历史，并不是思想获得越来越多的认识成果的过程，而是思维的"全体的自由性"与"各个环节的必然性"的统一过程。这样，他又把思维的历史性转换成精神的历程性，用人类精神历程的内在性去"消解"认知过程的外在性。正是通过对思维的个体性和历史性的双重"消解"，人类对崇高的追求，才变成了黑格尔所说的"普遍理性"即"绝对精神"的自我运动和自我认识。而个体理性认同普遍理性的精神历程与历史理性展现普遍理性的逻辑进程的统一，就是黑格尔的"绝对精神"作为崇高的存在、标准和实现的统一。所以，有学者曾经深刻地指出："不幸和努力是结合在一起的，没有这种结合，就没有深刻的生活。基督的形象就是这种结合的象征。这一思想构成了黑格尔体系的基础。"①

然而，人们似乎不大注意黑格尔的"这一思想"，而只致力于批判黑格尔的"理性的狂妄"（如现代科学主义思潮）、"理性的冷酷"（如现代人

---

① ［法］奥古斯特·科尔纽：《马克思的思想起源》，17 页，北京，中国人民大学出版社，1987。引文有改动。

本主义思潮）、"理性的抽象"（如国内通行的观点）。这些批判是必要的，也是重要的。但是，现代哲学的众多流派仅仅着眼于批判黑格尔的极端理性主义或极端逻辑主义，我们仅仅把黑格尔哲学看成所谓"理性的放荡"，从而造成现代哲学理性的精神困倦。

这是因为，仅仅把黑格尔哲学看成"理性的放荡"，就否定了黑格尔哲学及其所代表的整个传统哲学对崇高的追求。20 世纪哲学理性的精神困倦，说到底，就是在消解种种被扭曲的崇高的过程中，否定了对崇高的追求以至于失落了崇高。

这还因为，仅仅把黑格尔哲学看成"理性的放荡"，就忽略了造成这种"放荡"的根源，也就忽略了黑格尔面对的巨大理论困难，以及他解决这个理论困难的重大意义。这样一来，困难还存在着，而解决这个困难的理论启示却被丢弃了。

应当看到，黑格尔对个体理性和历史理性的双重消解，把人类理性对崇高的追求变成个体理性和历史理性认同和展现普遍理性的过程，把崇高的实现变成个体理性融合普遍理性的精神历程，"这一思想"既是极其荒谬的——它导致了彻底的唯心主义，又是极为深刻的——它启发人类理性以辩证法的思维方式去理解崇高和进行对崇高的追求。

19 世纪的后半叶，在"德国知识界吹牛的后生小子们"把黑格尔当作一条"死狗"抛掉的时候，马克思曾针锋相对地说，他"公开承认"自己是这位大思想家的"门人"。

这点常常被解释为马克思批判地继承了黑格尔的辩证法思想。这样的解释是远远不够的。从民主主义者发展为共产主义者的马克思，终生恪守"始终如一"的目标——"为全人类而工作"。马克思不仅炽烈而执着地坚守人类及其哲学对崇高的追求，而且把崇高的实现作为自己毕生的事业。追求和实现崇高，在最深的层次上构成了马克思对黑格尔的批判继承关系。

马克思认为，任何真正的哲学，都是自己时代精神的精华。哲学对崇高的追求，崇高在哲学中的异化，都不能仅仅用哲学自身来说明，而必须用哲学所把握到的时代来解释。正因如此，马克思认为黑格尔是以"最抽象的形式"表达了"最现实的人类状况"。

黑格尔哲学既是"法国革命的德国理论"，又是"思想体系中的时代"。作为前者，黑格尔是以"绝对精神"的普遍性与真理性去展现和论证法国大革命所要求的"自由、平等、博爱"的绝对普遍性和终极真理性。作为后者，黑格尔是以"绝对精神"的逻辑统一性与理性合理性去表达和论证科学的逻辑统一性和人类的理性合理性。

作为这两方面的统一，黑格尔以"最抽象的形式"表达了"最现实的人类状况"——"个人现在受抽象统治，而他们以前是互相依赖的。但是，抽象或观念，无非是那些统治个人的物质关系的理论表现"[1]。

马克思这里所说的"统治个人的物质关系"，就是"资本"统治一切的资本主义社会的物质关系。由此可见，黑格尔把崇高异化为"绝对精神"，既不是他个人的"偏好"，也不是他个人的"编造"，而恰恰是"思想中的现实"——现实被"抽象"（资本）所统治。因此，消解崇高的异化，不仅需要批判崇高在哲学中的异化，而且必须批判哲学所表征的现实。这就是马克思所进行的对各种"神圣形象"和"非神圣形象"的批判。

在这种批判中，马克思从宏观的历史视野，把崇高的追求、异化与实现，同人类存在的历史形态联系起来，并用后者去解释前者。

在"人的依赖关系"的历史形态中，个人依附群体，个人不具有独立性，只不过是"一定的狭隘人群的附属物"。个体对崇高的追求，就是对群体的崇拜。被崇拜的"群体"，异化为非人的种种"神圣形象"。马克思说："人创造了宗教，而不是宗教创造人。就是说，宗教是还没有获得自身或已经再度丧失自身的人的自我意识和自我感觉。"[2]这深刻地揭示了崇高在"神圣形象"中被异化的现实根源。

在"以物的依赖性为基础的人的独立性"的历史形态中，个人摆脱了

---

① 《马克思恩格斯全集》第 46 卷（上册），111 页，北京，人民出版社，1979。
② 《马克思恩格斯选集》第 1 卷，1 页，北京，人民出版社，1995。

人身依附关系而获得了"独立性"，但这种"独立性"却是"以物的依赖性为基础的"。人依赖于物，人受物的统治，人与人的关系受制于物与物的关系，人在对"物的依赖性"中"再度丧失了自己"。于是，对"神"（如上帝）的崇拜，变成对"物"（如金钱）的崇拜；崇高在"神圣形象"中的异化，变成在"非神圣形象"中的异化。马克思对"非神圣形象"的批判，就是对造成崇高异化的现实的批判，也就是要把崇高变成人的现实。

人类存在的第三种历史形态，用马克思的话说，就是"建立在个人全面发展和他们共同的社会生产能力成为他们的社会财富这一基础上的自由个性"①。就是实现每个人的全面发展的"类主体"的形态。由此，我们可以把马克思主义的崇高观概括如下：崇高的追求，就是对人自身的"全面发展"的追求；崇高的异化，就是把人对自身全面发展的追求变成对各种非人的"神圣形象"或"非神圣形象"的崇拜；崇高的实现，就是在消解崇高的异化形态的过程中实现人的全面发展。

在人类争取自身解放和实现个人全面发展的过程中，不可避免地会形成各种各样的、具有时代特征的崇高的异化形态。因此，人类及其哲学必须坚韧不拔地、百折不挠地承担起双重使命，在坚守对崇高的现实追求中消解崇高的异化，在消解崇高的异化中坚守对崇高的现实追求。

如果说马克思是以追求崇高的现实（人类的自身解放和个人的全面发展）为目标的，致力于批判和消解以"资本"为根基的各种"非神圣形象"，那么，20 世纪的西方哲学，就是以批判和消解"哲学"等文化形式所表征的"非神圣形象"为目标，致力于对崇高本身的批判。

由于这种"转换"，现代西方哲学对"哲学"的批判，变成了对哲学所追求的崇高的否定；消解"异化的崇高"，就变成了拒斥对"崇高的追求"。这就是 20 世纪哲学的"消解哲学"与"失落崇高"的理论困境，也是当代人类理性的迷惘与困倦。

所谓"消解哲学"，从根本上说，就是消解普遍对个别的规范、现实

---

① 《马克思恩格斯全集》第 46 卷（上册），104 页，北京，人民出版社，1979。

对传统的依赖、必然对偶然的支配、统一对选择的制约、崇高对渺小的蔑视，也就是重构甚至"倒置"普遍与个别、现实与传统、必然与偶然、统一与选择、崇高与渺小的关系。这种百年来的"消解"运动，既是对几千年来的肆行无忌的"本质主义"的惩罚，也是对现代发达工业社会的理论折射。

记得一位伟人说过，无政府主义是对机会主义的惩罚。如果借用这句话来说明当代的哲学理性及其所表征的当代人类理性，那么，"消解哲学"的哲学首先是对以"崇高"自期自许的"本质主义"的传统哲学的惩罚。是对非此即彼、两极对立的传统哲学的思维方式和价值观念的惩罚。

同时，这种"消解运动"，也是现代发达工业社会的理论折射。20 世纪的西方发达工业社会，是市场经济、科技文明和大众文化的新的"三位一体"，是"人已经创造了一个前所未有的人造物的世界"（弗罗姆语）。科学技术的加速更替，生活环境的急速转换，大众文化的快速变异，审美时尚的迅速变化，导致人们仿佛生活在一个光怪陆离、变幻莫测的"万花筒"中，更似乎是在一个"无底的棋盘"上游戏。"现代性的酸"使一切神圣的事物失去了原来笼罩着的灵光。两极对立模式的消解，英雄主义时代的隐退，高层精英文化的失落，理性主义权威的弱化，使关于"崇高"的思想变成了所谓"往昔时代旧理想的隐退了的光辉"（宾克莱语）。就此而言，消解崇高的思想，只不过是思想中的失落了崇高的现实。

在现代发达工业社会，由于科学技术的迅速发展，特别是科学的整体化与分支化的同步增强，任何一项科学成就的获得，都依赖于各种形式的"科学家集团"。传统意义的、"巨人"式的"科学巨匠"被现代的"科学家集团"取代了。由于大众文化的兴起，特别是以电视为主要媒体的大众传媒的普及，文化成了"消费"，传统意义的"文学大师"被各式各样的"文化明星"取代了。市场经济的功利主义的价值取向和工具理性的思维方式，使人们沉湎于对当前利益的知性思考中，传统意义的"思想伟人"被各式各样的"智囊人物"甚至"点子公司"所取代了。公民意识的普及和社会公德的规范化，传统意义上的"人格典范"或"行为楷模"被各式各样的"好男好女"取代了。于是，"英雄"变成了"明星"，"明星"取代了"英雄"。歌星、影星、视星、球星、笑星，变成了人们心中的偶像。这就是"英雄主义时代的隐退"。

在现代发达工业社会，随着文化的大众化、消费化、商业化和工业化，文化主要不再是"教化"的手段，而主要是"消费""消遣""宣泄"的方式。传统意义的"高层精英文化"日益被通俗小说、通俗歌曲、卡拉 OK、MTV 甚至电子游戏机所取代。传统意义的知识分子也越来越显著地分化为"技术官僚""文化明星"和"孤寂的学人"，这就是所谓"高层精英文化的失落"。

在现代发达工业社会，所谓反本质主义、反中心主义、反基础主义的"后现代主义"思潮，表达了对各种文化形式——哲学、科学、文学、政治——的特殊地位的"消解"。这种"消解"，使传统意义的"理性主义"失去了昔日的灵光，使各种各样的"非理性"得到了普遍的认同，这就是所谓"理性主义权威的弱化"。

英雄主义时代的隐退，高层精英文化的失落和理性主义权威的弱化，造成了人类精神家园的困惑。人化的世界与自然的隐退，使人似乎生活在一个无所依托的无根的世界中。价值标准的多元化和不确定性，使人感受到一种失去根据的焦虑。终极关怀的失落所造成的价值坐标的震荡，使人时时感受到一种"生命中不能承受之轻"。人与自然的疏离，人与他人的疏离，人与自我的疏离，就是所谓"现代人的困惑"。

20 世纪的发达工业社会，既以"现代性的酸"消解掉一向被视为神圣事物的灵光，又以市场经济的规则构建出"非神圣形象"的社会模式化。这种模式化，用西方马克思主义的重要代表人物马尔库塞的话来说，就是使人变成了一种失去了否定性、批判性和超越性的"单向度的人"。马尔库塞说，这种所谓"单向度的人"，不仅不再有能力去追求，而且也不再有能力去想象与现实生活不同的另一种生活。因此，马尔库塞把现代发达工业社会称作"新型的极权主义社会"。

由于失去了对"崇高"的追求，并失去了选择的标准，人们试图挣脱"单向度"，也不过是"没有目标而造反，没有纲领而拒绝，没有未来应当如何的理想而不接受当前的现状"①。就此而言，现代西方的哲学思潮，不仅理论地折射出崇高的失落，而且理论地表现着崇高被遗弃的迷惘与困倦。这种精神状况，可以称为失落了崇高的"生命中不能承受之轻"，也可以称为没有标准的选择的"存在主义的焦虑"。

哲学是"时代精神的精华"，其"精华"，不仅在于它理论地"表达时代"，而且在于它理论地"超越时代"，即从对时代的批判性反思中引发对崇高的新追求。由此我们可以对 20 世纪的"消解"运动做出这样的概括与评价：这种"消解"的意义是明显的，因为它在哲学的层面上挺立了个人的独立性、文化的多样性和选择的合理性；这种"消解"的困境也是明显的，因为它蔑视和侮辱了人类生活精神坐标的支撑点，否弃了人类对崇高的追求和人类实现崇高的理想。

用这种理论思考来观照现代人生，来透视选择的困惑，来回答"谁可怜"的问题，我们也许可以得到这样的"共识"：重新寻求和确立崇高在人类生活精神坐标上的位置。而在走向新世界的这种理论思考中，我们应当并且能够从马克思那里获得更多的哲学智慧和理论力量。

二 生命的价值：思考人生

> 未经省察的人生是没有价值的。
>
> ——苏格拉底

(一)人生的座右铭

现代人生的选择之困惑，源于现代社会的价值坐标的震荡，源于

---

① ［美］L. J. 宾克莱：《理想的冲突——西方社会中变化着的价值观念》，47 页，北京，商务印书馆，1983。

"我们到底要什么"的历史与现实的多元冲撞，源于"我到底要什么"的拒斥与认同的无根抉择。

面对选择的困惑，我们除了深沉的理性思考，或许非常需要一种最为简洁而朴实的价值选择的定位与定向——人生的座右铭。

法国作家司汤达说，一个人在踏进社会时，应该准备若干条格言，作为处事指南。从这些"处事指南"或"人生的座右铭"中，我们可以汲取"我到底要什么"的信念。

美国诗人朗费罗也说，伟人的生平昭示我们，我们也能够生活得高尚。从"伟人的生平"中，我们不仅可以找到价值选择的依据，而且可以汲取到进行这种选择的人格的力量。

说到"人生的座右铭"，也许人们会非常自然地想到《钢铁是怎样炼成的》，想到这部小说中的保尔·柯察金的名言：人最宝贵的是生命。生命对于每个人只有一次。人的一生应当这样度过：当他回首往事时，他不会因虚度年华而悔恨，也不会因碌碌无为而愧疚。这样，在临死的时候，他就能够说：我已把自己的整个生命和全部精力都献给了世界上最壮丽的事业——为人类解放而奋斗。

在头脑中涌现这句名言的时候，我们的头脑中也会浮现出这部小说的作者尼古拉·奥斯特洛夫斯基的令人终生难忘的形象：乌黑的头发，瘦削的面庞，宽宽的额头，高高的颧骨，深陷的眼眶，特别是那双虽然已经失明但却似乎仍在逼视着我们的大大的眼睛……

那瘦削的面庞和高高的颧骨，使我们想到作者历经磨难却从不向苦难低头的一生；那宽宽的额头和深陷的眼眶，使我们想到作者对人生的苦苦求索和无怨无悔的追求；那双虽已失明但却逼视着我们的大大的眼睛，使我们感受到心灵的震颤并激发我们对人生价值的求索……

奥斯特洛夫斯基的一生，是光辉而短暂的一生。他饱尝了贫穷的艰辛，他经历了战争的考验，他承受了感情的折磨，他遭受了病魔的摧残。他在人生最宝贵的年华双目失明，全身瘫痪。他在举枪准备结束自己生命的时候，却为自己的怯懦而感到深深的愧疚。于是，他扔掉了准备结束生命的手枪，拿起了赞美生命和求索人生的笔。

　　然而，对于这位双目失明、全身瘫痪的年青战士，命运之神也许是太不公平了。他以常人无法想见的毅力写成的书稿，却丢失在无法查询的邮路上。面对不公平的甚至残忍的命运，奥斯特洛夫斯基没有向命运低下他那高贵的头。他以钢铁般的意志和赤子样的情怀，终于完成了这部显示生命价值和人生意义的名著，他告诉一代又一代的人们：钢铁一样的人生是怎样炼成的。

　　甚至在生命的最后一刻，奥斯特洛夫斯基也以自己对死神的抗争，向人类显示着人的生命的力量与尊严。他在弥留中醒过来时，对守候身边的妻子说："我哼哼了吗?"妻子说："没有。"奥斯特洛夫斯基说："你瞧！死神走近了我，但我没有向它屈服。"

　　不向苦难屈服，不向病魔屈服，不向死神屈服，这就是奥斯特洛夫斯基的人生，显示人的钢铁一般的意志的人生；不因虚度年华而悔恨，不因碌碌无为而愧疚，是奥斯特洛夫斯基的人生格言，是赋予每个人的生命以意义的人生格言。

　　毫无疑问，人生活在这个世界上，不是为了饱受苦难的蹂躏，不是为了经受疾病的折磨，不是为了迎接死神的降临。然而，在每个人的一生中，有谁能躲避种种苦难的考验，种种病魔的缠绕和最终死亡的归宿呢? 在这样的时刻，我们会特别强烈地感受到奥斯特洛夫斯基的力量，会特别强烈地意识到生命的宝贵和人生的尊严。

　　人生是人的生命显示自己的尊严、力量和价值的过程。虚度年华和碌碌无为是人的生命的枯萎与否定。人们所需要的，不是回首往事时的"悔恨"和"愧疚"，而是生命过程中的奋斗与光彩。奥斯特洛夫斯基的名言，对于每个热爱生活的人，都是显示人生真谛的座右铭。

　　生活可以不是"英雄主义的时代"，但人生不可以失落"英雄主义的精神"①。

———————————

　　① 参见第三章第六节"示范一种生活态度"部分最后关于英雄主义精神的内容。

英雄主义精神，就是反媚俗的精神，反市侩的精神。在高尔基的作品盛行于世的时候，人们曾经熟悉这位歌颂"大写的人"的作家，也熟悉他对"小市民"的委琐与阴暗的鞭笞。如今，在昆德拉的小说广为流传的时候，人们不仅知道了这位"反媚俗"的作家，而且也知道了什么是"媚俗"。昆德拉说："那些不懂得笑，毫无幽默感的人，不但墨守成规，而且媚俗取宠。"①这句话，也许还可以倒过来说：正是为了"媚俗取宠"，才"墨守成规"，并且"不懂得笑""毫无幽默感"。"懂得笑"，"敢于笑"，需要一种反媚俗、反市侩的英雄主义精神。

有一部书的名字叫作《活出意义来》。作者提出，人在任何处境中，都应该也能够"活出意义"。他还具体地指出"活出意义"的三种不同的途径：第一种途径是，创造和工作，是功绩和成就之路；第二种途径是，通过体认工作、文化、爱情等的价值来发现生命的意义；第三种途径是，在苦难之中，借助受苦受难来获得生命的意义。人们在绝境中不能选择生死，但可以选择面对它的态度，这正是大写的人的力量，超越外在命运的力量。

英雄主义精神并不是"光荣的梦想"。它是人之为人的尊严，它是人之为类的使命，它是在"滚滚红尘"中挺立人的主体意识的支柱，它是在"物欲横流"中反媚俗的安身立命之本，它是人"活出意义"的无怨无悔的追求。

这应该是奥斯特洛夫斯基遗留给我们的人生座右铭的永恒意义。

(二)生命、生存与生活

生命属于人只有一次。"热爱生命"，也许应该是一切人生座右铭的基调和底色。

然而，人所热爱的生命，人所珍视的生命，不是指人的自然生命，而是指水乳交融的自然生命、精神生命和社会生命构成的人的完整的

---

① [捷]米兰·昆德拉：《生命中不能承受之轻》，344 页，北京，作家出版社，1991。

生命。

"生命诚可贵，爱情价更高。若为自由故，二者皆可抛。"这似乎把人的自然生命、精神生命和社会生命区分开来，为人的三重生命列出了价值的等级表。然而，这首诗的震撼心灵的魅力，恰恰在于它揭示了人的生命真谛：对于人来说，生命，不只是所有生物都具有的自然生命，还是所有其他生物都不具有的精神的生命、社会的生命。如果人失去了精神的和社会的生命，自然的生命就失去了人的生命意义。正因如此，人的三重生命具有了价值的不同等级，为了捍卫精神的和社会的生命可以舍弃自然的生命。

我们需要思考人的生命。

世界上的一切存在，可以分为生命的存在与非生命的存在。

生命的存在，可以分为人的生命存在与其他生物的生命存在。

人的生命存在的方式是"生活"，其他生物的生命存在的方式仅仅是"生存"。生活与生存，是人与其他生物的根本区别。

生活与生存的区别，首先在于生活是有意识的生命创造活动，而生存则是无意识的生命适应活动。马克思说："动物是和它的生命活动直接同一的。它没有自己和自己的生命活动之间的区别。它就是这种生命活动。人则把自己的生命活动本身变成自己的意志和意识的对象。他的生命活动是有意识的。……有意识的生命活动直接把人跟动物的生命活动区别开来。"[1]

动物的生命活动就是它的生存，它的生存也就是它的生命活动。动物以自然所赋予的生命本能去适应自然，从而维持自身的生存。这种生存的生命活动是纯粹的自然存在。

人则不仅以生命活动的方式存在，而且意识到自己的生命活动，并且根据自己的意志和意识进行生命活动。这样，人的生命活动就成为实现人的目的性要求的活动，人把自己的目的性要求变成人所希望的现实

---

[1]　马克思：《1844 年经济学—哲学手稿》，50 页，北京，人民出版社，1979。

的活动，变成让世界满足自己的需要的活动。正因如此，人的生命活动就不再是纯粹适应自然以维持自身存在的生存方式，而是改变自然以创造人的世界的生活方式。

生活与生存的区别，其次在于动物的生命活动只是按照自己所属的物种的尺度去适应自然的活动，而人的生命活动则是物的尺度与人的尺度相统一的变革自然的活动。这正如马克思所说："动物只是按照它所属的那个物种的尺度和需要来进行塑造，而人则懂得按照任何物种的尺度来进行生产，并且随时随地都能用内在固有的尺度来衡量对象；所以，人也按照美的规律来塑造物体。"①

动物只是按照它所属的物种的尺度进行生命活动，只能是按照它所属的物种的本能去适应自然。肉食类动物只能吃肉，草食类动物只能吃草；陆地上的动物只能生存于陆地，水里的动物只能生存于水中；动物只能按照它所属的物种的方式生存，而不能按照其他物种的方式存在；动物只有自己所属的物种的尺度，而没有变革自己的存在方式的"内在"的尺度。人则可以根据任何一个物种的尺度去进行生产并且按照人的尺度（人的意愿、目的、情感等）去改变对象的存在。

生活与生存的区别，最后在于人的生命活动是创造性的历史活动，而动物的生命活动是适应自然的非历史活动。动物只是按照它所属的那个物种的尺度本能地适应自然，因此它永远只能是一代又一代地复制自身。这种纯粹自然的物种繁衍，造成一代又一代的本能的生命存在，因而是非历史的存在。人则不然。人在自己的生命活动中，不仅按照物的尺度与人的尺度的统一进行生产，而且不断地在这种生产中改变自身的存在。因此，人不像动物那样一代又一代地复制自己，而是一代又一代地发展自己。只有人才有自己的"历史"，只有人的生命才是历史性的存在。

历史性的存在，就是"文化"的存在。人的生命活动，不仅是改变生活环境的活动，使自然"人化"的活动，把"人属的世界"变成"属人的世

---

① 马克思：《1844年经济学—哲学手稿》，50—51页，北京，人民出版社，1979。

界"的活动，而且是改变人类自身的活动，使自身"文化"的活动，把"属人的世界"变成"文化世界"的活动。

文化是人的存在方式。人类创造了把握世界的各种各样的文化方式，诸如经验的、常识的、神话的、宗教的、艺术的、伦理的、科学的、哲学的和实践的文化方式。人类以文化的方式去把握世界，就形成了丰富多彩的、生生不已的人的文化世界，诸如宗教的世界、艺术的世界、伦理的世界、科学的世界等。文化是人的生活世界。

文化又是人类的遗传方式。"在动物和植物中，形成对环境的适应性，是通过其基因型的变异。只有人类对环境刺激的反应，才主要是通过发明、创造和文化所赋予的各种行为。现今文化上的进化过程，比生物学上的进化更为迅速和更为有效"，"获得和传递文化特征的能力，就成为在人种内选择上最为重要的了"[①]。人类是在文化的遗传与进化中实现自身的历史发展的。

人在自身的历史发展中，永远处于这样的矛盾之中：人既是历史的经常的"前提"，又是历史的经常的"结果"。每一代人的存在都依赖于先前世世代代人所创造的历史条件，同时又以自己的生命活动为后代创造新的历史条件。正是在这种互为"前提"与"结果"的历史活动中，人类的存在具有了越来越丰富的文化内涵，人的世界越来越成为"文化"了的生活世界。

人的生活世界，是人的自然生命、精神生命和社会生命相互融合所创造的世界。人所创造的生活世界，是物质文明、精神文明和制度文明相互融合的文化的世界。

人的文化世界，是发挥人的潜能，满足人的需要，实现人的发展的世界，因而是一个有"意义"的世界。

(三)人的意义世界

"万物生长靠太阳"，这是一首歌里的歌词。

---

① ［美］T. 杜布赞斯基:《遗传学与物种起源》，288、289 页，北京，科学出版社，1964。

确实，没有阳光，世界将陷入黑暗，万物将不复存在，这是人人都懂得的道理。

人的生活世界的存在，人的个体生活的存在，也依赖于一种特殊的阳光——意义之光。

意义，照亮了人的生活世界，使得生活世界五彩缤纷，辉煌灿烂。

意义，照亮了人的个体生活，使得个体生活多姿多彩，气象万千。

人的生活世界，是意义的世界；人的个体生活，是寻求和获得意义的生活。

生活失去意义，就是生活的否定。人无法忍受无意义的生活。

人与动物的区别，在于动物生存于无意义的自然世界中，而人则生活于有意义的意义世界中。

一袋种子，人可以吃掉它来充饥，但人却把它播撒进土地，因为人知道"种子"的意义；一片森林，人可以砍伐它来作燃料，但人却守护它茂盛地生长，因为人知道"森林"的意义；一件文物，人可以把它派上某种实际的用场，但人却小心翼翼地把它保护起来，因为人知道"文物"的意义；一笔金钱，人可以用它吃喝玩乐，但人却用它送子女上学，因为人知道"教育"的意义……

意义，使生存变成了生活。

意义，使人的世界变成了丰富多彩的生活世界。

人的眼睛，不只看到各种事物的存在，而且"看"到事物存在的"意义"，因此事物才成为人的多重世界的物质承担者。比如，我们"看"到一幢楼房。从这幢楼房，我们"看"到了它的质料和结构，构成了我们的"知识"世界；我们"看"到了它的"用途"，构成了我们的"价值"世界；我们"看"到了它的线条与颜色，构成了我们的"审美"世界；我们"看"到了它的风格与特点，引发我们驰骋于"想象"世界；我们"看"到了它的古朴或华美，诱导我们进入了或庄严肃穆或心旌摇曳的"情感"世界……

至于每个人究竟能"看"到什么，能构成怎样的"意义"，取决于个人能否被"意义"所照亮。这就是：眼睛要欣赏绘画，就必须是懂得绘画的眼睛；耳朵要欣赏音乐，就必须是懂得音乐的耳朵；心灵要体验某种情感，就必须是懂得咀嚼情感的心灵；头脑要想象某种真实，就必须是善于真实想象的头脑……意义的世界，是人创造的世界。

人所创造的意义世界，是以人类把握世界的多种方式为中介的，是通过文化的多种形式来实现的。马克思说，人类是以神话的、宗教的、艺术的、伦理的、科学的和哲学的多种方式去把握世界，由此便构成了人的神话世界、宗教世界、艺术世界、伦理世界、科学世界和哲学世界。卡西尔说，各种各样的文化形式构成了"人性的圆周"，形成了意义的"同一主旋律的多重变奏"。意义的世界，是由人类文化的多样性所创造的多姿多彩的世界。

神话方式是一种"幻化"的方式，是对人和世界的双重幻化。它既以宇宙事件来看待人的行为，又以人的行为去解释宇宙事件，从而构成了神话意义的世界。比如，风调雨顺或涝旱成灾，风和日丽或电闪雷鸣，在神话的意义世界中，或是神灵的恩赐，或是神灵的惩罚，宇宙事件被拟人化为情感或意愿的表达。神话，表达了人对意义的寻求。对于人来说，人的行为也好，宇宙事件也好，都不能是"无意义"的。用人的行为来解释宇宙事件的"意义"，或者反过来，用宇宙事件来解释人的行为的"意义"，都表明人无法忍受无意义的生活。

神话，能够成为人类把握世界的一种方式，也许最重要的是表现了人对生命意义的寻求。人无法忍受自己只是浩渺宇宙中的匆匆过客式的存在，更无法忍受自己只能无声无息、一了百了地死去。生命的无所归依的毁灭，是无法接受的，也是无法忍受的。于是，在神话的意义世界中，生命活动具有了宇宙事件的意义，生命消逝具有了灵魂转移的再生意义。

宗教，是人创造的另一个意义世界。它以神圣的形象使人的存在获得"神圣"的意义。

宗教中的神圣形象，把各种各样的力量统一为至高无上的力量，把各种各样的智能统一为洞察一切的智能，把各种各样的情感统一为至大无外的情感，把各种各样的价值统一为至善至美的价值。这样，宗教中的神圣形象，就成为一切力量的源泉，一切智能的根据，一切情感的标准，一切价值的尺度，人从这种异在的神圣形象中获得存在的根本意义。

人创造了宗教，是为了从宗教中获得存在的神圣意义。然而，对于人来说，宗教的神圣意义，恰恰表明了人的悖论性存在：生活的意义来源于宗教的神圣意义，意味着人把自己的本质力量异化给了宗教的神圣形象，是人还没有获得自我或再度丧失了自我的自我感觉和自我意识；消解掉宗教的神圣意义，意味着生活本身不再具有神圣的意义，生活失落了规范和裁判自己的最高的根据、标准和尺度。如果存在宗教的神圣意义，人的生活就具有宗教赋予的神圣意义；如果不存在宗教的神圣意义，人就是宇宙中的匆匆过客，死亡就是不可再生的永逝。人意识到神圣形象的存在，会感受到全部思想和行为都被一种洞察一切的力量监视，因此生活变得"不堪忍受之重"；人意识到神圣形象的消逝后，就会感受到一切思想与行为都只不过是自己在思想和行为，因此生活变得"不能承受之轻"。

人能够超越宗教的意义世界的悖论，在于人有多重文化的意义世界。

艺术是人类把握世界的又一种基本方式，它构成人的艺术的意义世界。艺术的意义世界，不是关于世界究竟是怎样的那种知识的世界，也不是关于人究竟应当怎样的那种价值的世界，而是使我们的感受更加强烈、生命更富色彩的审美的世界。

关于艺术，人们有种种不同的观点。"摹仿说"认为艺术是对自然的摹仿；"想象说"认为艺术是人的想象力的产物；"显现说"认为艺术是对理念的感性显现；"表现说"认为艺术是情感的对象化存在；"象征说"认为艺术是苦闷的宣泄；"存在说"认为艺术是人诗意地生活的方式……

但是，不管人们对艺术有多少种不同的理解，艺术总为人类展现一个审美的世界，一个表现人的感觉深度的世界，一个深化了人的感觉与体验的世界。在艺术世界中，情感体验本身获得了自足的意义。

艺术使个人的感受条理化，使个人的体验和谐化，它调整和升华了人的感受与体验。艺术又使人的情感对象化、明朗化，在现实地想象中获得真实的想象。

艺术没有"创造"画布和颜料，没有"创造"肉体和声音，也没有"创造"语言和文字，然而，它创造了美的线条和色彩，创造了和谐的舞姿和韵律，创造了形象和意境。一句话，艺术创造了艺术的意义世界。它把宗教的神圣形象的情感意义，展现为艺术世界的审美意义。

如果说艺术创造了属人的艺术世界，那么，科学创造了属人的认知的世界、知识的世界、智能的世界。

科学，首先为人类提供了科学的世界图景。在科学的世界图景中，人们不只"看"到了离开科学所看不到的存在，比如，分子、原子、基本粒子、遗传基因、历史规律等，还"看"到了世界对人的"意义"，比如，能量转换的意义，生物进化的意义，历史发展的意义，信息交换的意义等。正是在科学所展现的"意义"中，人们越来越深刻地认识到科学的"意义"，并以科学的"意义"取代神学的"意义"，用科学的世界图景去取代神学的世界图景。"科学"已经成为人的思想与行为的根据。

用卡西尔的话说，"科学是人的智力发展中的最后一步，并且可以被看成是人类文化最高最独特的成就"①。科学是人以智力解释世界的新形式，它为人的智力活动提供了新的强有力的符号体系，它把人的智力活动凝聚为秩序井然的符号系统，"对于科学，我们可以用阿基米德的话来说：给我一个支点，我就能推动宇宙。在变动不居的宇宙中，科学思想确立了支撑点，确立了不可动摇的支柱"②。科学智力的力量及其所创造的人间奇迹，代替了被异化的人类智力的奇迹——神圣形象的智力奇迹。

---

① ［德］恩斯特·卡西尔：《人论》，263 页，上海，上海译文出版社，1985。
② 同上书，263 页。

在科学的意义世界中，人们不仅获得了科学的世界图景，不仅展现了智力的奇迹，而且获得了价值评价的尺度和价值规范的依据。"科学"与否，成为判断人的思想与行为的标准。人们用"科学"衡量人的思想是否"合理"，使科学成为"合乎理性"的标准；人们用"科学"裁判人的行为是否"适当"，使科学成为"适宜恰当"的标准。于是，作为宗教的神圣形象所具有的裁判人的思想与行为的意义，被科学的价值标准所取代了。

科学为人类提供的世界图景、思维方式和价值规范，构成了一个系统的、完整的、强大的意义世界。然而，科学的意义世界，隐含着科学自身所无法解决的主观与客观、主体与客体、个别与一般、观察与理论、逻辑与直觉、意识与潜意识、理性与非理性等的矛盾与冲突。人们对这些矛盾与冲突的意义寻求，构成了人的哲学的意义世界。

哲学是社会的自我意识的理论表现，即理论地表现人类对自身存在的境遇、焦虑、选择和理想的自我意识。哲学不是表述人类存在的经验事实，也不是表达人类的情感意愿，而是理论地表征人类存在的意义。哲学是关于"意义"的意义世界，也就是人们所"觉解"到的意义世界。

哲学所表现的人类对生活意义的寻求，有它的特殊方式。这种方式的特殊性，首先在于它揭露、批判、反思和消解"虚假的意义"。反过来说，哲学方式的特殊性，首先在于它引导人类去寻求"真实的意义"。

按照马克思的思想，人的历史发展，在总体上表现为"人的依附性""人的独立性"和"类"主体三种基本形态。以自然经济为基础的"人的依附性"，表现为人在神圣形象中的"自我异化"，即人把生活的意义异化为某种"神圣形象"，从某种"神圣形象"中获得生活的意义。"以物的依赖性为基础的人的独立性"，又表现为人在非神圣形象中的"自我异化"，即人把生活的意义异化为某种"非神圣形象"，从某种"非神圣形象"中获得生活的意义，由此造成了人类生活中的种种"虚假的意义"。

这种"虚假的意义"说到底，就是人的生活意义变成了某种超人的、异己的存在。宗教中的"神圣形象"，把人的生活意义异化为"上帝"的存在。意义的尺度，变成了是否"与上帝同在"。近代哲学所倡言的"先自我而后上帝，先理解而后信仰"，就是要求把超人的意义复归为人的生活的意义，复归为发挥人的潜能和满足人的需要的意义，这就是所谓"人的发现"。现代哲学所倡言的"存在先于本质""理解是人的存在方式""语言是存在的家"等，特别是马克思主义哲学所倡言的"实践是人的存在方式"，要求超越把人的生活意义归结为某种特定的文化形式，批判把某种特定的文化形式当作赋予人的生活以意义的"非神圣形象"，从而把生活意义实现为人自身的全面发展。

人的意义世界，在"同时态"上表现为人类把握世界方式的多样性、人类文化形式的多样性，以及这种多样性的统一性。神话的世界、宗教的世界、常识的世界、艺术的世界、伦理的世界、科学的世界、哲学的世界，构成了五彩缤纷的人的意义世界。各种文化形式作为"同一主旋律的多重变奏"，如同赤橙黄绿青蓝紫合成的阳光，又构成统一的意义世界。意义世界的多样统一性，在"同时态"上，结晶为"时代精神"——人类在自己时代的意义世界。

人的意义世界，在"历时态"上表现为生活意义的扩展与深化。文化的各种形式，都具有历史的继承性和时代的创新性。它们积淀着生活的传统意义，又创生着生活的当代意义，并孕育着生活的未来意义。人的意义世界处于生生不已的转换之中。在意义世界的历史转换中，个人既被历史文化所占有，又改变着历史文化，从而获得新的生活意义，构成新的意义世界。

按照当代解释学的说法，个人的意义世界，是历史文化对个人的占有和个人正在展开的可能性的统一，是"历史视野"与"个人视野"的融合。个人的意义世界，既依赖于历史文化，也依赖于人的创造。有意义地生活，就要如饥似渴地汲取历史文化，就要自由自觉地创建新的文化。"人所有的，我都具有"，这是人的教养，也是人的生活意义。

超越了动物的人类，生活于三重时空世界中：人作为自然存在物，同其他存在物一样，生存于自然时空所构成的"自然世界"中；人作为超越自然的社会存在物，否定了其他存在物的自在性，生活于自己所创造的由文化时空构成的"文化世界"中；人作为社会——历史——文化的存在物，既被历史文化所占有，又在自己的历史活动中展现新的可能性，因而人生活于历史与个人相融合的"意义世界"中。具有文化内涵的"意义世界"，才是真正的人的世界。

建构人类的新的"意义世界"，需要提高人类的文化教养；建构个人的新的"意义世界"，需要提高个人的文化教养。"现代教养"，就是现代人的生活的"意义世界"。

(四)走出生活的"二律背反"

在生活中，人们经常感受到的意义问题，似乎并不是生活意义的正向度——意义的存在，反倒是生活意义的负向度——意义的失落。

这也许证明了一句俗话："谁有什么病，谁就总说什么病。"而这又恰好表明：人不能忍受无意义的生活。

确实，当我们身体健康的时候，健康的"意义"存在着，但我们都很难自觉地提醒自己健康的"意义"。只有当疾病降临的时候，人才会痛切地感受到健康的"意义"，才会竭力地寻求健康的恢复。

当亲情、友情或爱情就是我们的生活的时候，我们觉得生活就是这样，生活就应该这样。而当亲人永远离开的时候，当朋友之间产生隔膜日渐疏远的时候，当爱情破裂恋人分手的时候，我们就会强烈地感受到纯朴的亲情、真挚的友情和火热的爱情，对我们的生活有多么重要的"意义"。那时，我们才会感受到普希金的诗句是那样亲切："过去了的一切，都会成为亲切的怀恋。"

在高唱"理想""信仰""崇高"的时候，我们也许会热血涌沸，斗志昂扬，但并不见得真实地、深切地感受到理想、信仰、崇高的"意义"。而当"耻言理想"，"蔑视道德"，"躲避崇高"，"拒斥信仰"，"不要规则"成为一种社会思潮的时候，我们才会真切地感受到，理想、信仰与崇高，才是生活中不可缺少的，甚至是最为宝贵的东西。于是，人们才大声惊呼"形上迷失""信仰缺失""意义危机"，才去探讨"人文精神"，才去寻找"精神家园"。当代著名心理学家荣格说，"人类最大的敌人不在于饥荒、地震、病菌或癌症，而在于人类本身；因为，就目前而言，我们仍然没有任何适当的方法，来防止远比自然灾害更危险的人类心灵疾病的蔓延"①。这是人类心灵感受到意义危机时向自己发出的告诫。

对于任何意义的存在，人们都会感到平平淡淡，理所当然，习以为常。而任何一种意义的失落，又使人们感到无法接受，甚至不可容忍。于是，人们总感到"得不到想要的，又推不掉不想要的"。

公务、家务、事务缠身，会议、接待、应酬频繁，人们会感到紧张得喘不过气来，于是吟唱"平平淡淡，从从容容"才是真，渴望着温馨和宁静。真的平淡了，从容了，宁静了，人们又会感到平淡得乏味，从容得单调，宁静得压抑，烦躁不安，寂寞难挨，人们盼望着火火爆爆的生活，期待着"人生能有几回搏"，甚至"过一把瘾就死"。

记得有一篇小说题为《电话》，讲的是一位离休的老干部，以前工作时每当有电话打来，总是嚷着"整天都是电话，真是烦死了"。然而，离休后他却整天都在等待别人打来的电话。离休了，又哪里会有那么多电话打给他呢？当然，还是老伴儿最理解他的心情，于是老伴儿便暗地里嘱咐熟悉的亲友，有事没事常打打电话给他。这位离休的老干部，便又可以嚷一嚷电话"烦死了"。

20 世纪 80 年代中期流行一种说法，叫作"当官的路红通通，经商的路黄灿灿，搞学问的路黑洞洞"。然而，当官的和经商的却常常羡慕搞学问的那种苦中有乐的格调与情趣，搞学问的又何尝不羡慕当官的权势与荣耀，经商的富有与显赫。然而，若真的调换着做一做，彼此又都会感到难以忍受。

有一首歌唱道："新鞋子，旧鞋子，都是过生活。"这话的确不假，怎样还不都是"过生活"。然而，放着"新鞋子"不穿，专门穿"旧鞋子"，试图过一种传统的生活，那心里的滋味怕也不好受，因为"外面的世界"实

---

① ［瑞士］C. 荣格：《现代灵魂的自我拯救》，12 页，北京，工人出版社，1987。

在诱人。如果有了"新鞋子"就扔"旧鞋子"，"新鞋"的潮流又日新月异，追赶不及；"旧鞋"的存在又只是明日黄花，过眼烟云，在追赶"新鞋"的急迫匆忙中从未好好地穿"旧鞋"，恐怕连"新鞋"带"旧鞋"都失去了人生的"意义"。捷克小说家昆德拉曾借用福楼拜所编辑的一本流行用语辞典中的话说："现代化的愚蠢并不是无知，而是对各种思潮生吞活剥。"①这大概就是"新鞋子"与"旧鞋子"的矛盾。

其实，生活中的"二律背反"，又何止"想要的"与"推不掉的"、"新鞋子"与"旧鞋子"的矛盾。理与欲，义与利，情与智，福与祸，荣与辱，进与退，意识与潜意识，理性与非理性等，生活的"二律背反"比比皆是。这或许表明，人自身就是悖论性的存在。

"实践是人的存在方式。"而人的实践活动恰恰蕴含着人与自然、人与他人、人与自我的无限矛盾。

实践把世界"二重化"了。本来是"自然而然"的世界，人的实践活动却把它分化为自在的世界与自为的世界，自然的世界与文化的世界，"人属的世界"与"属人的世界"。实践使世界具有了二重属性。

对于动物来说，世界就是自在的世界、自然的世界。它本能地生存于自然之中，它对世界的"关系"，并不是作为"关系"而存在的。人却以实践的方式使自己成为认识和改造世界的主体，同时把世界变成认识和改造的客体，由此便形成了主体与客体、主观与客观、思维与存在的种种矛盾。

实践又把人"二重化"了。人作为自然界的产物，本来也仅仅是自然的存在。然而，人却通过实践活动把自己从自然中分化出来，成为"自为的""自觉的""自主的"存在。自然对人具有"本原性"，人对自然具有"超越性"。人依据"人的尺度"对世界提出目的性要求，又按照"物的尺度"把目的变成现实。

① ［捷］米兰·昆德拉：《生命中不能承受之轻》，342—343 页，北京，作家出版社，1991。

实践也把历史"二重化"了。人是社会历史的主体，"历史不过是追求着自己目的人的活动而已"①。就此而言，历史是经过思虑或凭借激情的人的活动的历史，是人们自己创造自己的历史。然而，正如历史所证明的，人们创造历史的活动又不是随心所欲的，不是在人们自己选定的条件下进行的，而恰恰是在某种既定的、给予的条件下进行的。就此而言，历史是不以人们的意愿为转移的历史进程，是制约和规范人们的思想与行为的历史规律，于是便产生了"人决定环境"与"环境决定人""英雄造时势"与"时势造英雄"等的"二律背反"。

被实践"二重化"了的"世界""人"和"历史"，使人成为一种悖论性的存在。

人以实践的方式把自在的、自然的世界变成人化的、属人的世界，也就是把"生存"的世界变成"生活"的世界。这个生活的世界越来越文化化，越来越符号化，其结果造成了"自然的隐退"和"人与自然的疏离"。自然的广袤与粗犷，自然的朴实与深厚，似乎离人越来越远了，"无根"的感觉造成现代人的困惑。远离自然也就是远离动物状态，这是人的进步；远离自然又是远离生命之根，这是进步的代价。生活的意义由于人越来越远离动物状态而日益丰富，生活的意义也由于人越来越远离自然而日益纤弱。这可以说是生命之根的二律背反。

人以实践的方式使自身从自在、自然的存在变成自为、自觉的存在。人不仅自觉到个体是"我"的存在，而且自觉到人类是"我们"的存在。"我"与"我们"之间的个人利益与社会正义的矛盾，成为一切社会所面对的主要问题。

"我"有情感和欲望，又有理智和意志。面对"滚滚红尘"，人到底是"跟着感觉走"，追逐和满足那无法填满的欲望，还是"跟着理智走"，听命和服从于理智的逻辑？有这样一句话："让理智的鞭子把感情抽打得鲜血淋漓。"这是要让人的感情服从理智。还有一句话："冷静地拔剑出

---

① 《马克思恩格斯全集》第 2 卷，118—119 页，北京，人民出版社，1957。

鞘的人是无所作为的。"这是要让人的理智服从感情。如果只用理智去压抑感情，人岂不成了冰冷的逻辑？如果只用感情去代替理智，人岂不成了燃烧的情感？

按照弗洛伊德的精神分析学说，人的意识不仅是觉其所觉、知其所知、想其所想的"显意识"，而且是未觉所觉、未知所知、未想所想的"潜意识"。"想"到了，未必就照所"想"的去做，因为还有无须想也无法想的"潜意识"在制约着人做什么。反之，人"没想到"的，也未必就不会做，因为那无须想也无法想的"潜意识"在起作用。特别是所谓"集体无意识"或"文化无意识"，作为历史文化积淀所形成的"无意识"，无时无处不在深层规范着人们的思想与行为，这导致人类意识活动的悖论。

科学是"人类文化最高最独特的成就"，是"全部人类活动的顶点和极致"。没有科学，现代文明是无法想象的。然而，对科学的崇拜，造成盛行于当代的科学主义思潮。工具主义思维方式，不仅钝化了人的形上追求，而且"清洗"了生活的意义。

如果说"语言是存在的家"，那么，语言也是生活意义的家。然而，科学主义或者工具理性的思维方式，却要求用科学语言去裁判其他一切文化形式的语言，用科学语言的意义去清洗其他一切文化语言的意义。科学主义要求"语义的单一性""概念的确定性"和"意义的可证实性"。然而，日常语言也好，艺术语言也好，恰恰要求"语义的多义性""概念的隐喻性"和"意义的可增生性"。如果用科学语言去裁判语言的其他文化形式，就如同马尔库塞所说的，"在对日常语言进行如此分析治疗的过程中，日常语言实际上遭到了清洗和麻醉。多向度语言被转变成单向度语言，在这个过程中，不同的、对立的意义不再相互渗透，而是相互隔离；意义的容易引起争议的历史向度却被迫保持缄默"[①]。多向度的语

---

① ［美］赫伯特·马尔库塞：《单向度的人——发达工业社会意识形态研究》，178页，上海，上海译文出版社，1989。

言被清洗成单向度的语言，这不仅是对语言的清洗，而且是对语言意义的清洗，也就是对生活意义的清洗。在这种清洗中，不只是语言成为单向度的语言，更为重要的是人被变成"单向度的人"。这是当代人类生活的最为深刻的矛盾。

所谓"单向度的人"，用马尔库塞的话来说，就是失去了否定性、批判性和超越性的向度的人，就是不仅不再有能力去追求，甚至也不再有能力去想象与现实生活不同的另一种生活的人。马尔库塞认为，这是当代发达工业社会极权主义特征的集中表现。

人是"超越其所是的存在"，人的实践活动就是对实践本身的超越。因此，虽然人只能生活于现实之中，但却总不满意于自己生活的现实，总是追求把现实变成自己所要求的理想的现实。这就是人的否定性、批判性、超越性的向度。如果失去这种"向度"，人又如何"超越其所是"，实践又如何超越实践本身，现实又如何变成理想的现实？

如果人失去"形上的追求"和"解放的旨趣"，就会把某种目标当作生活目的，用目标"遮蔽"目的。这样，人就会经常陷入有限目标实现后的空虚与失落中，就会时时感受到生活中的彷徨无主，就会总体验着生活意义的失落。生活，需要走出生活的"二律背反"的哲学智慧。

在《论辩证法的人生态度和理想》一文中，我们的朋友孙利天提出："在知性思维中如果执着于人的精神性、超越性、群体性，就陷入了唯理主义的独断论，把人生意义抽象地规定为某种脱离现实生活的理想世界、神性世界，这就是极端理想主义的人生态度。如果执着于人的感性欲望，情欲需要等自然性和物质性的方面则陷入了经验主义的独断论，这就导致了极端功利主义、个人主义的人生态度。""如果先行具有了某种极端理想主义或极端功利主义的人生态度，这就注定了在知性思维中左右摇摆或固执一端的认识路径。我们很难设想一个利欲熏心的人会有超越的辩证思考，也很难设想一个虔诚的宗教信徒会有对世俗生活的辩证理解。""辩证法的超验性和超越性就是人类的生命和生活意义的无限追求，是有限的生命力求达到无限意义的向往，企盼和精神的实践。"

"从意义论、价值论、政治哲学、历史哲学等不同方面去理解辩证法的价值态度和本质精神，都会有见仁见智的不同理解，但有一点是确凿无疑的，只有人才有意义的追求，生活和历史的意义就在意义追求的过程中，而意义追求的过程即是不断否定和批判的过程，任何终极意义的独断和绝对规范即取消了意义追求的可能性，因而必然是意义的绝对丧失。"①

人作为实践的存在，总是为自己悬设某种基于现实而又超越现实的理想，否定自己的现实存在，把现实变成更为理想的现实。人类追求和实现理想的过程，就是创造生活意义的过程。哲学的辩证智慧引导人们在理想与现实之间永远保持一种"必要的张力"，从而使人们在自己的全部活动中保持生机勃勃的求真意识、向善意识和审美意识，永远敞开创造生活意义的空间。

三 多彩的世界：体悟人生

> 生活得最有意义的人，并不是年岁活得最大的人，而是对生活最有感受的人。
>
> ——卢 梭

(一)"烦恼人生"

记得马克思曾说过，在太阳的辉耀下，每一滴露珠都会闪耀出五颜六色的光芒，人的精神怎么能只有一种颜色——灰色？

或许，我们不必板起面孔去争辩这样的问题：是灰色的精神造就了灰色的生活，还是灰色的生活造成了灰色的精神？我们要直面人的生活

---

① 孙利天：《论辩证法的人生态度和理想》，载《吉林大学社会科学学报》1993年第2期。

与精神，先去探索这样的问题：如何超越"烦恼的人生"或"人生的烦恼"，去体悟和创造多彩的世界、人生和人的精神？

文学是人的生活世界的形象表征，或者说，文学形象地表征着人的生活世界。捷克著名小说家米兰·昆德拉说："评价一个时代精神不能光从思想和理论概念着手，必须考虑到那个时代的艺术，特别是小说艺术。"①在当代中国的小说艺术中，我们可以看到自己的"生态"与"心态"，自己的"烦恼"与"渴望"，并能够体悟到许多小说本身还没有给予我们的东西。

小说对生活世界的形象表征，首先简洁而又强烈地表现在它的标题上。《青春之歌》《烈火金钢》《暴风骤雨》《金光大道》，形象地表征着一种生活世界，是对那生活世界的形象表征。《烦恼人生》《不谈爱情》《懒得离婚》《一地鸡毛》，乃至《顽主》《废都》《浮城》，则形象地表征着另一种生活世界，是对另一种生活世界的形象表征。

这些标题本身，就不能不让人感受到一种心灵的焦躁，一种感情的郁闷，一种生命的无奈。最为恰切的概括，也许就是米兰·昆德拉所说的"生命中不能承受之轻"。

由此，人们不能不问：文学怎么了？文学所表征的生活怎么了？人们的"生态"和"心态"怎么了？为什么文学失去了《钢铁是怎样炼成的》《把一切献给党》乃至《牛虻》《约翰·克利斯朵夫》那样亮丽的英雄主义的色彩？为什么文学涂抹着"千万别把我当人""一点正经也没有""玩的就是心跳"乃至"我是流氓我怕谁"的灰暗的反英雄主义的颜色？为什么当代的中国文学在向我们述说着《烦恼人生》《一地鸡毛》乃至《废都》的故事？

这里要说，以《烦恼人生》为标志的"新写实小说"。这种所谓描写生活的"原生态"小说，就是写小人物在物欲压抑下的精神烦恼。②

①　［捷］米兰·昆德拉：《生命中不能承受之轻》，342 页，北京，作家出版社，1991。

②　肖云儒：《被拷问的中国人文精神》，载《社科信息文荟》1995 年第 5 期。

把"小人物"从文学的边缘挪到文学的中心地位，让"小人物"代替"英雄"去做小说的主人公，使"小人物"的"生态"与"心态"成为小说创作的聚焦点，这不能不说是文学形象地表征的生活世界发生了历史性的变化。

　　针对当前学界关于"人文精神失落"的议论，著名作家王蒙曾一再撰文，提出他的不同看法。这些文章中的一些看法，对于怎样解释文学（特别是小说）中的"小人物"的中心化问题，是颇有启发性的。

　　王蒙提出，与计划经济不同，市场经济不是浪漫主义、英雄主义的经济。"市场的运行比较公开，它无法隐瞒自己的种种弱点乃至在自由贸易下面的人们的缺点与罪恶。但是它比较符合经济生活自身的规律，也就是说比较符合人的实际行为动机与行为制约。因此，是市场而不是计划更承认人的作用，人的主动性。市场经济的假定前提恰恰是承认人的平庸与趋利避害。"①

　　既然市场经济的假定前提是承认"人的平庸"和"趋利避害"，那么，以市场经济为基础的社会生活，就表现为"人的平庸"和"趋利避害"的公开化、普遍化、合理化和合法化。人们可以公开地承认自己的平庸和趋利避害的追求，而不会受到社会的遣责和不会感到良心的愧疚。于是，平庸的和趋利避害的"小人物"合理合法地从社会的边缘挪到了社会的中心，平庸的和趋利避害的"小人物"的"生态"与"心态"构成了文学（特别是小说）所表征的"生活世界"。

　　"小人物"的"生态"与"心态"在社会生活中的普泛化，凸显了"小人物"的"生态"所具有的"原生态"的社会意义和审美价值，凸显了"小人物"的"心态"所具有的人性的矛盾与冲撞，特别凸显了在物欲的膨胀和挤压下的人与物、灵与肉的矛盾所形成的"生态""心态"和"世态"。

　　由物欲的膨胀和挤压所形成的"小人物"的"心态"，最为形象的概括，莫过于池莉小说的标题——《烦恼人生》。有论者说，烦恼，作为一

---

　　① 王蒙：《人文精神问题偶感》，载《东方》1994 年第 5 期。

种社会典型情绪，其实是文化良知在渴望堕落和不甘堕落中的挣扎。烦恼不完全是麻木，也不完全是抗争，烦恼是精神被物欲淹没时的半推半就、半喜半忧。烦恼是人的意义世界被日常生活淹没后，对昔日的回眸和终于走向麻木的愧疚。这都是烦恼所具有的真实美的内涵。但有时候，烦恼也可能是一种心理策略，既飞吻往昔的精神之梦，又献媚今后的物质之网，将急剧转变的折线，柔化为两个优美的弧度，好对得起过去，又不失去将来。①

这种"小人物"的"生态""心态"和"烦恼"，其普泛性在于市场经济抹去了一切职业的"灵光"，以至于一向以"灵魂工程师"自期自许的职业精神劳动者，也挪进了"小人物"的"生态"中，也陷入了"小人物"的"心态"中，也体验着"小人物"的"烦恼"。于是，此时便出现了艺术家对"小人物"的评价心态的转变，"由以前常见的审视角度转为某种认同，甚至某种欣赏，也有并不很愿意认同的无奈"。由此便形成了"新写实小说"以及"新历史小说"的文学潮流。这种潮流，专注于现实和历史的平民生活和世俗心态，以平民化甚至平庸化的社会坐标、艺术坐标，消解历史和现实生活中的主流精神和理想价值，使艺术的人文精神和作家的人文操守在瓦解中实现着某种转型。新写实的探索，是历史选择的结果，尽管它以烦恼、无奈的方式，传达了社会特别是平民对新的社会价值和人文价值的呼唤。不少新写实小说既写物质生存需要无法满足之后人性的扭曲和畸变，又写物质生存需要如何聚集为一种精神要求。要求建立一种更多地考虑普通人衣食住行、生活情趣等实际利益和世俗价值的新人文精神，建立一种反映物质生存意识的，更是人性色彩和平民色彩的新人文精神。②

如果说"新写实小说"着眼于社会转型期的"小人物"的"生态"与"心态"，并着力述说"小人物"的"烦恼人生"及其灵与肉的矛盾与冲撞，那

---

① 肖云儒：《被拷问的中国人文精神》，载《社科信息文荟》1995 年第 5 期。

② 参见肖云儒：《被拷问的中国人文精神》，载《社科信息文荟》1995 年第 5 期。

么，"消解崇高"的"痞味文学"，则以糟蹋文学的方式抹黑种种所谓伪道德、伪崇高、伪姿态。这可以说既以一种自我糟践的方式去张扬"小人物"的"烦恼"，又以一种虚无主义的方式去惩罚虚假的人文精神。这种宣泄"烦恼"的扭曲方式，这种惩罚虚假的虚无主义态度，不能不说是人文精神的失落。

在《烦恼人生》《一地鸡毛》中，我们看到的是"小人物在物欲压抑下的精神烦恼"，是人与物、灵与肉、人与他人、人与自我的矛盾与冲撞的朴实无华的"生态"和"心态"。这是一种需要升华的人生，也是亲切感人的人生。我们看到了人生的烦恼，也看到了人生的焦虑，因而也可以（并且应当）想见人生的升华。然而，在"千万别把我当人"的"痞味小说"中，在描述文人堕落的《废都》中，却看不到这种亲切的烦恼与焦虑，似乎更无法想见人的"生态"与"心态"的改变与升华。

所谓"文人""文化人""知识分子"，一向被视为社会的良心、社会的良知，因此，他们不仅要有普通人的人格精神，而且要有文化人的人格精神。然而，在《废都》中，人们所看到的却是这两种人格精神的双重消解与失落。社会转型中的人的"生态"与"心态"的变化，非但没有引发庄之蝶们的人文思考，反而在声色犬马、拉帮结伙、以名逐利的蝇营狗苟中泯灭了良知。这已经远远不是"小人物"的"人生的烦恼"，而是无耻之徒的人性的沦丧。这样的"生活世界"，已经失去了生活的全部光彩。

于是，"人文精神的失落"成为人们痛心疾首的议论话题，"精神家园的重建"成为人们孜孜以求的人文理想。在文坛上，我们看到用笔来书写的精神旗帜；在社会上，我们听到对"耻言理想、蔑视道德、躲避崇高、拒斥传统、不要规则、怎么都行"的指斥与非议。

世界是多彩的，人生是多彩的，精神是多彩的。英雄主义时代的隐退，并不意味着英雄主义精神已经过时。承认人的"平庸"，并不意味着"平庸"不需要崇高的亮丽色彩。正视人的"烦恼"，也不意味着"烦恼"不曾蕴含着人生意义的追求。"躲避"虚假的崇高，更不意味着对卑鄙的认同。品味小说，体验人生，应该激发我们超越"烦恼人生"。

(二)"提醒幸福"

"烦恼人生"，或者说，"人生的烦恼"，除了同生活本身的"生态"相关外，似乎也同生活着的人的"心态"分不开。

心理学常讲"心理暗示""心理诱导"等，也就是"暗示"和"诱导"自己或他人，更集中地思考什么，更强烈地感受什么，更执着地追求什么。这种"暗示"和"诱导"，可以使人从痛苦中得到某种解脱，也可以使人从轻微的感受中陷入深深的痛苦；可以使人从幸福中意识到痛苦，也可以使人从痛苦中意识到幸福；可以使人从兴奋中变得淡漠，也可以使人从淡漠中变得兴奋……总之，心理的"暗示"或"诱导"，可以调整和改变人的"心态"，从而以不同的"心态"去对待"生态"；反过来，以不同的"心态"去对待"生态"，"生态"给予人的感受也会发生相应的变化。如是，便产生了"心态"与"生态"的正面效应和良性循环，或"心态"与"生态"的负面效应和恶性循环。心理的"暗示"或"诱导"，似乎不可等闲视之。

翻阅成语词典，我总觉得古已有之的"暗示"或"诱导"，负面的信息似乎太多，正面的信息似乎太少。比如，与人的"心态"关系最密切的成语，大概莫过于"自"字打头的成语。试举几例，这种负面的"暗示"或"诱导"，真是"昭然若揭"。

"自不量力"，词典的解释是自己不能正确地估量自己的力量，指过高估计自己的力量。词典引证的"语境"或"语用"是《镜花缘》中的一段话："你教管家去回他，就说我们殿试都是侥幸名列上等，并非真才实学，何敢自不量力，妄自谈文。"由于"自不量力"的"暗示"与"诱导"，人们每有所想与所为，便都要先"量"一下自己的"力"，瞻前顾后，左顾右盼，唯唯诺诺，胆战心惊，唯恐"自不量力"。这真如鲁迅先生所言，如履薄冰，发抖尚且来不及，何谈创造呢！

"自惭形秽"，词典的解释是因自觉不如别人而惭愧。对此，词典引证的"语境"或"语用"，既有《世说新语》和《儒林外史》中的内容，还有现代小说《青春之歌》中的内容。《世说新语》里的原话是"珠玉在侧，觉我形秽"。《儒林外史》的原话是"小弟因多了几岁年纪，在他面前自觉形秽"。《青春之歌》的原文则是"她自惭形秽般只待在一个黑暗的角落里，不敢发一言"。不如人便"自惭形秽"，这是一种什么"心态"？这又是一种什么"诱导"？如果连"多了几岁年纪"也要"自惭形秽"，还有什么不需要"自惭形秽"呢？如果时时、处处、事事都"自惭形秽"，那"心态"不总是"苦不堪言"吗？由此"心态"所"反映"的"生态"，不是"无立足之地"吗？

"自吹自擂""自高自大""自鸣得意""自卖自夸""自以为是""自我陶醉""自作聪明"……以"自"开头的成语，似乎最为重视的就是"自我评价"，最为反感的就是"自我夸大"。谦虚诚然是人的美德，然而，如果总是一个劲儿地"暗示"和"诱导"人们不能"得意"、不许"陶醉"，幸福的感觉不就荡然无存吗？难道只有"自惭形秽""自愧弗如"，终日"自轻自贱""自怨自艾"，才是生活的真谛吗？

"自掘坟墓""自取灭亡""自食其果""自投罗网"……实在"暗示"得让人"心惊肉跳""不寒而栗"。似乎总有一个无形的"罗网"在随时等待我们，一个无形的"陷阱"在处处诱惑我们，稍不小心，稍不谨慎，便会"网"进去或"陷"进去。痛苦像幽灵一样窥探和监视着我们的"得意"或"陶醉"，并在我们稍有"得意"或"陶醉"之时，便出来警告和惩罚我们。痛苦吓跑了幸福。

或许正是由于对"暗示"和"诱导"的困惑，我们深深地感动于毕淑敏女士的短文——《提醒幸福》①。

幸福需要提醒，乍听此言，似乎匪夷所思；认真想来，则痛感此言既振聋发聩，又针砭时弊。

确实，我们总是在"提醒"中过日子，只不过提醒的不是幸福，而是痛苦。"天气刚有一丝风吹草动，妈妈就说，别忘了多穿衣服。才相识

---

① 参见毕淑敏：《提醒幸福》，载《思维与智慧》2012 年第 12 期。

了一个朋友，爸爸就说：小心他是个骗子。你取得了一点成功，还没容得乐出声来，所有关心着你的人一起说，别骄傲！你沉浸在欢快中的时候，自己不停地对自己说：千万不可太高兴，苦难也许马上就要降临。"

那么，为什么"提醒的后缀词总是灾祸"，似乎只有"灾祸"才是提醒的"专利"？毕淑敏说："也许他们认为幸福不提醒也跑不了的，也许他们以为好的东西你自会珍惜，犯不上谆谆告诫。也许他们太崇尚血与火，觉得幸福无足挂齿。他们总是站在危崖上，指点我们逃离未来的苦难。"

然而，事实却恰好相反。凡生物总是趋利避害的。具有自我意识的人，更懂得权衡利与害：利之不得，或许可以明哲保身；害之不避，则会危及身家性命。即使没有他人提醒，人们也总是自发地提醒自己：你成功了，就会成为众矢之的，"枪打出头鸟"；你失败了，也会变成众矢之的，"墙倒众人推"；别人对你说好话，极可能是"口是心非"；别人背后喊喊喳喳，那才是"人言可畏"；你办成事情，可能被视为"好大喜功"，"争名逐利"；你办不成事，就会被看成"滥竽充数"，"不自量力"；你想请教一下别人，那也是"位卑则足羞，官盛则近谀"；你想指点一下别人，那更是"好为人师"，"自以为是"……于是乎，在痛苦的暗示、诱导和提醒中，多彩的世界灰暗了。

因此，我们需要"提醒幸福"！

提醒幸福，是因为对幸福的享受是"需要学习"的。学习享受幸福，首先要学会消解、排遣痛苦。成语"自寻烦恼"，其真义是"解铃还须系铃人"。自家寻找的烦恼，自家把它消解、排遣掉。不去诱导痛苦，才能追求幸福。

学习享受幸福，其次要善于感受幸福，体验幸福，领悟幸福。贫困中相濡以沫的一块糕饼，患难中心心相印的一个眼神，父亲一次粗糙的抚摸，女友一个温馨的字条……都是千金难买的幸福啊。人们常说，失去了的东西，才会感到它的珍贵，既然如此，我们就应该在它未失去的时候去体会它的珍贵，还应该尽我们的努力去把握住它，不让它失去。

学习享受幸福，再次要学会用诗意去滋润幸福，用理性去守护幸福。春天的时候，我们要对自己说，这是春天啦！心里就会泛起茸茸的绿意。幸福的时候，我们要对自己说，请记住这一刻！幸福就会长久地伴随我们。丰收的季节，先不要去想可能的灾年，我们还有漫长的冬季来得及考虑这件事。当我们从天涯海角相聚在一起的时候，请不要踌躇片刻后的别离。在今后漫长的岁月里，有无数孤寂的夜晚可以独自品尝愁绪。当我们守候在年迈的父母膝下时，哪怕他们鬓发苍苍，哪怕他们垂垂老矣，你都要有勇气对自己说：我很幸福。因为天地无常，总有一天你会失去他们。当我们一无所有的时候，我们也能够说，我很幸福。因为我们还有健康的身体。当我们不再享有健康的时候，那些最勇敢的人可以依然微笑着说：我很幸福，因为我还有一颗健康的心。甚至当我们连心都不再存在的时候，那些人类最优秀的分子仍旧可以对宇宙大声说：我很幸福。因为我曾经生活过。

学习享受幸福，最后要使自己成为一个有教养的高贵的人、高尚的人。幸福不是金钱，幸福不是权势，幸福不是感官的刺激。幸福是洋溢着人性的感受，幸福是充满着人情的体验，幸福是结晶着人的品位、格调、情趣的追求。幸福像会倾听音乐的耳朵一样，需要不断地训练。幸福的训练，就是性、情、品、格的修养，就是需要的层次的升华，就是意义世界的创造。

(三)需要的层次

正如崇高与渺小是判断人的思想与行为的正、负向度的两极，幸福与痛苦也一样是判断人的生活质量的正、负向度的两极。提醒幸福，就是让人们去追求幸福、体验幸福、享受幸福，也就是提高人们的生活质量。

古希腊的伟大哲人柏拉图，就曾把人的快乐感分为三个等级：爱财富，这是低级的快乐；爱荣誉，这是中级的快乐；爱智慧，这是高级的快乐。

柏拉图之所以这样划分快乐感的层次，是因为他把人类的全部行为归结为三个主要源泉：欲望、情感和知识。在柏拉图看来，欲望、嗜好、冲动、本能是一类，情感、精神、抱负、勇气是一类，知识、思想、才能、理智是一类。而人的欲望、情感和知识这三类东西的存在，分别产生于人的三种不同的器官：欲望产生于生殖器官，因为这里是聚积能量的地方；情感来源于心脏，来源于血液的流动和力量，它是经验与欲望的有机共鸣；知识则来自人脑，它是欲望的眼睛，也是灵魂的舵手。正因为爱财富只不过是本能的欲望，所以由此产生的快乐感是低级的；正因为爱荣誉也不过是情感的冲动，所以由此产生的快乐感是中级的；正因为爱智慧才是对知识——欲望的眼睛和灵魂的舵手——的追求，所以由此产生的快乐感才是高级的。

有些人是"欲望"的化身。他们贪得无厌、野心勃勃，无时不在为自己的物质利益到处奔波，你争我夺。他们的胸中总是燃烧着享荣华富贵的欲火。日益增长的贪欲，使他们的欲望永无满足之日。快乐被销蚀在无法满足的欲望之中。

有些人是"情感"的化身。他们仅仅崇拜感情和勇气，他们所关心的与其说是奋斗目标，不如说是胜利本身。他们争强好胜，引为自豪的不是金钱，而是权威与荣誉。

只有少数人以追求"知识"为己任。他们渴望得到的不是财物，不是胜利，而是智慧。他们的意志是束光，而不是一团火。他们的避难所不是权势，而是真理。

正是由于人的行为的源泉被分为"欲望""情感"和"知识"三个层次，相应地人的快乐感被分为"爱财富""爱荣誉"和"爱知识"三个等级，并从而使人分别被视为"欲望""情感"和"知识"的化身，柏拉图才提出了"哲学王"的思想。他认为：要么哲学家当上国王，要么世上的国王和王子具备了哲学的精神和力量，并集智慧与领导才能于一身，只在这种情况下，城邦才会免于瘟疫的侵袭。人类亦复如此。

柏拉图的这种需要层次观和幸福等级观，在今天看来确实是不合时宜的。但他把人的需要分为层次，把人的幸福分为等级，对于人们实现多层次的需要，体验多方面的快乐或幸福，不能不说是有启发性的。

《读者》1994年第5期刊载了一篇文章，题目是《想钱的时候》，摘录一些段落，或可说明上面的想法。

> 我不知道别人想钱时是一种什么心态，但对我自己想钱的时候的心情却是清清楚楚。
>
> 有了物欲，人真是不同了，打算也不同了。比如，我坐在窗前，我望着远处那山，便望不见以前那变幻莫测的风景了，我的眼睛在欲的驱使下，摸索着山峰和山谷，我想要是能把这一座山用一种方法卖掉它就好了。……但我自己训练了多年，到如今除去排列方块汉字，还有什么能力呢？想到排列方块汉字，我突然心里一动，我何不以此为突破口呢？咱们也学学，写点儿通俗的著作去卖卖。于是开始苦思冥想，将以前的写作计划全都放弃了……
>
> 人一想钱真是痛苦。比如说我过去读书，多半要选那些称得上世界名著的，但想钱的时候不，专去拣人家地摊上的买，心里暗想，拿这回去参考参考吧，好在我的女儿现在还不会看书，不然我把这么些"精神食粮"抱回家来，还真不放心呢。
>
> 现在人们都在下海，我虽未下到海里去，只理论地下了下，个中滋味便是此生不能忘记。

人的需要是多层次的，多层次的需要又是相互渗透的，因而也是相互矛盾的。

（四）生活不能"缩略"

生活，是人生命的历程，是人生命的寻求和实现自身意义的历程。生命的历程展示出五彩缤纷的生活。

幸福，是生命意义的获得，是对生命意义的真挚的感受和深切的体验。生命意义的感受和体验就是人的真实的幸福感。

生活的最大的不幸，莫过于把生活的目的当作某种生活的结局。生活与生活目的的断裂，淡化甚至否定了生命的历程，而只是企盼甚至幻想着生活的结局。

淡化甚至否定了生命的历程，生活便失去了五彩缤纷，生活就失去了感受和体验幸福的内涵。于是，生活就只剩下了沟沟坎坎、疙疙瘩瘩、恩恩怨怨、争争夺夺、蝇营狗苟。生活的画面灰暗了，生活的意义失落了。生活总是没有开始，幸福总是没有感觉。

企盼甚至幻想生活的结局，生活的过程就变成了推不开、割不掉的累赘，生活也就变得苦不堪言。于是，生活就干瘪成或者超前或者滞后地达到结局的路径。"缩略"或"缩减"生活的历程而达到生活的某种结局，反而成为生命活动的指向。幸福的感受与体验，又从何谈起呢？

然而，人们一定会非常遗憾地发现，在为"今天的时代"寻找一个"印象式的命名"时，许多学者恰恰选择了"缩略"或"缩减"这样一些概念。

文学评论家雷达就曾以《缩略时代》为题来描述和评论当代人对生活的"缩略"①。

雷达说，"缩"，是把原先应有的长度、时间、空间压缩；"略"，是省略和简化。"缩略时代"，当然就是把生活压缩、省略和简化的时代。

生活的"缩略"，在现实生活中确实"无处不在，无时不有"。

先说语言的"缩略"。不管说什么——多么庄严的讲话也好，多么无聊的闲谈也好——一律是"侃"；不管坐什么样的出租车——"豪的""面的"甚至"板的"——统统是"的"；不管如何"走红"或仅仅是"走穴"的演员——歌星也好，影星也好，视星也好——总之是"星"；不管是怎样"有了很多的钱"的人——老板也好，经理也好，有钱就行——反正是"款"；不管大大小小挂了什么官衔——从"省""部""县"到"处"，从"科""室""班"到"组"——全都是"头"。有钱的是"款"，有势的是"腕"，有权的是"头"，公开的是"鸡"，暧昧的是"蜜"，暂时的是"伴"；……语言似

---

① 参见雷达：《缩略时代》，载《光明日报》，1995-03-22。

乎"缩略"得只剩下了"色""权""钱"。

这些"缩略"了的语言，有一个明显的共同点，那就是："凸显"感觉的"幸福"，而"遮蔽"幸福的感觉；"强化"生活的某种结局，而"弱化"生活的心灵历程。借用哲学家维特根斯坦的说法，话语方式就是人们的思想方式和行为方式。那么，在这种"缩略"的话语方式中，我们所看到的是怎样的思想方式和行为方式呢？

现在说思想的"缩略"。不必讲"十年寒窗""自甘寂寞""板凳坐冷"，也不必讲"文章千古事，得失寸心知"，"科学有险阻，苦战能过关"，更不必讲"崎岖小路""光辉顶点"，能够老老实实地"读"几本书，认认真真地"想"几个问题，正正当当地"写"几篇文章，又谈何容易？

据一项抽样量达 4000 余人、覆盖面有 9 省市的权威性调查表明，近 40％的年轻人除课本之外基本无藏书，只有 50 册左右藏书的达36％，并且以"通俗化、生活化、实用化"的书居多。又有一项全国性调查，20 世纪 80 年代居民书报支出占文化消费的 13.3％，到 90 年代则只占 8.5％。

阅读"通俗读物"代替或"缩略"了研读"高雅读物"的思索和联想，观赏"电视画面"代替或"缩略"了阅读书籍的想象与品味，"卡拉 OK"代替或"缩略"了欣赏音乐的体悟和灵感……

其结果呢？有人叙述和评论了这样两个颇为典型的事例。

一是香港歌星周润发飞抵大连，受到数百少男少女的迎候。迎候者在得知杨振宁同机到达时，纷纷探问"杨振宁是唱什么歌的？"于是作者议论说：一些人可以弄得清歌星的属相、爱好，甚至上厕所是否抽烟，但却不知曾获诺贝尔奖的大物理学家"杨振宁"，其知识面不仅谈不上深度，而且连宽度也没有了，"平面人"仿佛该叫"窄面人"才好。

二是某"人民代表大会的"工作人员收到一些"人民代表大会神秘链"的信件，参加者皆为人民代表大会的干部，称收信人将信复写给人民代表大会工作的朋友，然后向名列第一者寄钱若干，不日之后即可成为百万富翁。于是作者议论说：这类信竟可在"权力机关"里滋衍，可见"平面人"的存在亦非有何畛域之分。

思想"缩略"如此，"思想者"的命运也就可想而知了。于是有了《鸟粪》这样的描写"思想者"遭遇的小说。①

历史悠久的"思想者"的青铜像被安置在市中心的广场上，"以一种固定不变的造型，全身赤裸着，供来来往往的众生浏览和瞻仰"。

那么，"众生"又是怎样"浏览"和"瞻仰"这位表现"思想"的"思想者"呢？

　　一个嘴唇如血的女人最先发现了他，一脸惊诧地大声嚷嚷："哟，你们瞧啊，从哪儿冒出个光屁股的大老爷们儿？"

　　旁边一个涂着深蓝眼圈的女人顺着她手指的方向一瞧，也夸张地大声叫着："我的妈呀！那是谁呀？可要把我吓死啦！"

　　一个手持大哥大的男人朝以行走姿势站立的思想者看了一眼，以一副见多识广的腔调说："咳！我当是什么呢，原来是一个雕像啊。现在城里头时兴砌这个，马路沿儿上到处都能见着！"嘴唇如血的女人说："是雕像吗？我怎么看着像真人似的？别是谁在那儿耍流氓吧？"

　　深蓝眼圈说："等着，我上去摸一把，看是不是真的。"

　　……

　　两个扛着大麻袋包的民工向他走来了。

　　"二狗子，快过来，这儿还有个大铁块子呢！"

　　走在后面的二狗子小跑上来，握着鹰嘴钳"咣咣咣"敲了几下："哎哟俺的娘哎，这哪里是铁，这可是铜哎，值老鼻子钱了。"

　　二人拿出鹰嘴钳、木工锯、开山锤、电凿子，在思想者浑身上下比量着找地方下手。

　　"这可太憋气了，眼看着肥肉就是吃不到嘴，你说咱可咋

_____

① 参见徐坤：《鸟粪》，载《新华文摘》1995 年第 7 期。

整吧?"

"肉厚的地方割不动,咱莫如先拣细的地方割,能卖多少是多少。"

二狗子说着,通红的眼睛又向思想者身上打量,寻找着柔弱纤细的地方。在将手脚耳朵毛发等等部位一一瞟过之后,二狗子的目光落在思想者的尘根部位上不动了,流里流气阴阳怪气地道:"我说栓子,咱就先把他这割下来吧,泡成三鞭酒,说不定还能大补呢!"[1]

……

在思想的"缩略"中,"思想者"变成了"光屁股的大老爷们儿",变成了不值几个钱儿的"大铁块子",变成了"被自由自在的鸟粪淹绿"了的场所。

其实,也不能完全责怪"众生"如此这般地"浏览"和"瞻仰"思想者,在思想的"缩略"中,被视为"思想者"的知识分子到底是一个什么样子呢?

在《现代性的反省》[2]一文中,作者许纪霖曾借用台湾学者杭之对两种类型的"知识分子"的揭露和批判,向我们展示"缩略"了思想的"思想者"。

第一种类型是所谓"技术专家"。在分工越来越细、专业化程度越来越高的工业社会里,在工业理性精神导向下,一切社会问题都被化约为专业技术问题,"专家治国"论于是应运而生。这些担负着社会重大责任的技术专家,在专业领域堪称权威,但只要越出雷池一步,便会显出惊人的盲目无知。他们沉醉于琐碎的技术或事务处理之中,不关心价值、意义、规范等符号系统的重建,人文气息日益稀薄,超越性思考荡然无存,理性系统世界只是一个非人格化的既定角色而已。韦伯当年对官僚

---

① 徐坤:《鸟粪》,载《新华文摘》1995 年第 7 期。
② 许纪霖:《现代性的反省》,载《读书》1992 年第 1 期。

科层制度所可能产生的新人种的忧虑竟然应验了："没有精神的专家，没有心灵的享乐人，这样的凡骨竟自负登上人类未曾达到的文明阶段。"

第二种类型的"知识分子"，杭之称为"学术、文化明星"。这类明星，能言善道，似乎无所不晓，对五花八门的各种问题都"能"发言，"敢"发言，具有高度市场价值之"急智问答"才赋。他们像其他影星、歌星、球星一样频频在大众媒介曝光亮相，招来公众舆论的注目。这种"学术、文化明星"内心并无一己定见，也缺乏足够的思想学术资源，更谈不上坚守如一的信仰。他们在文化工业的商品逻辑支配下，关心的只是自己煞有介事的公众形象，像一个演员一样在文化市场上制作和推销流行和时髦，以追求最大的"明星轰动效应"。这种商品社会的"知识分子"形象实在令人深恶痛绝，正如杭之在书中一再引用的瞿海源教授所说的："在我们这个社会里，学者专家的数量在实际上有着严重匮乏的现象，但传播媒体却制造了过量的学者专家，进而更大量生产泛滥成灾的社会噪音。"①

语言的"缩略"和思想的"缩略"，根子是生活本身的"缩略"；反过来，语言和思想的"缩略"，又加速了生活本身的"缩略"。

生活本身的"缩略"，直接地表现为情感的"缩略"。

世界上最激动人心的感情，大概莫过于"爱情"，以至于培根说"爱恋之心蔑视死亡"。然而，在这个"被情歌包围的年代"，虽然满街唱的都是"让我深深地、深深地爱你"，"让我一次爱个够"，虽然演唱的歌星们一个个"痛不欲生、哭哭啼啼、痴情得一塌糊涂"，究竟是否让我们体验到了"一生守候""一世情缘""天变地变情不变"的幸福的爱情？也许，人们更多地感受到的是"我的爱情鸟飞走了"。

有论者说，"被情歌包围的年代"所显现的是："在没有信念的时代里，爱情被升华成了一种信念、一种理想"，"精神世界贫乏得美好得只剩下风花雪月了"，"现代人那光裸殆尽的精神在寻求遮蔽和安慰时，往往选择爱情作为坚持的代用品"。论者还说，"为每一个人抒情，这是情

---

① 许纪霖：《现代性的反省》，载《读书》1992 年第 1 期。

歌的另一层妙用,以此来化解越来越深的冷漠和异化"①。

情歌可以唱得"月朦胧,鸟朦胧",也可以唱得昏天黑地,死去活来,然而,生活中的爱情却被大大地"缩略"或"缩减"了。雷达写道:"爱情是美好的,是超乎功利之上的两颗心的热烈融合,是需要细细品味的灵魂的音乐;但是,太缠绵了,太古典了,太叫人等不得,于是压缩之,尽快转化为'性',遂有人发出'爱情死了'的悲鸣。"②

有位作者在对"羞"字做出考证后说:"没羞"便无美;懂得羞涩,就意识到了美。而"羞"是不可言说的。"我羞涩了",一旦说出来,"羞"也就荡然无存了。然而,在"被情歌包围的年代",在把"情"缩略为"性"而又唱着"好害羞好害羞"的场景中,美不是被"缩减"了吗?

记得马克思曾经说过,一个人如何对待两性关系,最能表现一个人的教养程度。生活的"缩略",肯定不能证明人的教养程度的提高。

除了爱情的"缩略",友情等也在"缩略"。现代通信技术的发达与普及,人与人的交往已经"电器化"了。每年一度的新春佳节,电话中的一句"给您拜年了",便"缩略"了朋友、同事、邻里之间的往来。一张明信片式的"贺卡",就"缩略"了书信往来。"友朋之情,患难之交,师生之谊,本该作为一个长期的情感过程互相扶助,但这过程太磨人,不如压缩之,直接甩出千把元钱搞定,人情债一笔勾销,当晚就可安心入眠。""一部作品出世了,对它的评价原本要经历一段逐步认识和检验的过程,但是现在的人觉得太漫长了,太容易被淹没了,太不醒目了,于是研讨会和发布会这类新事物就出现于商品时代,致使从写书到出版到盖棺定论一步到位,被缩略为一个极短暂的过程,事后谁也顾不上再管它了。……甚至,人生过程也在缩略化。本来,人生各阶段各有韵味,童年稚气,少年多梦,青年豪勇,中年多思,既不能互相代替,也无法相互超越,可是现在的人觉得这一切太按部就班了,不如压缩之,重点是

---

① 李皖:《满街都是寂寞的朋友吗?》,载《读书》1994 年第 7 期。
② 雷达:《缩略时代》,载《光明日报》,1995-03-22。引文有改动。

压缩童稚期和多梦期，尽快转化为挣钱，赢利，人于是由此而早熟，而提前实惠化、世故化，心灵由此而提前苍老了。"①

生活的"缩略"，正如雷达先生所说，就是"缩略"掉生活中的一切过程，把一切尽快转化为物，转化为钱，转化为欲，转化为形式，直奔功利目的。

生活被"缩略"掉的过程，也是"缩略"掉生活中的美的感受和幸福的体验的过程。因此，"缩略"的"标准是物质的而非精神的，是功利的而非审美的，是形式的而非内涵的"。在生活的"缩略"中，人的多种潜能被压抑了，人的多种价值被取消了，人的多种需要被扭曲了，人的全面发展被阉割了。生活的意义被"缩略"为物欲的满足，生活的世界被"缩略"为单一的颜色。

雷达在《缩略时代》一文的结尾处说："对历史来说，缩略的缺失自有补偿的方式；但对于一次性的短暂人生来说，失去了的往往难以找回，这可能就是生命面对历史的无奈。"每个热爱生活的人都应提醒自己：生活不能"缩略"！

四　主体的力量：创造人生

唯有创造才是欢乐。

——罗曼·罗兰

(一)超越其所是的存在

人是世界上最奇异的存在。

人创造了人自己，人创造了人的世界。

人可以追问并回答除人之外的一切"是什么"，但人对"人是什么"的

---

① 雷达：《缩略时代》，载《光明日报》，1995-03-22。

追问却永远得不到使自己满意的回答。

这是因为：人创造了自己，并永远创造着自己，人永远是超越自身存在的未完成的存在；人创造了自己的世界，并永远创造着自己的世界，人的世界永远是超越既成状态的未完成的存在。

人是超越其所是的存在，人的存在就是超越自己现在的存在。

人的世界是超越其所是的世界，人的世界就是超越世界已有的状态。

未完成性、开放性、无限的可能性，是人的创造性的存在。把人定义为某种属性、某种特征、某种本质、某种状态，都无法刻画人的超越其所是的存在。

有人说，人是自然存在物，自然属性是人的根本属性，满足个体的和延续族类的生理需要、生存需要才是人的根本需要。

有人说，人是精神存在物，精神属性是人之为人的根本属性，满足个体的精神活动和思想自由的需要才是人的根本需要。

有人说，人是社会存在物，社会属性才是把人与动物区别开来的根本属性，满足个体的进行社会交往和从事社会活动的需要才是人的根本需要。

人们还常常把"属性"和"需要"转换为"关系"，用人与自然、人与自我、人与社会的"关系"去回答"人是什么"。

有人说，人永远是外在与自然的关系中的存在，人必须通过改造自然的生产劳动而获取维持和发展自身的物质生活资料，因此只有生产劳动才是人的本质。或许正因如此，各种版本的关于"人"的词条，都把人定义为"能制造工具并使用工具进行劳动的高等动物"。

有人说，人永远只能以社会性存在的方式与自然发生关系，个人也永远只有在一定的社会关系中才能作为个体的人而存在，因此社会性才是人的本质。为此，人们常常以马克思关于"人的本质不是单个人所固有的抽象物，在其现实性上是一切社会关系的总和"①的论述来作为定论的依据。然而，只要我们认真分析马克思的这段论述，就会清清楚楚地看到马克思的这段论述并不是在给人的本质下定义，而是针对人们把人的本质当作"单个人所固有的抽象物"，突出地强调人的社会性。

有人说，人有"我"的自我意识，人把自己视为"我"的存在，才有主观与客观的关系，主体与客体的关系，人与世界的关系，才能进行目的性的、对象性的实践活动，因此精神性和自我性才是人的本质。

确实，人具有自然属性，也具有社会属性，还具有精神属性，人不能离开与自然的关系，也不能离开与社会的关系，还不能离开与自我的关系。人与自然的疏离，人与社会的疏离，人与自我的疏离，都会使人形成人的失落的自我感觉和自我意识。现代人的困惑与焦虑，就是由于人与自然、社会和自我的"疏离"。

然而，只要我们"全面"地思考人的属性、需要、特征和本质，似乎又不能单独地用自然、社会或精神来回答"人是什么"。那么，把人的自然性、社会性和精神性合在一起，就能够回答"人是什么"吗？也不能。这是因为，人的存在是一个未完成的创造过程，人的一切属性和需要永远处于未完成的创造过程之中，用某种既定的状态来刻画人，恰恰丢弃了人的最根本的属性——超越其所是的创造性。

由此看来，"人是什么"或"什么是人"的问题，应当转换成"人是怎样的存在"或"人是怎样存在的"？

我们首先来做一个对比。比如，春天到了，我们向大地播撒种子，有了适宜的土壤、水分、阳光、肥料等条件，种子就会像我们所期待的那样萌芽、生长、结果。这就是说，种子内部所包含的因素，"预先"地规定了它将会成为哪一种植物。这就是俗话所说的"种瓜得瓜，种豆得豆"。用现代哲学的说法，就是"本质先于存在"——本质"预先"地规定了存在，决定了存在。或者说，存在被本质"预先"地规定和决定，它只

---

① 《马克思恩格斯选集》第1卷，4页，北京，人民出版社，1995。

能是这样的存在，不能是别样的存在。

人则不然。没有某种本质"预先"地决定人成为"人"。

在生物学的意义上，人由胚胎出生为婴儿，由婴儿生长为儿童，由儿童变为少年、青年、壮年、老年，似乎与播撒的种子一样，也是"本质"决定"存在"的。

然而，人之区别于其他生物，或者说，人之所以为人，恰恰在于人不仅仅是生物学意义上的存在，因而人的本质不是他的生物学意义上的自然属性。

动物是自然的产物，它依靠自然的器官和自然的本能去适应自然，以维持和延续自身的存在。动物对自然的"关系"，只有自然所赋予它的一个"尺度"，即它所属的物种的尺度，以此去实现它的自然的存在。动物的"器官""本能"和"尺度"，都是自然所赋予的，都是"预先"决定的，因而是"本质先于存在"的。

人的肉体器官则不仅是自然的产物，而且是马克思所说的"世界历史"的产物，是人类自身活动的产物。人类的活动不是本能的活动，而是自觉的活动，是追求和实现自己的目的的活动。人类的活动不仅能按照自己所属的物种的尺度，而且懂得按照任何物种的尺度来进行生产，按照自己的发展着的历史的尺度来进行塑造。

人是历史性的存在，也就是不断地变革自己和重塑自己的存在。马克思说："整个历史也无非是人类本性的不断改变而已。"①人的存在，就是人的历史活动。人在自己的历史活动中，不断地改变先前的存在方式，不断地重新塑造自己，因此，人是创造性的存在，是不断地超越自身之所是的存在。

人能把自己看作"我"的存在，就是人作为主体的主体意识的生成。黑格尔曾经这样评价"我"的出现："平常我们使用这个'我'字，最初漫不觉其重要，只有在哲学的反思里，才将'我'当作一个考察的对象。在

---

① 《马克思恩格斯选集》第 1 卷，172 页，北京，人民出版社，1995。

'我'里面我们才有完全纯粹的思想出现。动物就不能说出一个'我'字。只有人才能说'我',因为只有人才有思维。"①

没有"我"的意识,就没有物我之分,主客之别,就是纯粹的自在自然的存在。有了"我"的意识,就有了物我之分,主客之别,我是认识和改造对象的主体,对象则是被认识和被改造的客体,因而我是自为自觉的存在。这就是人对自然的存在状态的超越。

人之所以能够在意识中划分为我与物、主体与客体的存在,是因为人在实践中、现实中把自己塑造成认识和改造世界的主体。

人自身以及人的世界,都是在人的实践活动中形成和发展的。马克思说:"人同世界的任何一种属人的关系——视觉、听觉、嗅觉、味觉、触觉、思维、直观、感觉、愿望、活动、爱——总之,他的个体的一切官能,正象那些在形式上直接作为社会的器官而存在的器官一样,是通过自己的对象性的关系,亦即通过自己同对象的关系,而对对象的占有",人的"五官感觉的形成是以往全部世界史的产物"②。

让我们来看看人与动物的眼睛吧。只要仔细观察,人们就会发现,动物的眼睛总是在"等待"和"接受",而人的眼睛则在"期待"和"创造"。人的眼睛不是消极地接受对象所给予的信息,而是在积极地创造着某种"意义"。对于人的眼睛来说,对象所给予的信息永远是不确定的、未完成的、具有无限可能性的。人的眼睛不仅仅在辨析对象所给予的信息,而且在寻找人所"期待"的信息,赋予对象以人所"期待"的信息,也就是在不断地"创造"着属人的"意义"。

这种创造,就是人为自己绘制关于世界的图景,并把这种"图景"作为目的性要求而实现为对象化的活动,使自在的世界不断变成属人的世界,并使自身的存在不断得到发展。

在《人论》中,卡西尔是这样论人的:"人的突出特征,人与众不同

---

① [德]黑格尔:《小逻辑》,82 页,北京,商务印书馆,1980。
② 马克思:《1844 年经济学—哲学手稿》,77、79 页,北京,人民出版社,1979。

的标志，既不是他的形而上学本性也不是他的物理本性，而是人的劳作（work）。正是这种劳作，正是这种人类活动的体系，规定和划定了'人性'的圆周。"对"人性"的寻求，"寻求的不是结果的统一性而是活动的统一性，不是产品的统一性而是创造过程的统一性"①。

人的创造过程，就是改变人与世界的过程，人从无知到有知，从知之甚少到知之较多，从知之较浅到知之较深，不仅是人的认识的自我超越过程，也是人的世界图景、思维方式、价值观念和整个存在方式的自我超越过程。

现代人所理解的世界，不是一幅超自然的力量统治人的神话的或宗教的世界图景，也不是一幅依据经验常识来描绘的简单粗糙的经验的或常识的世界图景，而是一幅由不断发展的科学概念所描绘的科学的世界图景。现代人所具有的思维方式，不是由经验常识所给予的那种非此即彼、两极对立的简单化的思维方式，现代人所具有的价值观念也不是听天由命的或孤立单一的价值观念，两极的消解与必要的张力是现代的思维方式和价值观念的突出特征。现代人超越了传统的世界图景、思维方式和价值观念，因而也超越了传统的生存方式。人超越了自己曾经有过的生存方式，也就超越了自己曾经所是的存在。

人是超越其所是的存在。

(二)成功没有公式

人生永远是未完成的存在。

人总是在选择自己的人生，塑造自己的人生。人对自己人生的选择与塑造，既要"执着"，又要"通达"，"执着而又通达"或许是最为恰当的人生态度。这是因为：人人都有成功的可能，但成功却没有公式。

有人常常这样提出问题：人生"最好"的选择是什么？是当科学家去探索自然或社会的奥秘，还是当艺术家去描绘心灵的秘密和生活的真实？是当政治家去施展"治国平天下"的抱负与才智，还是当哲学家去沉

---

① ［德］恩斯特·卡西尔：《人论》，107、111 页，上海，上海译文出版社，2003。

思理想的追求与人生的意义?

有人常常提出这样的问题：实现"最好"的选择的秘诀是什么？怎样才能"最快"地获得科学发现？怎样才能获得艺术家的灵感？如何才能施展政治家的抱负？如何才能写出叫人惊叹不已的富有哲理的诗句？

所谓"最好"的选择，也就是最能体现人生的意义和最能实现人生的价值的选择。然而，正如中国俗话所说"行行出状元"，也正如西方俗话所说"条条大路通罗马"，人生的意义与价值并不在于某种职业的选择。

或者也可以这样说：人类以多种多样的方式去把握世界，人类以多种方式创建了多样的文化形式，并构筑了丰富多彩的人的世界，因此，每种把握世界的方式，每种构建人的世界的文化形式，都有它的不可或缺与不可替代的意义与价值。作为科学巨匠的牛顿、爱因斯坦，作为文学大师的莎士比亚、托尔斯泰，作为思想伟人的马克思、孔子，不都是顶天立地的巨人吗？

这个道理几乎是不言而喻的。于是，什么是"最好"的问题，便转换为如何成为"最好"的问题。

当代有一个颇为流行的时髦名词——管理。人们试图通过"管理"去获得方方面面的最佳效果，并且正在通过加强管理而取得了令人振奋的各种各样的成绩。然而，人的自身的存在——人生——却是最难"管理"的。

现代管理学特别强调"目标"管理，即按照某种设定的目标去规划和实施管理。于是，人们试图以"目标管理"的方式去实现"最好"的选择。比如，最为明显的实例就是，当代绝大多数父母，都把"望子成龙"或"望女成凤"作为"管理"子女的"目标"。然而，人们可以设定这种管理的目标，也可以规划和实施这种"目标管理"，但却难于实现这个管理的目标。

为了实现子女"成龙""成凤"的目标，父母当然首先实施对子女的"管理"。学龄前的孩子就要每天背几首唐诗，算几道加减法，写若干页汉字或学若干句外语。上了学的孩子更要按照上重点中学，考重点大学甚至出国留学的"目标"进行"管理"。与此同时，许多父母还为实现这个"目标"而强化了对自己的"管理"。少看电视了，少去舞厅了，少搓麻将了，把金钱、时间和精力都"投入"到对子女的"目标管理"上。不仅如此，有些父母还为此强化了对社会的"管理"，千方百计地利用各种关系把子女送进重点小学，又挖空心思地寻找各种门路把子女送进重点中学，甚至掏出几万元钱也在所不惜。这实在"可怜天下父母心"。

然而，孩子各有自己的天赋，各有自己的兴趣，有的喜爱拆装各种东西但就是不愿意摆弄文字，有的擅长唱歌跳舞但就是不喜欢演算数学题。父母设定的目标是医生、律师，孩子的志趣偏偏是裁缝、厨师，父母设定的目标是成名成家，孩子的愿望偏偏是踢球、下棋……

我们这样说，当然不是让天下父母放弃对子女的"管理"，更不是让天下父母丢弃期待子女的"目标"，而只是说人生"目标"难于"管理"。

人生难以"管理"，是因为人有多种多样的潜能，有多种多样的天赋，有多种多样的需要，每种潜能的发挥，每种天赋的施展，每种需要的满足，都是生命价值的实现。生活的目的不是追求某种结局，而是实现人的自我发展。按照某种"目标"去管理人生，常常是以生活的目标去取代生活的目的，也就是以某种流行的成功的公式去求解人生的成功。

人生难以"管理"，还因为社会为个人提供了多种多样的机遇，又设置了各种各样的限制，社会有多种多样的需要，又充满了各种各样的竞争。个人的潜能、天赋、需要、追求和拼搏，与社会的需要和机遇的碰撞与融合，构成了个人实现自我发展的生活过程。因此，个人既要执着地追求不断悬设的生活目标，又要通达地看待生活目标的实现。

如果仔细地想一想，我们就会发现一个最朴素的真理：人生最大的事——生、老、病、死——就是人自己最难以甚至无法"管理"的。我们看透了这一层，并不是得出悲观厌世、无所作为的结论，恰恰相反，是要看破各种"成功的公式"，把成功的人生合理地视为人生的创造过程。

人们不是按照某种公式去求解人生的成功，生活就会潇洒一些，通达一些，同时生活也会坚强一些，执着一些。并非人人都是诗人，也并非人人都是哲人。然而，正如一篇散文里说的，每当花朝月夕，哪一个少年不曾一度是诗人？每当静夜惊起，哪一个中年人不曾一度是哲人？人人都曾有过诗人"表现生命"的热忱，人人也都有过哲人"探索生命"的虔诚。就此而言，人人都可能比诗人更诗人，比哲人更哲人。即使不是人人都能成为诗人或哲人，不是人人都能取得诗人或哲人的成功，但人人都应永远保持诗人和哲人的气质，永远地"表现生命""探索生命"，使生命成为一种更为高贵的存在。

人无法"管理"自己的生老病死，却能够"对待"自己的生老病死。有一位六十七岁的老人，写了一篇题为《潇洒老一回》的散文。文章说，"江山、事业、金钱、美女，统统不属于我，我所拥有的，就是眼前的这个'老'字。既然这'老'字还在我的眼前，说明我跟死还隔有一段距离。生命只有一次，机不可失，时不再来。现在的年轻人几乎个个都在唱着什么'潇洒走一回'，难道我就不能'潇洒老一回'吗？但我凭什么潇洒？除'老'字而外，一无所有，勉强看来像是属于我的，只有手中的这支笔了。笔，还能翩翩起舞吗？杜甫虽有诗赞叹庾信的老来之笔，道是'庾信文章老更成，凌云健笔意纵横'。我的笔，则差劲得很，怎写得出庾信的那般文章呢？但文章总要写的"。"老之来也，对于我简直像是纵虎归山，驱龙入海，不啻是我生命的盛大节日。所以，我说：我好不容易老了！一辈子夹着尾巴做人，到老了，可该让我翘起尾巴作文了！"[①]

人生是创造的过程。人生的创造过程就是人生的目的和标准，就是人生的意义与价值。人在创造性的心态与过程中生活，就是成功的人生。

(三)人生的境界与自由

说到人生境界，人们自然会想到冯友兰先生的"四境界说"。

冯先生说："人与其他动物的不同，在于人做某事时，他了解他在

---

① 忆明珠：《潇洒老一回》，载《读者》1994 年第 6 期。

做什么，并且自觉他在做。正是这种觉解，使他正在做的对于他有了意义。他做各种事，有各种意义，各种意义合成一个整体，就构成他的人生境界。"①

在这里，冯先生把人的"做事""觉解""意义"和"境界"联系在一起，并且统一起来了。

"做事"，无论是做工和务农，还是当官和经商，总之是广义的实践活动，把世界变成自己所希望的现实的活动，让世界满足自己的需要的活动，创造自己的人生的活动。

人的"做事"，不只是在"做"，而且是自觉地"做"，知道自己做什么，为何做，怎样做，做成如何，做不成又如何。这就是对"做"的了解和自觉，也就是"觉解"。

人所"觉解"的，是"做"的"意义"。做每件事，都有做这件事的"意义"。满足需要也好，趋利避害也好，惩恶扬善也好，纯粹兴趣也好，总有它的"意义"存在。

人对所做的各种事情的"觉解"，人所觉解到的各种"意义"，孤立地看，似乎只是对某事的"觉解"，只是从某事中获得的"意义"。其实不然。人在做各种事情的时候，都渗透或融注着他对人生的整体"意义"的"觉解"。每个人所"觉解"的整体"意义"，就构成了人生的"境界"。

按照冯先生的说法，如果从低到高地排列人生的境界，我们可以分为自然境界、功利境界、道德境界和天地境界这样四种境界。

所谓"自然境界"，就是按照"本能"或"社会的风俗习惯"去做事。而对于所做的事，则并无觉解，或不甚觉解。这样，他所做的事，对于他就没有意义，或很少有意义，可见，人生的自然境界，就是不能"觉解""做事"的"意义"的"境界"。砍柴只是砍柴，担水只是担水，做工只是做工，务农只是务农，浑然不觉做事的意义。

这不能不让人想起一个字——"混"。混事、混日子、混生活，这个

---

① 冯友兰：《中国哲学简史》，389页，北京，北京大学出版社，1985。

"混"字活脱脱地表现了人生的自然境界。做事，只因为不得已而为之；生活，只因为不能不活着。做事失去了意义，生活也失去了意义。生活变成了生存，这当然就只能是一种"自然境界"了。

人超越"自然境界"，意识到为自己做各种事，这就是"功利境界"。冯先生说，这种人生境界，并不意味着必然不道德，做事的后果可以是利他的，但动机则是利己的。

这不能不让人想起另一个字——"欲"。做任何事情，都从满足自己的欲望出发，从获得自己的利益出发，满足欲望，获得利益，就是做事的意义，生活的意义。对于这种人生境界的评价，似乎总是从一个极端跳到另一个极端，要么彻底否定，"狠斗私字一闪念"；要么无限张扬，"一切向钱看"。按照冯先生的意思，这种两极对立、非此即彼的态度都是不成立的。人不能无欲，要求欲望的满足也无可厚非。然而，这种只为满足一己欲望而做事的"境界"是低层次的。

超越这种一己的私欲或私利，意识到人是社会的存在，每个人都是社会的一员，并由这种"觉解"而为社会的利益做各种事，使自己所做的各种事都有利于他的道德意义，这就是人生的"道德境界"。

此种"道德境界"，是对社会意义的觉解，也就是对人"应当"怎样的觉解。如果这也可以用一个字来予以概括，就是"义"。"义"也是"利"，但不是一己的"利"，而是社会的"利"，所以是"义"，是"道德"，是人应当怎样的"正义"。有利于社会的道德境界，当然是一种较高层次的境界。

超越道德境界，意识到自己是宇宙的一员，并为宇宙的利益而做各种事，这就是冯先生所说的天地境界。

在当代，这种天地境界，也许有更为真实的意义。所谓"全球问题"，不能仅仅从科学技术的负面效应去看，更要从人类的"觉解"尚未达到的"天地境界"去看。费孝通先生之所以提出"生态"问题的根子在"心态"，就是因为"觉解"到了二者的关系。如果人的"心态"达不到"天地境界"，就会盲目地、肆无忌惮地掠夺自然，从而造成越来越严重的

"全球问题"。

在总结人生四境界的时候，冯先生说："自然境界、功利境界的人，是人现在就是的人；道德境界、天地境界的人，是人应该成为的人。前两者是自然的产物，后两者是精神的创造。自然境界最低，其次是功利境界，然后是道德境界，最后是天地境界。它们之所以如此，是由于自然境界，几乎不需要觉解；功利境界、道德境界，需要较多的觉解；天地境界则需要最多的觉解。道德境界有道德价值，天地境界有超道德价值。"①

这里有几层意思很耐人寻味。

自然境界、功利境界的人，是"人现在就是的人"，这是说，无须觉解或无须更多的觉解，无须教化或无须更多的教化，人就具有自然境界、功利境界。因此，如果不是针对各种不同形式的禁欲主义，似乎不必对人进行功利境界的价值导向。

道德境界、天地境界的人，是"人应该成为的人"，这是说，没有较高的甚至最高的觉解，没有系统的甚至完善的教化，人难以达到道德境界、天地境界。趋一己之利而避一己之害，是"自然的产物"。趋社会之利而避社会之害，甚至为趋社会之利而舍一己之利，为避社会之害而趋一己之害，这样的道德境，已非自然的产物，而是较高的觉解和系统教化的产物，因此只能是"应该成为的人"。趋宇宙之利而避宇宙之害，甚至为宇宙之利（实质是人类的根本性的利与害）而舍个人、集团或局部、暂时之利，舍宇宙之害而趋个人、集团或局部、暂时之害，这样的天地境界，当然需要最高的觉解和完善的教化，因此更只能是"应当成为的人"。

"现在就是的人"，或出于本能而做事，或出于物欲而做事，做事的"意义"是狭隘的，低级的，因而难以实现人自身的自由而全面的发展。"应当成为的人"，则是为社会而做事，为人类而做事，做事的"意义"便

---

① 冯友兰：《中国哲学简史》，390—391 页，北京，北京大学出版社，1985。

是宏大的、高级的，因而是实现每个人的自由而全面的发展的前提。

人生的境界不同，人生的态度也就不同。遍览众生，我们可以看到千姿百态的人生：有顺世主义的同流合污，有游世主义的玩世不恭，有愤世主义的恣意妄为，有超世主义的孤傲独行，有出世主义的自我解脱，有入世主义的奋力抗争……

顺世主义者"随其流而扬其波"，不问是非，不分善恶，不辨美丑，浑浑噩噩，迷迷糊糊，得过且过；游世主义者玩世不恭，声色犬马，纸醉金迷，挥霍无度，及时行乐；愤世主义者恣意妄为，拒绝传统，不要规则，铤而走险；超世主义者我行我素，以"众人皆醉而我独醒"的心态孤傲独行；出世主义者视尘世为苦难，认彼岸为故乡，或削发为僧为尼，或自戕以为解脱；入世主义者直面人生，或为名利而苦心经营，或为社会而奋力拼搏，觉解有别，境界各异……

然而，无论何种境界与态度的人生，似乎都指向某种自以为是的自由。那么，究竟什么是自由？概而论之，我们认为有四种基本的自由观。

一是庄子式的"玄想的自由"。这种玄想的自由，把自由视作无所对待的状态，即取消物我、主客、人己的相互对立，超然利害、荣辱、死生的相互区别，"天地与我并生，万物与我为一"。

这种自由的出发点是"无待"。达到"无待"的方式首先是"无我"，以自我的虚无性来取代自我的渺小性和物我的两分性，由此达到以万物的齐一性来取代主—客的对立性，从而归于"无待"的自由。

二是黑格尔式的"理性的自由"。这种理性的自由，把自由视为认识了的必然。按照黑格尔的说法，自由，是一个由自在到自为再到自在自为的精神历程，是"全体的自由性与各个环节的必然性"的统一。

揭开罩在黑格尔哲学身上的神秘的面纱，我们就会看到，黑格尔式的理性自由，就是个体理性对普遍理性的认同，就是个体理性与普遍理性的融合。因此，这是一种理性主义的、逻辑主义的自由观。

三是萨特式的"意志的自由"。这种意志的自由，把自由视为自我的实现。按照萨特的说法，人的本性就是无法逃避的自由。人与物的区别，在于物是"本质先于存在"的，由本质预先决定了存在，因此物的存在无自由可言；而人则是"存在先于本质"的，人的本质是人自己造就的，人具有选择的自主性，并在不断的选择中塑造自己，因此人的存在就是实现自我的自由。

四是马克思的"实践的自由"。这种实践的自由，是把人视为实践的存在，或者说实践是人的存在方式。自由就是人在实践中所实现的人的全面发展。

马克思认为，劳动作为人的最基本的实践活动，它本身具有三重意义：劳动作为生存的手段，具有谋生的意义；劳动作为生命的表现，是一种个人的乐趣；劳动作为社会的需要，是人的社会本质的实现。以劳动为基础的实践活动，使人的多种潜能得以发挥，多种需要得以满足，多种价值得以实现。在实践活动的自我超越中，人自身得到全面的发展，这就是人的自由。

人类争取自由的过程，就是发挥主体力量的过程，就是创造人生的过程。

第八章 现代人的审美意识

一 诗意的存在：人类之美

人诗意地居住在大地上。

——荷尔德林

（一）美是生活

人创造了生活的世界。

生活的世界是属于人的世界。

美是人的创造，美属于人的生活。"任何东西，凡是显示出生活或使我们想起生活的，那就是美的。"这是车尔尼雪夫斯基的名言。

人的生活是有意义的生命活动。人的生命活动创造了有意义的生活。生活的意义照亮了人的世界，人的世界辉耀着美的光芒。

美是人的创造，创造美的人，是美的真正的源泉。

人创造了有意义的生活，有意义的生活涵养了人的性、情、品、格，由此便构成和显现出人性之美、人情之美、人品之美和人格之美。人的性、情、品、格"对象化"为人的生活世界，美就是人的生活，美就是人的世界。

人性之美，首先是人的创造性之美。人创造了人的生活世界，也就创造了人本身。创造，意味着"无中生有"，意味着"万象更新"。人从"生存"中创造出"生活"，从"动物"中创造出"人类"，从"物质"中创造出"精神"，从"存在"中创造出"美"。美是人的发现。

人发现了大地的"苍茫"之美，海洋的"浩瀚"之美，群山的"阳刚"之美，湖泊的"宁静"之美。从太阳的东升与西落中，人发现了"旭日"和"夕阳"之美；从春、夏、秋、冬的四季转换中，人发现了"春绿江岸""夏日骄阳""秋染枫林""瑞雪丰年"的"风花雪月"之美；从星空下的原野与江河中，人发现了"星垂平野阔"，"月涌大江流"的意境之美……一山一水，一草一木，人都会发现它的千姿百态的美。美是人的生活。

生活洋溢着人性和人情，生活才是美的。19世纪法国文艺批评家丹纳，曾以三位美术大师——达·芬奇、米开朗基罗和高雷琪奥——创作的同一题材内涵迥异的三幅作品《利达》为例，向人们提出问题：你们是喜爱达·芬奇表现的无边的幸福所产生的诗意，或是米开朗基罗描绘的刚强悲壮的气魄，还是高雷琪奥创造的体贴入微的同情？[①]

对于自己所提出的问题，丹纳做出这样的回答：这三位大师所创造的三种意境，都符合并展现了人性中的某个主要部分，或符合并展现了人类发展的某个主要阶段，因此都是人性之美、人生之美。

确实，无论是快乐或悲哀，还是健全的理性或神秘的幻想；无论是活跃的精力，还是细腻的感觉；无论是肉体畅快时的尽情流露，还是理性思辨时的高瞻远瞩，都是人性的显现，都是人生的体验，因而都是生活世界的人性之美和人生之美。对美的礼赞，就是对生活的礼赞，对人性与人生的礼赞。

人的生活，创造了人的品、格。人类之美，展现为人的品位、格调、情趣、境界之美。

---

① 参见[法]丹纳：《艺术哲学》，343页，北京，人民文学出版社，1963。

自爱是人性中最根本的力量，也是人性美的源泉。热爱自己的生命，创造自己的生活，才能发现生活之美，感受生活之美；热爱自己的家庭，营造家庭的和谐与欢乐，才能发现亲情之美，感受亲情之美；热爱自己的事业，全身心地投入到事业之中，才能进入创造的境界，才能创造出美的作品；热爱自己的祖国，乃至热爱自己所属的人类，自己生存的世界，才会有"天人合一"的至大之美。

　　自爱首先是自尊。尊重自己，自视能配得上最高尚的东西，人才会有高远的理想，高尚的情趣，高雅的举止，高超的境界。尊重自己，就会追求博大的气度，高明的识度和高雅的风度。博大的气度，会展现出大地般的"苍茫"之美和海洋般的"浩瀚"之美；高明的识度，会展现出"阐幽发微而示之以人所未见，率先垂范而示之以人所未行"的睿智之美；高雅的风度，会展现出坦坦荡荡、堂堂正正、不骄不躁、不卑不亢的风采之美。

　　自尊就要自律、自立、自强。"严以律己，宽以待人。""己所不欲，勿施于人。"这不仅是一种道德的境界，也是一种美的境界。严以律己，方能展现出言谈文雅、行为高雅的风采之美；宽以待人，才会展现出胸纳百川、通达潇洒的境界之美。

　　冯友兰先生曾提出，人的生活应该是"极高明而道中庸"的，在平常的生活中展现出人的性、情、品、格之美。这使我们想起了一篇题为《日子》的散文。"日子，把乳白的芽儿拱出土层，把嫩绿的叶子一片一片地张开，把花朵一枝一枝地释放出香味来，把果实酝酿成希望的彩色，甜柔的收成。""即使岁月把日子砍伐成一株轰隆倒塌的大树，但也会在泥土下有斩不断、挖不绝的根系，会重新繁殖出新的苗圃来；还会有顽强的种子，用它们独特的旅行方式，走遍世界，去繁衍成理想的部落，美的风景。"①

　　这是一篇很美的散文，向我们描绘了美的人生。如果失去了美和美

---

① 载《读者》1995 年第 7 期。

感，"日子"便只是自然而然的出生、童年、少年、青年、中年、老年和死亡。有了美和美感，"出生"便是"乳白的芽儿拱出土层"，"少年"便是"把嫩绿的叶子一片一片地张开"，"青年"便是"把花朵一枝一枝地释放出香味来"，"中老年"便是"把果实酝酿成希望的彩色，甜柔的收成"。即便是"死亡"，也会有"斩不断，挖不绝的根系"，也会"重新繁殖出新的苗圃"，还会有"顽强的种子"去繁衍"理想的部落"和"美的风景"。

生活是"美"的，因为生活是"美好"的。"美"是相对于"丑"来说的，"好"是相对于"坏"来说的。"美"和"好"水乳交融，才是生活之美。

"好"，是人的价值评价，它内含着人的尺度。人的尺度，有利于发挥自己的潜能，有利于满足自己的需要，有利于实现自己的发展。人的尺度，就是"实现自我"或"自我实现"的尺度。"美"与"好"的统一，意味着人的生活之美就是创造生活之美、自我实现之美。马克思说："动物只是按照它所属的那个物种的尺度和需要来进行塑造，而人则懂得按照任何物种的尺度来进行生产，并且随时随地都能用内在固有的尺度来衡量对象；所以，人也按照美的规律来塑造物体。"[①]

美是人的尺度与物的尺度的统一。人按照"任何"物种的尺度去进行生产，因而能够创造性地生产出符合"任何"物种规律的产品；人在按照"任何"物种的规律所进行的生产中，随时随地都能用内在固有的尺度来衡量对象，对象便成为人的评价对象；在生产对象的活动中，对象便融入了人的"好"的尺度，因此也就有了生活的创造之美。

人创造了生活，也就创造了美。在人的生活世界和人的生活之旅中，美是无处不在的。热爱生活，生活永远是美的。也许，我们可以引用一首诗来结束这段关于"美是生活"的议论。

> 我不去想是否能够成功
> 既然选择了远方

---

① 马克思：《1844 年经济学—哲学手稿》，50—51 页，北京，人民出版社，1979。

便只顾风雨兼程

我不去想能否赢得爱情
既然钟情于玫瑰
就勇敢地吐露真诚

我不去想身后会不会袭来寒风冷雨
既然目标是地平线
留给世界的只能是背影

我不去想未来是平坦还是泥泞
只要热爱生命
一切，都在意料之中①

(二)"生命的形式"

美，总使人想到艺术：赏心悦目的舞姿，扣人心弦的乐曲，令人遐想的雕塑，栩栩如生的画卷……

艺术把我们带入美的境界，因为艺术展现了生命的活力与创造，因为艺术表现了充满活力与创造的生命。艺术是生命的形式。

白石老人画的虾不能在江海中嬉戏，悲鸿先生画的马不能在草原上驰骋。那么，为什么人们需要、创造、欣赏和追求这种"虚幻"的美呢？因为人是创造性的存在，人是自己所创造的文化的存在。文化的历史积淀造成人的越来越丰富的心灵的世界、情感的世界、精神的世界。人需要以某种方式把内心世界对象化，使生命的活力与创造获得某种特殊的和稳定的文化形式。这种文化形式就是创造美的境界的艺术。

艺术形象，无论是音乐形象和舞蹈形象，还是美术形象和文学形

---

① 汪国真的《热爱生命》选段。

象，都把情感对象化和明朗化了，又把对象性的存在主观化和情感化了，从而使人在艺术形象中观照自己的情感，理解自己的情感，品味自己的情感，使人的精神世界，特别是情感世界获得稳定的文化形式。因此，艺术形象比现实的存在更强烈地显示生命的创造力，更强烈地激发生命的创造力。在艺术创造的作品中，美是生命的生机与活力。对于人的生命体验，特别是情感体验来说，艺术世界是比现实存在更为真实的文化存在。

艺术所建造的另一种现实——艺术形象的世界——并不简单地"表现"生命创造的生机与活力，而能够激发人的崇高和美好的情感，诱发人的丰富和神奇的想象，唤起人的深沉和执着的思索，在心灵的观照和陶冶中实现人的精神境界的自我超越。

艺术形象的这种特殊功能，在于它内蕴的文化积淀总是远远地大于它呈现给人的表现形式。这就是艺术形象的美的意境，对于人的内心世界来说，美的意境是比艺术形象更为真实的文化存在。

美的意境，既是"充实"的，又是"空灵"的。唯其"充实"，它才使人感受到充满生机与活力的生命；唯其"空灵"，它才使人体验到生命的生机与活力。

宗白华先生曾这样谈论艺术的"充实"与"空灵"，他说："文艺境界的广大，和人生同其广大；它的深邃，和人生同其深邃，这是多么丰富、充实！""然而它又需超凡入圣，独立于万象之表，凭它独创的形相，范铸一个世界，冰清玉洁，脱尽尘滓，这又是何等的空灵？"[1]

对于"空灵"，宗先生具体地提出，空灵方能容纳万境，而万境浸入人的生命，染上了人的性灵，所以，美感的养成在于能"空"，对物象造成距离，使自己"不沾不滞"。而艺术的空灵，首先需要精神的淡泊。宗先生以陶渊明的《饮酒》诗为例，来说明这个道理。"结庐在人境，而无车马喧。问君何能尔，心远地自偏。采菊东篱下，悠然见南山。山气日

---

① 宗白华：《美学散步》，20页，上海，上海人民出版社，1981。

夕佳，飞鸟相与还。此中有真意，欲辨已忘言。"陶渊明之所以能够"悠然见南山"，并且体会到"此中有真意，欲辨已忘言"，是因"心远地自偏"。由此，宗先生评论说：艺术境界中的空并不是真正的空，乃是由此获得"充实"，由"心远"接近到"真意"，这正是人生的广大、深邃和充实。[①]

对于"充实"，宗先生又以尼采所说的构成艺术世界的两种精神——梦的境界和醉的境界——为出发点而予以阐发。宗先生说，梦的境界是无数的形象，醉的境界是无比的豪情。"这豪情使我们体验到生命里最深的矛盾、广大的复杂的纠纷；'悲剧'是这壮阔而深邃的生活的具体表现。所以西洋文艺顶推重悲剧。悲剧是生命充实的艺术。西洋文艺爱气象宏大、内容丰满的作品。荷马、但丁、莎士比亚、塞万提斯、歌德、直到近代的雨果、巴尔扎克、斯丹达尔、托尔斯泰等，莫不启示一个悲壮而丰实的宇宙。"[②]

艺术的"空灵"与"充实"，显示的是生命的空灵与充实。艺术的生命力在于生命的真实的、深切的感受。雨果说，科学——是我们；艺术——是我。海涅说，世界裂成两块，裂缝正好穿过我的心。李斯特说，如果作曲家不讲述自己的悲伤和欢乐，不讲述自己的平静心情或热烈的希望，听众对他的作品就会无动于衷。列夫·托尔斯泰说，艺术家只有在自己的心灵深处才能发现人们感兴趣的东西。

艺术，只有显示生命的欢乐与悲哀，生命的渴望与追求，生命的活力与创造，才是美的艺术；人们欣赏艺术作品，只有体验到生命的广大与深邃，生命的空灵与充实，才能进入艺术的世界、美的世界，才能以艺术滋润生命，涵养生命，激发生命的创造，创造美的生活。

人们在艺术所创造的美丽意境中观照、理解和超越自己创造的文化，是对艺术文化的再创造，也是对生活的再创造。在审美对象（艺术

---

① 参见宗白华：《美学散步》，23 页，上海，上海人民出版社，1981。
② 宗白华：《美学散步》，23 页，上海，上海人民出版社，1981。

品)与审美主体(欣赏者)之间，总是存在着艺术形象的多义性与历史情境的特定性、艺术形象的开放性与个人视野的丰富性等多重关系。美的艺术是艺术家的生命创造，也是欣赏者的生命创造。审美，需要审美主体具有审美的感官、审美的情趣、审美的追求，更需要审美主体的生命创造。

美的意境在艺术文化的创造与再创造中生成，文化的历史积淀在艺术的创造与再创造中升华和跃迁。人的教养程度是艺术的创造与再创造的前提，因而也是在审美活动中实现社会性的生活之美的升华和跃迁的前提。

艺术家所给予的和欣赏者所接受的是艺术形象；艺术家所创造的和欣赏者再创造的则是美的意境——艺术世界的人类文化。因此，艺术的创造者和再创造者的文化教养和文化指向，深层地规范着艺术的基本趋向，规范着艺术对美的创造。

文化教养和文化指向的差距，总是使艺术本身处于深刻的矛盾之中。丹纳称艺术是"又高级又通俗"的东西，并认为艺术总是把最高级的内容传达给大众。黑格尔则把艺术的这种内在矛盾归结为"艺术总是同时服侍两个主子"。这"两个主子"就是：艺术一方面服务于较崇高的目的，另一方面服务于闲散和轻浮的心情。

艺术服务于较崇高的目的，其根基是艺术的创造者(艺术家)和艺术的再创造者(审美主体)的高尚的文化教养和崇高的文化指向，其结果是艺术的升华和文化的跃迁。反之，艺术服务于闲散和轻浮的心情，其根基在于艺术的创造者和再创造者的低级的文化教养和庸俗的文化指向，其结果是艺术的滑坡和文化的匮乏。

艺术的升华和文化的跃迁，具有双向的正效应；而艺术的滑坡和文化的匮乏，则表现出双向的负效应。

审美主体由于文化教养和文化指向的较低水平而泯灭艺术的再创造功能，会诱导艺术创造主体丢弃追求美的意境的渴望，使艺术服务于黑格尔所说的"闲散和轻浮的心情"。

艺术创造主体，由于文化教养和文化指向的较低水平而失去艺术的创造功能，会引导审美主体对美的意境产生麻木，使人满足于感官的刺激和愉悦。

这种双向的负效应，使得艺术上的赝品博得喝彩，而使精神上的佳品遭受冷遇；使得艺术价值匮乏的作品获得显著的"经济效益"，使艺术价值较高的作品难以获得"经济效益"。

没有文化力度的艺术是艺术上的赝品，艺术上的赝品博得喝彩的民族是缺乏文化力度的民族。想跳出艺术滑坡与文化匮乏相互缠绕的怪圈，其出路在于提高全民族的文化教养，并校正"跟着感觉走""潇洒走一回"的文化指向。

艺术是生命创造的文化形式。它展现的是生命创造之美。我们需要从艺术中感受生命的创造力，激发生命的创造力，创造更加美好的生活。

（三）无须"包装"

历史喜欢同人开玩笑：人们本来要走进这个房间，却常常走进了另一个房间。这大概就是时下颇为流行的一个词儿——误区。

于是，有人谈思想误区，有人谈观念误区，有人谈语言误区，也有人谈心理误区。总之，凡是人的思想与行为，总会有相应的误区。美也是这样。

美是真实的生命活动，美是真实的生活世界。离开生命活动的真实，离开生活世界的真实，美，就不复存在。然而，人们却常常以假为美，把假打扮成美。这就是"美"的误区。时下流行的另一个概念——"包装"——就颇有说服力地证明了美的误区。

首先说"形象包装"。

涂脂抹粉，穿金戴银，是古已有之的，不必说了。当代世界，科技发达，包装的技术无奇不有，包装的领域无处不在。人对自身的形象包装，更是机关算尽，花样翻新，几乎无所不包，以至于"包"得面目全非。

人对自身的形象包装，大体可分为"外包装"与"内包装"，所谓外包装，就是"涂"上去的，"抹"上去的，"穿"上去的，"戴"上去的，总之是"外加"上去的。这种"外加"的"包装"，说到底，就是要使"形象"大于"存在"。形象大于自身存在，就是用"形象"去遮蔽"存在"，使"存在"变成"形象"。可是，"存在"隐退了，剩下的只是"形象"。失去"存在"的"形象"，能是美的吗？这是应该打个问号的。

所谓内包装，不是"外加"上去的，而是通过改变"存在"来实现形象的"包装"。这种内包装，从面部到胸部再到臀部，也已经无处不在。单眼皮割成双眼皮，塌鼻梁垫成高鼻梁，薄嘴唇扩成厚嘴唇，瘪胸脯变成鼓胸脯，粗腰围变成细腰围，窄臀部变成宽臀部……这种改变"存在"的"内包装"，说到底，就是要用"形象"来代替"存在"，把"存在"变成"形象"。于是，"存在"消失了，留下的只是"形象"。那么，"非存在"的"形象"是美的吗？这也是应该打个问号的。

毫无疑问，防冷御寒，蔽体遮羞，人总是需要某些"外包装"。历史进步，生活富裕，"外包装"也好，"内包装"也好，自我包装者心情愉悦，精神振奋，观赏包装者赏心悦目，心旷神怡，生活因而显得更加五光十色，丰富多彩，这当然无可厚非，甚至值得称道。问题在于，如果只是追逐"包装"的"形象"，而不充实"真实"的"存在"，甚至用"包装"的"形象"去遮蔽、改变以至于取代"真实"的"存在"，"存在"的美不就"隐退"以至于"消失"了吗？《现代小姐》里的那句歌词，还是发人深省的："只要你努力充实自己，人人都会喜欢你。"

形象的"包装"在现代生活中，总是同"广告""时尚""流行"这些词儿联系在一起。

广告无处不在，又无时不有，以致无孔不入，这大概是现代社会的一大特征。广告变成了生活的形象，生活的形象变成了广告。有论者说，广告的秘密是：形象的构成代替了信息的传播。① 人们在接受广告

_____

① 参见肖鹰：《泛审美意识与伪审美精神——审美时代的文化悖论》，载《哲学研究》1995 年第 7 期。

的时候，自以为在接受商品的信息，但实际上接受的是商品的"形象包装"。这样，广告就把销售商品变成销售形象，顾客也把购买商品变成购买形象。人对自身存在的"包装"也像广告一样，不是传递自身存在的信息，而是展示经过包装的形象。这样，人们就把美的存在变成美的形象，用美的形象代替了美的存在。美的真实性在广告式的包装中隐退了。

对形象的包装，只有一个共同的尺度，就是"流行"。最典型的实例就是"时装"。时装领导新潮流。流行的款式，流行的颜色，流行的质料，是形象包装的标准。从"流行"到"过时"，其转换速度之快，真令人目不暇接，晕头转向。"自我"失去了连续性，只剩下"流行"与"过时"的片断。

有论者以当代流行的 MTV 为例，进行了耐人寻味的分析："MTV在把音乐转化为形象的同时，进行了对形象的无意识分裂。在画面分割和镜头闪回的节奏化交替之间，人被强制地束缚在形象分裂的狂欢中。正是在与形象的片断的关系中，而不是与形象的整体关系中，当代人遭到了形象物化力量的打击，并且因为这种打击而迸发出无限制的形象欲望。可以说，MTV 的煽情力量就在于这种分裂的打击力量——它通过形象暴力传达一种自由的幻觉。由于人对形象的关系局限于一种片断关系，因此，在形象游戏中，关于整体性的瞻望就具有根本性的喜剧意味，是持续不断的自我反讽。自我反讽的风格无疑是当代游戏的基本风格，游戏者通过失败主义的自我戏要来获得一种空洞的自我意识。表演，而不是对某种东西的表演，被绝对化了。MTV 既不是听觉艺术也不是视觉艺术，而是表演艺术——它只是表演。在这里，表演的意义是对被表演者的彻底否定来实现的，也就是说，在这里，自我不仅被认为只是一种可能，而且被认为必然是一种危险的可能。成功的希望就是在尝试这种可能的同时逃避或毁灭这种可能。因此，现代形象游戏在反讽表演之外，必然包含着一种疯狂的意志。片断内在地具有复归于整体的欲望，而时间把这种复归转化为更深的分裂，并从相反的方向驱迫这种欲望走向分裂。"①

应当说，这段议论是颇具启发性的。追赶时尚的形象包装，以及"时尚"的迅速转换所造成的"包装"追赶不及，把人的存在变成了"瞬间"的、"片断"的、"分裂"的存在，人们在"广告形象"与"形象包装"中，形成的不是真实的自我意识，而是"空洞的自我意识"。人的自我意识失去了真实性、完整性、和谐性与统一性。美，是真实、完整、和谐与统一。因此，在"空洞的自我意识"中，人们所获得的不过是一些"伪审美形象"。

其次说"语言包装"。

现在有一种说法，叫作"打击假冒伪劣"或简称"打假"。打来打去，人们发现，除了假烟、假酒、假种子、假化肥之外，语言之假也非打不可。

语言包装有多种方式。假话、空话、大话、套话，大概是最普遍也是最丑陋的语言包装。明知非如此，偏要讲如此，这是假话；明明无话可说，偏要滔滔不绝，这是空话；明明事情不大，偏要慷慨激昂，这是大话；明明用不着说，偏要照本宣科，这是套话。用假话、空话、大话、套话来包装语言，那语言当然丑得吓人。而一些人偏偏如此包装语言，可见用语言包装的存在是何等的空洞。

滥用时髦语言，是一种"金玉其外，败絮其中"的语言包装。比如，一个"位"字，现在几乎到处都可以听到或看到"错位""定位""到位""层位"等说法（或写法）。学习成绩不及格，学习未"到位"；工作业绩不显著，工作未"到位"；事情没办成，关系未"到位"；搞对象失败了，恋爱未"到位"……"举措"这个词儿一流行，就无所不在：打扫卫生是实现环境美的"举措"，开班会是完成工作任务的"举措"，搞基层联欢会是建设精神文明的"举措"……说到想问题，就要"多侧面""多角度""多层次"

---

① 肖鹰：《泛审美意识与伪审美精神——审美时代的文化悖论》，载《哲学研究》1995年第 7 期。

"全方位"，否则就是"平面思维"。这种时髦的语言包装，把简单的说复杂了，把清楚的说含混了，常常使人听得身上起鸡皮疙瘩，这怎么能有语言之美呢？

语言包装的另一种形式，是没有任何必要地夹杂外文词，偏把普通话唱成模仿来的粤语等。这种不伦不类、不中不西的说法和唱法，实在让人不舒服。语言包装到这份儿，又如何能够美呢？

最后说"思想包装"。

记得在一次国际性的大学生辩论赛上，代表评委做总结发言的一位学者中肯地指出，有的辩手虽然很讲究遣词造句，但缺乏思想，恐怕这是舍本求末了。思想本身是美的，如果不展现思想自身的逻辑之美，而企图把思想"包装"起来，思想之美也就荡然无存了。

在许多讲话或论著中，人们常常喜欢用"辩证思想"。然而，这种所谓"辩证思想"，却往往不过是一种"思想包装"，把思想包装成"一方面"和"另一方面"。这就不由得使人想起恩格斯嘲讽"官方黑格尔学派"的一段话："自从黑格尔逝世之后，把一门科学在其固有的内部联系中来阐述的尝试，几乎未曾有过。官方的黑格尔学派从老师的辩证法中只学会搬弄最简单的技巧，拿来到处应用，而且常常笨拙得可笑。对他们来说，黑格尔的全部遗产不过是可以用来套在任何论题上的刻板公式，不过是可以用来在缺乏思想和实证知识的时候及时搪塞一下的词汇语录……这些黑格尔主义者懂一点'无'，却能写'一切'。"[1]一些人如此这般地套用"辩证"词句，怎么能不是"讲套话""说空话"呢？怎么能责怪人们把辩证法讥讽为"变戏法"呢？辩证智慧之美如何得以展现呢？

形象的包装，语言的包装，思想的包装……人的存在被重重叠叠地包装起来。人们似乎在奇形怪状的假面舞会上游戏，互相看到的只是包装的假面，存在本身被遮蔽了，取代了，遗忘了。

在谈论真、善、美的时候，人们常常这样说："真"是"究竟怎样"；

---

[1] 《马克思恩格斯选集》第2卷，40页，北京，人民出版社，1995。

"善"是"应当怎样";"美"是"真"与"善"的统一,即"究竟怎样"与"应当怎样"的统一。"究竟怎样",是对真实性、现实性、必然性、规律性的寻求;"应当怎样",是对理想性、应然性、可能性、未来性的期待。美作为真与善的统一,就是理想与现实、必然与自由的统一。基于现实去追求理想,又基于理想去观照现实;基于必然去争取自由,又基于自由去认识必然;在生命"超越其所是"的创造活动中去实现理想与现实、自由与必然的统一:这就是生命的创造活动所显示的真实的人类之美。

生命的创造活动内含着理想,指向自由,它使人完善起来,崇高起来,因而人的生活是富有诗意的。"人诗意地居住在大地上。"富有诗意的创造活动是美的源泉。

人的诗意的创造活动又何须包装?

(四)和谐的成熟美

如果说"美是和谐",那么,"成熟"就是人的性、情、品、格的和谐,就是人之美的精华。

"成熟"不是指四平八稳、老气横秋,不是谙于世故、八面玲珑,不是因循守旧、知天知命。

当代散文大家余秋雨说:成熟是一种明亮而不刺眼的光辉,一种圆润而不腻耳的音响,一种不再需要对别人察言观色的从容,一种终于停止向周围申诉告求的大气,一种不理会哄闹的微笑,一种洗刷了偏激的淡漠,一种无须声张的厚实,一种并不陡峭的高度。勃郁的豪情发过了酵,尖利的山风收住了劲,湍急的细流汇成了湖……

成熟是一种"光辉",是一种人的性、情、品、格凝聚而成的和谐而明亮的"光辉"。

人性、人情、人品、人格,是人之为人的根本。泯灭人性,缺少人情,没有人品,丧失人格,是最丑陋的人。无论有些人吃着多么珍贵的食物,穿着多么艳丽的服装,住着多么豪华的别墅,坐着多么高级的轿车,丧失了人之为人的性、情、品、格,都是应了老百姓广为流传的一句歇后语:"狗戴帽子——装人。"哪里还谈得上人之美呢?

人不仅需要坚守自己的人性、人情、人品和人格，而且需要达到性、情、品、格的和谐。人的性、情凝聚于人的品、格，人的品、格展现人的性、情。品位的高尚和格调的高雅，蕴含着春意融融的人性和人情。这是一种"文质彬彬"的成熟，"表里如一"的成熟。这种成熟辉耀着自己的人生，也辉耀着众多的人生。这是一种"明亮"但不"刺眼"的成熟的"光辉"。

成熟是一种"从容"，是一种堂堂正正、坦坦荡荡、自主自律的"从容"。

李大钊曾说，人们每被许多琐屑细小的事压住了，不能达观，这给予人生很多苦痛。生活中总有那些躲不开、绕不过的沟沟坎坎，总有那些说不清、道不明的疙疙瘩瘩，总有那些剪不断、理还乱的恩恩怨怨，总有那些得不到、推不掉的争争夺夺。如果人们总是盯着这沟沟坎坎，想着这疙疙瘩瘩，说着这恩恩怨怨，做着这争争夺夺，人便会陷入"无处不在、无时不有"的苦痛，人也便会被扭曲得丑陋不堪。这又哪里谈得上人之美呢？

成熟的从容，首先是一种堂堂正正、坦坦荡荡的生活态度。"不以物喜，不以己悲"，"居庙堂之高则忧其民，处江湖之远则忧其君"，这是古人所标识的从容。"海纳百川有容乃大，壁立千仞无欲则刚"，这是古人所指点的从容的根基。

成熟的从容，其次是一种自主自律、自尊自爱的主体意识。行止进退，源于自己的追求与约束，源于自己的尊严与操守，而不是来自察言观色和追赶时髦。每临大事有静气，乱云飞渡仍从容，苟利国家生死以，岂因祸福避趋之，这更是一种大手笔、大气象的"从容"。

"从容"的反面便是"浮躁"。急于追名逐利，整日喊喊喳喳，不惜蝇营狗苟，无事生非，自寻烦恼，又哪里能有人生的那份成熟的"从容"呢？记得有一篇题为《气场》的中篇小说。小说中的人物为治病和养生而上山学气功。然而，他又挂念着尘世的功名利禄，排解不掉世俗的恩恩怨怨，他不但心"静"不下来，反而无端地增添许多烦恼，于是"气功之场"变成了"生气之场",失落了"气功"的"从容"。

成熟是一种"大气",是一种超越了唯唯诺诺和斤斤计较的"大气",一种摆脱了"小家子气"的"大气"。

"大气"首先是一种"气度"。"星垂平野阔,月涌大江流。"胸襟博大,视野开阔,可纳百川,可容万仞。"会当凌绝顶,一览众山小。"登高望远,高屋建瓴。相信"是才压不住,压住不是才"的人生真谛,不以一时一事为意,不囿于一孔之见,不止于一得之功,不骄不躁,不卑不亢,不向周围申诉告求,不沾沾自喜于掌声和喝彩,这才是成熟的气度之美。

"大气"又是一种"识度"。凡事望得远一程,看得深一层,想得透一层,阐幽发微而示之以人所未见,率先垂范而示之以人所未行。"同一境而登山者独见其远,乘城者独觉其旷,此高明之说也。"无论做工还是经商,无论当官还是教书,总能有自己的一套想法,总能有自己的一套办法,不卖弄个人的智巧又不随波逐流,才是成熟的识度之美。

"大气"是一种"风度"。有人说"人过四十,就要替自己的容貌负责"。冷不丁一听,此话大谬:人的容貌是与生俱来的,何以过了四十就要替自己的容貌负责?即使割眼皮、垫鼻梁,不也"假的就是假的"吗?即使涂红抹绿、穿高跟鞋,不也"你还是你"吗?不过,认真想来,此话又确实不错:人学习文化,人的言谈举止,人的声音容貌,无不积淀着个人的文化与教养。外在的容貌表现着内在的教养。就此而言,"相面"有它的道理(不指迷信活动)。从一个人的言谈举止、声音容貌中,有人就可以"相"出他的过去(生活经历的精神积淀),可以"相"出他的现在(教养程度以及由此决定的精神状态),甚至也可以"相"出他的未来(机遇垂青于有准备的头脑,未来取决于现在的实力和努力)。"风度"不是有意为之的,不是做作的,不是模仿出来的。"风度"是由内在的教养所表现出来的成熟之美。

成熟是一种"淡漠",是一种洗刷了偏激的"淡漠",我们要从容地面对人生的"淡漠",大气地把持自我的"淡漠"。

成熟的"淡漠"，首先是一种人生态度的张力。它超越了非此即彼、两极对立的思维方式和价值观念，它表现了一种辩证的人生智慧。面对人生中扑朔迷离、纷至沓来的利害、是非、祸福、毁誉、荣辱、进退，我们不把问题看死，不跟自己"较劲"。

成熟的"淡漠"，又是一种把持自我的自省与自知。我国当代哲学家张岱年先生说："哲学家因爱智，故决不以自知自炫，而常以无知自警。哲学家不必是世界上知识最丰富之人，而是深切地追求真知之人。哲学家常自疑其知，虚怀而不自满，总不以所得为必是。凡自命为智者，多为诡辩师。"[①]也许有人会说，这种"常以无知自警""不以所得为必是"的"淡漠"，是对哲学家说的，普通人未必需要也未必做得到。其实不然。中国当代的另一位哲学家冯友兰先生说："哲学并不是一件希罕东西；它是世界之上，人人都有的。人在世上，有许多不能不干的事情，不能不吃饭，不能不睡觉；总而言之，就是不能不跟着这个流行的大化跑。人身子跑着，心里想着；这'跑'就是人生，这'想'就是哲学。"[②]所以，不仅"跑"着而且"想"着的每个人，都需要这种成熟的"淡漠"。

"淡漠"不是"冷漠"。"淡漠"是对"偏激"的超越，是保持必要张力的人生智慧，是善于把持自我的成熟之美。"冷漠"是对生活的厌倦，对他人的怀疑，对自我的疏离。冷静地拔剑出鞘的人是无所作为的，也是没有"美"可言的。正如爱智的哲人既需要炽烈地追求智慧，又需要淡漠地面对人生一样，一个有教养的现代人，他的成熟之美，既是一种炽烈的追求，也是一种自知的淡漠。

成熟是一种"厚实"，是一种"得失寸心知"的"厚实"，也是一种"酒香不怕巷子深"的"厚实"。

时下有一种说法(也是做法)，叫作"自我宣传""自我表扬""自我推销"，似乎人的"行"与"不行"，就在于自己给自己做的"广告"好不好。

---

① 张岱年：《求真集》，102 页，长沙，湖南人民出版社，1985。
② 冯友兰：《三松堂学术文集》，1 页，北京，北京大学出版社，1984。

于是"酒香不怕巷子深"这句俗话成了过时的废话，"得失寸心知"这句名言也成了迂腐的象征。然而，与"厚实"相对的"浅薄"，经过"宣传""表扬"与"推销"，不是更加显露其"浅"与"薄"吗？把"博"览群书变成"薄"览群书，不是一说话、一办事就显露其缺"教"少"养"吗？世有"厚实"之美，而未闻"浅薄"之美。

"厚实"与否，首先是"得失寸心知"的。"有"，则从容、大气、淡漠，不急不躁，不卑不亢；"无"，则烦躁、小气、偏激。俗话说，"难者不会，会者不难"。一旦来"真格儿的"，那"厚实"与否便一清二楚了。俗话又说"行家一出手，便知有没有"。"自我表扬"也好，"自我推销"也罢，总是要给"行家"看的。而只要你"一出手"，"行家"便知道你到底"有没有"了。如果"没有"，"表扬"和"推销"不就成了五彩缤纷的"泡沫"了吗？俗话说，"书到用时方恨少"，推而广之，一切能力、本领、知识、智慧，不都是到了用时"方恨少"吗？"厚实"，使自己感受到充实，也使别人感到愉悦，这当然是一种成熟的美。"浅薄"使自己时时感到捉襟见肘，或以偏激的言辞来辩护，或以"小家子气"来掩饰，那故弄玄虚、色厉内荏的姿态，即使有漂亮的容貌，又如何能使人感到美呢？"只要你努力充实自己，人人都会喜欢你"，这句歌词是不错的。

成熟的厚实，就是学养、修养、教养的充实，就是历史文化对个人的占有，就是人被"文化"。我国当代哲学家贺麟先生说："哲学是一种学养。哲学的探究是一种以学术培养品格，以真理指导行为的努力。哲学之真与艺术之美、道德之善同是一种文化，一种价值，一种精神活动，一种使人生高洁而有意义所不可缺的要素。"[1]

贺麟先生所说的"学养"，主要指的是"人文教养"。教养需要教育，特别是"高等教育"。"高等教育"之所以"高"，就在于它要使人成为"高贵的人""高尚的人""有教养的人"。人有"教养"，才能变得"厚实"。以此观照我国现在的高等教育，则不能不提出深化改革的任务。重专轻

---

① 贺麟：《哲学与哲学史论文集》，120页，北京，商务印书馆，1990。

博，重用轻学，重理轻文，重业（业务）轻人（人的教养），培养人的目标总是被培养专家的目标所模糊，从而失去了教育，特别是高等教育的人文底蕴和人文内涵。要使人不成为"文明的野蛮人"，而成为"有教养的现代人"，就要使人"厚实"起来，"成熟"起来，强化我们的人文教育，培育人的现代教养。

从容、大气、淡漠、厚实，是人类的成熟之美，也是每个人的成熟之美。

二　无声胜有声：真情之美

人生是花，而爱便是花的蜜。

——雨　果

(一)"从情感的零度开始"？

我们没有做过统计：中央电视台的《东方时空》究竟有多少观众。我们也没有进行整理：《东方时空》究竟播映了多少"东方之子"，讲述了多少"老百姓的故事"。

我们只是知道，许许多多的人和我们一样喜爱《东方时空》。我们只是知道，无论是当代豪杰的"东方之子"，还是"生活空间"中的普通百姓，许许多多的人的脑海中都留下了"鲜活的面容"。

这是《东方时空》的功绩，也是《东方时空》的魅力。

这魅力来自直面人生的思考，来自清新高雅的格调，来自鞭辟入里的语言，来自内涵丰富的文化，更来自感人肺腑的真情。

"浓缩人生精华"的"东方之子"，有的"居庙堂之高"而忧天下黎民，有的"处江湖之远"而虑国家大计，有的"腰缠万贯"而怀报国之志，有的"躲进小楼"而思民族振兴。他们或对丑恶行径拍案而起，或为美好事物呕心沥血。其情之真，其意之切，使人不能不想起鲁迅先生的一句诗：

"无情未必真豪杰。"

"讲述老百姓的故事"的"生活空间"，为我们讲述相濡以沫的夫妻之情，相依为命的父女之情，相互帮助的邻里之情，相互体谅的朋友之情，舍生忘死的爱国之情，助人为乐的博爱之情，保护众生的天地之情。也许我们可以这样说："老百姓的故事"，讲述的就是普通人的情感世界的故事；"生活空间"，展现的就是老百姓的情感世界的空间。有情的故事，有情的空间，才能情系千万家，情系亿万人。唯其情真意切，才能吸引亿万人，感动亿万人，激发亿万人。由此，面对当代种种所谓"从情感的零度开始"的议论，我们不禁要问：真实的人生能够"从情感的零度开始"吗？塑造人生的文学艺术能够"从情感的零度开始"吗？"消解"掉人的真情，还能否有真实的人生、美好的人生？"消解"掉真情的文学艺术，还是不是"生命的文化形式"？

美是真实，美是真诚，美是真情。人世间最美的，莫过于真情实意，有情有义；人世间最丑的，莫过于虚情假意，无情无义。美，在于生活有真情。

冰心老人曾经这样饱含真情地写真情："爱在左，同情在右，走在生命的两旁，随时播种，随时开花，将这一径长途，点缀得香花弥漫，使穿枝拂叶的行人，踏着荆棘，不觉得痛苦，有泪可落，却不是悲凉。""真情，使生命之树翠绿茂盛，使生命之旅生意盎然，酷暑严寒，风霜雨雪，都晒不化、刮不去、浇不掉、冻不坏生活的美丽。"

人，也许是世界上最奇异的存在。人有思维，有语言，有历史，于是人去探索思维之谜、语言之谜和历史之谜，于是人们又不断地揭示出思维的规律、语言的规律和历史的规律，于是又形成解释思维、语言和历史的思维科学、语言科学和历史科学。然而，人最大的奇异之处，也许并不是人的思维、语言和历史，而是人的情感；人类最需要破解的奥秘，或许正是人的情感。

有人说，每个人的一生，都为情所惑，被情所累。然而，又正是这种惑，这种累，构成了人的生活。无情所惑，人的奋斗拼搏所为何来？

无情所累，人的喜怒悲哀又为何而来？一个"情"字，使生命具有了创造的活力，使生活具有了多彩的意义。生命融注了情，才是有意义的生活，有意义的生活才是美。

有情才有生活。父母与子女的亲情，兄弟姐妹的亲情，是人的家庭生活。现在，人们常常发出寻找"精神家园"、寻求"在家的感觉"的议论，不就是因为"家"是"情"之所吗？如果失去了"情"，"家"又何以为"家"呢？读过《安娜·卡列尼娜》的人，都会记得这部文学名著的第一句话：每个幸福的家庭都是相似的，每个不幸的家庭都有自己的不幸。"幸福的家庭"，它们的共同之处是都有照亮生活的真情。贫穷也好，高贵也好，平平淡淡也好，大起大落也好，"家"里有了这份真情，就有"在家的感觉"。而"不幸的家庭"，不管它有怎样的不幸，又都失去了这份真情。山珍海味也好，西装革履也好，轿车别墅也好，"家"一旦没有了真情，就失去了"在家的感觉"，就要寻求新的"家园"。

有情才有事业。有人说，人生在世三件宝，事业、爱情和朋友。更有人不断地讨论：事业与爱情、事业与家庭、事业与友谊、事业与生活等孰重孰轻？然而，"事业"能与"情"字分开吗？教师要做"园丁"，是因为他们怀有一份"培育桃李"的深情；医生要做"天使"，是因为他们怀有一份"救死扶伤"的深情；官员要做"公仆"，是因为他们怀有一份"为国为民"的深情；战士要做"英雄"，是因为他们怀有一份"保家卫国"的深情；革命者要做"仁人志士"，是因为他们怀有一份"救民于水火之中"的深情；科学家要探索宇宙、历史、人生的"奥秘"，是因为他们怀有一份"造福人类"的深情。这深情，辉耀着他们的事业，辉耀着他们的生命，因此这事业才是美的，这生命才是美的。1931年，爱因斯坦在美国加利福尼亚理工学院对学习科学技术的青年们说："如果你们想使你们一生的工作有益于人类，那么，你们只懂得应用科学本身是不够的。关心人的本身，应当始终成为一切技术上奋斗的主要目标；关心怎样组织人的劳动和产品分配这样一些尚未解决的重大问题，用以保证我们科学思想的成果会造福于人类而不致成为祸害。在你们埋头于图表和方程时，千万不要忘记这一点。"在 1935 年悼念居里夫人的演讲中，爱因斯坦又说："在像居里夫人这样一位崇高人物结束她的一生的时候，我们不要仅仅满足于回忆她的工作成果对人类已经作出的贡献。第一流人物对于时代和历史进程的意义，在其道德品质方面，也许比单纯的才智成就方面还要大。即使是后者，它们取决于品格的程度，也远超过通常所认为的那样。"①正是对人类的挚爱与深情，科学家才有其伟大和他们贡献给人类的伟大科学成果。

人们都知道，马克思的座右铭是"为全人类而工作"。在悼念马克思的墓前讲话中，恩格斯不仅概括了马克思的"两个伟大发现"，而且阐述了作为"科学巨匠"和"革命家"的马克思。恩格斯指出，争取无产阶级和全人类的解放，才是马克思的"毕生的使命"。恩格斯说，马克思进行斗争的热烈、顽强和卓有成效，是很少见的；马克思把一切的"嫉恨"和"诬蔑"都"当作蛛丝一样轻轻拂去"，马克思"可能有过许多敌人，但未必有一个私敌"②。对人类的挚爱，对人类解放的渴求，是马克思的伟大事业的力量源泉，也是马克思的伟大人格的力量源泉。

生活需要真情，事业需要真情，人间需要真情。"真情真义过一生"，生活才是美好的。

(二)亲情、友情和爱情

说到真情，人们都会自然地想到温暖的亲情，真挚的友情和甜蜜的爱情。

"人生一世，亲情、友情、爱情三者缺一，已为遗憾；三者缺二，实为可怜；三者皆缺，活而如亡！"作家刘心武的这番感慨，确实是肺腑之言，至诚之言。

还有人说：亲情是一种深度，友情是一种广度，爱情是一种纯度。亲情的"深度"，在于它没有条件，不要回报，像春雨滋润心田，如阳光

---

① 《爱因斯坦文集》第 1 卷，339 页，北京，商务印书馆，1976。
② 《马克思恩格斯选集》第 3 卷，777—778 页，北京，人民出版社，1995。

沐浴人生。友情的"广度"，在于它浩荡宏大，有如可以随时安然栖息的堤岸。爱情的"纯度"，在于它是一种神秘无边的，可以使歌至忘情、泪至潇洒的心灵来照耀。人们体验了亲情的深度，领略了友情的广度，拥有了爱情的纯度，这样的人生，才称得上是名副其实的人生，才说得上是美好的人生。

亲情之美，美在它的自然、深沉。每个人都是"一无所有"地来到人间的，人人首先拥有的，便是父母的亲情。每个人都要在人世间奋斗、拼搏，人人都无法离开的，便是家庭的温暖。每个人都会有告别人世的时候，他感到最为依恋的，便是环绕病榻的亲人。亲情，陪伴着我们，环绕着我们，滋润着我们，抚慰着我们，我们感受到的生活是美好的。

古往今来，人们用诗歌来吟唱亲情，用绘画来描绘亲情，用音乐来赞美亲情，用小说来表达亲情，亲情永远是文学艺术的最为动人的主题。"慈母手中线，游子身上衣。临行密密缝，意恐迟迟归。谁言寸草心，报得三春晖。"这是古人对母爱的吟诵。生活于现代的人，又何尝不依恋着这份亲情？

> 母亲发上的颜色给了我
> 　又还原为原来的白
> 父亲眼中的神采传了我
> 　复现旧隐的淡然
> 一个很美的名字
> 　我过分依恋的地方
>
> 当灯火盏盏灭尽
> 　只有一盏灯
> 当门扉扇扇紧闭
> 　只有一扇门
> 只有一盏发黄的灯

只有一扇虚掩的门

不论飞越了天涯或是走过了海角
只要轻轻回头
永远有一盏灯，在一扇门后
只因它有一个很美的名字
我有了海的宽柔

　　这个很美的名字就是《家》。

　　尘世嚣嚣，红尘滚滚，浪迹天涯的游子总是怀着一份亲情的温暖；远离故土的人们，总是品味着难以忘怀的乡愁。"劝君更尽一杯酒，西出阳关无故人。"这是多么悲凉、凄怆，又是何等亲切、温柔！一曲《九月九的酒》，引发了多少人的感慨与共鸣。"家乡才有美酒，才有问候。"亲情使人变得温柔，亲情也使人变得刚毅。没有亲情，实为人生的第一大憾事。

　　在现实生活中，我们看到许许多多、各种各样的悲欢离合。然而，最能催人泪下的，或许就是家庭破裂、父母离异使孩子失去了亲情。对于孩子来说，失去了亲情，不只是失去了一份体贴，失去了一份温暖，更是失去了美，失去了生活的本身的美。人生失去了亲情，就失去了它的最温柔的色彩，失去了它的最美好的底色，生活由此就会变得阴暗、丑陋。刘心武说，亲情、友情、爱情，三者缺一为遗憾，三者缺二为可怜，三者皆缺为白活。而对于孩子来说，只要失去了亲情，生活就会改变颜色。

　　如果说亲情来自自然，友情则来自交往；如果说亲情是深厚的温柔，友情则是宽广的抚慰；如果说亲情是生活的桨，友情则是生活的帆。有人说，真正的友情，是一种心灵的默契，是一种独特的景致。在岁月的尘埃飘荡的日子里，朋友昭示着雨水和光明。那些温柔的面孔，执着的手，诚实的语言，来自真情，源于友情。友情如帆，洁白高远，在人生的旅途中，鼓荡起来，潇洒起来。

人生在世，幸福需要有人分享，痛苦需要有人分担，心声需要有人倾听，心灵需要有人抚慰。当幸福到来的时候，比如，你工作有了成绩，事业有了成就，恋爱获得了成功，再比如，你考上了一个理想的学校，你得到了一份理想的工作，你发表了一篇高水平的论文，如果没有朋友来分享这份幸福，那你对幸福的感受会如何呢？当痛苦降临的时候，比如，你被人误解，你遭到冷遇，你失去亲人，你走投无路，你哭诉无门，如果没有朋友来分担这份痛苦，那你对痛苦的感受又会如何呢？在所有这样的时刻，也许每个人心里都会发出这样的呼唤：朋友！

我们翻开《唐诗三百首》，扑入眼帘的，感人至深的，便是抒发友情的诗篇。

"李白乘舟将欲行，忽闻岸上踏歌声。桃花潭水深千尺，不及汪伦送我情！"这明白如话的诗句，表达了深挚的友情，以至千古传唱，并把"桃花潭水"作为抒写别情的常用语。

"凉风起天末，君子意如何？鸿雁几时到，江湖秋水多。文章憎命达，魑魅喜人过。应共冤魂语，投诗赠汨罗。"杜甫的这首因秋风感兴而怀念李白的诗篇，低回婉转，沉郁深微，充满着对友人的殷切的思念、细微的关注和发自心灵深处的感情。

"少时犹不忧生计，老后谁能惜酒钱？共把十千沽一斗，相看七十欠三年。闲征雅令穷经史，醉听清吟胜管弦。更待菊黄家酝熟，共君一醉一陶然。"白居易赠刘禹锡的这首诗，言简意富，语淡情深，明写沽酒时的豪爽和闲饮时的欢乐，却包含着政治上共遭冷遇的挚友闲愁难遣的心境和凄凉沉痛的感情。

"山光忽西落，池月渐东上。散发乘夕凉，开轩卧闲敞。荷风送香气，竹露滴清响。欲取鸣琴弹，恨无知音赏。感此怀故人，中宵劳梦想。"夏夜水亭，散发乘凉，耳闻滴水，鼻嗅花香，岂非人间快事？然而，"欲取鸣琴弹，恨无知音赏"！孟浩然的这首诗，正表达了友情才是生活的深切感受。

"城阙辅三秦，风烟望五津。与君离别意，同是宦游人。海内存知己，天涯若比邻。无为在歧路，儿女共沾巾。"王勃的这首送别诗，以"丈夫志四海，万里犹比邻"（曹植诗句）的气概，歌颂了友情的力量，赞美了友情的深远。朋友，即使远隔千山万水，即使各居天涯海角，友情却是分不开、隔不断的。友情使生命获得了力量，友情使生活富有了诗意。

人们珍惜友情，赞美友情，是因为人最看重的是人间的冷暖，人与人之间的关系就在于"冷暖"二字。有人说，赠物于人，并不能使人心暖；赠一份真情于人，才使生活变得温暖。"推心置腹的交谈，忘情的一次郊游，互相推荐几本可读的书，帮他出一个能摆脱困境的主意……这一切都像你赠他一片白云一样，会永远地飘荡在他的天空里，使他欣喜，使他兴奋，使他的生命充满活力。在朋友生命的天空里，飘荡着我赠予的这样的白云；在我生命的天空里，也飘荡着无数友情的白云。不想让白云化雨，不想让白云蔽日，更不想让白云产生什么奇迹，只想经常看几眼白云，让自己明白世上还有友情存在。赠朋友白云般的纯洁，白云般的透明，白云般的人生理想与向往，他才会生活得如白云般洒脱与自由。"失去了友情，生活会变冷；获得了友情，生活会变暖。温暖的生活才是美的。

最激动人心的真情，大概就是爱情。人们把爱情比喻为火，显示出燃烧的瑰丽；人们把爱情比喻为水，显示出柔情的魅力；人们把爱情比喻为花，显示出诱人的芳香；人们也把爱情比喻为诗，显示出难以言说的美丽。也许，一切美好的事物，一切美好的词句，都可以用来比喻爱情，赞美爱情，但又总是说不完、道不尽这令人痴迷，使人陶醉的爱情。

不要说那些柔情似水的诗人，也不要说那些凄凄切切的词家，就是以"豪放"著称的陆放翁、苏东坡，不是也为人们写下了爱情的千古绝唱吗？

"红酥手，黄藤酒。满城春色宫墙柳。东风恶，欢情薄，一怀愁绪，几年离索。错，错，错！　　春如旧，人空瘦。泪痕红浥鲛绡透。桃花落，闲池阁。山盟虽在，锦书难托。莫，莫，莫！"这首《钗头凤》，感情深沉浓烈，风格凄艳哀婉，以"错，错，错"述说巨大的婚姻不幸，以"莫，莫，莫"表达无可奈何的悲痛绝望之情，真是感天地泣鬼神。这首词爱之深，情之切，实在是爱情的千古绝唱。

爱情贵在真切，也贵在永恒。如果"不求天长地久，只求曾经拥有"，那"曾经拥有"的不就是"过眼烟云"吗？读一读苏轼的《江城子》，我们不仅会感受到爱情的美丽，更能体会到爱情的力量。"十年生死两茫茫。不思量，自难忘。千里孤坟，无处话凄凉。纵使相逢应不识，尘满面，鬓如霜。夜来幽梦忽还乡。小轩窗，正梳妆。相顾无言，惟有泪千行。料得年年肠断处，明月夜，短松冈。"这首词，写梦前对亡妻的思念，写梦中与爱妻相会的情景，写梦醒后独处的悲凉。整首词饱含沉挚深厚的情感，抒发哀切缠绵的思恋，使人感受到天地间的真情实意，体会到夫妻间的永恒爱情。

也许有人会说，这里讲的都是古代的事，谈的都是古人的情。现代人还需要这种"天长地久"之情吗？

毫不夸张地说，现代是一个被情歌包围的时代。大街小巷唱的是情歌，荒山野岭唱的是情歌，大学校园里唱的是情歌，连幼儿园里的孩子唱的也是情歌。满世界泛滥的情歌，总该让人感受到"情"，体验到"情"，生活在"情"之中吧？然而，许多人所感受到的、体验到的，却恰恰是姜育恒在《一如往昔》中所唱的"我没有你，有酒，有泪，有我自己"。

"情歌"，似乎失去了"情"，只剩下了"歌"。没有"情"的情歌，即使唱得哭哭啼啼，即使唱时喊破嗓子，又当如何呢？

也许，满世界泛滥着情歌，是因为人们难以得到真情，难以感受和体验到真情。匮乏才产生需要。

有论者说，流行音乐是社会的晴雨表。满世界泛滥的爱情歌曲，同样在无意中泄露了这个时代的秘密。"当没有什么可以坚持时，坚持的态度本身也成了一种崇高。现代人那光裸殆尽的精神在寻求遮蔽和安慰时，往往选择爱情作为坚持的代用品，几无例外。"

由此，这位论者向我们具体地阐发了情歌泛滥的秘密。"当社会走向平稳、走向城市、走向经济，城市人在理想失落的基础上，又日渐沉重地背上了匆忙、疏远、物化。一个事实也许没有引起我们足够的重视：在长长的一生中，人即使未必有信仰的需要，却不能缺少抒情的需要。他需要一件贴身的抒情媒介，在脆弱时抵挡人生的寂寞无依。这媒介前几千年是书画、戏和宗教，这一百年更多是影视、是歌，这是一种更快速、更便捷、更随时的抒情，除了技术的进步，这里面与生产方式、生活方式有某种对应。"

这位论者还说，"为每一个人抒情，这是情歌的另一层妙用，以此来化解越来越深的冷漠和异化"。"虽然唱着平平淡淡才是真，但现在人多想再被什么痴狂玩一把呵。在爱情的神话和自欺中，他们找到了。辉煌灿烂却透着悲哀。"①

读过这番议论，我们便不难理解，为什么无论何等档次的饭店酒楼必有 MTV，为什么有些余钱的家庭必买卡拉 OK 机，为什么有钱的和没钱的都要用卡拉 OK 去潇洒一回又一回。

这是因为，"爱情"变成了信仰和理解的"代用品"，情歌可以在脆弱时抵挡人生的寂寞无依，可以化解越来越深的冷漠、疏远和异化。

然而，在情歌灿烂辉煌的背后，人们怎么能不感受到凄苦悲凉？无情的情歌，是对真情的呼唤，也是对真情的亵渎；是对真情的渴求，也是对真情的自欺。

亲情、友情、爱情，都是真情，不是虚情。虚情只能"抵挡"人生的寂寞无依，却不能"消解"人生的这种感受。唯有真情，才能化解人生的寂寞，才能带来人生的真实。

现代人，需要真实的情感。

---

① 李皖：《满街都是寂寞的朋友吗？》，载《读书》1994 年第 7 期。

美的发现，需要真实的情感。

（三）昔日的回眸与未来的憧憬

亲情、友情和爱情，都是生命的真实体验。

这些体验到的真情之美，不仅因为亲人、友人和恋人的存在，而且因为我们真诚地把亲人当作亲人，把友人当作友人，把恋人当作恋人。我们真诚地沉浸于亲人的亲情之中，友人的友情之中，恋人的爱情之中，品味这些真情，涵养这些真情，升华这些真情。

胡适有一首诗，题为《一笑》：

十几年前，
一个人对我笑了一笑。
我当时不懂得什么，
只觉得他笑得很好。

那个人后来不知怎样了，
只是他那一笑还在：
我不但忘不了他，
还觉得他越久越可爱。

我借他做了许多情诗，
我替他想出种种境地：
有的人读了伤心，
有的人读了欢喜。

欢喜也罢，伤心也罢，
其实只是那一笑。
我也许不会再见那笑的人，
但我很感谢他笑的真好。

似乎没有必要去"考证"令胡适先生难以忘怀的这"一笑"，究竟是亲人的一笑，友人的一笑，恋人的一笑，还是路人的一笑；似乎也没有必要去"考证"胡适先生由这"一笑"而做出的"许多情诗"，究竟是甜甜蜜蜜的，悲悲切切的，还是平平淡淡的；只是这"一笑"令人终生难忘，这"一笑"让人驰骋联想与想象，这"一笑"让人"感谢他笑的真好"，这就使人感受到了真情之美。

　　真情，是情感的积淀，也是情感的升华。昔日的回眸，无论是母亲慈爱的目光还是父亲的粗糙的手，无论是恋人的相依相偎还是夫妻的相濡以沫，无论是童年伙伴的嬉戏玩耍还是青年朋友的推心置腹，无论是老师的声音容貌还是邻居的亲切友善，都会让人沉浸在温馨的真情之中。在这样的时刻，我们会感到生活是美好的。我们品味这样的真情，就涵养了我们的情性，就升华了我们的情感，就使我们的心灵感受到了人间的真善美。

　　现代人的生活是急促的，匆忙的；现代人的心态也往往是紧张的，焦躁的。人们似乎已无暇去作昔日的回眸，似乎也无暇去品味心灵的感受。有人甚至断言，回忆只是老年人和传统人的无可奈何的嗜好和精神的自我抚慰，青年人和现代人总是一往无前地斩断与过去的联系。这样的断言似乎忘记了，人们"一往无前"地寻求的，不仅是物欲的满足，还是生活的意义。生活的意义离不开情感的积淀与升华，生活的历程离不开昔日回眸中的真情实意。

　　昔日的回眸，不是沉湎于已逝的过去，而是沉浸在活跃的情感体验之中。普希金说，过去了的一切，都会成为亲切的怀恋。这怀恋，是对积淀在人的精神生命之中的情感体验的激活，也是对积淀在人的情感世界中的万千感受的升华。

　　有一位外国人写过题为《回忆中的家》的短文。文章说，分别25年后的同学聚会在原来生活过的教室举行，其中一位同学讲述了年轻时的一件事，并希望这件事能说明这些往日的同学都曾感受过的特殊心情。

这位同学在十岁的时候，非常想要一辆自行车，可家里穷得捉襟见肘。有一天，他兴高采烈地跑回家中，对父母说，彩票的头等奖是一辆自行车，而一张彩票只要 20 芬尼。当头等奖第二次开奖的时候，他的奖号真的获得了头奖——他得到了自己渴望的自行车。父亲死后很久，母亲才告诉他真情。原来，父亲头一天晚上借了 150 马克，按商店价格买下了这部自行车。父亲对摸奖处的人说："明天我带一小男孩来，请您让他的第二张彩票中奖。他得比我更好地学会相信他的运气。"

这就是父母对子女的深情。在昔日的回眸中，我们所感受到的，又何止这种真挚的深情呢？我们感受到的，是对真情之美的激动，是对真情之美的依恋，是对真情之美的渴望。它净化了我们的心灵，升华了我们的情感。急促、紧张的现代生活在昔日的回眸中得到了情感的滋润；焦躁、烦闷的现代人的心态在昔日的回眸中得到了真挚情感的抚慰。昔日的回眸使生活获得了值得追求的意义，昔日的回眸使生活显现出美的光芒。昔日的回眸，属于世世代代的每一个人。

人诗意地居住在大地上，居住在大地上的每一个人都有诗的情怀。当亲情、友情和爱情涌上心头，滋润心田的时候，谁都有诗一样的美丽的情感。诗，不仅仅属于诗人。

昔日的回眸，激荡起温暖的情怀，也激发起对未来的憧憬。未来，不只是某种尚未到来的状态。未来，是心灵的渴望，是心灵的期待。昔日的回眸，为未来勾画了美的图景，为未来点染了温暖的色彩。

黯淡了昔日的回眸，就是黯淡了美的图景，黯淡了美的色彩。失去情感期待的未来，失去美感憧憬的未来，就失去了亲切感人的图景和激荡心灵的色彩。未来的憧憬与昔日的回眸，是水乳交融的。

让我们来欣赏一首《切莫说什么情竭力已衰》(古·阿·贝克尔作)：

切莫说什么情竭力已衰，
竖琴无用弃置于高台。
可以没有诗人，但却永远有诗存在。

只要波涛能继续迎着阳光
　　欢跃澎湃，
只要红日能继续为行云
　　披霞挂彩，
只要草馥花香、鸟语虫鸣仍然
　　任风卷带，
只要人间尚有春的踪迹可寻，
　　就有诗存在！

只要科学还没有把生命之源
　　全部勘采，
只要海底或天空还有一个奥秘
　　未被揭开，
只要人类在行进途中还不能
　　预知未来
只要人们还有一个不解之谜，
　　就有诗存在！

只要眼睛还能把注视自己的目光
　　折射出来，
只要嘴唇还能对别人的哀声叹息
　　相应启开，
只要两颗心还能够通过亲吻
　　融合相爱，
只要还有一个漂亮女人活在世上，
　　就有诗存在！

我们观赏过阳光下波涛的欢跃澎湃，行云的披霞挂彩，我们生活的大地上草馥花香，鸟语虫鸣；科学的逻辑永远也替代不了情感的体验，海洋和天空总是沐浴着人类情感的光彩；昔日的回眸中有真挚的亲情、友情和爱情，也有对人类的深切的爱。人诗意地居住在大地上，人类的精神家园就永远有诗存在！

三　心灵的震荡：崇高之美

> 如果你在自己的心中找不到美，那么，你就没有地方可以发现美的踪迹。
>
> ——宗白华

(一)有限的存在与瞬间的永恒

有限与无限，瞬间与永恒，似乎只是两对时空概念，只属于自然观的范畴。

有限与无限、瞬间与永恒的矛盾，似乎只能是无限囊括着有限，永恒容涵着瞬间。

有限之于无限，是不可企及的；瞬间之于永恒，是微不足道的。这在对有限与无限、瞬间与永恒的一般理解中，几乎是不言而喻的。

然而，这种理解的后果，却是极为可悲的。这是因为，有限与无限、瞬间与永恒这两对概念，不仅属于自然观的范畴，而且具有极为深刻的人生观内涵。人对生命意义的理解，人对生活价值的感受，人对自己的终极关怀，是同有限与无限、瞬间与永恒这两对概念密不可分的。

人的生命是有限的存在。人能够意识到自己生命存在的有限。面对"死亡"这个最严峻的、不可逃避的，却又是人所自觉到的归宿，生命的意义与价值在有限与无限、瞬间与永恒的矛盾中凸显出来。

时间的无始无终，把有限的生命反衬得几乎无法形容其短暂；空间的无边无际，把有限的生命反衬得几乎无法形容其渺小。即使使用"匆匆过客""沧海一粟"这样的说法，也不足以表明生命的短暂与渺小。

有限的生命对无限的宇宙来说是如此短暂与渺小，无论生命放射出怎样耀眼的光芒，创建出怎样"惊天动地"的伟业，具有怎样"感天地泣鬼神"的美感，对于无限的、永恒的"天地"来说，人的生命的存在不也是微不足道的吗？生命又有什么"意义"与"价值"可言？这就是以有限与无限、瞬间与永恒的通常理解来观照人生的可悲后果。

人能够创造人生的意义与价值，是因为人总是不断地超越对有限与无限、瞬间与永恒的这种纯粹"自然"的理解。面对自然生命的来去匆匆，人总是力图以某种追求去超越个体生命的短暂与有限，从而激起一代又一代人对人的存在的思考：人应当怎样生活才能使短暂的生命具有最大的意义和最高的价值？生命的永恒是族类的世代繁衍、声名的万古流芳，还是灵魂在天国的安宁？生命的意义是满足自己的需要，发挥自己的潜能，展示自己的才华，还是把个体生命的"小我"融汇于人类的"大我"之中？人的生命面对死亡，人又力图以生命的某种创造与追求去超越死亡，生与死的撞击燃烧起熊熊的生命之火，使生命的瞬间具有了永恒的美感。

美是生命的创造，是生命创造的每一瞬间。在生与死、有限与无限、瞬间与永恒的深沉思索中，生出了永恒的美。

我们先来欣赏曹操的一首诗："神龟虽寿，犹有竟时。腾蛇乘雾，终为土灰。老骥伏枥，志在千里。烈士暮年，壮心不已。盈缩之期，不但在天。养怡之福，可得永年。幸甚至哉，歌以咏志。"这首历来传诵的《龟虽寿》，表达了作者面对生命的有限却壮心不已的积极进取的精神，这当然是值得称颂的。然而，这种积极进取的精神，主要来自作者的政治上的雄心壮志的支撑。他可以用"山不厌高，海不厌深。周公吐哺，天下归心"来表达包揽英才，横扫六合，一统天下的政治抱负，但却无法超脱"譬如朝露，去日苦多"的对生命有限的感伤与无奈。

我们再来欣赏陈子昂的《登幽州台歌》："前不见古人，后不见来者。

念天地之悠悠，独怆然而涕下！"这短短的四句诗，既俯仰古今写时间之无限，又环顾天地写空间之永恒，使人既感受到茫茫宇宙，地久天长的至大之美，又使人体验到立于其间，万千感慨的悲壮之美。然而，面对那无可企及的无限与永恒，思索不见古人与来者的有限与瞬间，怎能不让人沉浸于孤单寂寞、悲凉苦闷的迷惘与困惑之中，又怎能不让人悲从中来，"怆然而涕下"！这使人更深地沉浸于生命对有限的无奈中。

我们再来欣赏一段苏轼的《前赤壁赋》：

> 客有吹洞箫者，倚歌而和之。其声呜呜然，如怨如慕，如泣如诉；余音袅袅，不绝如缕。舞幽壑之潜蛟，泣孤舟之嫠妇。苏子愀然，正襟危坐，而问客曰："何为其然也?"客曰："月明星稀，乌鹊南飞，此非曹孟德之诗乎？西望夏口，东望武昌，山川相缪，郁乎苍苍，此非孟德之困于周郎者乎？方其破荆州，下江陵，顺流而东也。舳舻千里，旌旗蔽空，酾酒临江，横槊赋诗，固一世之雄也，而今安在哉？况吾与子渔樵于江渚之上，侣鱼虾而友麋鹿，驾一叶之扁舟，举匏樽以相属。寄蜉蝣于天地，渺沧海之一粟。哀吾生之须臾，羡长江之无穷。挟飞仙以遨游，抱明月而长终。知不可乎骤得，托遗响于悲风。"苏子曰："客亦知夫水与月乎？逝者如斯，而未尝往也；盈虚者如彼，而卒莫消长也。盖将自其变者而观之，则天地曾不能以一瞬；自其不变者而观之，则物与我皆无尽也，而又何羡乎？且夫天地之间，物各有主，苟非吾之所有，虽一毫而莫取。惟江上之清风，与山间之明月，耳得之而为声，目遇之而成色，取之无禁，用之不竭，是造物者之无尽藏也，而吾与子之所共适。"客喜而笑，洗盏更酌。

这段文字，先写"客"对人生有限之万千感慨，后写"苏子"对有限人生之独到见解，实在是关于人生之有限与无限、瞬间与永恒的不可多得的千古奇文。

泛舟长江，夜游赤壁，"诵明月之诗，歌窈窕之章"，"纵一苇之所如，凌万顷之茫然"，实乃人生一大快事。然而，游赤壁则不能不怀古，怀古则不能不想到横槊赋诗的曹孟德和火烧赤壁的周公瑾，想到曹孟德和周公瑾则不能不感慨于"一世之雄"，"而今安在"，想到浪花淘尽千古英雄便不能不感叹于"寄蜉蝣于天地，渺沧海之一粟"，"哀吾生之须臾，羡长江之无穷"。于是，有限对无限的无奈，瞬间对永恒的向往，便跃然纸上，使人沉浸于不可名状的悲凉之中。

苏轼的人生妙论，不仅令人耳目一新，而且让人思之不尽。只是"自其变者而观之"，万事万物皆处于瞬息万变之中，无物长在，无物长住，"天地曾不能以一瞬"，何况人生呢？然而，"自其不变者而观之"，世代繁衍，物质不灭，"物与我皆无尽也"。退而论之，虽然人生有限，但是人生的瞬间却能够沐清风，赏明月，"耳得之而为声，目遇之而成色"，取之不尽，用之不竭，又何必"哀吾生之须臾，羡长江之无穷"呢？这种洒脱通达的人生态度，塑造了一种瞬间的永恒之美，一种有限的崇高之美。

在谈论有限与无限的关系时，黑格尔说，把无限视为有限的叠加，把无限看成对有限的包容，就是把无限当成一种在有限事物彼岸的东西，因此这表述了一种"恶的无限性"，而绝不是真正的无限性。为了揭露这种"恶的无限性"，这位以思辨著称的哲人还十分罕见地在他的论述中引证了一首诗：

> 我们积累起庞大的数字，
> 一山又一山，一万又一万，
> 世界之上，我堆起世界，
> 时间之上，我加上时间，
> 当我从可怕的高峰，
> 仰望着你，——以眩晕的眼：
> 所有数的乘方，

再乘以万千遍，

距你的一部分还是很远。

我摆脱它们的纠缠，

你就整个儿呈现在我前面。①

以有限去叠加无限，用有限去追逐无限，或者以无限去嘲弄有限，用无限去亵渎有限，有限只能渺小得跟崇高沾不上边儿，有限只能短暂得无声无息地消逝在永恒的对岸。有限失去了一切意义，意义只属于不可名状、不可企及的无限的、永恒的彼岸。

因此黑格尔说，有限才是真正的无限，有限的自我展开就是无限。黑格尔的这个思想，不仅具有"自然观""世界观"或"宇宙观"的意义，而且更为直接地具有"价值观""生活观"和"人生观"的意义，具有如何观照和体验人生的"美学观"的意义。

如果人生放弃了瞬间与有限，而只苦思冥想永恒无限，长生不死，天堂彼岸，人又如何活得崇高？人又怎样获得美感？而"摆脱它们的纠缠"，就会有瞬间的永恒，生活的崇高和人生的美感，真善美就会"整个儿呈现在我前面"。

因此黑格尔又说："每个人都是一个整体，本身就是一个世界，每个人都是一个完满的有生气的人，而不是某种孤立的性格特征的寓言式的抽象品。"②人用自己的心灵去感受这个世界，体验这个世界，升华这个世界，心灵就会时时感受和体验到生命的瞬间的永恒，就会使人自己崇高起来，就会创造出人的心灵与人的存在的崇高之美。正因如此，黑格尔告诉我们："只有心灵才是真实的，只有心灵才涵盖一切，所以一切美只有在涉及这较高境界而且由这较高境界产生出来时，才真正是

---

① ［德］黑格尔：《小逻辑》，229—230 页，北京，商务印书馆，1980。

② ［德］黑格尔：《美学》第 1 卷，303 页，北京，商务印书馆，1979。

美的。"①

这里的"唯心"，不是说"心"制造了世界，而是说"心"涵盖了世界，照亮了世界，从而也"创造"了属于人的美的世界。

(二)只是"遥远的绝响"

心灵似乎永远需要美来滋润。商品大潮中悄然兴起的散文热，把美的渴求展现给现代的人生。

于是，人们发现了具有"大灵魂、大气派、大内蕴、大境界"的当代中国的散文大家余秋雨。

有人用"历史的泼墨""生命的写意"和"沧桑之美"来概括余秋雨的散文，认为从《文化苦旅》到《山居笔记》，蕴含了作者"太多太多的对人生况味的执意品尝"：有无可逃遁的苦涩，有渊源于人情冷暖、世态炎凉的人生起落，有人生的伤感、寂寞和肃杀，有人生的壮丽和美、坚毅和报偿。这是"历史化了的人生"，是"人生化了的历史"，是"自然、历史、人生"的"三相交融"，是由这种交融所构成的独特的美学风范——沧桑之美。②

这种蕴含着缠绵、凄怆与悲壮的"沧桑之美"，是作者对那种曾经有过的"独特的人生风范"和"自觉的文化人格"的品位、追思和激赏，也是作者对这种远逝了的"人生风范"和"文化人格"的感慨、咏叹和怅惘。

这就是作者的《遥远的绝响》。

作者展现给我们的，是"另外一个心灵世界和人格天地"，是"即使仅仅仰望一下，也会对比出我们所习惯的一切的平庸"的"心灵世界和人格天地"。

作者写的是魏晋时期的阮籍和嵇康。

作者自问："为什么这个时代、这批人物、这些绝响，老是让我们割舍不下?"也许，我们只有照录作者的自答，方能使读者欣赏到文章本

---

① [德]黑格尔：《美学》第 1 卷，5 页，北京，商务印书馆，1979。
② 参见田崇雪：《大中华的散文气派——余秋雨散文从〈文化苦旅〉到〈山居笔记〉印象》，载《徐州师范学院学报》1994 年第 3 期。

身的"沧桑之美"，也方能使读者体悟到作者的"万千感慨"。

　　我想，这些在生命的边界线上艰难跋涉的人物似乎为整部中国文化史作了某种悲剧性的人格奠基。他们追慕宁静而浑身焦灼，他们力求圆通而处处分裂，他们以昂贵的生命代价，第一次标志出一种自觉的文化人格。在他们的血统系列上，未必有直接的传代者，但中国的审美文化从他们的精神酷刑中开始屹然自立。在嵇康、阮籍去世之后的百年间，大书法家王羲之、大画家顾恺之、大诗人陶渊明相继出现，二百年后，大文论家刘勰、锺嵘也相继诞生，如果把视野再拓宽一点，这期间，化学家葛洪、天文学家兼数学家祖冲之、地理学家郦道元等大科学家也一一涌现，这些人，在各自的领域几乎都称得上是开天辟地的巨匠。魏晋名士们的焦灼挣扎，开拓了中国知识分子自在而又自为的一方心灵秘土，文明的成果就是从这方心灵秘土中蓬勃地生长出来的。以后各个门类的千年传代，也都与此有关。但是，当文明的成果逐代繁衍之后，当年精神开拓者们的奇异形象却难以复见。嵇康、阮籍他们在后代眼中越来越显得陌生和乖戾，陌生得像非人，乖戾得像神怪。

　　有过他们，是中国文化的幸运；失落他们，是中国文化的遗憾。

　　一切都难以弥补了。

　　我想，时至今日，我们勉强能对他们说的亲近话只有一句当代熟语：不在乎天长地久，只在乎曾经拥有。

　　我们曾经拥有！[①]

也许，并不是人人都对我们"曾经拥有"的"嵇康、阮籍们"作如是观；也许，并不是人人都认可"嵇康、阮籍们"只是"曾经拥有"；也许，

---

① 余秋雨：《山居笔记》，298—299 页，上海，文汇出版社，1998。

并不是人人都同意"嵇康、阮籍们"的"有过"与"失落"是中国文化的"幸运"与"遗憾";也许,甚至有人否定这种"人生风范"和"文化人格"。

然而,似乎没有人能否认余氏散文使当代中国的散文由"个体灵魂的张扬"走向"整体精神的反思",也没有人不能在余氏散文中感受到一种"智慧被激活时所产生的审美愉悦"。

更为重要的是,似乎谁也无法否认心灵对美的渴求,谁也无法拒斥"人生的风范"和"遥远的绝响"所引起的心灵震荡。

于是我们追问:心灵对美的渴求只是"遥远的绝响"吗?

(三)美的追求与人格的魅力

震撼心灵的崇高之美,是人的人格力量。

人的人格,是一种尊严,一种骨气,一种操守,一种境界。在"成熟对浅薄媚俗,思考对时髦媚俗,文化品格对市俗哲学媚俗,文化的责任和使命对玩世不恭的街头痞子'理论'媚俗","文化人的总体的文化心态,以令人害羞的媚俗之姿同是非不分、善恶不分、美丑不分的浑噩世相'倒挂'"的时候,人的尊严、骨气、操守和境界,便更加辉耀出诱人的熠熠光芒。

这时,我们首先便会想到鲁迅。

在时下这个流行捷克作家米兰·昆德拉小说的岁月里,人们面对着无所不在的"媚俗","反媚俗"成了非常时髦的话语。然而,究竟有多少人能够真的抵御那"下海"的浪潮,"款""腕"的诱惑或"明星"的效应呢?有多少人能够真的坚守住那属于人的"尊严""情操""理想"和"信念"呢?又有多少人把只属于人的尊严、情操、理想和信念当作不屑一顾或肆意嘲弄的存在呢?

或许由于"人穷志短",或许由于"的确不如人",因此风光秀丽的苏州只能是"东方威尼斯",灯火辉煌的上海滩只能是"东方曼哈顿",高科技密集的北京中关村只能是"中国的硅谷",一切包装精美的商品全都印上了多数国人并不认识的"洋文"。

于是我们想到了鲁迅,想到了"我以我血荐轩辕"的鲁迅,想到了

"横眉冷对千夫指"的鲁迅，想到了"哀其不幸，怒其不争"的鲁迅，想到了"两间余一卒，荷戟独彷徨"的鲁迅，想到了"没有丝毫的奴颜和媚骨"的鲁迅。

于是我们想到了鲁迅的《呐喊》，想到了鲁迅笔下的"看客"，想到了鲁迅展现给我们的"灰色的人生"；我们想到了鲁迅的"匕首和投枪"，想到了《热风》和《坟》，想到了《华盖集》和《而已集》，想到了《三闲集》和《二心集》，想到了《南腔北调集》和《伪自由书》，想到了《准风月谈》和《花边文学》，想到了《且介亭杂文》三集。

想到鲁迅，我们会感觉到"中国人的脊梁"，体会到现代教养中必不可少的那份人格的力量。

人格的力量是震撼人心的。它激发人们对理想的追求和对美的向往，它支撑人们对尊严的坚守和对媚俗的超越。

世界与人生，在不同人的眼中，总是呈现出不同的画面，显现出不同的意义。在媚俗者的眼中，人人都是媚俗的。在精神贫乏者眼中，世界也是贫乏的。对于音盲来说，贝多芬不存在；对于画盲来说，毕加索不存在；对于科盲来说，爱因斯坦不存在；对于只读明星逸闻、桃色事件、暴力凶杀的"文盲"来说，孔子、鲁迅、苏格拉底、黑格尔、莎士比亚和托尔斯泰都不存在；对于"戏剧的看客"来说，"英雄"都是戏剧编导者编造的存在；对于失去人格的人来说，人格不过是"不值一文"的存在。

然而，一旦我们想到"人活在不同的世界"，一旦我们真的去看看那个具有人格魅力的真正人的世界，我们会感受不到人格之美和心灵的震撼吗？伟人的生平昭示我们，我们也能够活得高尚。美国诗人朗费罗的诗句，总是回响在人生活的世界上。

人格的力量，不是"遥远的绝响"。

四 思维的撞击：逻辑之美

那些没有受过未知物折磨的人，不知道什么是发现的快乐。

——贝尔纳

(一)迎接智力的挑战

美是心灵的震荡，也是思维的撞击。

在心灵的震荡中，我们能感受到崇高之美；在思维的撞击中，我们能够体验到逻辑之美。

古希腊神话中有这样一个故事：众神之父宙斯交给美女潘多拉一个精美的盒子，但却不允许她打开。然而，由于无法抑制的好奇心，潘多拉最终还是打开了盒子，结果把疾病、饥荒和仇恨等邪恶的精灵放了出来，从此折磨着全人类。这个故事的本意，也许是要压抑人的好奇心和探索精神，但事实恰恰表明人的好奇心和探索精神是无法压抑的。

人类具有思维的能力和求知的渴望。宇宙之谜、历史之谜、人生之谜，对于具有思维能力和求知渴望的人类来说，是一种精神上的诱惑和智力上的挑战。面对这种诱惑与挑战，人类以思维的逻辑去揭开笼罩着自然、历史和人生的层层面纱，并以思维的逻辑去展现自然、历史和人生的本质与规律。逻辑之美，是智力探险之美，思维撞击之美，理性创造之美。

人类智力的探险和对知识的寻求，像人类的历史一样古老。知识的本质是概括。把有关系的因素从无关系的因素中剥离出来，把本质的属性从繁杂的现象中抽象出来，把外在于人的世界变成思维中的逻辑，是知识的开始，也是智力的创造。比如，在人类智力所创造的数学中，无论是一个人，还是一只羊，或是一条河，都可以概括为数字"1"，从而可以进行无限复杂的计算；无论是圆形的脸，还是圆形的球，或是圆形的太阳，都可以概括为几何图形"圆"，这是一种多么神奇的逻辑之美！伟大的科学家爱因斯坦甚至这样来赞叹数学所创造的逻辑之美："这个世界可以由乐谱组成，也可以由数学公式组成。"

逻辑之美是人类智力创造的奇迹，对人类的智力具有巨大的吸引力。回顾自己的科学探索生涯，爱因斯坦真挚地告诉人们："推动我进行科学工作的是一种想了解自然奥秘的抑制不住的渴望，而不是别的感觉。我热爱正义，也力求对改善人类的处境做出贡献，但这并不同于我的科学兴趣。"而在题为《探索的动机》的演讲中，爱因斯坦还曾把从事科学研究的人分为三类：第一种人是为了娱乐，也就是为了精神上的快感，显现自己的智力和才能，他们对科学的爱好，就像运动员喜欢表现自己的技艺一样；第二种人是为了达到纯粹功利的目的，也就是为了使个人的生活得到某种改善，他们对科学的研究，只不过是一种谋生的手段；第三种人则渴望用最适当的方式画出一个简化的、容易理解的世界图景，揭示宇宙的奥秘，解答各种世界之谜。他们的科学探索，既不是为了显示自己的智力和才能，也不是为了纯粹的功利目的，而是源于一种"抑制不住的渴望"。

正是这种真挚的"抑制不住的渴望"，促使爱因斯坦和许许多多的科学家进行成年累月的观察，废寝忘食的实验，呕心沥血的思考和越挫越奋的探索。克鲁鲍特金说："一个人只要一生中体验过一次科学创造的欢乐，就会终生难忘。"英国生物学家华莱士曾为一个小小的发现——捕获到一种新的蝴蝶——而欣喜若狂。他写道："我的心狂跳不止，热血冲到头部，有一种要晕厥的感觉，甚至在担心马上要死的时候产生的那种感觉。那天我头痛了一整天，一件大多数人看来不足为怪的事竟使我兴奋到了极点。"詹纳在证明了可以用牛痘接种法使人不受天花感染时，想到这可以使人类从一种巨大灾难中解脱出来，就感到一种巨大的快乐以至于有时沉醉于某种梦幻之中。巴斯德和贝尔纳在评论科学家的这种亢奋状态时说："当你终于确实明白了某件事物时，你所感到的快乐是人类所能感到的一种最大的快乐"，"做出新发现时感到的快乐，肯定是人类心灵所能感受到的最鲜明而真实的感情"。

迎接智力的挑战，也会赢来智力的奖赏——灵感与机遇。①

灵感是对智力探险者的奖赏，而不是主观幻想的产物。理论物理学家米格达尔提出，要获得灵感，需要具备下述条件：把几个未必可能的事情结合起来；一个困难问题的存在；一种深入人的灵魂的激动；一个只有你能解决问题的意识；必要技术的精通；解决类似的较小问题的足够的经验；令人满意的健康状况；绝对没有烦恼。也许，我们可以把这些条件概括为：丰富的联想力，发现问题的敏锐力，求解问题的意志力，解决问题的经验和全身心投入的忘我精神。而把所有这些条件归结为一点，也许可以概括为"撞击思维的美感"。

（二）科学的艺术品

思维撞击的过程是美的，思维撞击的产品——思想、理论、科学——也是美的。

德国哲学家恩斯特·卡西尔曾这样评价科学："在我们现代世界中，再没有第二种力量可以与科学思想的力量相匹敌。它被看成是我们全部人类活动的顶点和极致，被看成是人类历史的最后篇章和人的哲学的最重要主题。""在变动不居的宇宙中，科学思想确立了支撑点，确立了不可动摇的支柱。"他还提出，科学之所以具有如此伟大的力量，是因为它具有一种"首尾一贯的"，"新的强有力的符号体系"，"向我们展示了一种清晰而明确的结构法则"，"把我们的观察资料归属到一个秩序井然的符号系统中去，以便使它们相互间系统连贯起来并能用科学的概念来解释"。

在卡西尔盛赞科学的论述中，我们可以感受到科学的"首尾一贯""秩序井然"的逻辑结构之美，可以感受到"强有力"的科学语言之美，也可以感受到"清晰而明确"的科学描述之美。

科学概念是人类进行智力探险的结晶，是科学思维的尖端工具，是科学对话的高超技术，也是科学发展的"阶梯"和"支撑点"。在科学理论

_____

① 参见本书第二章第二节"人类的'想象'所获得的最高奖赏"以后段落。

的体系中，概念并不是各种孤立地理解的零星碎片。相反地，它们是彼此联系的，并且联系于一个概念网络，依靠这个概念网络，它们依次得以理解，形成我们可以称为概念框架或概念结构的东西。科学正以其各种不同的概念框架来系统地构筑人类的科学世界图景，并通过这些概念框架来实现科学概念的自我理解和相互理解。我们也正是在科学的概念框架中，感受到人类把握世界的逻辑力量之美，感受到思维把握存在的统一之美，感受到科学概念自我否定与发展的理论创新之美。

在任何一种比较成熟的科学概念框架中，我们都会发现，它总是从最为精练的初始概念和初始条件出发，以严密的逻辑手段推演出一系列的定理、定律、公式、方程，形成具有普遍性和预测性的结论，为思维理解、描述、刻画和解释世界提供强有力的逻辑。

让我们想一想最为熟悉的欧几里得几何学。它的初始概念只有"点""直线""平面""在……之上""在……之间""叠合"就够了，而它的整个理论从 10 条公设和 10 条公理出发，却用严谨的演绎方法推演出一个缜密的几何学体系。无怪乎后世的科学家们常常沉迷于欧几里得《几何原本》的逻辑美之中，并把它作为科学逻辑体系的样板而予以效仿。

人们熟知哥白尼的"日心说"，但是，很少把这个学说同"美"联系在一起。而哥白尼在他的《天体运行论》中，却开宗明义地道出了他对美的追求："在哺育人的天赋才智的多种多样的科学和艺术中，我认为首先应该用全副精力来研究那些与最美的事物有关的东西。"哥白尼的"日心说"就是要揭示宇宙天体的妙不可言的秩序之美："太阳在万物的中心统驭着，在这座最美的神庙里，另外还有什么更好的地点能安置这个发光体，使它能一下子照亮整个宇宙呢？……事实上，太阳是坐在宝座上率领着它周围的星体家族……地球由于太阳而受孕，并通过太阳每年怀胎、结果，我们就是在这种布局里发现世界有一种美妙的和谐，和运行轨道与轨道大小之间的一种经常的和谐关系，而这是无法用别的方式发现的。"

让我们再来听听科学家们是如何盛赞爱因斯坦的广义相对论的。法国物理学家德布罗意认为，广义相对论对万有引力现象"这种解释的雅致和美丽是不可争辩的。它应该作为 20 世纪数学物理学的一个最优美的纪念碑而永垂不朽"。德国物理学家玻恩这样写道："广义相对论在我面前像一个被人远远观赏的伟大艺术品。"这些赞誉告诉人们，"支配科学家的动机，从一开始就体现为审美的冲动"，"科学达不到艺术的程度就是科学不完备的程度"。

科学是对真的探索，也是对美的追求。因此，科学理论的逻辑之美，不仅体现在自然科学理论之中，而且也同样表现在社会科学理论之中。在谈到人们对《资本论》的评论时，马克思说，不管这部著作存在这样或那样的毛病，它作为一个"完整的艺术品"，却是可以引为自豪的。

确实，凡是读过《资本论》的人，有谁能不深深地折服于这部巨著"由抽象上升到具体"的逻辑呢？有谁能不因这个逻辑引发的思维撞击而产生强烈的逻辑美感呢？列宁说，马克思为人类留下了一部"大写的逻辑"，这就是《资本论》。

在这里，对于这部"大写的逻辑"，我们仅就它的"由抽象上升到具体"的叙述方式，来欣赏它作为一件"完整的艺术品"所具有的撞击人的理论思维的逻辑之美。马克思说，思维的运动遵循着相互联系的两条道路，"在第一条道路上，完整的表象蒸发为抽象的规定；在第二条道路上，抽象的规定在思维行程中导致具体的再现"。第一条道路的任务是从纷繁复杂、光怪陆离、混沌模糊的现象中抽象出简单明确、层次清晰的抽象规定，把握住复杂事物的种种基本关系；第二条道路的任务是把这些抽象规定重组为思维的整体，构造概念发展的逻辑体系，把研究对象的整体在思维规定的"多样性统一"与"许多规定的综合"中再现出来。正由于得心应手地驾驭这个思维的逻辑，马克思首先把资本主义作为"混沌的表象"予以科学地"蒸发"，抽象出它的各个侧面、各个层次的"规定性"；其次又以高屋建瓴的系统思想，从全部规定性中找出最基本、最简单的规定性——包含资本主义全部矛盾"胚芽"的"商品"——将其凝结为科学范畴，确定为整个理论体系的逻辑起点；最后，展开"商品"所蕴含的全部矛盾，循序渐进，层层递进，使概念的规定性越来越丰富，越来越具体，直至达到资本主义"在思维具体中的再现"。这就是人们所看到的《资本论》的一、二、三卷：资本的生产过程；资本的流通过程；资本主义生产的总过程，即资本的生产过程与流通过程的统一。

结构主义大师索绪尔的《普通语言学教程》，之所以对后世产生巨大而深远的影响，不仅在于它是现代语言学的奠基之作，它是结构主义理论与方法的典范之作，而且在于它具有撞击人的理论思维的强烈的逻辑之美。在这部著作中，我们同样可以看到"由抽象到具体"的成对范畴的自我展开：语言与言语；共时性与历时性；结构性与事件性；静态性与动态性；潜在性与现实性；能指与所指；聚类与组合；约定性与任意性……科学理论的简单性与和谐性，科学理论的结构美与描述美，在这部语言学著作中都得到了充分的展现。

苏联学者苏霍金说，真正的科学家和真正的诗人是用同一种材料塑造出来的，在这个作为创造能力特殊表现的科学和艺术领域内，人与客观现实一起建造出另一种现实，这就是由一些艺术形象构成或由一系列概念表示的世界。他还以莎士比亚的诗句来呼唤"让真理与美相伴"：

> 给美的事物
> 戴上宝贵的真理桂冠，
> 她就会变得
> 百倍的美好。

(三)思维的"健美操"

著名科学家爱因斯坦讲过这样一段话："科学家的目的是要得到关于自然界的一个逻辑上前后一贯的摹写。逻辑对于他，有如比例和透视规律对于画家。"

我国数学家陈景润关于哥德巴赫猜想的研究，曾激发许许多多青年朋友摘取数学王冠的理想。这个著名的哥德巴赫猜想，就是运用"不完全归纳推理"提出来的。二百多年前，德国数学家哥德巴赫根据奇数 $77=53+17+7$，$461=449+7+5=257+199+5$ 等例子看出，每次相加的三个数都是素数（质数），于是他提出这个"猜想"：所有大于 5 的奇数都可以分解为三个素数之和。正是这个诱人的"猜想"撞击着一代代数学家的理论思维，去寻求理论彻底性的逻辑之美。

任何一门科学，都是系统化的概念逻辑体系。对概念的逻辑分析，是真正地掌握科学理论的基础，也是锻炼和培养理论思维能力的过程。比如，政治经济学告诉我们，"商品是用来交换和出卖的劳动产品"，"货币是固定地充当一般等价物的特别商品"，"资本是能够带来剩余价值的价值"……对这些概念及其定义进行逻辑分析，我们首先就会发现，这些概念都是通过"属加种差"的方式来定义的。"商品"并不是一般的"劳动产品"，而专指"用来交换和出卖"的劳动产品；"货币"并不是一般的"商品"，而专指"固定地充当一般等价物"的特殊商品；"资本"也不是一般的"价值"，而特指"能够带来剩余价值"的价值。这样，我们就不仅比较容易、比较迅速、比较准确、比较牢靠地记住了这些概念的定义，而且从这些概念的相互联系中理解了它们的深刻含义，从而懂得政治经济学是研究物与物的关系中所蕴含的人与人的关系。这样的逻辑分析，会使我们感受到思维的魅力。

辨析概念，是进行理论研究的基本功。特别是对人们习以为常的概念进行辨析，会使人得到耳目一新的认识。我国的一位青年学者对"目的"与"目标"、"伦理"与"道德"的辨析，不仅使人们对这些"熟知"的概念获得了某些"真知"，而且由此构成了颇具新意的伦理学理论。

人们经常在同等意义上使用"目的"和"目标"这两个概念。这位青年学者提出，生活中最主要的不幸就是误以为生活"目的"是某种"结局"，这种态度离间了"生活"与"生活目的"，生活"目的"成了遥远的"目标"，生活也就似乎总没有开始。生活目的是与生活一起显现的东西，它不是遥远的目标而是与生活最接近的存在方向性，又是永远无法完成的追求。可以说，生活目的不是某种结局而是生活本身那种具有无限容纳力的意义。生活是一种自身具有目的性的存在方式，这种目的性就是生活本身的意义。①

在对生活的"目的"与"目标"的辨析中，我们获得了对生活"目的"的新的理解。首先，生活的"目标"总是一种通过各种方式去实现的"结局"，而生活的"目的"则是生活本身的意义。如果把生活的"目的"当成生活的"目标"，就会"离间"生活与生活目的，使生活变成只是实现某种"结局"的无意义的过程。其次，生活的"目标"作为某种"结局"，总是某种可以实现的东西，生活的"目的"作为生活本身的意义，却是永远无法完成的追求。如果生活"目的"是一种需要完成和能够实现的"结局"，生活的过程还有什么意义？因此，"生活是一种自身具有目的性的存在方式"。

对于"伦理"和"道德"这两个概念，人们更是经常在不加区别的意义上使用它们。这位青年学者则从"为了道德而不是为了伦理"这个命题出发，深入地辨析了这两个概念。他提出，"伦理"表明的是社会规范的性质，"道德"表明的则是生活本意的性质。"伦理"是生活中的策略，"道德"则是人的存在方式的目的性。"伦理"规范作为一些禁令，总是保护有意义的生活，因此确立伦理规范只是依照道德要求而进行的技术性处理。"道德"作为存在方式的目的性，则是伦理学的根本性问题。据此，他提出伦理学的主题是道德而不是伦理，而道德主题引出两大问题：一是关于获得幸福的生活方式，另一个是由获得幸福的生活方式去澄清建立伦理规范的要求。②

在对"伦理"与"道德"不加辨析的情况下，往往存在问题。其一，把"道德"当作伦理规范，似乎道德不是生活内在的目的，而是外加于生活的"条条框框"。正因如此，许许多多的所谓"道德读本"，都在罗列"应当这样"，"不应当那样"的各种条文。其二，颠倒了"道德"与"伦理"的关系，似乎"伦理"才是根本的，有了"伦理"才会有"道德"。正因如此，

① 参见赵汀阳：《论可能生活》，14 页，北京，生活·读书·新知三联书店，1994。
② 同上书，17 页。

人们常常重视"他律"而忽视"自律"，强调"规范"而忽视"教养"。

从对上述两对概念的辨析中，我们不仅可以感受到对概念进行分析的逻辑之美，而且可以引发我们对生活的更为深切的思考。这也是我们在这里引用对这两对概念进行逻辑分析的用意之所在。

五　回归的喜悦：自然之美

> 见到自然的人在每一个地方都能见到自然；见不到自然的人到哪里也见不到自然。
>
> ——歌　德

(一)喧嚣中的孤独

美是和谐。和谐才有美。

人与自我和谐，便会感受到自我之美，欣赏自我之美。自己的思想，自己的情感，自己的意志，在与自我的和谐中，都会自然而然地形成美的体验，美的愉悦。

人与社会和谐，也会感受到社会之美，欣赏社会之美。无论是亲情、友情、爱情，还是科学、艺术、道德，抑或是官场、商场和学术界，人在人与社会的和谐中，都会在这些领域发现美的存在。

人与自然和谐，又会感受到自然之美，欣赏自然之美。风花雪月有它的赏心悦目之美，电闪雷鸣有它的激动人心之美，翻江倒海有它的震撼心灵之美。在人与自然的和谐中，美是无所不在的。

罗丹说，美是到处都有的。对于我们的眼睛，不是缺少美，而是缺少发现。

对于罗丹的这句话，我们也许应该提出这样的问题：为什么人们总是"缺少"美的"发现"？是因为我们的"眼睛"缺少发现的能力吗？为什么那些具有艺术"眼光"的大师们总是感受到丑而不是发现美呢？为什么那么多讴歌美的诗人却不堪忍受丑的发现而告别世界呢？

我们能够做出的回答是：美是和谐。如果失落了人与自我、人与社会、人与自然的和谐，美便不复存在，人也就无法感受到美，体验到美。

在人与自我的关系中，无论是处于生活的不堪忍受之重的煎熬中，还是处于生命的不能承受之轻的焦虑中，其心灵体验都是痛苦不堪的，又如何能"发现"美呢？

在人与社会的关系中，无论是人对人的依附关系所造成的自我的失落，还是人对物的依赖关系所造成的自我的异化，无论是蝇营狗苟的自欺欺人，还是钩心斗角的你争我夺，人的"眼睛"所"发现"的都是一幅丑陋的画面，又如何能体验到美呢？

在人与自然的关系中，如果自然只是被改造、被掠夺、被占有的异己的对象，如果自然只是控制人、奴役人、惩罚人的异己的力量，人又如何能从自然中发现美呢？电视剧《篱笆·女人和狗》中的插曲有这样一句歌词："一路上的好景色没仔细琢磨，回到家里还照样推碾子拉磨。"这句歌词倒过来，就说明人与自然的关系：如果她回到家里照样推碾子拉磨，又如何能欣赏一路上的好景色呢？

有论者说，"诗的境界"是"自由的境界""自在的境界"，"劳作"不是为了直接"占有"，而是为了"自由地"对待自己的"作品"，这才是"诗意地居住在大地上"。比如，我在门前栽种桃树，不仅为了吃桃子，而且为了"观赏"桃花。为"桃花"而"栽种"，"栽种"就具有"自由劳作"的意味，即让桃树"自在"，让桃花"自在"，同时也让栽种者"自在"。"我"和"对象"都"自在"，便是诗的境界，美的境界。①

美是和谐，是人与自我，人与社会，人与自然的和谐；美是"自在"，是人与自我、社会、自然的和谐的"自在"。然而，在现代社会中，人时时感受到的，恰恰是一种无可奈何的"疏离"：人与自我的疏离，人与社会的疏离，人与自然的疏离。

---

① 参见叶秀山：《何谓"人诗意地居住在大地上"》，载《读书》1995 年第 10 期。

这种"疏离",以及人的"疏离"的自我感觉和自我意识,是现代性的"非和谐""非自在",也是"现代人的焦虑"。因为,人疏离了自我、社会和自然,也就疏离了存在,疏离了生活,疏离了美。

现代社会的"疏离",是一种喧嚣中的孤独。

有人说,现代人的寂寞不是凄风苦雨、独对孤灯、远怀友人和故乡的酸楚,而是灯红酒绿,用体温互相慰藉的悲凉;现代人的孤独不在于窗外高挂的明月,不在于阶前急扣的雨声,而在于只有情节没有情怀的连续剧,在于拨几个号码就可以解决思念的电话,在于人潮汹涌竟然无一人相识的街头。

这段很美但又很苦的文字,道出了现代社会的喧嚣,也道出了这种喧嚣中的孤独。

喧嚣中的孤独,是人与自我疏离的孤独。广告、模特、明星、时装、股票、证券、桑拿、发廊、通俗小说、流行歌曲、电视喜剧、有奖销售,为人们制造了铺天盖地的、光怪陆离的、无所不包的生活形象。认同这些形象,追赶这些形象,模仿这些形象,充当这些形象,便是自我的存在,自我的生活。自我被疏离了,自我被淹没了,自我被丢失了。人在感受到这些形象的异在性时,也就感受到人与自我的疏离。由此,人就会深深地体验到失落自我与寻求自我的冲撞与痛苦。人与自我的不和谐,便失落了自我之美,失落了对自我之美的感受与体验。

喧嚣中的孤独,也是人与社会疏离的孤独。现代社会的显著特征,是非日常生活的日常化。日常交往的社交化,日常行为的法制化,日常经验的技术化,农村生活的城市化,使每个人的"社会性"取得了现实的丰富性。"单独的个人"是无法在现代社会存在的。然而,在非日常生活的日常化过程中,在人的社会性取得现实的丰富性的过程中,人却感受到了"疏离"与"孤独"。

在把"友情"变成"交情"和"人情"的时候,在把"友情"变成"社交"和"公关"的时候,人就与"友情"疏离了,就感受到了失去"友情"的孤独。在这种"交情"中,人怎么能感受的不是孤独而是美呢?在把"爱情"变成

"用体温相互慰藉"的时候，在把"爱情"压缩、简略为"性爱"的时候，甚至把"爱情"变成用金钱换来的"宣泄"的时候，人就与"爱情"疏离了，就体验到了"不谈爱情"的孤独。在"不求天长地久""过一把瘾就死"的"性爱"中，人如何能感受的不是孤独而是美呢？

喧嚣中的孤独，也是人与自然疏离的孤独。疏离自然，就是"对存在的遗忘"。现代科学技术日益迅速地把自然变成人化的自然，自然越来越失去了它的本真性和神秘性。"古人经由神秘知识，诗人经由想像，哲学家经由他们整体性的理解，都和这最高的真实有所接触。今天是有史以来人类头一回除了他自己和他自己的产品外无以所对。现代人甚至和他内在的自我都失去了接触，科学和科技不再帮助人更深入一层地去寻获世界和自我内心的度向。科学和科技用人自己的构式和发明、计划和目标来阻挡人，以致现代人只能够从理性的构思和实用性的观点来看自然。今天，一条河在人看来只是推动涡轮机的能源，森林只是生产木材的地方，山脉只是矿藏的地方，动物只是肉类食物的来源。科技时代的人不再和自然做获益匪浅的对话，他只和自己的产品做无意义的独白。"[1]这就是人与自然的疏离，就是人与自然之美的疏离。

这种疏离，明显地表现在城市生活中，特别是现代大都市生活中。"在大都市生活的人几乎完全给人自己各式各样的产品和现代生活的紧张包围。都市的生活形态纯粹就是人的发明，并开始按照自己的经验判断一切事物。""大都市的居民和自然界隔得远远的，即使他们决定回到自然去享受自然的'治疗'，都市人的概念仍然控制他们，使他们不能和自然做真实的相遇。许多人想借旅行来逃避都市生活，从他们身上，我们观察到类似的事情。旅行的教育价值不容忽视，旅行可以是一种不断和新的、未可预期的、美丽的世界的对话。但现代旅行经常沦为肤浅的、只求感官上满足的活动。现代的想法是这样的：要尽量在最短的时

---

① ［德］孙志文：《现代人的焦虑和希望》，68 页，北京，生活·读书·新知三联书店，1994。

间，走最长的旅程，看最多的东西，根本没有时间做深入了解或做有意义的反省。人甩脱不掉都市的影响，即使是面对自然的美景、各种的文化成就，人仍然是停留在疏离、无聊、挫折、恐惧之中。"①

现代化，在它的技术扩张和财富增值的过程中，为人的丰富和发展提供了现实的基础。与此同时，现代性的普遍交换原则和技术优先原则，及其所蕴含的功利主义价值态度和工具主义思维方式，却在削平一切价值的过程中，也削平了人自身的价值。物欲的喧嚣遮蔽了美的发现，造成了人的孤独。这或许可以启示我们：现代化，不仅需要实现，而且必须反省。

（二）自在自为的存在

自在，自为，自在自为，是黑格尔用来描述存在的三个概念。

自在，即自然的存在，天然的存在，无我的存在，浑然一体的存在。

自为，则是有我的存在，自觉的存在，人的存在，主客对待的存在。自为是对自在的否定。

自在自为，则是自在与自为的统一即自由的存在。自在自为是对自在的否定之否定。

美是自由的存在，自在自为的存在。

源于自然的人类，作为自然的生活和生命的自然，同其他生物一样，是自在的存在，是自然而然的存在。

超越自然的人类，作为认识和改造世界的主体，与其他所有生物不同，是有我的存在，自觉的存在，主客对待的存在，即自为的存在。

自为是对自在的超越，但不是与自在的分离。人的生活是对自然的生命存在的超越，但不是与自然生命的分离。以自为的方式去实现自在的存在，以生活的方式去实现生命的存在，这就是自在自为的存在。

---

① ［德］孙志文：《现代人的焦虑和希望》，68—69 页，北京，生活·读书·新知三联书店，1994。

单纯的"自在"是"无我"的存在，没有审美的主体，也没有审美的对象，这种浑然一体的存在，是"无我"即"无美"的"自在"。

单纯的"自为"是"我"与"非我"互相割裂、主体与客体彼此对立的存在，没有主客的统一，没有物我的和谐，这种抽象对立的存在是没有统一与和谐就没有美的存在。

人的生活，不是单纯的自在，也不是单纯的自为，而是对单纯的自在和单纯的自为的双重否定，是自在自为的存在。

自在自为是主客的统一，是物我的和谐，是自由的存在。因此，美是自在自为的存在，美是生活。

然而，生活并不就是美。

这是因为，生活中的人，不仅经常生活在人与自我、人与社会、人与自然的"疏离"之中，而且经常处在冯友兰先生所说的"自然境界"即"单纯的自在"，或"功利境界"即"单纯的自为"之中。在这样的"疏离"或这样的"境界"之中，人的自我感觉和自我意识，不是主客的统一和物我的和谐，而是主客的分裂和物我的异在。自在自为的自由便不复存在了，美的生活便不复存在了。

美要超越单纯的自在，还要超越单纯的自为，美是对单纯的自在和单纯的自为的双重否定。美是自在自为的。

台湾作家林清玄曾借一位"真正懂得化妆"的化妆师之口，向人们讲述了"生命的化妆"。

这位化妆师说，化妆的最高境界可以用两个字形容，就是"自然"。由此，她把化妆术分为"最高明的""次级的""拙劣的"和"最坏的"这样四个档次。

第一个档次，最高明的化妆术，是经过非常考究的化妆，让人家看起来好像没有化妆一样，并且这化出来的妆与主人的身份匹配，能自然表现主人的个性与气质。

第二个档次，次级的化妆术，是把人凸显出来，让她醒目，引起众人的注意。

第三个档次，拙劣的化妆，是她站出来别人就发现她化了很浓的妆，而这层妆是为了掩盖自己的缺点或年龄的。

第四个档次，最坏的一种化妆，是化过妆以后扭曲了自己的个性，又失去了五官的协调，例如，小眼睛的人竟化了浓眉，大脸蛋的人竟化了白脸，阔嘴的人竟化了红唇……

如果评论一下这位"化妆师"关于化妆术的"理论"，或许我们可以领悟到美的真谛。

最高明的化妆术，其高明之处在于，既自然表现那个人的个性与气质，又看起来好像没有化过妆一样。以化妆术来表现人的个性与气质，这当然是一种"自为"；化过妆之后却又好像没有化过妆一样，这当然又是"自在"。看来，化妆术的最高境界，就是"自在自为"的境界，因而是美的存在。

次级的化妆术，着眼于"众人的注意"，着力于"把人凸显出来，让她醒目"，这显然偏重于"自为"。然而，这种"自为"毕竟还以"自在"为本，总还有些"自在自为"的意蕴，所以还可以说是美的。

拙劣的化妆术，不仅一下子就让人发现化过很浓的妆，而且一下子就让人知道这很浓的妆是为了掩盖自己的缺点或年龄。看来，这种"拙劣的化妆术"是把"自在"与"自为"对立起来了，意在以"自为"去掩盖"自在"，却既凸显了"自为"又暴露了对"自在"的掩盖。于是，美的追求变成了丑的存在。

最坏的化妆，既"扭曲了自己的个性"，又"失去了五官的协调"。这种化妆，不仅把"自在"与"自为"对立起来，而且把"自在"和"自为"双重地扭曲了。"自为"扭曲了"自在"，把"自在"的"个性"和"五官"都扭曲了；"自为"也扭曲了自己，把"自为"变成了扭曲行为。这种"化妆"的结果，除了丑不堪言，哪里还有美的存在呢？

其实，人的生活正如这小小的"化妆术"，总是以不同的档次去"化妆"生活，生活便也分为美、次美、丑、最丑的不同档次的存在。

林清玄在借用"化妆师"之口谈论化妆术的美与丑之后，又借用"化妆师"之口去评论"文章"的美与丑。

这位"化妆师"说，拙劣的文章常常是词句的堆砌，扭曲了作者的个性；好一点的文章光芒四射，吸引人的视线，但别人知道你是在写文章；最好的文章是作家自然的流露，读的时候不觉得是在读文章，而是在读一个生命。

堆砌词句的文章，是"自在"的遗忘，也是"自为"的匮乏。遗忘了"自在"的真情实感，又缺少"自为"的真正能力，这样的文章当然只能是"拙劣的"。

文章虽然光芒四射，但却让人看出是在"写文章"，这样的文章显示了"自为"的力量，却又失去了"自在"的真实，仍然不是自在自为的统一。所以，这是"好一点"的文章，但也仅此而已。

"最好的文章"，不觉得是在读文章，而是在读生命。这生命是"自为"的，但又是"自在"的，是自然的流露，是自在自为的和谐统一，因此是美的。

林清玄还借用"化妆师"之口，对"化妆"和"写文章"的"档次"做了这样的总结：三流的化妆是"脸上"的化妆，三流的文章是"文字"的化妆；二流的"化妆"和"文章"都是"精神"的化妆；一流的"化妆"和"文章"则只能是"生命"的化妆。

如果这样的"总结"还显得抽象的话，那么，"化妆师"对"化妆"本身的解释则具有更为丰富的内涵：化妆只是最末的一个枝节，它能改变的事实很少；深一层的化妆是改变体质，让一个人改变生活方式，让人睡眠充足，注意运动与营养，从而使皮肤得到改善，保持旺盛的精神；再深一层的化妆是改变气质，多读书，多欣赏艺术，多思考，对生活乐观，对生命有信心，心地善良，关怀别人，自爱而有尊严。

这里的"深一层的"和"再深一层的"化妆，已经不是"化妆术"意义上的化妆，而是对"体质"和"气质"的改变。这两种改变都是"自为"的，因而也可以说是"化妆"；但这两种"化妆"，又都通过"自为"实现对"自在"的复归——改善"自在"的"皮肤"和"精神"，体现"自在"的"生命"和"心理"。因此，这种"深层"的"化妆"，就是实现自为与自在的统一。人的自在自为的存在，人的自在自为的生活，才是美的。

一个人未当演员之前，他自然而然地活着，活得很真实，但却谈不上演技之美，因为他还不是演员。初演戏时，他总是让人看着是在"演戏"，显得"不真实"。戏演好了，他好像不是在演戏，而像在真实地生活。这种"演戏"之美，不也是"自为"(在演戏)与"自在"(不像在演戏)的统一吗？

同样，一个人未学武功之前，他自然而然地活着，活得很真实，但谈不上武功之美，因为他还未练武功。初练武功时，他总是让人看着在"练武功"，显得在拉"花架子"。武功练到火候时，他好像不是"练"武功。这种"武功"之美，不同样是"自为"(练武功)与"自在"(不像是练武功)的统一吗？

所谓"大智若愚"，"大巧若拙"，"返璞归真"，都是"自在自为"之美。无"智"无"巧"当然无"美"；有"智"有"巧"而失去"朴"与"真"，也无"美"。真实的总是自然的。美是真实的，也是自然的。

经过"自为"和"自觉"而达到"自在"和"自然"，这不是轻而易举的。齐白石的虾，徐悲鸿的马，看起来都是"自在"的，"自然"的，但却达到"炉火纯青"的艺术境界。因此，美是自然的，也是创造的。

美的发现需要创造。

(三)生命之根

现代文明创造了一个人工世界。

人工世界是现代人的生活世界。

耸入云天的高楼大厦是人工的崇山峻岭，呼啸奔驰的车水马龙是人工的湖海江河，纵横交错的交通网络是人工的森林原野，五光十色的灯火霓虹是人工的白日黑夜。

自然变成了遥远的旧梦，自然在现代人的生活世界中隐退了。

自然的隐退，使人感受到一种"分离"，一种"演员与他的布景的分离"，人的生命活动似乎是一场"无底棋盘上的游戏"。

自然的隐退，又使人感受到一种"缺失"，一种"确定性"的缺失，"根基性"的缺失，人的生活像闪烁的霓虹灯一样不断地变换着颜色。

　　于是，现代人在焦虑中形成了强烈的寻根求本的自我意识——寻求生命活动之根和安身立命之本。

　　那么，生命之根在哪里？立命之本在哪里？

　　老子说："人法地，地法天，天法道，道法自然。"庄子说："天不得不高，地不得不广，日月不得不行，万物不得不昌，此其道与!"于是，老子向人们展示了"绝圣弃知"的"小国寡民"之美，庄子向人们讲述了"卧则居居，起则于于，民知其母，不知其父，与麋鹿共处，耕而食，织而衣，无有相害之心"的"至德之隆"，陶渊明还为人们描绘了一幅"结庐在人境，而无车马喧"的美好淳朴、自由自在的"桃花源"的图景。

　　在老庄的思想中，人类的文明搅乱了物我并存、各得其性的自然生活，人的立命之根是原始形态的自然，人的立命之本是原始人性的自然。由此可见，老庄的"回归自然"，要求向"自在"的自然回归。如果老庄看到自然隐退的现代文明，真不知该是怎样的深恶痛绝。

　　然而，无论有多少人向往那种无物我之分、无主客之别的浑然一体的"自在"的自然，人却不可能"再返回森林去和熊一起生活"，人也不可能"渴慕用四只脚走路"。回归自然，不是舍弃文明回到"自在"的自然。不是向远古荒蛮时代寻找人性的自然，只是表达人们对力图克服人工世界带给人们的"无根感觉"的憧憬，只是表达人们对力图改变"自然的隐退"带给人们的"流浪感"的向往。一句话，向远古荒蛮时代寻找人性的自然，只是人的寻求生命之根和立命之本的表达，而绝不是生命之根和立命之本的现实。

　　现实的生命之根和立命之本是人的生活。生活的自在自为即自由的生活，才是人的生命之根和立命之本。

　　人的生命不同于动物的生命，人的生活不同于动物的生存。动物只有生物生命，动物只是按照物种的本能生存。一只鸽子会饿死在盛满美味的肉食的大盆旁边，一只猫会饿死在水果或谷物堆上。这是因为，动物只有一个尺度，即它所属的物种的尺度。动物的生命之根就是它所属的物种的尺度，动物的立命之本就是它生存的"自在"的自然。

人不仅有生物生命，而且有精神生命和社会生命，人是三重生命的矛盾统一体；人不仅生活于自然世界中，而且生活于自己创造的文化世界和意义世界中，人的世界是三重世界的矛盾统一体。因此，人的生命之根是人的三重生命的和谐，人的立命之本是人的三重世界的统一。美，就是人的三重生命与人的三重世界的统一与和谐。

生命无根和立命无本的自我感觉和自我意识，从根本上说，是人的三重生命和人的三重世界的扭曲与断裂。美的匮乏，源于这种扭曲与断裂所造成的统一与和谐的缺失。

人不是脱离自然的存在，也不是纯粹自然的存在，因此人既不是神也不是兽。把人视为神或把人归为兽，都是对人的生命和人的世界的扭曲和断裂，都会造成生命无根和立命无本的自我感觉和自我意识。

在论述人的时候，恩格斯这样告诉我们："人来源于动物界这一事实已经决定人永远不能完全摆脱兽性，所以问题永远只能在于摆脱得多些或少些，在于兽性或人性的程度上的差异。把人分成截然不同的两类，分成具有人性的人和具有兽性的人，分成善人和恶人，绵羊和山羊，这样的分类，除现实哲学外，只有基督教才知道，基督教一贯地也有自己的世界审判者来实行这种分类。"①

人的自然生命与精神生命，或者说人的"兽性"与"人性"，并不是相互断裂的两种生命、两种特性，而是对立统一的人的生命、人的特性。自然生命与精神生命的相互制约与相互包含、相互肯定与相互否定、相互引发与相互冲撞，构成了生命创造的源泉与动力，也构成了人的生命之根和立命之本。

人类在所创造的神话世界中，常常把自然生命与精神生命的冲撞，形象地描绘为某种人面兽身的存在。比如，有一种人面马身的生灵，用

---

① 《马克思恩格斯选集》第3卷，442页，北京，人民出版社，1995。

失望的上半身扑向空中，扑向她伸长了的手臂所无法掠获的目的物，但其后脚却用力地蹬在地上，健壮的下半身几乎要插入大地。这或许就是人类生存状态的绝妙写照。他们对响彻在精神苍穹的灵魂的召唤发出回应，万分珍重心灵昭示的神圣启迪，渴望着灵魂的升腾。然而，他们的物质肉体毕竟又陷于现实之中，不可能与灵魂一道振翼高飞，而灵魂也绝不情愿俯就肉体，与肉体一道沉没在尘埃之中。人类总是不会放弃任何一方，总是处在两者撕裂与扭结之中，无可奈何又回肠荡气的矛盾和冲突、混沌和变形、荒谬和异化、孤独和困惑，演出了一幕又一幕的人生戏剧。① 这人生的戏剧，是人自己演出的，也是人自己观看的。人在自己的演出与观看中，体验到人生的痛苦，也体验到人生的幸福，从而也体验到人生的壮美。

现代人对生命的寻根，是因为"扑向空中"的"伸长了的手臂"寻找不到"掠获的目的物"，也是因为"用力地蹬在地上"的"后脚"感受不到"大地"的坚实。"上不着天，下不着地"，就是现代人的困惑与焦虑。

于是，现代人寻找"家园"，寻求"在家"的感觉。

"在家"的感觉，是一种自在自为的感觉，也就是自由的感觉，美的感觉。"在家里"，你可以任性，可以任意，可以无拘无束，可以不遮不掩，可以"自在"，可以"自为"，"自在"即是"自为"，"自为"也是"自在"。"在家"感受的是自在自为之美。

寻找"家园"，是希望"社会"成为大家的"家园"；寻求"在家"的感觉，是向往"社会"就是"在家"的感觉。如果"人和人像狼一样"，"他人就是地狱"，只会让人感受到"喧嚣中的孤独"，人又如何会有"在家"的那种自在自为的感觉呢？人又怎么会有"在家"的那种自在自为之美呢？人对生命的寻根，是寻求社会的和谐；人对"家园"的向往，是向往生活于美好和谐的社会中。离开社会生命，人的生物生命和精神生命，就会成为"上不着天、下不着地"的悬浮之物。

---

① 参见孙正荃：《艺术的失落》，97 页，上海，学林出版社，1994。

人寻求"家园"，是希望"自然"成为人类的"家园"；人寻求"在家"的感觉，是向往"自然"就是"在家"的感觉。地球是人类生存的家园。人无法忍受"家园"的绿野变成荒漠，无法忍受"家园"的江河变得混浊，无法忍受"家园"的蓝天变得灰暗，无法忍受"家园"的生物濒临灭绝。人不能在满目疮痍的"家园"中生活，不能在"无底的棋盘上游戏"。

　　人类超越了自然，又在自身的发展中力图使自己在高级的层次上回归于自然，达到"天人合一"的境界，达到"自在自为"的境界，达到人与自我、人与社会、人与自然的和谐之美的境界。这是现代人的"生态意识""全球意识"和"人类意识"，也是现代人的"心态意识""价值意识"和"审美意识"。这种现代人的教养，是人类实现新的自我超越的生命之根和立命之本。

第九章　现代人的终极关怀

　　宗教具有神秘性，但是，具有神秘性的宗教并不神秘。这是因为，"人创造了宗教，而不是宗教创造人"①。人是哲学的奥秘，也是宗教的奥秘。从人的存在出发去理解和阐释宗教，就是对宗教的哲学反思。

一　宗教的根源与人的无法忍受

　　"宗教根源于人跟动物的本质区别：动物没有宗教。"②人之所以创造宗教，是因为人无法忍受无意义的动物式的生存。

　　人是具有"自我意识"的存在，是"向死而生"的存在，是"寻求意义"的存在。"有意义"的生命活动，超越了动物的本能的"生存"，构成了人类的特殊的"生活"。"为何生存"和"如何生活"是人生的两大主题；追问"为何"和思考"如何"，就是寻求存在的"意义"。"有意义"的生活才是人的存在，"无意义"的生存则是对人生的否定。因此，人之为人，就在于人无法忍受无意义的生存，总

---

① 《马克思恩格斯选集》第1卷，1页，北京，人民出版社，1995。
② ［德］费尔巴哈：《基督教的本质》，3页，北京，商务印书馆，2009。

是向往和追求有意义的生活。

然而，对于具有"自我意识"和追求"生命意义"的每个生命个体来说，最具有挑战意义的是人生苦短，命运多舛，理性有限，未来难卜。无论"此岸世界"的人如何求索和奋争，个人的"命运"似乎并不掌握在自己的手中，生活的"意义"似乎并不存在于现实生活之中。因此，人又总是活在"没有获得自身"或"再度丧失自身"的"自我意识"和"自我感觉"之中①。正是这种困扰人生的人生悖论，催生了人类把握世界的一种具有神秘感的基本方式——宗教。

宗教产生的根源，在于人无法忍受"无意义"的人生：人无法忍受有限的人生，人无法忍受自我的失落，人无法忍受现实的苦难，人无法忍受冷峻的理性，人无法忍受彻底的空白。宗教之所以成为人类把握世界的一种基本方式，之所以成为"这个世界的总理论""包罗万象的纲要"和"具有通俗形式的逻辑"②，就在于它以自己的"总理论""纲要"和"逻辑"，表达了人对"无意义"的生活的"无法忍受"，表达了人对"有意义"的生活的"向往"：有限对无限的向往，渺小对崇高的向往，此岸对彼岸的向往，存在对诗意的向往。在宗教的语境和情境中超越有限的人生和自我的失落，挣脱现实的苦难和死亡的恐惧，并在宗教的语境和情境中达成精神的抚慰和灵魂的安顿，是宗教产生和持续存在的"人性根源"，也是宗教之于人类的"真实意义"。

从总体上说，人创造宗教，既有人的无法忍受的"形上"根源，又有人的无法忍受的"形下"根源，更有人的无法忍受的"社会—历史"根源。

宗教产生的"形上"根源，在于人无法忍受"彻底的空白"。世界就是自然，人生亦为自然，生生死死，自然而然。然而，源于"自然"的人类，总是向往"超自然"的存在——超越死亡的存在。每个人的生命存在都是短暂的、有限的，死亡，不仅是所有生命无法逃避的归宿，而且是

---

① 《马克思恩格斯选集》第 1 卷，1 页，北京，人民出版社，1995。

② 同上书，1 页。

"向死而生"的人自觉到的归宿。正是对生命归宿的自觉，不仅构成人对死亡的恐惧，也构成人对超越死亡的"向往"。在人的生命自觉中，死亡，消解了欢乐，也消解了苦难；消解了肉体，也消解了灵魂——死亡是彻底的空白。这种连灵魂都不复存在的空白是人无法忍受的。面对"死亡"这个最严峻的、不可逃避的，却又是人所自觉到的归宿，人总是力图超越个体生命的短暂与有限，从而获得某种方式的"永生"。"宗教，就这个词的最广泛和最根本的意义而言，是指一种终极的关切。"①在"现实地想象"中达成"灵魂"在"彼岸世界"中的"永生"，从而超越人无法忍受的"彻底的空白"，这是人所能"想象"的关于"死亡"的最大的甚至是唯一的精神慰藉，因而是宗教得以产生和持续存在的最深层的人性根源。宗教是死亡的"形上"避难所。

宗教产生的"形下"根源，在于人无法忍受"苦难的现实"。人是生理的、心理的和伦理的存在，因而人的现实的苦难是"三重的"：生理的苦难（生、老、病、死），心理的苦难（压抑、孤独、空虚和无奈），伦理的苦难（被压迫、被歧视、被抛弃和被凌辱）。人面对"苦难的现实"而又无力挣脱"现实的苦难"，因此人在"现实地想象"中把"现实的苦难"异化给"彼岸世界"的存在了。"宗教里的苦难既是现实的苦难的表现，又是对这种现实的苦难的抗议。"②渴望富裕的物质生活，充实的精神生活，和谐的伦理生活，解脱人的生理的、心理的和伦理的三重苦难，是宗教产生的现实根源。"宗教是被压迫生灵的叹息，是无情世界的心境。"③正是由于人无法忍受而又无力挣脱"现实的苦难"，因而在"现实地想象"中，人把这种"叹息"和"心境"构成自己把握世界的一种基本方式——宗教。

宗教产生的"社会—历史"根源，在于"人的依赖关系"是"最初的社

---

① ［美］P. 蒂里希：《文化神学》，见何光沪主编：《蒂里希选集》上，382 页，上海，上海三联书店，1999。

② 《马克思恩格斯选集》第 1 卷，2 页，北京，人民出版社，1995。

③ 同上书，2 页。

会形态"①。在这种社会形态中，人的存在方式的根本特征在于个人依附于群体，个人不具有独立性，只不过是"一定的狭隘人群的附属物"。个体的存在依附于群体的存在，因此，个体生命的意义，就是对群体的崇拜。在对群体的崇拜中，被崇拜的群体被异化为某种超人的"神圣形象"（从"图腾"到"上帝"）。人从自己创造的"神圣形象"中获得存在的"意义"，并把自己创造的"神圣形象"作为规范自己的观念和行为的根据、标准和尺度，从而维系自己所依附的"群体"的存在，这是宗教产生的深层的"社会—历史"根源。就此而言，宗教中的"神圣形象"，并不是某种"超凡"的"个体"，而恰恰是被"抽象"化的"群体"。人对"神圣形象"的信仰，不是信仰某种"超凡"的"个体"，而恰恰是对被"抽象"的"群体"的依赖。马克思说，"费尔巴哈把宗教的本质归结于人的本质。但是，人的本质不是单个人所固有的抽象物，在其现实性上，它是一切社会关系的总和"②。宗教是被神圣化的"群体"的"抽象"，从根本上说，则是对构成现实的人的"一切社会关系的总和"的"抽象"。正是在这个被神圣化的"群体"的"抽象"中，在对人的"一切社会关系的总和"的"抽象"中，个人获得存在的"意义"，获得生存的依赖和精神的慰藉。人类存在的"社会性"，是宗教产生和持续存在的社会—历史根源。

二　宗教的本质与人的自我异化

　　人之所以创造宗教，之所以塑造"神圣形象"，是因为人无法忍受无意义的生存，是因为人追求有意义的生活。然而，人在自己创造宗教的语境和情境中所达成的灵魂的安顿和精神的抚慰，并不是人的现实的"自我实现"，而是现实的人的"自我异化"。

---

① 《马克思恩格斯全集》第 46 卷（上册），104 页，北京，人民出版社，1979。
② 《马克思恩格斯选集》第 1 卷，56 页，北京，人民出版社，1995。

人无法忍受有限的人生，则把自己对"意义"的向往异化给"上帝"的"启示"；人无法达成自我的实现，则把自己对"崇高"的向往异化给"万能"的"神灵"；人无法击破理性的逻辑，则把自己对"诗意"的向往异化给"彼岸"的"天堂"。赞美上帝，信仰奇迹，渴望启示，达成不朽，在"现实地想象"中实现人对无限、崇高、彼岸和诗意的"向往"，这就是无法忍受无意义的人类为自己创造的"宗教"。马克思说，"宗教"是人在"神圣形象"中的"自我异化"①，真可谓一语中的。

人在"神圣形象"中的"自我异化"，是以"信仰"的方式实现的。"虔诚地信仰"是宗教的灵魂。这个"灵魂"得以成立的前提有三：其一，确立"神圣形象"；其二，信仰"神圣形象"；其三，内化"神圣形象"。确立、信仰和内化"神圣形象"，就是把人对无限、崇高、彼岸和诗意的"向往"，异化给"想象的真实"——作为"神灵"的"神圣形象"。这就是人以"信仰"的方式在"神圣形象"中的"自我异化"，也就是人在"宗教"中的自我异化。

人在"神圣形象"中的"自我异化"，首先是确立"神圣形象"。宗教中的"神圣形象"是超越"一切"的"一"的存在。"上帝在宗教中不是一切，而是一，宇宙是多。"②宗教把各种各样的智能统一为洞察一切的智能，把各种各样的情感统一为至大无外的情感，把各种各样的价值统一为至善至美的价值，把各种各样的力量统一为至高无上的力量。这样，宗教中的"神圣形象"，就成为一切智能的根据、一切情感的标准、一切价值的尺度、一切力量的源泉。由此，就构成了无所不在、无所不知、无所不能的"神圣形象"，而人则从这个"神圣形象"中获得存在的意义，实现自己对"无限""彼岸""崇高"和"诗意"的向往。因此，构成宗教之"灵魂"的"虔诚地信仰"，其首要前提是人以自己的"向往"塑造了应当而且必须顶礼膜拜的"神圣形象"。离开这个人给自己创造的至真、至善、至美、

---

① 《马克思恩格斯选集》第 1 卷，2 页，北京，人民出版社，1995。
② ［德］施莱尔马赫：《论宗教》，76 页，北京，人民出版社，2011。

至高无上的"神圣形象"，人就无法构成宗教中的"虔诚地信仰"。凡属"宗教"，无不以确立某种"神圣形象"为其首要前提。

人在"神圣形象"中的"自我异化"，体现为人对自己所塑造的"神圣形象"的信仰。信仰是人类所特有的精神现象，是人对某种观念抱有"虔诚"的信任感、依赖感的精神状态，是由虔诚的信任感和依赖感所形成的为之献身的精神力量。不容置疑的信任感和别无选择的依赖感，构成虔诚的信仰。从词源上说，西文的"宗教"一词，是指人与神的"联结"和人对神的"敬重"；汉语的"宗教"一词，是指人对祖先神的尊崇和对天道的遵循。① 由信仰"神圣形象"而敬畏"神圣形象"，又由敬畏"神圣形象"而更加信仰"神圣形象"，从而把人的"向往"变成对"神圣形象"的敬畏和信仰，这实现了人在"神圣形象"中的"自我异化"。因此，"虔诚地信仰"的另一个前提，必须是信任、依赖和敬畏"神圣形象"的精神状态。

人在"神圣形象"中的"自我异化"，绝不仅仅是外在的对神灵的顶礼膜拜，也绝不仅仅是信任、依赖和敬畏神灵的精神状态，还是把"神圣形象"内化为规范人的思想和行为的根据和标准。没有"内化"，就没有"信仰"。"感性对象存在于人以外，而宗教对象却存在于人以内。"② 对此，我们深切地思索下述三点是至关重要的：其一，"上帝"的存在，并不是外在于人的"形象"的存在，而是内在于心的"规范"的存在；其二，"上帝"的意义，并不是外在于人的"他律"，而是内化于心的"自律"；其三，"上帝被杀死了"，并不是抹去了外在于人的"神圣形象"，而是失去了的思想和行为的"内在的根据"。这意味着，"不是信仰一部《圣经》的人有宗教，而是那个无需《圣经》，但自己能够创造一部《圣经》的人有宗教"③。"神圣形象"是内化于心的"根据、标准和尺度"。因此，对"神圣形象"的"虔诚地信仰"的又一个前提，必须是内化于心的、规范人的全

---

① 何光沪：《多元化的上帝观——20 世纪西方宗教哲学概览》，北京，中国人民大学出版社，2010。

② [德]费尔巴哈：《基督教的本质》，17 页，北京，商务印书馆，2009。

③ [德]施莱尔马赫：《论宗教》，70 页，北京，人民出版社，2011。

部思想和行为的"自律"。"上帝即真理","无上帝即无真理",这才是彻底的人在"神圣形象"中的"自我异化"。

人在自己的精神生活中确立、依赖和敬畏"神圣形象",并把"神圣形象"内化为规范自己的思想和行为的根据、标准和尺度的"本体",从而在作为"本体"的"神圣形象"中获得生命的"意义",这就是宗教的本质。生命的意义不在于人而在于神,这就是人在"神圣形象"中"自我异化"的宗教。

三　宗教的悖论与人的精神焦虑

人所创造的一切,都是为了满足人自己的需要。宗教也是如此。宗教之所以能够成为人类把握世界的一种"基本方式",之所以能够成为关于世界的"总理论",在于宗教在人的精神生活中具有不容回避的特殊作用——精神上的自我抚慰和幻想中的自我实现。

面对生命的有限和现实的苦难,人的灵魂需要"安顿",人的精神需要"抚慰"。"一切宗教都不过是支配着人们日常生活的外部力量在人们头脑中的幻想的反映,在这种反映中,人间的力量采取了超人间的力量的形式。"①在这种"幻想的反映"中,人在"彼岸世界"的"神圣形象"中寻求灵魂的安顿和精神的抚慰,并在宗教的语境和情境中达成灵魂的安顿和精神的抚慰。这是宗教的社会功能,也是宗教的真实意义。

想象"彼岸世界"的存在,灵魂就有了安顿,生命就获得了永生,死亡就不是"彻底的空白",生活就不是无法忍受的"苦难的现实"。这种"现实地想象",具有个体的和社会的双重意义:对于个体来说,这是最彻底的"解脱";对于人类来说,这是最伟大的"普度"。宗教,既在"神"的"普度众生"中达成"人"的"自我解脱",又在"人"的"自我解脱"中达成

---

① 《马克思恩格斯选集》第 3 卷, 666 页, 北京, 人民出版社, 1995。

"神"的"普度众生"。"普度"中的"解脱"与"解脱"中的"普度"，达成了人在宗教中的灵魂的安顿和精神的抚慰。

作为对"现实的苦难的抗议"，宗教是人给"现实的苦难""所虚构的花朵"。而人给"现实的苦难"戴上"虚构的花朵"，表达了人"要求抛弃那需要幻觉的处境"①。因此，虽然"宗教只是虚幻的太阳"，但是"当人没有围绕自身转动的时候"，宗教"总是围绕着人转动"②。人的"需要幻觉的处境"与人给自己"虚构的花朵"，构成了人的无法挣脱的精神焦虑。

人创造宗教，是为了从宗教的"神圣形象"中获得存在的"神圣"意义；然而，只能从"神圣形象"中获得存在意义的，又只能是人在"神圣形象"中的"自我异化"。这是人生的悖论和宗教的悖论，也是人对生命"意义"的悖论性的自我意识。

宗教的"神圣形象"，直接造成了"人"与"神"的对立，也就是人跟自己的分裂。"上帝并不就是人所是的，人也并不就是上帝所是的。上帝是无限的存在者，而人是有限的存在者；上帝是完善的，而人是非完善的；上帝是永恒的，而人是暂时的；上帝是全能的，而人是无能的；上帝是神圣的，而人是罪恶的。上帝与人是两个极端：上帝是完全的积极者，是一切实在性之总和，而人是完全的消极者，是一切虚无性之总和。"③正是这种两极对立、非此即彼的思维方式，构成了人的自我意识中的关于生命意义的悖论。

宗教的"神圣形象"，"让虔敬的心灵感到一切都是神圣的，有价值的，甚至连不神圣的和粗鄙的东西也是如此"④。由此所造成的悖论就在于：如果生活的意义来源于宗教的神圣意义，意味着人把自己的本质力量异化给了"彼岸世界"的"神圣形象"，因而构成人还没有获得自我或再度丧失了自我的自我感觉和自我意识；如果揭露和消解掉宗教的神圣

---

① 《马克思恩格斯选集》第 1 卷，2 页，北京，人民出版社，1995。
② 同上书，2 页。
③ ［德］费尔巴哈：《基督教的本质》，45 页，北京，商务印书馆，2009。
④ ［德］施莱尔马赫：《论宗教》，39 页，北京，人民出版社，2011。

意义，人的生活就失落了规范自己的思想和行为的根据、标准和尺度，这意味着人的生活本身不再具有神圣的意义，人就是宇宙中的匆匆"过客"，死亡就是不可再生的永逝。生活的意义，究竟是源于"彼岸世界"的"神圣形象"的"启示"，还是源于"此岸世界"的"自我决断"的"选择"，这就是悖论性的关于"意义"的自我意识。

宗教的"神圣形象"的真实意义，并不在于它是人们顶礼膜拜的"形象"，而在于它是规范人的思想和行为的"本体"。由此所造成的悖论就是：如果生活意义的根据在于宗教的神圣意义，人的全部思想和行为就是被"彼岸世界"的"神圣形象"所"规范"的，并且是被"洞察一切"的"神圣形象"所"监视"的，人就生活于"没有选择的标准的生命中不堪忍受之重的本质主义的肆虐"之中；如果生活意义的根据离开宗教的神圣意义，人的全部思想和行为只不过是自己在思想和行为，并且这种思想和行为失去了最高的标准和尺度，人就生活于"没有标准的选择的生命中不能承受之轻的存在主义的焦虑"之中。要么是"没有选择的标准"，要么是"没有标准的选择"，要么是"不堪忍受之重"的"肆虐"，要么是"不能承受之轻"的"焦虑"——这是人给自己创造的"宗教"的悖论，是悖论性的关于"意义"的"标准"与"选择"的人生困境。

四　宗教的反思与人的终极关怀

宗教的根源，在于人无法忍受无意义的生存；宗教的本质，在于人无法忍受人的自我异化；宗教的悖论，在于人无法在自己所创造的宗教中超越人的自我异化，也就是无法在自己所创造的宗教中挣脱"苦难的现实"。因此，由对"宗教"的反思，直接引发我对"哲学"与"宗教"关系的反思。

同宗教一样，哲学的本质也是人的"向往"，哲学的根源也是人的"无法忍受"，哲学的意义在于"向往"中的"诗意的栖居"。然而，作为区别于宗教的人类把握世界的另一种基本方式，哲学的"向往"是基于"理性"的向往的，哲学的"无法忍受"是对"有限理性"的无法忍受，哲学所向往的"诗意的栖居"是活生生的生命的"诗意的栖居"，哲学所追寻的"本体"是理性化的思想和行为的根据和标准。因此，我认同的是"哲学"而不是"宗教"，我热爱的是"形上之思"而不是"虔诚的信仰"，我追求的是"批判的反思"而不是"神灵的启示"，我向往的是生命的"诗意的栖居"而不是天国的"灵魂的安顿"。就此而言，我对"宗教"的解说，就是对超越人的"自我异化"的寻求。这既是对宗教的哲学批判，又是对反思宗教的哲学的"赞美"。

任何民族的精神生活，都有两种可以互相替代的精神力量，这就是"哲学"或"宗教"。哲学和宗教都是以文本的方式展示的体系化、系统化的人类自我意识，因而才能构成人的思想和行为的精神力量，并因而才能具有互相替代的社会功能。每个民族在其文明的形成和演进的过程中，作为人类自我意识的宗教和哲学，在不同民族的社会生活和精神生活中，占有的位置和发挥的作用是不同的，因此我们可以从总体上把某个民族归结为"宗教的"或"哲学的"。在任一民族的精神生活中，"宗教"或"哲学"都是作为该民族的精神生活中的"本体"——规范着人的思想和行为的根据、标准和尺度——而存在的。如果说宗教是原本意义的"庙里的神"，那么，哲学则是作为人类文明的"庙里的神"——有文化的民族的精神生活的"普照光"——而存在的。正因如此，宗教或哲学才成为人类精神生活中可以相互替代的最为深沉的精神力量。

作为人类精神生活的"本体"，宗教和哲学都会造成人的自我异化：宗教，会造成人在"神圣形象"中的自我异化；哲学，会造成人在"非神圣形象"中的自我异化。近代以来的西方哲学，在"上帝"人本化的演进中，以哲学代替宗教，以"理性"代替"上帝"，从而造成了人在"理性"——"非神圣形象"——中的自我异化。哲学与宗教的区别在于，哲学是在自我批判中构成"时代精神的精华"和"文明的活的灵魂"。在西方哲学的发展历程中，从中世纪的"信仰的时代"演进到文艺复兴时期的

"冒险的时代"，从 17 世纪的"理性的时代"演进到 18 世纪的"启蒙的时代"，从 19 世纪的"思想体系的时代"演进到 20 世纪的"分析的时代"，哲学在以"理性"代替"上帝"并进而反省"理性"的发展进程中，不仅引领人类文明从"神学文化"走向"后神学文化"，而且引领人类文明从"理性主义时代"走向"反省理性"的时代。这表明，以"虔诚地信仰"为灵魂的宗教，就是以"神圣形象"的超历史性构成的"彼岸世界的真理"，因而是人无法企及的"神的目光"即"绝对之绝对"；以"认识你自己"为灵魂的哲学，是以"思想中的时代"的历史性构成的"此岸世界的真理"，因而是人生在世和人在途中的"人的目光"即"相对之绝对"。

哲学作为"相对之绝对"的"人的目光"，其真实使命是引领人类挣脱"苦难的现实"，超越人的"自我异化"，追求现实的幸福。人的个体生命是短暂的、有限的。短暂之于永恒，是微不足道的；有限之于无限，是不可企及的。这意味着，有限对无限的"向往"，也是有限对无限的"无奈"。既然"无可奈何"，又何妨"重思向往"呢？人无法改变"自然的规律"，但是人可以改变"苦难的现实"；人无法获得"终极的真理"，但是人可以获得"生活的意义"；人无法达到"精神的完满"，但是人可以追求"精神的充实"；人无法超越"生命的有限"，但是人可以超越"自我的异化"。哲学之于人类的真实意义就在于它引领人类改变"现实的苦难"，就在于它启迪人类追求"生活的意义"，就在于它引导人类超越"自我的异化"。

关于哲学与宗教，冯友兰先生在人们所熟悉的《中国哲学简史》一书中，有过发人深省的论述。他提出："哲学在中国文化中所占的地位，历来可以与宗教在其他文化中的地位相比。"[①]对此，他具体地指出："儒家不是宗教"，"道家，是一个哲学的学派；而道教才是宗教"，"作为哲学的佛学与作为宗教的佛学，也有区别"，因此，"中国人即使信奉

---

① 　冯友兰：《中国哲学简史》，1 页，北京，北京大学出版社，1985。

宗教，也是有哲学意味的"①。"他们不大关心宗教，是因为他们极其关心哲学。他们不是宗教的，因为他们都是哲学的。他们在哲学里满足了他们对超乎现世的追求。他们也在哲学里表达了、欣赏了超道德价值，而按照哲学去生活，也就体验了这些超道德价值。"②由此，冯友兰先生提出了"哲学意味"的人生四境界说："自然境界、功利境界的人，是人现在就是的人；道德境界、天地境界的人，是人应该成为的人。前两者是自然的产物，后两者是精神的创造。"③"一个人可能了解到超乎社会整体之上，还有一个更大的整体，即宇宙。""有这种觉解，他就为宇宙的利益而做各种事。他了解他所做的事的意义，自觉他正在做他所做的事。这种觉解为他构成了最高的人生境界，就是我所说的天地境界。"④正是基于这种理念，冯友兰先生还做出这样的展望："在未来的世界，人类将要以哲学代宗教。这是与中国传统相合的。人不一定应当是宗教的，但是他一定应当是哲学的。他一旦是哲学的，他也就有了正是宗教的洪福。"⑤冯友兰先生的这些想法和看法，对于我们思考哲学与宗教的关系，特别是思考如何构建文明新形态的人的精神家园，是富有启发性的。

在《〈黑格尔法哲学批判〉导言》中，马克思提出，"废除作为人民的虚幻幸福的宗教，就是要求人民的现实幸福。要求抛弃关于人民处境的幻觉，就是要求抛弃那需要幻觉的处境。因此，对宗教的批判就是对苦难尘世——宗教是它的神圣光环——的批判的胚芽"⑥。在《关于费尔巴哈的提纲》中，马克思进一步指出，"费尔巴哈是从宗教上的自我异化，从世界被二重化为宗教世界和世俗世界这一事实出发的。他做的工作是把宗教世界归结于它的世俗基础"。问题在于，宗教的世界与现实的世

---

① 冯友兰：《中国哲学简史》，3 页，北京，北京大学出版社，1985。
② 同上书，4 页。
③ 同上书，390—391 页。
④ 同上书，292 页。
⑤ 同上书，5 页。
⑥ 《马克思恩格斯选集》第 1 卷，2 页，北京，人民出版社，1995。

界的分裂，"只能用这个世俗基础的自我分裂和自我矛盾来说明"①。因此，马克思提出："真理的彼岸世界消逝以后，历史的任务就是确立此岸世界的真理。人的自我异化的神圣形象被揭穿以后，揭露具有非神圣形象的自我异化，就成了为历史服务的哲学的迫切任务。"②揭露人在"神圣形象"中的"自我异化"，就是"哲学"反思"宗教"的"真实意义"；揭露人在"非神圣形象"中的"自我异化"，则是由对"宗教"的哲学批判推展到"哲学"的自我批判。马克思说任何真正的哲学都是自己时代的精神上的精华，因此，必然会出现这样的时代：那时哲学不仅在内部通过自己的内容，而且在外部通过自己的表现，同自己时代的现实世界接触并相互作用。哲学正在世界化，而世界正在哲学化。③ 在哲学的自我批判中敞开人类自我批判和自我超越的理论空间和实践空间，是哲学反思宗教的历史任务，更是哲学作为文明的"活的灵魂"的生命力之所在。

---

① 《马克思恩格斯选集》第 1 卷，55 页，北京，人民出版社，1995。
② 同上书，2 页。
③ 同上书，220 页。

第十章 教育：精神家园的培育

　　人是历史文化的产物，是教育的直接结果。教育是人类文明的传承与创生的园地，也是人格的教化与养成的园地，因而是每个人放飞梦想的"摇篮"。培育人的精神家园，离不开传承和创生文明的教育。

一　文明的传承与创生

　　教育，是一种历史文化的传递活动，执行着社会遗传的特殊功能。人之为人，不仅在于生物学意义上的遗传性的获得，而且在于社会学意义上的获得性的遗传。每个时代都以教育的方式使个人掌握前人的经验、常识以及各种特殊的知识与技能；以教育的方式使个人掌握该时代的价值观念、道德规范和各种行为准则；以教育的方式使个体丰富自己的情感，陶冶自己的情趣和开发自己的潜能；以教育的方式使个人树立人生的信念和理想，形成健全的人格。教育是个体对历史、社会和时代认同的基础，又是历史、社会和时代对个体认可的前提。教育是个体占有历史文化与历史文化占有个体的中介。

教育，是一种历史文化的创生活动，执行着社会发展的特殊功能。教育是形成未来的最重要因素。它激发个体的求知欲望，拓宽个体的生活视野，撞击个体的理论思维，催化个体的生命体验，升华个体的人生境界。教育不仅仅是历史文化的传递活动，也是历史文化的批判活动。它赋予个体以批判地反思文化遗产和创造地想象未来的能力。它激励个体变革既定的世界图景、思维方式、价值观念和审美意识，从而创建人的新的生存状态。

教育是综合性的，是集德、智、体、美、劳为一体的，是集传递历史文化和创建未来文化为一体的。教育的功能归结为一点，就是把"毛坯状态"的人变成"自我实现"的人，把"自然状态"的人变成"特定时代"的人。国外的一项测试报告，曾给出这样的基本数据：在受教育很低的人中，具有现代性特质的人的平均比例是13％；而在受教育程度较高的人中，具有现代性特质的人的比例占49％。① 在现实生活中，我们无法否认这样的现实：未曾受过必要教育的人，由于缺少文化认同的基本条件，因而难以融入时代文化的主流，也就难以成为一个正常的社会公民，难以自觉地承担起公民的权利与义务；未曾受过必要教育的人，由于缺少对历史文化和社会现实的审视、批判能力，因而难以成为未来文化的创造力量，反而容易成为对任何文化都构成威胁的破坏力量。一位心理学家说："一个人，只有在适当的年龄受到适当的教育，他才是人。"如果不钻牛角尖，谁都会从这句话中感受到应有的震动，并汲取到应有的启示。

毫无疑问，教育并不是万能的。从形式逻辑上说，教育是使人成为人的"必要"条件，而不是使人成为人的"充分"条件。尤其值得人们反思的是，由于对教育的种种误解与误导，教育还没有充分地发挥它的根本功能——使人成为"人"。对教育的最大误解，莫过于把教育当作培养

---

① 参见李可亭：《论中国教育现代化的性质和道路（下）》，载《商丘师范学院学报》，2002年第1期。

"某种人"的手段。这里所说的"某种人"，是指从事某种特定职业，具有某种特定身份，扮演某种特定角色的人。为了培养"某种人"，当然就需要"教育"——传授经验、知识与技能。然而，我们仅仅从培养"某种人"去理解"教育"，就会把教育等同于"职业教育"甚至"职业技能教育"，以至于用"短训班""轮训班"的方式去实施"教育"，从而模糊甚至丢弃了教育培养"人"的根本目标和根本功能。教育的根本目标是培养全面发展的人，需要全面地培养人的德性、智能、情感、意志、理想、信念和情操。教育具有崇高的人文理想和深刻的人文内涵。从现代教育来说，其具体内涵，就是使人成为具有"现代教养"的"现代人"。

教养，是指人的综合素质与能力。它包括如何观察、判断和理解事物的思维方式，如何评价、选择和取舍事物的价值观念，如何看待、鉴赏和仿效事物的审美情趣，等等。它表现为人的自尊与自律、信念与追求、德性与才智、品格与品位等。现代教养，是指现代人的综合素质与能力。它包括现代的思维方式及其所建构的现代世界图景，现代的价值观念及其所规范的现代行为方式，现代的审美意识及其所陶铸的现代生活旨趣。它表现为现代的求真意识、理论意识、创新意识、批判意识、效率意识和辩证意识，它表现为现代的自尊意识、自律意识、自强态度和自主境界，它表现为现代的审美情趣、审美体验、审美追求和审美反省。现代教养就是现代人的真、善、美。

二　精神的充实与提升

培养"人"的教育，从根本上说，促使人形成正确的世界观、人生观和价值观。因此，我在这里集中地谈谈"哲学"在培养"人"的教育中，对精神的充实与提升的作用。

寻求真、善、美的哲学，其使命是"使人作为人能够成为人"，也就是使人认识自己、涵养自己、反省自己、尊重自己，"自视能配得上最高尚的东西"。我用"凝重""亲切"和"睿智"来概括哲学和哲学教育的特性。

一是"凝重"。哲学问题总是人生在世的大问题。求索天、地、人的人与自然之辨，探索你、我、他的人与社会之辨，反省知、情、意的人与自我之辨，追求真、善、美的人与生活之辨，凝结成理解"人生在世"的哲学范畴，构成作为"思想性的历史"的哲学史。恩格斯说，"辩证哲学"就是"一种建立在通晓思维的历史和成就的基础上的理论思维"，所以哲学和哲学教育是"凝重"的。

二是"亲切"。任何一种哲学，都是哲学家以时代性的内容、民族性的形式和个体性的风格去求索人类性问题的思想结晶。可以说，哲学既是哲学家以个人的名义讲述人类的故事，又是哲学家以人类的名义讲述个人的故事。哲学家个人的体悟和思辨，与人类的思想和文明，熔铸于各异其是的哲学思想之中，由此构成了作为"历史性的思想"的哲学和作为"思想性的历史"的哲学史。这样的"哲学"和"哲学史"，蕴含着哲学家的呕心沥血的理性思辨和洗涤灵魂的心灵体验，所以哲学和哲学史又是"亲切"的。

三是"睿智"。哲学的世界观是人生在世和人在途中的人的目光，是现实的和历史的，而不是超现实的和非历史的，因而是实践的智慧。我在《哲学通论》中说，哲学"是人类思想的批判性的反思的维度和理想性的创造的维度。它要激发而不是抑制人们的想象力、创造力和批判力，它要冲击而不是强化人类思维中的惰性、保守性和凝固性，它要推进而不是遏制人们的主体意识、反思态度和创造精神。学习哲学，需要高举远慕的心态，慎思明辨的理性，体会真切的情感，执着专注的意志和洒脱通达的境界"。凝重、亲切和睿智的哲学，能够提升人的理论思维能力和人生境界，因而是一门"使人作为人而成为人"的学问。

人们把当今时代称作"信息时代""网络时代"或"知识经济时代"，这是有道理的。马克思讲过这样一段话，"各种经济时代的区别"，"不在于生产什么，而在于怎样生产，用什么劳动资料生产。劳动资料不仅是人类劳动力发展的测量器，而且是劳动借以进行的社会关系的指示器"。应当说，以"信息化"为标志、以技术革命为基础的"全球化"，不仅改变了生产方式，而且深刻地改变了人们的存在方式。在当代教育中，网络公开课改变了传统的授课方式，不仅有利于公众享受优质的教育资源，而且有利于教师更新教育理念、教学内容和教学方式。然而，信息化、网络化的当代教育，不仅需要发挥"电脑"的作用，而且必须强化"人脑"的作用。2012年3月美国《时代》周刊刊登的题为《现代生活的十大趋势》的文章，把"你的脑袋在云端"列为第二大趋势，这个趋势就是，"随着洪水般的信息使我们的脑袋无法承受，我们越来越把记忆的任务移交给搜索引擎和智能手机"。这使我联想到当代教育中的一个必须认真面对和深刻反省的问题，我把它称作"无须记忆的代价"问题。无论是学习还是研究，特别是人文学科的学习与研究，都需要生活积累、文献积累和思想积累，这些积累只有储存在我们的"原始硬盘"即人脑的"长期记忆"之中，我们才能"得道于心"而呼之即出，进而"发明于心"而"自成一家之言"。我们在充分利用"搜索引擎"和"智能手机"的同时，千万不要忘记这个星球的"最美丽的花朵"人脑的存在，由此，我们才能强化自己的记忆力，驰骋自己的想象力，激发自己的创造力。爱因斯坦说，"想象比知识更重要"，"提出一个问题比解决一个问题更重要"。这应当是我们在现代教育，特别是在现代的人文教育中深长思之的。

三　人格的教化与养成

在现代教育中，高等教育具有特殊的意义。人类的历史是文化的传承与创新的历史，高等教育作为"优秀文化传承的重要载体和思想文化创新的重要源泉"，在人类文明史上的重要作用，表现为它既是历史文化的传递活动，又是历史文化的创新活动；它既执行文化的社会遗传功能，又执行文化的时代变革功能。高等教育既为受教育者"认同"历史、社会和时代，形成具有文明史内涵的世界观、人生观、价值观奠定基础，又为历史、社会和时代"认可"受教育者，形成具有时代内涵的世界图景、思维方式和价值规范创造条件。在优秀文化的传承与创新中，教育者践行"育人为本"的高等教育的核心理念，才能从根本上提高高等教育质量。

第一，在文化建设中我们要提高高等教育质量，必须深刻认识"文化"在高等教育中的意义与作用。一个时期以来，高等教育中的带有倾向性的趋势是以功利为目的、以市场为导向、以就业为标准、以实用为内容的，致力于把大学生培养成某种"毕业即可上岗"的"专门人才"。这种教育理念不仅冲淡了高等教育所承担的传承和创新文化的职能，而且更为严重地弱化了大学生与历史文化的"认同"与"认可"的双向互动，因而难以实现高等教育的"育人为本"的根本使命。"进入大学以后，丢了人生追求"，这是许多大学生发出的感叹。针对这种倾向，高等教育必须强化其"文化"内涵，凸显高等教育中的文化的凝聚力和创造力，凸显大学生的"精神家园"建设。

第二，在文化建设中我们要提高高等教育质量，需要强化高等教育培养"专门人才"和培育"健全人格"的双重自觉。文化既是高等教育中的"专业教育"的重要内容，也是高等教育中的"健全人格"的重要内容，因而是在文化的传承与创新中所实现的"专业教育"与"健全人格"的相互融合。在人类文化的传承与创新中，任何一门科学的概念和范畴，都既是文明史的积淀和结晶即认识的成果，又是文明进步的"阶梯"和"支撑点"即拓展和深化认识的前提，它既包含着对"整个世界"的规律性的不断拓展和认识，又包含着对"全部生活"的意义与价值的不断拓展和深化的理解。高等教育的"教书育人"，就是在文化的传承与创新中，揭示和展现各门科学的概念系统所提供的认识的"阶梯"和"支撑点"，揭示和展现这些"阶梯"和"支撑点"所蕴含的科学的世界图景、思维方式和价值规范，从而实现受教育者与历史文化的"认同"与"认可"的双向互动，把受教育者培养成符合时代要求的现代人。

第三，在文化建设中我们要提高高等教育质量，需要以"文化"为内涵提高大学生的理论思维能力。恩格斯有一句名言："一个民族想要站在科学的最高峰，就一刻也不能没有理论思维。"任何一种理论都不是枯燥的条文、现成的结论和空洞的说教，而是认识史的总结、积淀、结晶和升华，都是"一种建立在通晓思维的历史和成就的基础上的理论思维"。任何一种理论都不是一种冷冰冰的逻辑，而是熔铸着科学家、理论家、思想家的情感、意愿、理想和情操的，熔铸着他们的社会责任感和人格的魅力。爱因斯坦在悼念居里夫人的讲演中说，我们不仅应当看到她对人类的科学事业、对人类的文明做出的贡献，而且更应该看到她的人格典范的作用。强化高等教育中的"文化"内涵，才能激发学生的理论兴趣，拓宽学生的知识视野，提升学生的思维能力，培育学生的健全人格。人是生理的、心理的和伦理的存在，是思想的、情感的、意志的存在。以文化的传承与创新为内容，增强学生的感知能力，提升学生的审美情趣，丰富学生的精神生活，激发学生对美好事物的向往和追求，是高等教育质量的根本体现。

第四，在文化建设中我们要提高高等教育质量，需要营造充满朝气的校园文化，其中最为重要的是营造自由的、活跃的、创新的校园学术文化。文化是一种修养，是一个"润物细无声"的品味的过程、体悟的过程、涵养的过程，是人的一辈子的"终身大事"，不能以"短训班""轮训班""突击班"的方式去搞高校的文化建设。校园文化建设要以文化的传承和创新为主要内容，激发学生的想象力和创造力，形成积极进取的人生态度。中国传统文化的天人合一的宇宙观、革故鼎新的发展观、自强不息的人生观、知行合一的实践观、社会和谐的理想观，凝聚了中华民族对世界和生命的认知和感受，积淀了中华民族的精神追求和行为准则，形成了中国文化的恢宏气派和独特风格，是文化传承创新的重要源泉。中国学者总是讲"为人为学"和"道德文章"，也就是把"为人"和"道德"放在"为学"和"文章"的前面，把人的"精神追求"和"社会责任"视为人生的首要意义与价值。高等教育正在文化的传承与创新中使大学生形成"高举远慕的心态，慎思明辨的理性，体会真切的情感，执着专注的意志和洒脱通达的境界"，为过一种有尊严的幸福生活而努力。

第五，在文化建设中我们要提高高等教育质量，还应切实地引导大学生开展融入社会的实践活动。教育既是为受教育者"认同"历史、社会和时代奠定基础的，又是为历史、社会和时代"认可"受教育者创造条件的。社会的价值理想、价值规范和价值导向，与大学生的价值期待、价值认同和价值取向，是在学生与社会的互动性的实践中交互作用的。教育要以这种双向互动的"认同"与"认可"为出发点来培养学生，就需要强化学生的"交往实践"：其一，强化学生之间的交往实践，鼓励和引导学生的团队精神，使学生从自我封闭的"网迷""网恋"中走出来；其二，强化师生之间的交往实践，要求教师参与学生活动，使学生从自我认同的"代沟"中走出来；其三，强化社会的交往实践，引导学生参与志愿者等各类社会活动，使学生从"象牙塔"中走出来；其四，强化学科的交往实践，扩大学生的交往对象和拓展学生的知识视野，使学生从"领域"中走出来；其五，强化国际性的交往实践，充分利用各种国际合作机会增加学生对世界文明的了解，使学生从"地域"中走出来，切实地感受当代文明形态的变革，在"面向现代化，面向世界，面向未来"的高等教育中塑造有理想、有道德、有才能、有作为的一代新人。

现代化，绝不仅仅是高楼大厦耸入云天，高级轿车四处奔驰，高档时装花样翻新，高级享乐炫耀于人。现代化，最重要的是人的现代化，是人的教养的现代化。我们每个人都需要在传承文明与创生文明的现代教育中，塑造自己的健康的、充实的精神家园。

第十一章　科学：精神家园的真理

人们从教育中获得知识，其中最为重要的就是科学知识、科学理论。科学改变了我们的世界图景、思维方式和价值观念，以科学理论支撑了我们的精神家园。

一　科学与人的世界图景

人在自己的生活中，直接获得的是经验常识。常识，就是那些普通、平常但又经常、持久起作用的知识，就是每个正常的普通人都具有的知识。在常识中，人们的经验世界得到最广泛的相互理解，人们的思想感情得到最普遍的相互沟通，人们的行为方式得到最直接的相互协调，人们的内心世界得到最便捷的自我认同。常识，是人类把握世界与自我的最具普遍性的基本方式，对人类的存在具有重要的生存价值。

世界上的任何一个民族，都在世世代代的经验中积淀了不可胜数的方方面面的常识。世界上的任何一个正常的普通人，都在历史的延续与生活的经验中分享着常识，体验着常识，运用着常识。没有常识的生活是无法设想的。然而，常识又是必须"超越"的。所谓"现代教养"，就是对常识的世界图景、思维方式、价值观念、审美意识和生活态度的超越，就是构建以科学知识、科学理论为基本内容的世界图景、思维方式和价值观念。

我们先来看科学对常识的世界图景的超越。人们常说，世界是在人的意识之外的客观存在，世界的存在不以人的意志为转移，这当然是对的。人们还常说，人的头脑能够反映客观存在的世界，世界是可以被认识的，这当然也是对的。可是，我们还应该进一步追问：人类关于世界的图景是永恒不变的，还是历史性变化的？如果世界图景是不变的，为什么说人类的认识是发展的？如果世界图景是变化的，这种变化的根据又是什么？这就是科学对常识的超越。

让我们举出一个人所共知的实例。我们面对同一个世界，为什么既有"太阳围绕地球旋转"的"地心说"，又有"地球围绕太阳旋转"的"日心说"？我们所"看"到的地球与太阳，究竟是谁围绕着谁旋转？我们所"思"的地球与太阳，是谁围绕着谁旋转？相信"看"的人，恐怕无法否认"太阳围绕地球旋转"，因为他每天都"看"到太阳从地球的东方升起，又从地球的西方落下。相信"思"的人，只能认为"地球围绕太阳旋转"，因为他"知道"这是科学所提供的，并经过实践检验的真理。

"地心说"与"日心说"是两个根本不同的"世界图景"。前者符合人类的"共同经验"——有谁看不到太阳的东升与西落呢？后者则超越人类的"共同经验"——有谁能在地球上看到它围绕太阳旋转呢？那么，我们到底应该"相信"哪个"世界图景"呢？毫无疑问，人们会脱口而出："相信日心说。"然而，如果认真地思考一下，我们就会发现，这种回答已经"超越"了常识：由科学的"日心说"所构成的世界图景已经"超越"了常识的"地心说"的世界图景。

常识直接来源于经验，又直接适用于经验。对经验的依附性，是常识的本质特征。人们通过经验的"历时态"遗传与"同时态"共享来获得常识，运用常识和丰富常识，却无法在常识中超越经验去描述世界和解释世界。常识的世界图景，就是以"共同经验"或"经验的普遍性"为内容的世界图景。由于在经验观察中，人们所形成的"共同经验"只能是"太阳围绕地球旋转"，因此常识的世界图景也只能是所谓"地心说"的世界图景。那么，究竟是什么改变了"太阳围绕地球旋转"的常识世界图景？这就是科学。

科学是关于普遍性、必然性、规律性的知识。它来源于经验，但并不依附于经验，而是超越于经验。科学的世界图景不是以直接的"共同经验"为内容的世界图景，而是以科学概念、科学原理以及科学模型等为内容所构成的世界图景。它是一种概念化的、逻辑化的、精确化的和系统化的世界图景。它具有内容的规律性、解释的普遍性、描述的可检验性以及理论的可预见性等特征。科学及其所建构的世界图景，主要的不是诉诸人的感性直观，而是诉诸人的理性思维。人通过理性思维和科学知识去接受和理解科学的世界图景。列宁曾经非常生动地举例说，人的感觉无法描述每秒 30 万公里的运动，而人的思维却能把握它。确实，有谁能用感觉去描述光的运动？可是，凡是学过光学的人，又有谁不知道光速？当代美国科学哲学家瓦托夫斯基也举例说，在常识的世界图景中，我们既无法想象也无法表达某物在同一时间内存在于两个地方；然而量子物理学却要设想和描述基本粒子不"经过"中介空间而从一地方到达另一个地方，不要一条路径而在不同时间突然出现在不同的地方。科学改变了常识的世界图景，为我们提供了超越经验的科学世界图景。不仅如此，科学的最重要的特性，在于它具有自我批判和自我发展的创造特性。在科学的发展过程中，科学的世界图景总处于历史性的变革之中。特别是每一次划时代的科学发现，都为人类提供了崭新的世界图景。现代的交叉科学、边缘科学、综合科学、横向科学，特别是"系统论""控制论""信息论"以及"耗散结构理论""突变论""协同学"等，已经深刻地变革了人类的世界图景。现代科学的世界图景，是经验常识根本无法想象的。

由此我们可以看到，所谓"精神家园"，首先需要学习科学知识，形成现代科学的世界图景，这就必须"超越"经验常识的狭隘视界。现代德国哲学家卡西尔有一部名著《人论》。在这部著作中，卡西尔提出："人总是倾向于把他生活的小圈子看成是世界的中心，并且把他的特殊的个人生活作为宇宙的标准。但是，人必须放弃这种虚幻的托词，放弃这种小心眼儿的、乡下佬式的思考方式和判断方式。"①超越常识的科学世界图景，为我们展现了具有无穷奥秘的世界，也为我们拓展了无限广阔的思维空间。以现代科学变革我们的世界图景，从而形成良好的科学素质，是人的精神家园的重要内容。

二 科学与人的思维方式

我们再来看科学对常识的思维方式的超越。常识的思维方式，是形成于人们的日常生活，又适用于人们的日常生活的思维方式。人们的日常生活，是一种依据和遵循"共同经验"的生活。在日常生活中，人作为经验的主体，以经验常识去看待事物和处理问题；各种事物作为经验的客体，以既定的存在构成人的经验对象。在这种日常生活的主体—客体关系中，人是既定的经验主体，事物是既定的经验客体，主体的经验与经验的客体，具有确定的、一一对应的经验关系。白的就是白的，黑的就是黑的，男人就是男人，女人就是女人，太阳就是太阳，月亮就是月亮，一清二楚，泾渭分明。因此，日常生活要求人们的思维保持对"有"与"无"、"真"与"假"、"是"与"非"、"善"与"恶"、"美"与"丑"的非此即彼的断定；任何超越非此即彼的断定，都是对常识思维方式的挑战，也就是对日常生活经验的挑战。"两极对立""非此即彼"，是常识的思维方式；超越"非此即彼""两极对立"的思维方式，就要进入恩格斯所说的"广阔的研究领域"，就要学习和掌握科学的思维方式。

恩格斯曾经指出，所谓"形而上学"的思维方式，就是"在绝对不相

---

① ［德］恩斯特·卡西尔：《人论》，20 页，上海，上海译文出版社，1985。

容的对立中思维";恩格斯还具体地指出:"是就是,不是就不是;除此之外,都是鬼话",这就是形而上学的"思维方式"。那么,为什么这种"形而上学"的"思维方式"会在人类思维中占据牢固的地位?恩格斯非常明确地回答:"初看起来,这种思维方式对我们来说似乎是极容易理解的,因为它是合乎所谓常识的。"①常识的思维方式形成于并适用于"日常活动范围"。一旦人的思维超出"日常活动范围",进入非日常生活的"广阔的研究领域",就会发生恩格斯所说的"最惊人的变故"——必须改变两极对立、非此即彼的常识思维方式。

在现代社会生活中,迅猛发展的科学技术超出了"日常活动范围",进入了非日常生活的"广阔的研究领域",从而深刻地改变了常识的思维方式。在许多人熟悉的《现代科学技术基础知识》一书中,曾这样描述当代科学技术发展所形成的思维方式的特点:"从绝对走向相对;从单义性走向多义性;从精确走向模糊;从因果性走向偶然性;从确定走向不确定;从可逆性走向不可逆性;从分析方法走向系统方法;从定域论走向场论;从时空分离走向时空统一。"②科学的发展史是人类理论思维的进步史。科学概念的形成和确定、拓展和深化、变革和更新,不仅为人类提供"认识和掌握自然现象之网的网上纽结",而且为人类提供不断增加的、不断深化的认识成分和思维方法。从人类理论思维的总体进程上看,首先从对世界的宏观整体反映进入对事物分门别类的考察,从对世界的笼统直观进入对事物各种属性分解的研究,从对世界现象形态的经验描述进入对事物内在本质和运动规律的寻求;其次又从对事物的孤立研究进入对事物相互联系的揭示,从对事物的静态考察进入对事物的动态分析,从对事物的个别联系和局部过程的描述进入对事物的普遍联系和全面发展的研究;最后,现代则从对事物的普遍联系和全面发展的宏观把握进入对事物联系与发展的内在机制的研究,从对事物的线性因果

---

① 《马克思恩格斯选集》第3卷,734页,北京,人民出版社,1995。
② 宋健主编:《现代科学技术基础知识——干部选读》,48页,北京,科学出版社,中共中央党校出版社,1994。引文有改动。

联系的认识进入对事物的统计的、概率的理解，从对人类社会与自然界的断裂研究进入对人与自然的内在统一的探索。

宏观与微观、决定与非决定、线性与非线性、精确与模糊、绝对与相对，这些认识成分的对立统一，在现代人类的认识系统中占有支配地位。人们已经越来越深刻地懂得，我们用来构成世界图景的认识系统，是一个由众多相互联系和相互作用的认识成分按照一定的层次结构组成的、不断扩展和深化的有机整体。因此，现代人类的世界图景是一个具有多序列、多结构、多层次、相互交叉、相互渗透、相互转化的纵横交错而又生生不息的网络系统。正如有的学者所指出的，现代科学"已把人类的思想训练到能够理解以前几世纪中有教养的人所不能理解的逻辑关系"。超越常识的思维方式，是形成现代教养的重要前提，也是构成精神家园的重要内容。

三　科学与人的价值观念

我们再来看科学对常识的价值观念的超越。常识，作为人类"共同经验"的积淀，不仅具有描述和解释世界的功能——构成人的思维方式和世界图景，而且具有约束和规范人的思想与行为的功能——构成人的价值观念、审美意识和生活态度。常识的规范功能，具体地表现在，它规范人们想什么和不想什么、怎么想和不怎么想、做什么和不做什么、怎么做和不怎么做。它既是人们的思想与行为的根据，又是人们的思想与行为的限度。常识对人的思想与行为具有"规定"(想什么和做什么)与"否定"(不想什么和不做什么)的双重规范作用。超越常识的价值规范，离不开科学。

常识作为人们的思想与行为的规范，是人类世世代代积累起来的，是适应人类生存的自然环境、社会环境以及一般文化环境的产物。它在最实际的水平上和最广泛的日常生活中发挥其对人类维持自身存在的生活价值。不仅如此，常识还以其独特的"隐喻"形式拓展和延伸其适用范围和使用价值，从而使常识以"文化传统"的形式得以世代延续，由此构成人类的、民族的以及个体的具有普遍性的价值观念、审美意识和生活态度。

常识的规范作用，正如常识的思维方式和世界图景，同样是以经验的普遍性为内容的。人的所思所想、所作所为，直接受到常识的思维方式和世界图景的制约，任何超越"共同经验"的思想与行为，都是对常识规范的亵渎与挑战，都会被视为"离经叛道"和"胡作非为"。常识的经验性质决定了常识规范的狭隘性与保守性。与常识不同，科学的价值观念不是经验性的，而是理性化的。科学是以系统化的知识体系和逻辑化的思维方式去规范人们的所思所想、所作所为。实证精神和分析态度是科学价值规范的实质。它不仅着眼于经验的普遍性，更着重于对经验的理性思考。它不仅着眼于"定性"式的论断，更着重于形成论断的"定量"化的分析。这就是科学价值规范对常识价值规范的简单性和绝对化的超越。

在科学的发展过程中，科学的思维方式及其所建构的世界图景，总处于生生不息的历史性转换之中，从而不断地变革和更新人对自己和世界及其关系的理解，即变革和更新人们的世界观。世界图景和思维方式的更新，必然引起价值标准的更新。价值标准是人们的价值判断、价值取向和生活态度的根据，随着价值标准的更新，整个价值系统就会发生历史性转换。这既是科学价值规范对常识价值规范的狭隘性和保守性的超越，也是科学价值规范在人的精神家园中的构建。

第十二章　理论：精神家园的支撑

　　科学理论是构成人类精神家园的真理，哲学理论是构成人类精神家园的灵魂。学习和掌握理论，才能支撑起丰富多彩的精神家园。

一　理论的特性与功能

　　什么是理论？理论是规范人们的思想和行为的概念系统。它包含三层含义：其一，理论具有逻辑性、系统性和体系性，表现为概念系统，因而区别于人们自发形成的经验常识；其二，理论的根本作用是"规范"，因而能够指导和引导人的实践活动；其三，"规范"的对象是人的思想和行为。规范就是思想和行为的根据、标准和尺度，规范就是思想和行为的坐标和指南。人的一生，说到底就是两件事：一是"想"，二是"做"。人们想什么，怎么想，做什么，怎么做，是同理论密不可分的。理论的作用，就是规范人们的思想内容、思维方式、行为内容、行为方式，就是规范人们的所思所想和所作所为。这就是理论的支撑作用。

　　理论对人的思想和行为的规范作用，是由理

论的特性决定的。理论具有四个基本特性：一是它的"向上的兼容性"，二是它的"时代的容涵性"，三是它的"逻辑的展开性"，四是它的"思想的开放性"。

所谓"向上的兼容性"，在于理论是人类文明史的总结、积淀和升华，它以概念系统的方式积淀和升华了人类实践活动的经验和教训。列宁说，概念、范畴并不是认识的"工具"，而是人类认识的"阶梯"和"支撑点"。只有掌握理论，我们才能把握历史的发展规律，从而坚定我们的理想、信念。所谓"时代的容涵性"，就在于理论是"思想中所把握到的时代"。任何重大的理论问题都源于重大的现实问题，任何重大的现实问题都深层地蕴含着重大的理论问题。离开理论，我们就不能全面地把握现实，就不能深刻地理解现实，就不能正确地引导现实。只有掌握理论，我们才能全面、深刻、正确地把握现实，从而在实践活动中坚定我们的理想、信念。所谓"逻辑的展开性"，就是合乎逻辑地系统地讲道理。理论之所以能够说服人，是因为它的逻辑的力量，所以任何一种理论作为一种概念系统，不是简单地罗列，而是一种概念的合乎逻辑的自我展开的过程。我们只有系统地掌握理论对自己的思想观念的支撑，才会有坚定的理想、信念。所谓"思想的开放性"，就在于理论本身是随着现实发展的，它不是僵死的，不是凝固的，不是抽象的，不是枯燥的。我们为什么提出来要解放思想、与时俱进呢？这是理论的本性所要求的。我们只有深入学习中国特色社会主义理论，才能坚定"国家富强，民族振兴，人民幸福"的理想、信念。

理论的基本特性，决定了理论的基本功能。我把理论的基本功能也概括为四个方面：理论具有解释的功能，理论具有规范的功能，理论具有引导的功能，理论具有反思的功能。理论的第一个基本功能是我们大家都很亲切、很熟悉的一个功能，这就是理论的解释功能。用一些简单的原理去解释千差万别的众多现象，就是一般情况下我们对理论的理解。理论的第二个功能是理论的规范功能。理论规范着我们想什么，不想什么，怎么想，不怎么想，做什么，不做什么，怎么做，不怎么做。

这是理论的最重要的功能。为什么它重要呢？因为它决定着我们的思想内容，决定着我们的思维方式，决定着我们的行为内容，决定着我们的行为方式。这样一种理论的背景决定着你的生活状态，规范着你对生活的理解。第三个功能，理论具有引导的功能。理论帮助我们改变客观的世界，改变我们自己，塑造或引导我们这个时代。所以马克思在谈到哲学的时候，说哲学是"时代精神的精华"，是"文明的活的灵魂"，它塑造和引导着新的时代精神。理论的第四个功能是反思的批判功能。源于实践的理论，对实践活动具有规范、矫正、引导的作用。所以马克思有一句名言，他说不光是思想要趋向现实，而且现实也要趋向思想。我们正在不断深入地学习贯彻落实科学发展观，科学发展观就是对不是以人为本的，不是全面协调可持续发展的，不是统筹兼顾的那样一些形式主义的、官僚主义的各种行为的批判和反驳，就是要推进符合最广大人民群众的根本利益的实践，推进人的全面发展和社会的全面进步的实践。这就是我和大家交流的对于理论本身的理解。

二　理论的自觉与自信

上面谈到的，什么是理论，理论有哪些特性，理论有哪些功能，我们为什么要学习理论，我们应该怎么样学习理论，就是理论的自觉。理论的自觉，要求建立理论的自信，用理论支撑我们的理想、信念。我把我们的理论自信概括为四句话：第一，我们的理论自信是对马克思主义理论宗旨的信仰；第二，我们的理论自信是对马克思主义基本原理的信服；第三，我们的理论自信是对马克思主义伟大实践的信心；第四，我们的理论自信是对马克思主义转化为人民的自觉追求的信念。所以我把我们的理论自信概括为四个方面：信仰、信服、信心和信念。理论自信绝不是一个抽象的口号或一句空洞的套话，它有非常丰富的内涵。所以我想从"信仰""信服""信心"和"信念"四个方面和大家谈谈理论的自信，并用理论支撑我们的理想、信念。

第一方面，信仰。我们的理论自信是对马克思主义的理论宗旨的信仰。什么是信仰？信仰是人类特有的精神现象和精神状态，是人们关于最高价值的信念，是人们做出价值判断和行为选择的最根本的依据、标准和尺度。毛泽东有一句名言，"领导我们事业的核心力量是中国共产党，指导我们思想的理论基础是马克思列宁主义"。那么究竟什么是马克思主义？马克思和恩格斯在《共产党宣言》里边有这样一句话，"过去的一切运动都是少数人的或者为少数人谋利益的运动，而社会主义的运动是绝大多数人的，是为绝大多数人谋利益的运动"。马克思在论述人的历史形态时，深刻地揭示了人从"人对人的依附性"的存在到"以物的依赖性为基础的人的独立性"的存在，再到以"每个人的自由发展为条件的一切人的自由而全面的发展"，因而人把自己的理论定位为关于"人类解放"的理论。所以非常明确，马克思主义就是关于人类解放的学说，就是为人们谋幸福的理论。我们大家学习毛主席著作，把毛主席著作做一个最简洁的概括，可以概括为两句话：一是实事求是，二是为人民服务。邓小平在整个改革开放的进程中，一直提出我们要把什么作为我们整个实践活动的根本的判断标准呢？他说，这就是人民高兴不高兴，人民赞成不赞成，人民满意不满意，人民答应不答应。"三个代表"的重要思想，以人为本的科学发展观，习近平新时代中国特色社会主义思想，讲的都是马克思主义的为人民谋幸福的根本宗旨，强调的都是实现好、维护好、发展好最广大人民的根本利益，这就是马克思主义的理论宗旨的一条红线。所以我们的理论自信源于对马克思主义的理论宗旨的信仰。我们正在进行的群众路线教育实践活动，体现的最根本的就是马克思主义的理论宗旨，就是一切为了人民，一切相信人民，一切依靠人民，诚心诚意为人民谋利益。

第二方面，信服。我们的理论自信是对马克思主义基本原理的信服。马克思有一句名言："理论只要说服人，就能掌握群众；而理论只要彻底，就能说服人。"我们的理论自信源于我们对马克思主义基本原理的信服，就是我们打心眼里信服它。没有这样一种"信服"，就没有真实的理论自信。什么是马克思主义的最基本的道理呢？恩格斯在马克思的墓前讲话中说，马克思的一生有两个伟大发现：一是发现了人类历史的发展规律，二是发现了资本主义的运动规律。人的理想信念的根基，是人类历史的发展规律。只有奠基于历史发展规律之上的理想信念，才是值得人们追求，得到人们信服的理想和信念。人是一种历史的存在。恩格斯曾经说过，他和马克思所创建的这个理论，是"关于现实的人及其历史发展的科学"。所以马克思主义给我们提供的这种理论，首先是我们掌握人类历史的发展规律，才能确立一种正确的历史观，以及建立一种在正确的历史观基础上的正确的人生观和价值观。我们学习马克思主义理论，从根本上说是掌握人类历史发展的规律。什么是历史发展的规律？马克思说人是历史的经常的前提，也是历史的经常的结果，人只有作为历史的经常的结果才能够成为历史的经常的前提。那么马克思这段话说明什么呢？人们自己创造了自己的历史，但是人们自己的这种创造活动的过程构成了历史自身的发展规律。

今天，在我们建设中国特色社会主义的过程当中，我们在面对全球化、现代化的生活境遇当中，重要的是不断深化对习近平新时代中国特色社会主义思想的理解。现代化的历史进程全面改变了人与世界的关系，其中主要包括三个方面的问题：从人与自然的关系来说，现代化所构成的最为严峻和最为紧迫的问题是可持续发展问题；从人与社会的关系来说，现代化所构成的最为严峻和最为紧迫的问题是由资本的逻辑所构成的人对物的依赖关系的异化问题；从人与自我的关系来说，现代化所构成的最为严峻和最为紧迫的问题是虚无主义的文化危机问题。对于这三个方面的问题马克思都做出了深刻的阐释。在论述各种经济时代的区别时，马克思提出，这种区别"不在于生产什么，而在于怎样生产，用什么劳动资料生产。劳动资料不仅是人类劳动力发展的测量器，而且是劳动借以进行的社会关系的指示器"。以劳动工具等劳动资料的历史性变革为测量器和指示器，我们通常把人类文明形态区分为农业文明、工业文明和后工业文明。文明形态的转换，必然构成人的存在方式的变革，工业文明以来的全球化过程，在某种意义上是全球市场化的过程，构成了全球化的市场经济中的人的存在方式。这种存在方式，正如马克思所说，是一种"以物的依赖性为基础的人的独立性"。人的独立性以物的依赖性为基础，造成了当代人类的两大生存困境：一是以技术革命为基础的对自然的攫取所造成的全球问题，二是由对物的依赖性所带来的人的物化问题。世界性的现代化过程，在体制的意义上是全球市场化的过程，而在文化的意义上是空前的价值观激烈震荡的过程。在当代社会思潮中，两极对立模式的消解，英雄主义时代的隐退，高层精英文化的失落，理性主义权威的弱化，构成了人类精神家园的困惑。现代化的进程，不仅需要技术创新和制度创新，而且需要理论创新，从而实现人类文明形态的变革，推动社会的全面进步和人的全面发展。通过学习这些原理，结合工作实际、生活实际、思想实际去学习，我们一定会增强对马克思主义基本原理的信服，打心眼儿里信服马克思主义，从而自觉地学习掌握马克思主义，学习掌握中国特色社会主义理论。

第三方面，信心。我们的理论自信源于我们对马克思主义伟大实践的信心，源于对中国特色社会主义的伟大实践的信心。马克思说："理论在一个国家的实现程度，取决于这种理论满足这个国家需要的程度。"马克思主义在中国的生命力，在于它满足我们建设中国特色社会主义的需要。回顾改革开放 40 年所走过的历程，我们会对中国特色社会主义的伟大实践树立起更加坚定的信心，会对源于这个伟大实践的中国特色社会主义理论树立起更加坚定的信心。改革开放 40 年来，我们围绕"什么是社会主义，怎样建设社会主义"这个首要问题，成功地开创了中国特色社会主义，从确立社会主义市场经济体制的改革目标和基本框架，确立社会主义初级阶段的基本经济制度和分配制度，到形成中国特色社会主义事业的总体布局，着力保障和改善民生，促进社会公平和正义，成功地在新的起点上坚持和发展了中国特色社会主义。实现现代化，是100 多年来"振兴中华"的实质性的基本诉求，是在我们所创建的现实条件的基础上不断发展的。马克思说，任务本身，只有在解决它的物质条件已经存在或者至少在生成过程中，才会产生。改革开放之初，邓小平振聋发聩地提出：贫穷不是社会主义，发展才是硬道理，允许一部分人先富起来，走共同富裕的道路。回顾 40 年来的改革开放的历史进程，我们会发现，从"效率优先，兼顾公平"的"又快又好"，到"以人为本""全面、协调、可持续发展"的"又好又快"，再到"以科学发展为主题，以转变经济发展方式为主线"的"五位一体"的战略思想，这种根本理念的深化发展是奠基于改革开放以来的"已经存在或者至少在生成过程中"的"物质条件"的基础之上的。改革开放 40 年来，我国经济以同期世界经济年均增长率的三倍多的速度保持快速发展，经济总量跃居世界第二，人均国内生产总值超过 5000 美元，我国已经进入中等收入国家行列，这为我国实现现代化和解决现代化问题奠定了坚实的基础。我们正在从事的伟大的中国特色社会主义事业，其复杂性和艰巨性，世所罕见，必然有成功的一面，也有不足的一面；有令人振奋的一面，也有令人忧虑的一面，因而，我们应有清醒的认识，有全面的分析和准确的判断，不能因为成绩伟大而忽视问题，也不能因为问题凸显而否定成绩，更不能不分本质与现象、全局与局部、主流与支流。从本质上、全局上、主流上看待中国特色社会主义的伟大实践，我们就会坚定我们的道路自信、理论自信、制度自信，不断地推进中国特色社会主义伟大事业。

第四方面，信念。我们的理论自信是对马克思主义转化为"人民的自觉追求"的信念。大家关注人的精神家园，共同思考理想信念问题，这表达了大家要思考人生，思考社会，思考历史，因而要学习理论的要求。马克思主义从根本上说，能够赋予人的生活以理想和信念，给予我们的生活以一种理论支撑。我们现在讲社会主义核心价值观，其中重要问题是要发挥社会的价值导向作用，引导人们认同社会主义核心价值观。这个导向的基础在于，人们的价值期待、价值取向和价值认同，是同社会的价值理想、价值规范和价值导向密不可分的。每个人的价值观，都具有社会形式和社会内容。特别是在"信息时代""网络时代"，人们对现实的认知和评价，更是与社会性的导向密切相关的。所谓"价值导向"，就是以社会的名义提出价值要求，又以社会的名义引导每个个体认同这种价值要求。在社会的价值导向与个人的价值取向的矛盾关系中，社会的价值导向是矛盾的主要方面，它从总体上规范个人的价值取向。从社会现象上看，每个个人的价值目标及价值取向总是千差万别的，千变万化的，似乎每个人的价值取向只取决于个人的利益、欲望、兴趣、情绪，乃至嗜好等纯粹与个人相关的因素。因此，人们往往把个人价值取向的基本特性视为主观性、任意性和随机性。所谓主观性，就是个人的价值取向取决于个人的主观意愿，个人愿意选择哪种价值目标，就选择哪种价值目标。我喜欢唱歌所以我学声乐，我喜欢绘画所以我学美术，我热爱自然所以我学生物，我喜欢无拘无束所以我游手好闲，如此等等。所谓任意性，就是个人的价值取向可以随意改变，今天选择这个价值目标，明天可以选择那个价值目标。所谓随机性，就是个人的价值取向的选择与改变，完全可以脱离社会的各种条件的制约，只是个人随机的选择与变更。正是由于个人的价值取向具有不可逃避的社会性内涵，因此，社会的价值导向才能够对个人的价值取向具有"导向"作用。社会生活表明，个人的价值取向的总体趋向，总取决于社会的基本价值导向；而个人的价值取向的困惑，总根源于社会的价值坐标的震荡。因此，解决个人价值取向问题，最根本的是解决社会的价值导向问题。通俗地说，要解决"我到底要什么"的问题，关键要解决"我们到底要什么"的问题。如果"我们到底要什么"扑朔迷离，"我到底要什么"必然模糊不清。"我们到底要什么"是当代中国面对的根本性问题。

在改革开放的实践过程中，我们越来越自觉到，"贫穷不是社会主义"，"发展才是硬道理"。"发展"，正在成为当代中国的基本价值理念，并从而成为当代中国的基本价值导向——引导全体人民把自己的价值追求定位在"发展"上。科学发展观强调"以人为本"，"又好又快"地实现"全面、协调和可持续"发展，这已经成为当代中国的发展理念。毛泽东在《矛盾论》里讲，看问题要分清主要矛盾和次要矛盾，矛盾的主要方面和次要方面。在个人的价值期待与社会的价值理想、个人的价值认同与社会的价值规范、个人的价值取向与社会的价值导向的矛盾中，社会的价值理想、价值规范和价值导向是矛盾的主要方面，它规范和制约整个社会的价值观的基本性质。这是把马克思主义理论转化为人民的自觉追求的深层根据。

做一个简单的概括，我们的理论自信表现在四个方面：对马克思主义理论宗旨的信仰；对马克思主义基本原理的信服；对马克思主义伟大实践的信心；对它转化为人民自觉追求的信念。然而，直面现实，我们会看到许多奇怪的现象：一些党员干部"不信马列信鬼神"，甚至把马克思主义当作嘲讽的对象。由此我想到，我们要用马克思主义支撑我们的理想信念，要把马克思主义作为自己的"看家本领"，就必须做到三点：一是理直气壮，二是有理有据，三是言行一致。首先是理直气壮，而不是遮遮掩掩。马克思主义是为人民谋幸福的理论，是指导我们思想的理论基础，为什么要遮遮掩掩？为什么不能理直气壮？其次是有理有据，而不是含糊其辞。还是马克思的那句话："理论只要说服人，就能掌握群众；而理论只要彻底，就能说服人。"以理服人，就要真讲道理；真讲道理，就要真把道理搞明白。"有理"才能"讲理"，"讲理"才能"服人"。最后，要理直气壮，要以理服人，就要言行一致，而不是表里不一。如果一个人说的是一套，做的是另一套，会上讲为人民谋利益，会下则捞取私利，人们怎么会相信他讲的道理？理直气壮，有理有据，根子在于言行一致。

三 精神家园的理论支撑

坚定自己的理想信念，既需要用科学理论武装自己的头脑，用理论支撑自己的理想信念，又需要在实践中体现自己的理想信念，强化自己的理想信念。对此，我主要讲两句话：一句话是"非不能也，是不为也"；另一句话是"非不为也，是不能也"。前一句讲的是"人管自己"，后一句讲的是"制度管人"。要坚定理论信念，这两方面缺一不可。

先讲第一句话，什么是"非不能也，是不为也"？就是我能做但是我不做。我手中有权，但我不谋私利；我手中有钱，但我不奢侈挥霍；我知道"潜规则"，但我不随波逐流；我看到"阴暗面"，但我不自暴自弃。这就叫作"非不能也，是不为也"。为什么能为而不为？因为我不屑于这样做，我耻于这样做，这就是理想信念在实践中的体现。为什么我们能在实践中坚守理想信念？因为我们形成了正确的世界观、人生观、价值观。

再讲第二句话，什么是"非不为也，是不能也"？就是你想做但是你不敢做，你做不成，这就叫"制度管人"。人是需要约束的，权力尤其要受到约束，没有约束的权力就是腐败。这就要求形成不敢腐的惩戒机制，不能腐的防范机制，不易腐的保障机制。我们现在经常说不超过"道德底线"，不超过"法律底线"，但是，要不超过"底线"，就不仅要有"底线意识"，而且要有"崇高意识"。中国有句古话，叫作"取法乎上，仅得其中"。没有理想信念，"取法乎下"，就会"等而下之"，就会超过"底线"。怎么才能不超过"底线"？这不仅需要"制度管人"，而且需要引导人们"取法乎上"，必须以理想信念构建我们的精神家园。

中华人民共和国成立以来，无论是在20世纪的50年代，还是60年代或70年代，毛泽东一再强调"人是要有一点精神的"。这个"精神"，最重要的就是坚定的理想信念。在改革开放的进程中，邓小平总是强调"两手抓，两手都要硬"。精神文明建设这只手要硬，首先就是"硬"在理想信念上。人们所追求的幸福和梦想，都离不开人的理想和信念，都离不开培育自己的精神家园。

幸福是人对自己总体生活的肯定性的感受和评价。人是生理的、心理的和伦理的存在，幸福是充裕的物质生活对人的生理需要的满足，是充实的精神生活对人的心理需要的满足，是和谐的社会生活对人的伦理需要的满足。对这三种满足的追求，是同人的理想信念密不可分的。在现实生活中，我们会看到一个普遍的现象，我把它叫作"孙子"要"五会"，"爸爸"要"五好"，"爷爷"要"五有"。具体地说，"孙子"要会弹钢琴，会写毛笔字，会下围棋，会说外语，会练跆拳道；"爸爸"要有好房子，好车子，好妻子，好孩子，好位置；"爷爷"要有个老窝，有个老底，有个老妻，有个老友，有个老乐。应当说，这不只是当代中国进步的表现，也是"国家强盛，民族振兴，人民幸福"的真实体现。但是对于一个人来说，特别是对于党员干部来说，我们还应当有实现梦想的理想信念，有勇于担当的责任意识，有努力拼搏的钉子精神。我们现在讲"中国梦"，就要求有这样的信念，只有国家好，民族好，大家才会好。"中国梦"的最深刻的内涵是我们的国家要成为什么样的国家，我们的民族要成为什么样的民族，我们的国家、民族要在整个人类文明中树立什么样的形象。因此，我们必须坚持中国道路，弘扬中国精神，凝聚中国力量。这就需要我们以坚定的理想信念为灵魂来培育我们的精神家园。

健康的体魄是锻炼出来的，真实的本领是钻研出来的，美好的心灵是修养出来的，成功的人生是拼搏出来的，伟大的理想是在共同奋斗中实现出来的。我们用理论支撑理想信念，才会形成奋发有为的精神家园。

第十三章　心态：精神家园的张力

在感性与理性、小我与大我、理想与现实的种种矛盾中，人的精神家园需要保持必要的张力；在清醒的现实主义中，人的精神家园需要坚守积极的理想主义。

一　心态与自我意识

"心态"就是"精神家园"的状态。一个人的"心态"如何，集中地体现了他的"精神家园"是否坚实，是否充实，集中地体现了每个人对"生活"的自我意识。

一个人的"心态"如何，首先取决于他对个人与社会关系的理解和评价。由个体性和普遍性的矛盾，构成了人的独立性与依附性的矛盾。我作为主体，作为单个生命的个体，必须具有独立性。然而人作为社会关系的总和，必然具有一种依附性。如何理解和对待个人与社会的关系，从根本上决定着每个人的"心态"。

个人与社会的关系是历史性的。从总体上看，个人与社会的关系是以经济关系为基础的。马克思说，什么叫自然经济？自然经济就是人对人的依附性。什么叫市场经济？市场经济就是人的独立性。当然马克思在它前边给出了限定，"以物的依赖性为基础的"人的独立性。这就构成了一个深刻的矛盾，它蕴含的是个体性与普遍性的矛盾。汤因比在《历史研究》中说，不管何种制度，都面对一个最根本的问题，个人利益与社会正义的矛盾。人们的价值判断都蕴含着一个最基本的关系，个人利益与社会正义之间的矛盾。任何一个社会不都要处理这个关系么？为什么现在西方政治哲学方兴未艾，如火如荼？因为它凸显了个人利益与社会正义在当代社会中的矛盾。在我国，怎么解决社会的稳定问题？为什么要强化社会保障问题？因为要调解个人利益与社会正义之间的关系。"小我"与"大我"的矛盾，直接地表现为个人利益与社会正义之间的矛盾。个人利益与集体利益的关系，暂时利益与长远利益的关系，许许多多利益关系，都通过小我与大我之于个体性与普遍性的矛盾得到展开。

这些矛盾构成了社会的价值规范与个人的价值认同、社会的价值导向与个人的价值取向、社会的价值理想与个人的价值追求等一系列的矛盾。"你到底要什么"蕴含两个问题，一是"我"到底要什么？二是"我们"到底要什么？我们到底要什么，我们要国家的、整个社会的价值规范、价值理想、价值导向；我到底要什么，我要个人的价值认同、个人的价值取向、个人的价值追求。这就是无论中外古今，"我们"所面对的最大的问题。

在"小我"与"大我"的关系里边，首先突出的是伦理道德问题。伦理道德问题是什么呢？就是小我与大我之间的关系。没有伦理，小我和大我的关系得不到规范；没有道德，小我和大我得不到一种自我认同。伦理问题和道德问题不是一个问题，伦理是一个规范的问题，道德是一个自我认同的问题。接着就出现第二个问题了，法律规范问题。它同样是协调小我和大我之间的关系的。第三个问题是制度问题。因为任何一种伦理，任何一种法律，都必然体现为一种政治制度，以此作为直接的规范，所以这里又提出政治制度问题。我们对于伦理道德问题、法律规范问题、政治制度问题，都必须承诺一种价值判断和价值理想。我们怎么去设定、悬设、承诺一个理想的社会，这就关系到了人类的未来问题。我们面对的社会历史问题，都在小我和大我的关系当中；或者反过来说，我们所面对的社会历史问题，都不过是我作为小我和大我的矛盾而进行的历史性展开。从作为个体的小我和作为类的大我之间的矛盾，我们能够引出全部社会历史问题，也能够揭示人的"精神家园"的深层问题。

"我"是个别与普遍的对立统一。从个别性来看，"我"是作为独立的个体而存在的，"我"就是我自己；从普遍性来看，"我"是作为人类的类分子而存在的，"我"又是我们。作为个体性存在的"我"是"小我"，作为我们而存在的"我"是"大我"，"我"的存在既是独立性的，又是依附性的。由于"大我"具有明显的层次性，诸如家庭、集体、阶层、阶级、民族、国家和人类，因此这又构成多层次的"小我"与"大我"的复杂关系。正是这种多层次的复杂关系，构成了人的无限丰富的社会内涵。正因如此，"人的本质不是单个人所固有的抽象物，在其现实性上，它是一切社会关系的总和"①。

由于"我"既是"小我"又是"大我"，因此这带来了"小我"与"大我"的个体性与普遍性、独立性与依存性的矛盾。在现代社会中，个人的自主性与社会的模式化同步增加，越来越尖锐地凸显了人的独立性与依存性的矛盾。在两极对立的思维方式中，或者以"大我"去淹没"小我"，把"小我"变成依附性的存在，从而扼杀"小我"的独立性；或者以"小我"凌驾于"大我"，把"大我"变成虚设性的存在，从而取消"小我"的依存性。然而，没有以独立性为前提的依存性，只能是扼杀生机与创造的依附；没有以依存性为基础的独立性，只能是陷入混乱与无序的存在。因此，我们必须改变两极对立的思维方式，以辩证法的思维方式去看待现代社会生活中的人的独立性与依存性的矛盾，在精神家园中"保持必要的张力"。

---

① 《马克思恩格斯选集》第1卷，56页，北京，人民出版社，1995。

在论述人类历史的时候，马克思说："全部人类历史的第一个前提无疑是有生命的个人的存在。"①没有作为个体生命的人的存在，当然不会有人类的历史。但是，个体生命的存在，并不显现人的独立性。"自然界起初是作为一种完全异己的、有无限威力的和不可制服的力量与人们对立的，人们同自然界的关系完全像动物同自然界的关系一样，人们就像牲畜一样慑服于自然界……"②在这种历史过程中，主体不是任何单个的个人，而只能是由一定数量的个体所构成的"群体"。个体之间只具有相互的"依存性"，而不具有个人的"独立性"。这是个体单纯地依赖于群体的"人的依附性"。个体对群体的依赖，实质上是人对自然的依赖。在以自然经济为基础的封建社会中，由于生产力水平低下，人们对自然（首先是土地）的依赖，决定了个人对以血缘关系和地缘关系为纽带的群体的依赖和依附。个人的独立性和主体意识，不具有现实的基础。以工业生产、科技进步、商品交换、自由贸易为主要内容的市场经济摧毁了以等级从属关系为主要形式的人身依附关系，形成了马克思所说的"以物的依赖性为基础的人的独立性"，并不断地培植起个人的主体自我意识。"自我选择""自我表达""自我塑造""自我实现"等，不仅是现代社会的时髦口号，是现代个体的普遍认同，而且也是现代文明的基本标志。

中国传统哲学对人的定义是"仁者，人也"。"二人"方为人，人必在诸如君臣、父子、夫妻、兄弟、姐妹、朋友、邻里，乃至尊卑、上下、左右、前后的"对应关系"中才成为人。个人的自我意识，就是"关系"的自我意识，"角色"的自我意识，"地位"的自我意识，"责任"的自我意识，而唯独排斥"自我"的自我意识。梁漱溟先生说中国人是"依存者"。这其实是由自然经济造成的。对于这种"依附性的存在"，有的学者从自主性、自为性和自律性三个方面进行分析。我觉得这个分析很精彩，把

---

① 《马克思恩格斯选集》第1卷，67页，北京，人民出版社，1995。

② 同上书，81—82页。

这个分析叙述如下。

这种依存性首先表现为缺乏自主性。所谓"在家靠父母，在外靠朋友"，这个"靠"字活脱脱地表达了自主性的匮乏与缺失。个人的升学、就业、婚恋似乎不是个人自主决定的事情，而必须"靠"别人的"参谋""指点""帮助"和"决定"才行。行为的主体变成了行为的客体，主体的自我意识变成了群体的依存意识。这不能不弱化主体的自我判断、自我选择和自我决策的能力，因而也不能不阻碍主体的主动性、积极性和创造性。

这种依存性其次表现为缺乏自为性。个人行为的选择与成败，首先考虑的并不是个人的需要与情感，不是个人的现在与未来，而是群体的要求与期待，群体的现在与未来。个人失败了，便是辱没父母，愧对师长；个人成功了，则是光宗耀祖，衣锦还乡。于是乎，"一荣俱荣，一损俱损"，甚至"一人得道，鸡犬升天"。这就是人的"依附性"所造成的自为性的缺失。

这种依存性最后表现为缺乏自律性。个人的成就与荣誉，个人的失败与耻辱，均依赖于他人的评价。人们的行为成为他律的产物，而不是自律的结果。在人们的自我意识中，按照他人的意志办事既是最安全的又是最有希望的，反之则既是危险的又是无希望的。这造成了因循守旧，人云亦云，按长官意志办事，"唯上唯书"的普遍心理，甚至出现所谓"说你行你就行，不行也行；说你不行你就不行，行也不行"的民谣。

这种缺乏自主性、自为性和自律性的"从众主义"，并不是真正的"集体主义"，而恰恰是一种消极形态的"个人主义"。从众主义和个人主义，都把"集体"看作某种外部的、异己的力量。二者的区别在于，个人主义是以某种公开的、显著的甚至极端的形式去损害集体利益从而获得个人利益，而从众主义者则以某些隐蔽的、曲折的甚至屈从的形式去获得个人的利益。

这种从众主义、媚俗主义，或者说消极、冷漠的个人主义，绝没有强化集体意识、集体精神和集体力量，也绝没有强化人与人之间的相互依存和相互合作，而恰恰消极地破坏了集体意识、集体精神和集体力量，消极地瓦解了人与人之间的相互依存和相互合作。有句俗话叫作"一个和尚担水吃，两个和尚抬水吃，三个和尚没水吃"。在我们的高等院校和研究机构中，最为重要的应当是相互合作、集体攻关的团队精神，但我们感到最为匮乏的恰恰是最为重要的团队精神。这在于个人缺乏自主、自为、自律的主体自我意识，在于从众主义所具有的消极的、冷漠的个人主义的本质。就此而言，强化主体的自我意识，是强化主体的依存意识的前提。没有真正独立的主体，就没有真正的主体的依存。

在当代中国，强化主体的自我意识，实现主体的独立性与依存性相互协调的发展，最根本的途径就是建立和健全社会主义市场经济。市场经济所实现的是"以物的依赖性为基础的人的独立性"。在市场经济中，人以物为基础而获得独立性，人的独立性又奠基于对物的依赖性。这便造成了人的独立性与人的物化的双重效应。这就是市场经济的正、负两面效应。强调建立和健全社会主义市场经济，从根本上说，就是既充分发挥市场经济的正面效应，又有力地克服市场经济的负面效应。

首先，社会主义市场经济为确立个人的主体地位和强化个人的主体意识提供了经济前提。它把个人从对行政命令、长官意志、条块分割、人才垄断的"依附性"中解放出来，成为具有独立的主体地位的个人。其次，社会主义市场经济否定了个人之间的等级特权关系，给每个人提供一个自由平等的竞争环境，从而使个人形成平等竞争的观念。再次，社会主义市场经济的平等竞争原则和效率原则，不断强化了个人的能力本位意识，使每个人的能力得到越来越充分的发挥。最后，社会主义市场经济不仅要求形成个人的独立性和主体自我意识，而且要求形成以个人独立性为基础的真实的、全面的人与人之间的相互依存关系。人的社会交往的扩大，人的选择机会的增多，人的合作领域的拓宽，人的权利义务的增强，要求人们以开放的思维方式、健全的人际关系、良好的道德品质和积极的精神状态去适应各种社会环境，对待各种社会关系，参与各种社会活动，取得各种社会认同。"小我"必须在多个层面的、多种性质的"大我"中，才能获得和实现自己的独立性。主体的独立性与依存性，在一个健康的社会主义市场经济中，能够不断地增强相互之间的协调性。

二　心态与社会思潮

　　每个时代的社会思潮，都是该时代人类对自身生存状况的自我意识的文化表达。个体的"心态"离不开时代性的社会思潮。当代社会思潮，从总体上可以概括为：两极对立模式的消解，英雄主义时代的隐退，高层精英文化的失落，理性主义权威的弱化和人类精神家园的困惑。当代人的心态与当代的社会思潮是互为表里、密不可分的。建设人的精神家园，必须正视当代的社会思潮。

　　当代社会思潮的首要特征，可以称为"两极对立模式的消解"。在以自然经济为基础的传统社会中，人们的经济生活、政治生活、文化生活和精神生活都处于两极对立的状态之中，因此，人们总是以两极对立的思维方式去思考一切问题。传统哲学作为传统社会的"思想中的现实"，集中地体现了这种两极对立的生存方式及思维方式，即总是试图在真与假、善与恶、美与丑的绝对对立中寻求某种绝对的确定性。现代的市场经济、科技文明和大众文化则日益深刻地消解掉了这种"绝对确定性"的灵光，使人们的生存方式发生了"从两极到中介"的变革：当代世界的政治模式形成了"从对抗到对话"的多元化和多极性，"和平与发展"成为当今时代的主题；当代世界的经济模式发生了"从对立到合作"的变革，出现了"经济全球化"的趋势；当代世界的文化模式发生了"从对峙到融合"的变革，"欧洲中心主义"已被多元文化模式的共存、交流与融合所取代；当今人类的思维模式更是集中地体现了"从两极到中介"的深刻变革，并把真善美理解为时代水平的人类自我意识。然而，由于"消解"掉了传统社会所悬设和承诺的绝对确定的种种思想的根据、价值的尺度和行为的标准，当代社会思潮的突出特点，表现为从绝对主义转向相对主义，从信仰主义转向虚无主义。相对主义和虚无主义构成当代人类所面对的深刻的文化危机。

与"两极对立模式的消解"相适应，当代社会思潮的另一特征可以称为"英雄主义时代的隐退"。在以自然经济为基础的传统社会中，"上帝"是神秘化了的"神圣形象"，"英雄"则是"神圣形象"的世俗化存在。历代的帝王将相、圣人先哲都涂抹着"神圣形象"的灵光，以超世或救世的"英雄"的方式凌驾于人民之上，并被描绘成创造历史的主人。现代的市场经济、科技文明和大众文化则不仅消解了"彼岸世界"的"神圣形象"，而且也消解了"此岸世界"的"神圣形象"。在现代社会中，每个人都是普通的个人，都是可以显示个人能力的"英雄"。人们越来越强烈地感受到：现代社会的政治领袖已不再是超然于历史之上的救世主式的"英雄"，而是承担重要责任的"公务员"；现代科学共同体中的科学家，已不再是仅凭个人才智就给予人类以划时代发现的"英雄"，而只是依据某种"科学范式"进行科学研究的科学家集团中的"优秀分子"；现代文学艺术的丰富多彩和日新月异，以及"接受主体"的解读方式的多样化和多元化，使得当代文学家和艺术家已不再是鹤立鸡群的"文学大师"和"艺术巨匠"，而是不断地超越自我的"探索者"；同样，现代思想的日新月异和丰富多彩，使得当代思想家和理论家不再是某种指点迷津的"思想伟人"，而只是不断地向人们展现新的可能世界的"思想者"；随着现代人的公民意识的增强和社会公德的普及，各种各样的行为楷模失去了往昔的难以企及的神圣性，越来越成为现代社会中的"优秀公民"。"英雄主义时代的隐退"，把人们从"英雄创造历史"的误区中解放出来，使公民意识成为每个人的最基本的也是最重要的自我意识，它标志着人从"传统人"变成了"现代人"。然而，这种市场经济所形成的"英雄主义时代的隐退"，以及个人的"独立性"的形成，是"以物的依赖性为基础的"，它"抹去了一切向来受人尊崇和令人敬畏的职业的神圣光环"，"撕下了罩在家庭关系上的温情脉脉的面纱"，"一切神圣的东西都被亵渎了"①。这就在当代人的自我意识中更加强化了相对主义和虚无主义的倾向，在当代社会思潮中更加深化了相对主义和虚无主义的文化危机。

"两极对立模式的消解"和"英雄主义时代的隐退"，在文化层面上的突出表现是"精英文化的失落"和"大众文化的兴起"。这是当代社会思潮的又一个特征。在禁欲主义、蒙昧主义和专制主义"三位一体"的自然经济的生存方式中，在教育不发达的状态下，"文化"一向被视为向人们灌输至高无上、千真万确、不容置疑、天经地义的"真理"。这种文化可以被称为"精英文化"。以功利主义的价值取向、工具理性的思维方式和民主法治的政治体制的"三位一体"为标志的市场经济，从根本上改变了自然经济条件下的文化状况。市场经济的发展，科学技术的进步，教育程度的普及，生活水平的提高，闲暇时间的增多等众多因素，使文化变成了所谓"大众文化"。"大众文化的兴起"和"精英文化的失落"，在"文化"的意义上更加弱化了两极对立的思维方式和价值观念。然而，市场经济中的文化，同样体现出一种"以物的依赖性为基础的人的独立性"。市场经济文化的突出特征，在于它是一种以文化商品化为基础的泛审美形象的全面增殖。这种商品化的文化以工业化的方式得到最广泛的生产与销售，并通过各式各样的现代媒体得到极为迅速和广泛的传播。市场经济文化已经成为"平面化"的大众化、"媚俗"的商业化、"控制"的工业化和"宣泄"的世俗化的统一。实用文化、宣泄文化、神秘文化与陶冶文化、学术文化、科学文化在当代文化市场中并存，构成大众文化时代的耐人寻味和发人深省的"文化风景线"。

在当代社会思潮中，"理性主义权威的弱化"是一个不容忽视和不容回避的显著特征。在这方面，一个最突出的标志性问题是，20世纪的

---

① 《马克思恩格斯选集》第1卷，275页，北京，人民出版社，1995。

西方哲学，为什么它的旗帜上写的是"消解哲学"或"终结哲学"？或者更为准确地说，20世纪的西方哲学究竟要"消解"和"终结"的是什么样的"哲学"？在由自然经济转向市场经济的过程中，近代以来的西方哲学，集中地塑造和引导了以"理性"为核心的新的时代精神。作为整个西方近代哲学的理论总结的黑格尔哲学，更是以其"绝对理念"雄心勃勃地向人类显示了"理性"的无所不在、无所不至、无所不能的力量。因此西方近代以来的哲学可以称为"理性哲学"。

20世纪的西方哲学，无论是科学主义的各种流派还是人本主义的各种流派，不约而同地以讨伐黑格尔哲学作为其共同的理论出发点，从而实现对人类"理性"的反省。在科学主义思潮的各种流派看来，黑格尔的"无人身的理性"是一种"狂妄的理性"，即试图以超越科学理性的哲学理性去实现对世界的终极解释；在人本主义思潮的各种流派看来，黑格尔的"无人身的理性"则是一种"冷酷的理性"，即试图以泛逻辑主义的理性去解释和规范人的存在。这表明，现代西方哲学之所以要"消解"哲学，是因为它把"哲学"作为压抑人的个性、独立性和丰富性的"普遍性""规律性""必然性""根源性""基础性""统一性"的代名词，试图通过对"哲学"的"消解"，重构甚至倒置普遍与个别、现实与根源、必然与偶然、统一与选择、崇高与渺小的关系。反省人类理性，乃至"消解"人类理性的权威性，就是20世纪西方哲学"消解哲学"的实质。然而，这场"消解哲学"的哲学运动，在"消解"各种"非神圣形象"的过程中，否认了理性的权威性、确定性和统一性，动摇了人类存在的合理性、必然性和规律性的信念。真理观的多元主义，价值观的相对主义，历史观的非决定论，构成了20世纪西方哲学的主流与基调。

当代社会思潮的两极对立模式的消解、英雄主义时代的隐退、高层精英文化的失落和理性主义权威的弱化，在人类精神生活中的集中表现，就是"现代人的困惑"，即人们更加深切地感受到的"精神家园"的失落：世界的符号化和自然的隐退所形成的"无根"的意识；价值尺度的多元化和不确定性所形成的"没有标准的选择"，终极关怀的感性化所形成的"信仰缺失""形上迷失"和"意义失落"。以市场经济中的人的存在方式为基础的当代社会思潮，显现了当代人类的精神生活处于深刻的"意义危机"之中。当代哲学作为人类生活的当代意义的社会自我意识，需要对这种时代性的意义危机做出全面的反映、批判的反思、规范性的矫正和理想性的引导。

三　心态与哲学思潮

人的"心态"是人的世界观、人生观和价值观的生动体现。时代性的哲学思潮，深层地制约和规范着作为"精神家园"的人的"心态"。在当代社会的"科技文明"与"全球问题""市场经济"与"人的物化"的深刻矛盾中，作为"社会的自我意识"的哲学，敏锐而痛切地把握到人类"生存"的矛盾与困境，因而合乎逻辑地通过人的"生活世界"来实现对人类存在的关切，即以主题性转换的方式来实现哲学对人类存在的关切，从而形成以"生存与发展"为主题的新世纪的哲学理念。

以"生存与发展"为主题的哲学理念，首先凸显了关乎人类生存意义的"标准"与"选择"这对哲学范畴。人的生命活动是寻求和实现"意义"的"生活"活动，而"生活"活动的"意义"，总是存在于"标准"与"选择"这对范畴的矛盾关系之中，即"选择"什么样的"标准"来确定生命活动的"意义"。哲学作为理论形态的关于人类存在意义的自我意识，其全部理论活动，都可以归结为处理"标准"与"选择"这对范畴的矛盾关系。但是，哲学作为思想中的时代，其核心范畴的凸显，总是取决于对人类时代性的生存困境的理论自觉，并直接地取决于对时代性的社会思潮的理论自觉。在当代社会思潮中，两极对立模式的消解的实质是"消解"作为绝对确定性的"标准"；英雄主义时代的隐退，是淡化"英雄"作为人格化"标准"的神圣性；高层精英文化的失落，是以文化的大众化和多元化弱化精英文化的"标准"化；而理性主义权威的弱化，则直接地冲击了将"理性"作为"标准"的合理性。这表明,当代社会思潮所体现的根本矛盾,是"标准"与"选择"的矛盾。因此,只有当代哲学才把"标准"与"选择"升华为最重要的哲学范畴。

如果以"标准"与"选择"这对范畴来概括传统哲学与现代哲学的区别,那么,我们可以说,以自然经济为基础的传统哲学追求的是一种"没有选择的标准",而以市场经济为基础的现代哲学承诺的是一种"可以选择的标准"。正因如此,以追求绝对确定性为使命的传统哲学,就是以超历史的"神"或非历史的"物"作为"本体"即"标准",去规范人的全部思想和行为。这就是传统哲学的"没有选择的标准"的"本质主义的肆虐"。而在现代哲学消解"神圣形象"和反对"本质主义"的理论自觉中,"标准"既是对历史文化的一种承诺,更是在现实生活中的一种"选择"和"安排"。但是,由于相对主义和虚无主义思潮的泛滥,当代西方哲学往往把这种文化选择蜕变为丢弃"标准"的"选择",从而造成了当代哲学中的"没有标准的选择"的"存在主义的焦虑"。

从"没有选择的标准"到"没有标准的选择",从"本质主义的肆虐"到"存在主义的焦虑",凸显了人类哲学思想中的另一对基本范畴即"绝对"与"相对",并使这对传统哲学的范畴获得了深刻的时代性内涵。在当代"知识和文化生活中弥漫着一种不安气氛。它几乎影响到每一学科和我们生活的每一方面。这种不安表现为客观主义和相对主义的对立","当代思维在此与彼这相互作用的两极间徘徊。即使那些为冲破这一思维框架而做出的尝试最终也常常回到这些规范的对立上来"。"从对基础、方法以及评价的理性标准所拥有的自信走向怀疑主义这个运动并不只是在哲学领域中发生。哲学中的混乱和不确定展示与反映了代表我们的理智及文化生活特征的一个现象。在整个人文和社会科学领域里,我们已经看到,寻找安全基础的大胆尝试和对构成真正知识前提的新方法的阐述都不再时兴了,继之而起的是,由此来揭露那些原来曾认为坚实可靠的信条并非真正如此。似乎突然之间各种形式的相对主义又受到了青睐。"①这种"相对主义"的哲学思潮，理论地表征了当代人类的生存困境。

20世纪的发达工业社会，是"人已经创造了一个前所未有的人造物的世界"。科学技术的加速更替，生活环境的急速转换，大众文化的快速变异，审美时尚的迅速变化，使人们仿佛生活在一个光怪陆离、变幻莫测的"万花筒"中，似乎在一个"无底的棋盘"上游戏。"现代性的酸"使一切神圣的事物都失去了原来笼罩着的灵光。两极对立模式的消解，英雄主义时代的隐退，高层精英文化的失落和理性主义权威的弱化，使得一向以崇高的化身自期自许的"哲学"，变成了"往昔时代旧理想的隐退了的光辉"。这是21世纪哲学所自觉到的最为深刻的"文化危机"和"意义危机"。这种深刻的"文化危机"和"意义危机"，以及它所蕴含的"标准与选择"的矛盾和"相对与绝对"的冲突，使人类性的"本体论"问题、"形而上学"问题以新的时代内涵凸显出来。这就是21世纪哲学的"本体论"重建或"形而上学"的复兴。它最深刻地表现了21世纪哲学对当代人类生存困境的理论自觉。

人类的全部"生活活动"的指向与价值，在于使世界满足人类自身的需要，把世界变成对于人来说是真善美的存在；基于人类"生活活动"的人类思维，总是渴求在最深刻的层次上或最彻底的意义上把握世界，解释世界和确认人在世界中的地位与价值。这便构成了表现人类自我意识的哲学的"形而上学"及其"本体论"追求。当代哲学思潮中的"本体论"之争，从理论自身来看，是关于本体论的"原意是否合理""问题是否普遍"以及"引申是否合法"的争议，而从实践的观点来看，则表现了对当代人类生存困境的理论自觉，特别直接地表现为对当代人类的超越绝对主义和相对主义的自我意识和社会思潮的理论自觉，是对当代人类走出相对主义和虚无主义的精神困境的理论自觉。

---

① ［美］理查德·J. 伯恩斯坦：《超越客观主义和相对主义》，1—3页，北京，光明日报出版社，1992。引文有改动。

马克思主义哲学是关于"现实的人及其历史发展"的哲学，既把人类"文明的活的灵魂"凝聚为"时代精神的精华"，又把"时代精神的精华"升华为"文明的活的灵魂"，从而为我们塑造与时俱进的"精神家园"，引导我们走出当代的相对主义和虚无主义的"文化危机"。

第十四章　理想：精神家园的源泉

　　人既是现实性的存在，又是理想性的存在，因而是把现实变成理想的现实的存在。但是，我们往往把理想与现实这对范畴想得很简单，似乎"现实"就是现在看到的这个样子，"理想"就是我们想让它成为一个什么样子。其实，"理想"是人的存在方式，是人的活动方式，是人的精神家园。我们需要从人的存在方式去思考理想与现实的关系，去构建我们的"精神家园"。

一　现实的理想与理想的现实

　　人是世界上最奇异的存在——超越性的存在，超越其所是的存在。超越其所是，就是创造性的存在。这种超越性的、创造性的存在，意味着人是理想性的存在。世界就是自然。它存在得自然而然。但是从自然中生成的人类怎么样呢？人类要认识自然，改造自然，把自然变成对于人来说是真善美相统一的存在。这就是人对世界的超越！人生也是自然的，人自然地生，自然地死，生和死都自然而然。但是，人却要认识人生的意义和价值，把人生变成"有意义""有价值"的人生，这就是人对于人生这个自然的超越。正是在这种双重的意义上，人给自己创造了一个理想的世界，人要给自己创造理想的人生，因此人是一种理想性的存在。

人是理想性的存在，这不是空泛的、抽象的命题或者判断，它具有丰富的内涵，直接地表现为人类实践活动的超越性。实践活动的超越性，内含着人类精神活动的超越性。实践活动、精神活动的超越性，具体地表现为文化活动的超越性，它构成的是人自身的生活境界的超越性。在人们的生活境界的超越性的过程中，它体现的是价值追求的超越性。所以，人的理想性，或者说理想与现实的关系，表现为实践活动的超越性、精神活动的超越性、文化活动的超越性、生活境界的超越性和人的价值追求的超越性所构成的人与世界之间的关系。

人的实践活动，表现了人同世界的特殊的关系，这就是人与世界之间的否定性的统一关系。在这种否定性的统一关系中，它造成了世界本身的二重化，也造成了人自身的二重性，以及作为人的发展历史的二象性。人在自己的实践活动中把世界"二重化"了：一方面，世界永远是自然的世界、自在的世界；另一方面，世界又变成了马克思所说的"人化了的自然""属人的世界"。"世界"在人的活动中被"二重化"了。同样，人在自己的活动中，也被二重化了：一方面，人永远是自然的、自在的存在；另一方面，人又是超自然的、自为的存在。"人"在自己的活动中具有了"自然"与"超自然""自在"与"自为"的二重性。"人"在自己的活动中，既按照自己的目的进行活动，又创造自己的历史，同时人创造历史的活动又构成历史的发展规律，这就是历史的"二象性"。世界的"二重化"，人的"二重性"，历史的"二象性"是在人的"目的性"和"对象性"的实践活动中形成的。

我们经常使用"实践"这个概念，实践是人们有意识的、有目的的、改造客观世界和探索客观世界的客观物质活动，实践具有社会历史性，如此等等。但是，究竟怎样理解这个"实践"？实践，是人的存在方式。人就是一个实践活动的过程。因此，我们对于人、对于人同世界之间关系的理解，说到底，是对实践活动的理解。什么是实践活动呢？实践活动就是否定现存世界的活动。动物以本能的方式实现它同自然的统一，因此这是一个肯定性的活动。而人的实践活动是人同世界的否定性统一的活动。这样才能理解人是一个超越其所是的存在。为什么人是这样的存在？因为人是以实践的方式存在的。实践就是否定现存世界状态的活动，也就是实现人同世界的否定性统一的活动。

我们生活的这个世界，是我们否定现存世界的结果和产物。吃的，穿的，用的，戴的，所有一切，都是我们否定了现存世界的产物和结果。没有实践活动对于现存世界的否定，就没有人的世界。所以实践活动，说到底是一种理想性的活动，是使人的目的性要求所构造的客观图画获得现实性的过程。实践活动就是把人的目的性要求现实化，把人的头脑中的世界的客观图画现实化的过程。这个过程，消灭了世界本身的现实性，而把人的目的性要求变成了现实性，从而实现了在否定性的关系中的人同世界的统一。这不就是理想与现实的辩证关系吗？

人在自己的实践活动当中，把我们所生存的世界本身"二重化"了！我们生活的世界当然是一个自然的世界，并且永远是一个自然而然的世界。但是人的实践活动，使这个自然而然的世界变成了马克思所说的"人化了的自然"，或者是马克思使用的另一个概念，"属人的世界"。人同世界的关系，是由人的实践活动构成的。实践活动是一个否定现实世界的过程。它否定了现实存在，从而使人的世界图景对象化给了这个自然而然的世界，世界怎么样呢？世界本身被二重化了。人同世界的关系，是一种否定性的统一关系。在这种否定性的统一关系中，世界本身被二重化了。如果你只把世界理解成自然而然的世界，那么你就无法理解真实的、现实的人同世界的关系。

实践活动在把我们所生存的世界二重化的同时，也使人本身具有了二重性。人的二重性是多方面的。我们可以说人既是一个自然性的存在，又是一个社会性的存在。人既是一个物质性的存在，又是一个精神性的存在。但是我认为最深刻的是，人既是一个现实性的存在，又是一个理想性的存在。人是一个现实性与理想性的对立统一的存在，所以人是一个怎样的存在呢？人是一个超越其所是的存在，不是他原来的存在。如果你体会一下自身的存在，你就会知道，你是真正的辩证的存在，没有一个人不是辩证的存在。因为你永远不是你，你永远在否定性中存在。你既是你又不是你，你既是一个肯定性又是一个否定性，这才是真正的对立统一。你从昨天的你变成今天的你，而且你必然变成明天的你。这不就是否定之否定了么？这就是人自身的二重性。人既是现实的存在，又是理想性的、超越性的、创造性的存在，这是人的最深层的二重性。我们只有理解了人的二重性，理解了人的理想性与现实性的二重性，才能够理解人同世界的关系。

人的二重性的过程，构成了历史的二象性。人永远是现实的存在，人作为现实的存在，永远是历史的结果。历史给我们提供的条件，构成了我们每个人的现实的存在，所以我们永远是历史的结果和产物。同时，我们永远是在改变历史当中来接受历史的，所以我们又永远是历史的前提。我们作为历史的前提，给历史提供了一个又一个结果，所以历史构成了这样一种规律性的存在方式。人的存在是实践的存在，这种实践的存在构成了一种历史性的存在。什么是历史性的存在？历史性的存在就是说，你既是现实的，又是理想的，所以人既是历史的结果，又是历史的前提。人既服从历史的规律，又创造了自己的历史。历史有没有规律？历史有没有必然性？我们从历史的二象性，从人在自己的实践活动当中所构成的人与世界的否定性统一关系来看的话，毫无疑问，人类的历史是一个发展的过程。在历史的发展过程当中，人类的历史构成了一个双重性的过程，那就是社会进步的过程和人的全面发展的过程的统一。

实践活动的超越性不是抽象的，最直接地，它体现为人类精神活动的超越性。首先你就会想到，"表象"对于经验"对象"的超越。人的表象不光反映了那个对象，而且创造了没有的对象，那就是"想象"，想象又超越了经验对象的形象而存在。人不仅仅能够想象对象，还能构成关于对象的"思想"，这就是思想对表象的超越。不仅如此，人的"智力"又超越了给定了的"知识"，人类作为一种智慧性的存在，又超越了形式逻辑所规范的那种"逻辑"。人在自身的精神活动当中，构成了一系列的超越，从而构成了自己的丰富多彩的精神家园。

人类的精神活动是极其丰富多彩的，不可能用语言穷尽它的超越性。超越对象的表象，超越形象的想象，超越表象的思想，超越知识的智力和超越逻辑的智慧，深刻地体现了人类精神活动的理想性、超越性和创造性。我非常喜欢海德格尔对梵·高的一幅画的论述。画面就是一双农鞋。就画面来看，仅仅就是一位农夫穿的一双鞋，然而，人驰骋了自己的想象：在落日余晖当中，一位疲惫不堪的农民，走回他的家里，把这双农鞋放在炉边去烘烤它，然后海德格尔去想农民这样一种愉悦的心态等。"人类失去联想，世界将会怎样？"人类要是没有想象和联想，人的世界就不复存在了。

人类的精神活动的超越性，一方面表现为它的"想象"，另一方面表现为它的"思想"。人看到的都是一些直观的形象，从而构成我们关于对象的表象。然而人的理性思维能力，把对象性的存在，变成了"概念"的存在。想一想，当我说"桌子"的时候，我就把桌子移进我的头脑了吗？当我说"火"的时候，我就把燃烧着的火放进我的头脑了吗？当我说"红色"的时候，我就把大脑染成红色了吗？都没有。因为我是以"概念"的方式去把握这个经验世界的。想一想，如果人没有概念，人将是一种怎样的存在？人不仅能够把握关于对象的表象，而且能够创造原来没有的关于对象的表象，能够驰骋自己的想象。大家想一想，人不仅能够想象世界上没有的形象，而且能够建构关于对象的普遍性、本质性、必然性、一般性的概念，从而给自己建构一个概念系统的世界，这样才会有科学。什么是科学？科学就是各种逻辑化的概念体系。这样，人才能够以科学的方式去把握这个经验的世界，从而构成人的科学的世界图景。卡西尔在《人论》中说，"科学是人的智力发展中的最后一步，并且可以被看成是人类文化最高最独特的成就""在我们现代世界中，再没有第二种力量可以与科学思想的力量相匹敌。它被看成是我们全部人类活动的顶点和极致，被看成是人类历史的最后篇章和人的哲学的最重要主题。""对于科学，我们可以用阿基米德的话来说，给我一个支点，我就能推动宇宙。在变动不居的宇宙中，科学思想确立了支撑点，确立了不可动摇的支柱。"我们来听听科学家们是如何盛赞爱因斯坦的广义相对论的。我记得国内的一位学者，曾经引证法国物理学家德布罗意的一句话来评论相对论。这句话是，广义相对论对万有引力"这种解释的雅致和美丽是不可争辩的。它该作为 20 世纪数学物理学的一个最优美的纪念碑而永垂不朽"。他还引证德国物理学家玻恩的一句话："广义相对论在我面前像一个被人远远观赏的伟大艺术品。"这些赞誉告诉人们，"支配科学家的动机，从一开始就体现为审美的冲动"，"科学达不到艺术的程度就是科学不完备的程度"。

科学是对真的探索，也是对美的追求。因此，科学理论的逻辑之美，不仅仅体现在自然科学理论之中，还表现在社会科学理论之中。在谈到人们对《资本论》的评论时，马克思说，不管这部著作存在这样或那样的毛病，它作为一个"完整的艺术品"，都是可以引为自豪的。确实，凡是读过《资本论》的人，有谁能不深深地折服于这部巨著"由抽象上升到具体"的逻辑呢？有谁能不由这个逻辑引发思维的撞击并产生强烈的逻辑美感呢？

我特别欣赏马克思说的那句话，每一滴露水珠在太阳的辉映下都闪烁着五颜六色的光芒，人的精神怎么能只有一种颜色——灰色呢？所以人这种创造性的、超越性的、理想性的存在，必然要创造一个丰富多彩的世界。正因为人要创造一个丰富多彩的世界，所以人无法忍受单一的颜色，因而也无法忍受凝固的时空。马克思说，时间才是人类的空间。什么是人类存在的空间？人类存在的空间就是时间。人类的活动的过程，才是真正的人类存在的空间，所以人无法忍受凝固的时空。人永远在一个创造的过程当中，给人创造了属于人自己的那个世界的时空世界。所以对于人来说，太阳每天都是新的。因为人无法忍受单一的颜色和凝固的时空，所以人无法忍受存在的空虚。人是一种寻求意义的存在，人无法忍受无意义的生活。我们的存在，必须是一个有意义有价值的存在。我们不能忍受一种无意义的生活，所以人无法忍受存在的空虚。人无法忍受存在的空虚，所以人无法忍受自我的失落。每个人的生活过程，都是一个自我实现的过程。这种自我实现的过程，不仅要实现个体的小我，而且要实现人类的大我。正因为人无法忍受"单一的颜色""凝固的时空""存在的空虚"和"自我的失落"，所以人无法忍受"彻底的空白"。因此人永远想用他的有限的生命去创造无限的生命的意义和价值。正因为人是"向死的存在"，所以人才能够面对他自觉到的死亡而燃烧起生命的熊熊之火，把人的存在变成一个超越性的、创造性的、理想性的存在。

二　需要的满足与自我的实现

人的超越性，是把理想变为现实的活动，也是不断地满足自身需要的过程，追求幸福生活的过程。需要层次的跃迁，具体地体现了人的理想性追求。

幸福，在最宽泛的意义上，总是离不开人的生理的、心理的和伦理的需要的满足。人的需要是多层次的，人的幸福感也是多层次的。在当代，人本主义心理学家马斯洛的层次需要论，产生了非常广泛的影响。它启发我们把人的需要、人的价值和人的幸福统一起来，去看待人的生活质量和人对幸福的追求。马斯洛提出，人的需要，可以分为七个基本层次：一是生理需要或生存需要，这是最起码的也是最低的需要；二是安全需要，即生活有保障而无危险；三是归属的需要或爱的需要，即与他人亲近，受到接纳，有所依归；四是尊重的需要，即胜任工作，得到赞许和认可；五是认知需要，即求知、理解和探索；六是审美需要，即以审美的态度去观照生活和享受生活；七是自我实现的需要，即实现个人的潜在能力，这是最高层次的需要。

马斯洛的层次需要理论，可以引发我们多方面的思考。首先，这种层次需要理论，向人们显示了人类自身的丰富性。人有高于其他动物的多种潜能，因而人能为自己创造其他动物所不具有的多彩的生活世界；人有高于其他动物的多种需要，因而人能为自己创造其他动物所不具有的多重的意义世界；人有高于其他动物的多种价值，因而人能为自己创造其他动物所不具有的多样的文化世界。其次，这种层次需要理论，在现代意义上表明了层次需要、层次规定、层次价值和层次规范的关系。每个层次的需要，都有它特定的确定的内涵即规定，人的需要在这种层次规定性中得到具体的展现。每个层次的需要，都有它的相应的不可或缺的价值，人的需要在这种层次价值性中得到充分的肯定。每个层次的需要，都有它的基本的不可缺少的规范，人的需要在这种层次规范中得到相应的实现。最后，这种层次需要理论，又在现代意义上表明了需要的层次关系。各个层次的需要，对于人的生活特别是人的生活质量来说，具有按照层次不断上升的价值。比如，生理需要或生存需要，其价值是最低的；自我实现，则具有最高的价值。同时，只有低层次的需要得到满足或至少得到部分满足以后，高层次的需要才有可能成为行为的重要决定因素。人的需要的丰富性、层次性以及需要层次的复杂相关性，构成了人类生活的丰富性、生活价值的层次性以及实现生活价值的复杂性。

在当代中国，肯定人的生存需要并张扬这种需要的基础价值性，不能不说是一个巨大的历史进步。"贫穷不是社会主义"，首先否定了无视人的生存需要的极左思潮，并充分肯定了生存需要的根本性的生活价值。针对人们批评市场经济中的"人文精神的失落"，作家王蒙提出这样的看法：与其说是市场经济使私欲膨胀，不如说是市场经济条件下人们的私欲更加公开化，更加看得见摸得着了。我们的目标不是建立一个大公无私的'君子国'，而是建立一个靠正直的劳动与奋斗获得发展的机会的更加公平也更加有章可循的社会。这个目标只能在市场经济条件下达到，达到了这样的目标才更容易寻找人文精神。又说，富裕不能自发地等同于文明，贫穷也还可以做到"人穷志不穷"，"穷而好礼"。但富裕不仅不是文明的羁绊，而且还是文明的果实，至少是果实之一种。进一步说，富裕正在或将要使对人的关注成为现实而不是仅仅停留在口头上。需要的层次性，既要求人们必须正视和肯定低层次的需要，又要求人们必须超越和升华低层次的需要。

如果我们像动物一样仅仅表现为一种生存的生命活动的话，就不会有这样一种层次需要了。正因为人不表现为一种本能的、生存的生命活动，而表现为一种超越了生存的生活的生命活动，因此人提出了一系列高层次的需要。在生存需要的基础上，人提出了所谓安全的需要，接着就形成了一种归属的需要。人最怕的是什么？人最怕的是孤独么，所以我们害怕人际关系紧张，但我们又怕形影相吊么，对不对？你最怕的就是没人理你，所以这是一种归属的需要。在归属的需要里边你又需要获得什么东西？你需要获得的是一种尊重的需要，那么进一步，一种审美的需要。人应当诗意地栖居在大地上。大家想一想，这绝不是玄虚的东西呀，对于一个人来说，最重要的是在这里面获得一种审美的生活。一位学者说，世界上的一切对于人来说，都是"让"存在。让它存在！让鲜花存在，让绿树存在，让蓝天存在，让草原存在！所以它们构成了一种审美的对象。

我们常常说，事物的发展总是否定之否定。什么是否定之否定？你通过对生活的理解就知道了。原来山就是山，水就是水。看见山叫山，看见水叫水，这是自在的存在。当你升华一个境界，山不是山了，水也不是水了，它成为你的对象了。但是你最后要达到的是什么？山还是山，水还是水，但它不只是一个认知的对象，还是一个审美的对象！人生不就是这样么。仔细想一想，你要获得的不就是这样么？山还是山，水还是水，生活还是生活，但是对于你来说，它是一个审美的存在了。你和那个山，和那个水，融合在一个美的境界中去了。在这种审美当中，你才真正有可能达到一种真实的自我实现。所以我们说人类全部实践活动，其超越性不外是达到一种自我实现。

三　个人的理想和社会的理想

个人与社会之间的矛盾关系，表现在社会的价值体系中，就构成社会的价值理想、价值导向、价值规范与个人的价值目标、价值取向、价值认同之间的矛盾，即社会的价值理想与个人的价值目标、社会的价值导向与个人的价值取向、社会的价值规范与个人的价值认同之间的矛盾。这是任何一个社会的价值体系中都存在的相互矛盾的两个基本方面。

社会的价值导向与个人的价值取向之间的矛盾，在其最本质的意义上，就是我在这里所说的"我们到底要什么"与"我到底要什么"的矛盾。作为复数的"我们"，代表社会所提出的价值要求，即我们这个社会所要求的到底是什么；作为单数的"我"，则表明个体所提出的价值要求，即我这个个体所要求的到底是什么。因此，所谓"价值导向"，就是以社会的名义提出价值要求，又以社会的名义引导每个个体认同这种价值要求；所谓"价值取向"，则基于个体的价值要求，表现为对社会的价值要求的认同或拒斥的基本态度。

在社会的价值导向与个人的价值取向的矛盾中，我们必须注意的是，不能把"社会"当作抽象的东西与个体对立起来。个体是社会的存在物。人的个体生活与整体的社会生活，是相互融合的，个体生活总是以某种方式表现了整体的社会生活，整体的社会生活也总是以某种方式蕴含于各不相同的个体生活中。这表明，社会的价值导向，总是形成具有普遍性的个体的价值取向，因而才有可能反过来去"引导"个体的价值认同；同样，个体的价值取向，也总是蕴含着某种社会的价值要求，因而才有可能去"认同"社会的价值导向。

在社会的价值导向与个人的价值取向的矛盾中，我们还必须注意的是，这种"导向"与"取向"的矛盾关系是在动态的实践过程中构成的，而不是某种既定的、僵化的关系。在人类的历史进程中，每一代人都是历史的"前提"，又是历史的"结果"。作为历史的"前提"，每一代人都是上一代人的"结果"；而每一代人作为上一代人的"结果"，又同时构成下一代人的"前提"。这种历史进程中的"前提"与"结果"的矛盾，在价值观的意义上，构成了社会的价值导向与个人的价值取向的动态的矛盾关系。现代哲学解释学认为，每个个体都存在一种"历史视野"与"个人视野"之间的"张力"，即一方面，每个个体总是要在历史中接受从过去承继下来的"文化"，另一方面，每个个体又要在自己的生活境遇中更新理解的方式，从而在个体的理解中构成既源于历史，又超越历史的新的理解。具体地说，个人的价值认同，并不是现成地接受，而是创造性地接受，因而价值导向的方向、内容与形式都呈现为历史过程中的存在。这就要求我们从社会的价值导向与个人的价值取向的矛盾运动中去探讨价值观的内在矛盾。

在社会的价值导向与个人的价值取向的矛盾关系中，社会的价值导向是矛盾的主要方面，它从总体上规范着个人的价值取向。这个基本特点，首先表现在个人价值取向的社会性内涵上。理解这一点，对于坚持社会的价值导向是十分重要的。

然而，如果透视每个人的千差万别、千变万化的价值选择，我们就会发现，个人的价值目标总是"取决"于社会的某种价值理想；个人的价值取向总是"取向"社会的某种价值导向；个人的价值认同总是"认同"社会的价值规范；个人的价值选择总是"依据"某种社会的价值标准。这表明，在社会的价值体系中，个人的价值目标、价值取向、价值认同和价值选择，总具有社会性内涵。

个人价值取向的社会性内涵，主要表现在个人的价值取向中的内容、性质和形式这样三个方面：从个人的价值取向的内容上看，它总是具有社会性质的社会正义、政治制度、法律规范、道德伦理、人生意义等问题，而绝不是没有社会内容的所谓纯粹的个人问题；从个人的价值取向的性质上看，它总是具有社会性质的真与假、善与恶、美与丑、集体利益与个人利益、整体利益与局部利益、长远利益与暂时利益等问题，而绝不是与社会无关的所谓纯粹的个人问题；从个人价值取向的形式上看，它总是表现为作为社会意识形式的宗教、艺术、伦理、科学和哲学，而绝不是与社会意识形式无关的所谓纯粹的个人表现。

改革开放以来的中国，正处于从"计划经济"到"市场经济"的社会转型中，人的存在方式及其自我意识正在这种社会转型的过程中发生深刻的变化，不可避免地形成相互冲突的社会心理和社会思潮，从而也形成了各不相同的个人价值取向。然而，透过这些五花八门的个人价值取向，我们却可以发现蕴含在这些价值取向中的社会性内涵。比如，在建设社会主义市场经济的过程中，一种所谓"耻言理想、蔑视道德、拒斥传统、躲避崇高、不要规则、怎么都行"的社会思潮正在引起人们的困惑与忧虑。对于这种社会思潮，我们可以发现在个人的价值取向中所包含的社会内容、社会性质和社会形式。首先，理想、道德、传统、崇高、规则，都具有显著的时代性的社会内容，人们对它们采取何种态度，正是对时代性的社会内容采取的态度；其次，在理想、道德、传统、崇高、规则当中所蕴含的正是具有社会性质的真善美与假恶丑、理想主义与功利主义等问题，人们对理想、道德、传统、崇高和规则的态度，正表现了人们对真善美与假恶丑的态度；最后，人们对理想等的态度，总表现在人们的各种社会意识形式之中，即总表现为人们的宗教信仰、艺术情趣、科学精神和哲学意识之中。正是由于个人的价值取向具有不可逃避的社会性内涵，因此，社会的价值导向才能够对个人的价值取向具有"导向"作用。

社会的价值导向，是以其时代性的社会内容、普遍性的社会性质和可操作性的社会形式去表达社会的价值理想和价值规范的，引导个体"认同"和"取向"于社会的价值理想和价值规范。社会生活表明，个人的价值取向的总体趋向，总取决于社会的基本价值导向；而个人的价值取向的困惑，则总根源于社会的价值坐标的震荡；因此，解决个人价值取向的问题，最根本的是解决社会的价值导向问题。通俗地说，要解决"我到底要什么"的问题，关键要解决"我们到底要什么"的问题。如果"我们到底要什么"扑朔迷离，"我到底要什么"必然是模糊不清的。

"我们到底要什么？"是当代中国面对的根本性问题，也是理论界应当予以回答的重大问题。这就是确认当代中国的价值理念，并从而确定相应的社会价值导向的问题。在改革开放的实践过程中，我们越来越自觉到，"贫穷不是社会主义"，"发展才是硬道理"。"发展"，正在成为当代中国的基本价值理念，并从而正在成为当代中国的基本价值导向——引导全体人民把自己的价值追求定位在"发展"上。这是我们在当代中国对"小我"与"大我"关系的现实性理解。

当代美国学者宾克莱有一本关于西方社会中变化着的价值观念的学术著作——《理想的冲突》。在这部著作中，宾克莱首先提出这样一种认识："一个人在对他能够委身的价值进行探索时，要遇到许多竞相争取他信从的理想，他若要使这种探索得到满足，就必须对各种理想有所了解。"正是基于这种认识，宾克莱的这本书具体地评述了马克思和恩格斯、弗洛伊德与弗罗姆、克尔凯郭尔和尼采、萨特以及宗教存在主义和元伦理学所提供的迥然有别甚至截然不同的种种"理想"。在这些相互冲突的社会理想中，最值得我们思考的是马克思的社会理想。如何理解人类社会的过去、现在和未来，马克思的社会理想为我们点燃了理论之光。

在《理想的冲突》这本书中，宾克莱对马克思做出这样的评论："凡能阅读马克思著作的人几乎无人不为他对 19 世纪不幸的工人命运所表示的深切同情所感动。他看到当时存在于资产阶级社会的一切非正义现象感到义愤填膺，以致他不仅为一个有自由与正义的较好的日子而呐喊，并且提出了一项实现他为人类所抱的理想的纲领。"①宾克莱认为，

①　[美]L. J. 宾克莱：《理想的冲突——西方社会中变化着的价值观念》，95—96 页，北京，商务印书馆，1983。

"马克思反对资本主义的原因主要在于它不能让人的创造才能得到充分发展，反而要使一切人（工人与资本家一样）都成为一种以对财物的崇拜为动力的制度的奴隶。资本主义制度评价一个人的价值是看他有什么而不是看他是什么样的人。结果金钱变成资本主义的伟大的上帝，而一切其他价值，不论是道德的还是精神的，都沦落为替它服务的东西"①。因此，马克思所期待的是无阶级社会的出现，"在那个社会里，创造性的工作将代替异化了的劳动"②。

关于马克思的社会理想，宾克莱做出的基本评论是："马克思对于我们今天的吸引力乃是一个道德的预言，人们如果根据人类价值考察现在社会上的种种事实，然后根据自己的发现而行动，以使我们的世界成为一个一切人都能变成更有创造性和更为自由的地方，这样我们就是忠于马克思了。"他同时又说："作为我们选择世界观时的一位有影响的预言家的马克思永世长存，而作为经济学家和历史必然道路的预言家的马克思则已经降到只能引起历史兴趣的被人遗忘的地步。"③

对于宾克莱的这种评论，我们既可以感受到他所表达的对马克思的尊重，又能够发现他对马克思的社会理想的远非正确的解读。按照我个人的理解，尽管人们可以按照学科分类的角度把马克思的学说分为哲学、政治经济学和科学社会主义理论，但是，从它的实质内容和社会功能来说，马克思的学说就是关于人类解放的学说，也就是关于实现人的全面发展的学说。这个学说既表达了人类解放的旨趣，表达了对人的全面发展的价值理想的承诺；又表达了人类解放的历程，表达了对人的全面发展的实现过程的揭示；也表达了人类解放的尺度，以人的全面发展的价值标准观照人类全部的历史活动和整个历史进程。我们需要从解放

---

① ［美］L. J. 宾克莱：《理想的冲突——西方社会中变化着的价值观念》，101—102页，北京，商务印书馆，1983。
② 同上书，103页。
③ 同上书，106页。

的旨趣、历程和尺度的统一中去理解马克思的社会理想。

把人类奋斗的最高理想定位为人类自身的解放，即以"每个人的自由发展"为条件的"一切人的自由发展"，这首先意味着马克思对真正的"以人为本"的价值理想的承诺，也就是把人从一切"非人"的或"异化"的境遇中"解放"出来的价值理想的承诺。在发表于1844年的《〈黑格尔法哲学批判〉导言》中，马克思明确地把自己对人类解放的价值理想的承诺做出这样的表述："对宗教的批判最后归结为人是人的最高本质这样一个学说，从而也归结为这样的绝对命令：必须推翻那些使人成为被侮辱、被奴役、被遗弃和被蔑视的东西的一切关系。"①"推翻"使人"被侮辱""被奴役""被遗弃""被蔑视"的"一切关系"，是马克思创建自己的全部学说的真正的出发点，也是马克思的全部学说所承诺的最高的价值理想。正是从自己所承诺的人类解放的价值理想出发，马克思超越了费尔巴哈对宗教的批判，而把"对宗教的批判"视为对"其他一切批判的前提"，从而把"对天国的批判"变成"对尘世的批判"，把"对宗教的批判"变成"对法的批判"，把"对神学的批判"变成"对政治的批判"②。马克思的人类解放的价值理想，直接针对的是人被"异化"、被"物化"的现实。正是针对人类的这种"非人"的或"异化"的存在状态，马克思不仅把自己的价值理想定位为人类解放，而且把人类解放的价值理想确定为每个人的全面发展，即以"每个人的自由发展"为条件的"一切人的自由发展"③。

对于马克思所承诺和追求的人的全面发展的价值理想，人们的评价历来是迥然不同的。承认马克思的人的全面发展的价值理想的"道德的号召力"，而否认马克思所揭示的实现这一价值理想的"历史必然道路"，不仅是一种由来已久的学术思潮，而且形成一种影响广泛的社会思潮。因此，在对马克思的人的全面发展学说的思考中，我们有必要更多地思

---

① 《马克思恩格斯选集》第1卷，9—10页，北京，人民出版社，1995。
② 同上书，2页。
③ 同上书，294页。

考马克思对人类解放的现实道路的探索。

在马克思所创立的唯物史观中,马克思在社会有机体众多因素的交互作用中,在社会形态曲折发展的历史进程中,在社会意识相对独立的历史更替中,发现了生产力在人类"历史"中的最终的决定作用,从而为人类实现自身全面发展的价值理想提示出一条"历史必然道路"。马克思提出,在人类追求自己的目的的"历史"活动中,人类自身的存在表现为三大历史形态,即与自然经济形态相适应的"人的依赖关系",与市场经济形态相适应的"以物的依赖性为基础的人的独立性"和"建立在个人全面发展和他们共同的社会生产能力成为他们的社会财富这一基础上的自由个性"①。马克思关于人类存在的历史形态的论述,对于我们理解人的全面发展的现实道路,具有多方面的启发意义。首先,人的全面发展的价值理想以人类社会的历史发展为基础,因而是一个现实的而非虚幻的历史过程。其次,市场经济所形成的"以物的依赖性为基础的人的独立性",既尖锐地暴露了人的"异化"状态,又为人类走出这种"异化"状态提供了前提条件。最后,也最为重要的是,马克思的关于人的全面发展学说所蕴含的"解放的旨趣"一再提示人们,人类的当代使命,绝不仅仅是使人的"独立性"奠基于"对物的依赖性"之上,还必须使人从"对物的依赖性"中解放出来,把"物"的独立性真正地变成"人"的独立性,也就是把"资本"的独立性变成"人"的独立性,从而实现人自身的全面发展。

在探讨理想与现实的相互关系时,我们深入地思考马克思的社会理想,不仅会更深切地理解人是把现实变成理想的现实存在,而且会更加切实地理解马克思的实现人类解放的社会理想,从而坚定我们的理想信念,以理想信念为灵魂构建我们的精神家园。

---

① 《马克思恩格斯全集》第 46 卷(上册),104 页,北京,人民出版社,1979。

参考文献

[1]《马克思恩格斯选集》第 1 卷，人民出版社 2012 年版。

[2]《马克思恩格斯全集》第 3 卷，人民出版社 1960 年版。

[3] 马克思：《1844 年经济学哲学手稿》，人民出版社 2014 年版。

[4]［古希腊］柏拉图：《理想国》，商务印书馆 1986 年版。

[5]［古希腊］亚里士多德：《形而上学》，商务印书馆 1959 年版。

[6]［法］帕斯卡尔：《思想录》，商务印书馆 1985 年版。

[7]［荷兰］斯宾诺莎：《伦理学》，商务印书馆 1997 年版。

[8]［德］亚当·斯密：《道德情操论》，商务印书馆 1997 年版。

[9]［德］康德：《判断力批判》，人民出版社 2002 年版。

[10]［德］黑格尔：《精神现象学》上下，商务印书馆 1979 年版。

[11]［德］费尔巴哈：《宗教的本质》，商务印书馆 2010 年版。

[12]［德］尼采：《查拉图斯特拉如是说》译注本，生活·读书·新知三
联书店 2014 年版。

[13]［德］雅斯贝尔斯：《存在与超越——雅斯贝尔斯文集》，上海三联
书店 1988 年版。

[14]［德］海德格尔：《存在与时间》，商务印书馆 2017 年版。

[15]［美］杜威：《哲学的改造》，商务印书馆 1958 年版。

[16]［瑞士］费尔迪南·德·索绪尔：《普通语言学教程》，商务印书馆
1980 年版。

[17]［瑞士］皮亚杰：《发生认识论》，商务印书馆 1990 年版。

[18]［德］恩斯特·卡西尔：《人论》，上海译文出版社 1985 年版。

[19]［德］恩斯特·卡西尔：《语言与神话》，生活·读书·新知三联书

店 1988 年版。

[20] 〔美〕理查德·罗蒂：《后哲学文化》，上海译文出版社 1992 年版。

[21] 〔美〕L. J. 宾克莱：《理想的冲突——西方社会中变化着的价值观念》，商务印书馆 1983 年版。

[22] 〔美〕露丝·本尼迪克：《文化模式》，华夏出版社 1987 年版。

[23] 〔法〕保罗·利科尔：《解释学与人文科学》，河北人民出版社 1987 年版。

[24] 〔美〕W. 考夫曼编著：《存在主义》，商务印书馆 1987 年版。

[25] 〔美〕苏珊·朗格：《艺术问题》，中国社会科学出版社 1983 年版。

[26] 〔德〕H-G. 伽达默尔：《真理与方法》，辽宁人民出版社 1987 年版。

[27] 冯友兰：《中国哲学简史》，北京大学出版社 1995 年版。

[28] 梁漱溟：《人心与人生》，上海人民出版社 2005 年版。

[29] 张岱年：《求真集》，湖南人民出版社 1985 年版。

[30] 张岱年：《文化与价值》，新华出版社 2004 年版。

[31] 宗白华：《美学散步》，上海人民出版社 1981 年版。

[32] 叶秀山：《思·史·诗——现象学和存在哲学研究》，人民出版社 1988 年版。

[33] 高清海：《哲学与主体自我意识》，吉林大学出版社 1988 年。

[34] 赵汀阳：《论可能生活》，生活·读书·新知三联书店 1994 年版。

[35] 朱德生：《形上之思》，辽宁人民出版社 2001 年版。

[36] 李德顺等：《人的家园——新文化论》，黑龙江教育出版社 2013 年版。

[37] 傅佩荣：《哲学与人生》，东方出版社 2006 年版。

[38] 黄克剑：《人韵——一种对马克思的读解》，东方出版社 1996 年版。

[39] 孙正聿：《人的精神家园》，江苏人民出版社 2014 年版。

[40] 孙正聿：《马克思与我们》，中国人民大学出版社 2018 年版。

[41] 孙正聿：《理想信念的理论支撑》，吉林人民出版社 2014 年版。

[42] 孙正聿：《有教养的中国人》，中国青年版社 2018 年版。

后　记

　　人是具有"自我意识"的存在，是"向死而生"的存在，是"寻求意义"的存在。人总是期待"有意义"的生活，无法忍受"无意义"的生存。撰写《生命意义研究》，就是试图以自己的生命体验和理性思辨，与读者一起探索人的生命的意义与价值。

　　对生命意义的理解，总是形成于生命体验与理性思辨的聚焦点上：没有真切的生命体验，关于生命意义的言说，就只能是"为赋新词强说愁"；没有透辟的理性思辨，关于生命意义的体悟，也只能是"借酒消愁愁更愁"。以生命体验而活化理性思辨，又以理性思辨而照亮生命体验，关于"生命意义"的研究才有可能是真挚的、鲜活的、透辟的和睿智的。

　　《生命意义研究》这本书，以讲述人的生命意义为主线，大体上是由三个部分构成的：一是讲述人的生活世界、精神世界、文化世界和意义世界；二是讲述现代人的生活方式、思维方式、价值观念、审美意识和终极关怀；三是讲述人的精神家园的培育、精神家园的真理、精神家园的支撑、精神家园的张力和精神家园的源泉。这三大部分，"重组"了我已出版的三本书——《属人的世界》《探索真善美》和《人的精神家园》——的主要内容。由于此书是对已出版的三本书的"重组"，部分内容有"重复"之处。为了保持书的原貌，有些重复之处未作删改，并改写和新增了部分内容，以求较为系统地展现我对"生命意义"的理解。

这本书的序言写于 2017 年 8 月，原文是在以"学以成人"为主题的第 24 届世界哲学大会启动仪式上的发言稿。我在这篇文稿中，以《哲学何以使人"学以成人"》为题，讲了四点想法：其一，哲学探究的是人生在世的"大问题"；其二，哲学构建的是范畴文明的"大逻辑"；其三，哲学提供的是睿智通达的"大智慧"；其四，哲学传承的是启迪思想的"大手笔"。这些想法，正是我以哲学方式探讨"生命意义"的缘由，因而把这篇文稿作为本书的序言。

严格地说，《生命意义研究》这本书，并不是确有建树的"研究"成果，而是有感而发的"体悟"的产物。我之所以把它收入自己的"作品系列"，主要是因为我比较偏爱以散文的风格讲述自己对生命意义的体悟与思辨，也期望与读者一起探讨生命的意义与价值。把"有意义"的问题写得"有意思"，这是自己"心向往之"的学术追求。

图书在版编目（CIP）数据

生命意义研究/孙正聿著. —北京：北京师范大学出版社，
2020.7（2024.8 重印）
（孙正聿作品系列）
ISBN 978-7-303-25803-1

Ⅰ.①生…　Ⅱ.①孙…　Ⅲ.①生命哲学-研究　Ⅳ.①B083

中国版本图书馆 CIP 数据核字（2020）第 062439 号

营　销　中　心　电　话　010-58805385
北 京 师 范 大 学 出 版 社
主题出版与重大项目策划部

SHENGMING YIYI YANJIU

出版发行：北京师范大学出版社　　www.bnupg.com
　　　　　北京市西城区新街口外大街 12-3 号
　　　　　邮政编码：100088
印　　刷：北京盛通印刷股份有限公司
经　　销：全国新华书店
开　　本：730 mm×980 mm　1/16
印　　张：32.75
字　　数：454 千字
版　　次：2020 年 8 月第 1 版
印　　次：2024 年 8 月第 2 次印刷
定　　价：128.00 元

策划编辑：祁传华　郭　珍　　　　责任编辑：张　爽
美术编辑：王齐云　　　　　　　　装帧设计：王齐云
责任校对：段立超　陈　民　　　　责任印制：马　洁　赵　龙